लाइफ़ आफ़्टर डेथ

की प्रशंसा में...

''यह जानने का कौतूहल किसे नहीं कि मृत्यु के बाद क्या होता है? और जबकि अनेक उत्तर उपलब्ध हैं, दोनों ही नवीन और प्राचीन, यह तक कि कुछ तो नए विज्ञान पर भी आधारित हैं, हमारे लिए यह प्रश्न, हमारे युग के महत्त्वपूर्ण प्रश्नों में से एक है, 'दीपक चोपड़ा इस विषय में क्या कहते हैं?' खैर, आखिकार दीपक का उत्तर हमारे पास है, जो सार्थक प्रश्नों के लिए सटीक उत्तर है। मुझे यह पसंद है। क्या कुछ और कहने की आवश्यकता है? यह एक बहुत कमाल की किताब है, जिसे आप आसानी से पढ़ सकते हो।''

– अमित गोस्वामी, पीएचडी, *द सेल्फ़-अवेयर यूनिवर्स, फ़िज़िक्स ऑफ़ द सोल* और *द क्वांटम डॉक्टर* के लेखक

''दीपक चोपड़ा अविरल रूप से, पूरे विवरण सहित उन लोकों की बात करते हैं, जिनसे शायद हमें अपना भौतिक शरीर त्यागने के बाद गुज़रना पड़ सकता है। सबसे महत्त्वपूर्ण बात यह है कि वे स्पष्ट करते हैं कि हमने यहीं के लिए आत्म-सजगता की क्षमता विकसित की है और अब हम स्वयं को उस सच्ची प्रकृति से एकात्म करने के लिए तैयार कर सकते हैं, जो मृत्यु के समय हमारा इंतज़ार करती है।''

– एंड्रयू कोहेन, *वाट इज़ एन्लाइटमेंट* पत्रिका के संस्थापक और आध्यात्मिक गुरु

''इस आकर्षक, उत्तेजक और गहरी किताब को इतनी सहजता और अपनेपन से लिखा गया है कि यह हमें बहुत प्रभावशाली और शक्तिशाली चेतना के विस्तार का निमंत्रण देती है।''

– एंड्रयू हार्वे, *द डिनर पाथ* और *सन एट मिडनाइट* के लेखक

‘‘इस पुस्तक *में* दीपक चोपड़ा आध्यात्मिक कीमियागर की तरह सामने आते हैं। वे भाषा की शक्ति का प्रयोग करते हुए विविध तत्त्वों जैसे वैदिक दर्शन, पार्टीकल भौतिकी, मनोविज्ञान, न्यूरोविज्ञान जैसे विषयों को साहित्यिक सोने में बदल देते हैं। जब हमारी मृत्यु होती है, उसके बाद क्या होता है; इस बारे में वे आपकी सोच बदल सकते हैं। एक प्रेरक और बहुत गहराई तक आश्वस्त करने वाली किताब।’’

– एरियाना हफ़िंगटन, संपादक, *हफ़िंगटनपोस्ट*

‘‘अगर मृत्यु और जीवन दो ताला लगे संदूक हों और उनकी चाबी एक-दूसरे के पास हो तो? इस किताब में डॉ. चोपड़ा मृत्यु के पश्चात जीवन को ऐसे भेद देने वाले नज़रिए से देखते हैं और प्रस्ताव रखते हैं कि शायद मृत्यु जीवन से अलगाव नहीं होती, जैसा कि आमतौर पर माना जाता है, यह दूसरी तरह से समापन हो सकता है। वे प्राचीन मिथों से ले कर आधुनिक विज्ञान तक अनेक स्रोतों की मदद से इस शाश्वत रहस्य पर अद्भुत नवीन सामग्री प्रस्तुत करते हैं।’’

– अरविंद शर्मा, बर्क्स प्रोफ़ेसर ऑफ़ कंपेरिटिव रिलीजन,
मैकगिल यूनिवर्सिटी

‘‘हम इक्कीसवीं सदी में क़दम रख रहे हैं और यह स्पष्ट हो गया है कि हम एक असाधारण वैश्विक युग में आ गए हैं, जो विस्तृत रूप से वैश्विक नज़रियों को काटता है, मिलाता है और अक्सर हमारी संस्कृतियों के बाज़ार में टकरा भी जाता है। दीपक चोपड़ा ने स्वयं को हमारे समय के अनूठे वैश्विक स्वर के रूप में प्रतिष्ठित किया है, जो वैश्विक नज़रिए से जीते और बोलते हैं और एक वैश्विक लेंस से ही देखते हैं, जो हमारी विविध दुनियाओं को एक करता है। उनकी वैश्विक कहानी में यह स्पष्ट है। विज्ञान से मिले विवेक के साथ युगों के सामूहिक विवेक का मानना है कि यथार्थ को आँतरिक संपर्क का ऐसा अनंत एकजुट क्षेत्र होना चाहिए, जो मूलभूत सुधार ला सके। हममें से अधिकतर लोग स्वयं को इसी तरह देखते व समझते हैं और जीवन व मृत्यु के लिए पहल रखते हैं।’’

‘‘अपने शक्तिशाली कथानक में चोपड़ा पाठकों को इस प्राचीन, परंतु हाल ही में सामने आए वैश्विक नज़रिए को पार करने में मदद करते हैं, जो मृत्यु के पार हमारी यात्रा के लिए दीर्घकालीन अज्ञान, भय और इंकार को भी

पार कर जाता है। यह प्रांजल पुस्तक जीवन के लिए प्रमाण के बोझ को पुरानी काम नहीं आने वाली अहंकेंद्रित संस्कृतियों और अदूरदर्शी नज़रियों से दूर करती है, जिनका समय अब बीत गया है। यह एक नई वैश्विक कहानी और आत्म-छवि के लिए हमारे अंतरण का स्पष्ट ऐतिहासिक सूचक है, जिसमें मनुष्य हमारी सारी पुरानी कृत्रिम सीमाओं से उबर कर एक साथ फल-फूल सकते हैं।''

– अशोक गंगादियन, प्रोफ़ेसर ऐंड चेयर ऑफ़ फ़िलॉसफ़ी, हैवरफ़ोर्ड कॉलेज, ग्लोबल डायलॉग इंस्टीट्यूट के संस्थापक-निदेशक, द वर्ल्ड कमीशन ऑन ग्लोबल कांशसनेस के सह-संयोजक; ग्लोबल लेंस टी.वी. शो के मेज़बान; द *अवेकनिंग ऑफ़ द ग्लोबल माइंड* के लेखक (www.awakeningmind.org)

''यह पुस्तक एक उन्नत भविष्य 'अब' के लिए द्वार खोलती है। चोपड़ा अपने कौशल और करुणा के बल पर, वैदिक परंपरा के साथ क्वांटम भौतिकी के विवेक का मेल करते हुए, डॉक्टर के रूप में अपने अनुभवों के आधार पर प्रकट करते हैं कि हम केवल सीमित जीव मात्र नहीं, जो अपने भौतिक शरीरों में फंसे हैं। हम तो पहले से ही बहुआयामी जीव हैं, जो हर विचार, शब्द और कर्म के साथ, इस जीवन से परे अपना भविष्य रच रहे हैं। यथार्थ की प्रकृति के लिए उनका दृष्टिकोण बहुत ही अनमोल, प्रबुद्ध और जीवनदायक है। मुझे यह किताब बहुत पसंद है।''

– बारबरा मार्क हबर्ड, फ़ाउंडेशन फ़ॉर कांशस इवोल्यूशन की प्रेज़ीडेंट

''मृत्यु के पश्चात जीवन को समझने की अनूठी पहल और हमारे सबसे बड़े भय, अज्ञात से उबरने में सहायक। दीपक ने हमारे धार्मिक ग्रंथों, विज्ञान और सामान्य सांस्कृतिक/सामाजिक समझ के बीच, मृत्यु के मिथ को सटीक तरह से गूंथा है और इसे जीवन के एक और पहलू की तरह पेश किया है। निश्चित रूप से यह किताब अज्ञात के लिए हमारी समझ और उससे परे गहरे उतरने में मदद करती है, जीवन को नए आयाम देते हुए, मृत्यु को स्नेह से गले लगाती है।''

– बावा जैन, सैक्रेट्री जनरल, वर्ल्ड काउंसिल ऑफ़ रिलीजियस लीडर्स

"श्री चीयर्स फ़ॉर दीपक! उन्होंने ऐसे विषय पर अपने विचार और विवेक साझा किया, जिससे अधिकतर लोग डरते हैं और बचने की कोशिश करते हैं। यह किताब हमें एक ऐसे विषय के द्वार खोलने में मदद करती है, जिसे बहुत कम लोग ही खोलना चाहते हैं, क्योंकि वे इसकी व्याख्या नहीं कर सकते। मैं निजी अनुभव से जानता हूँ कि एन.डी.ई. और मृत्यु के बाद के अनुभव केवल कल्पना की देन नहीं होते। मैं विश्वास कर सकता हूँ, क्योंकि मुझे इसका अनुभव मिला है। जब हमारे शरीर नहीं रहते तो भी चेतना बनी रहती है। मेरे अपने जीवन और रोगियों के साथ काम करते हुए मैंने जाना कि हम एक अवचेतन स्तर पर भविष्य और अतीत के लिए सजग हैं, जो सचेतन किए जाने पर हमें समझने और उत्तरजीविता बनाए रखने में सहायक होगा। जीवन एक रहस्य है, इसे पढ़ें और हमें मदद करें ताकि अंधकार में प्रवेश कर एक मोमबत्ती जलाई जा सके।"

– बर्नी सीगल, एम. डी., *365 प्रेस्क्रिप्शन्स ऑफ़ द सोल* और *101 एक्सरसाइज़ फ़ॉर द सोल* के लेखक

"इस अद्‌भुत पुस्तक में दीपक चोपड़ा विज्ञान की उन असंगतियों की ओर इशारा करते हैं, जिनकी आधुनिक भौतिकविद् व्याख्या करने की कोशिश कर रहे हैं और वे विचार करते हैं कि वेदांत के प्राचीन ऋषि-मुनि, इन्हीं प्रश्नों का सामना कैसे करते थे। उदाहरण के लिए, भौतिकी के प्रेक्षक प्रभाव के अनुसार, अगर इलेक्ट्रॉन बलों को केवल देखा ही जाए तो वे विशुद्ध संभावना के क्वांटम सोप को छोड़ कर एक निश्चित आकार ले लेते हैं। वैदिक ऋषियों का मानना था कि देखना ही सृजन है- हम सबकी चेतना से ही वह ब्रह्माण्ड बना है, जिसका हम अनुभव करते हैं। जीवन के पश्चात मृत्यु में, विज्ञान और विवेक के मेल के साथ, दीपक चोपड़ा, मृत्यु के बाद जीवन के लिए एक विवरण प्रस्तुत करते हैं, जिसमें हमारा सबसे अनिवार्य स्व, वह द्रष्टा जो हमारे अस्थायी घर (स्व) में हमारे अनुभवों को देखता है, अपने जीवन के अंतिम समय को अगले में प्रवेश के लिए प्रयुक्त करता है। यह अपने-आप में एक आध्यात्मिक और बौद्धिक यात्रा है।"

– प्रोफ़ेसर रॉबर्ट तुरमन, कोलंबिया विश्वविद्यालय, इन्फ़ाइनाइट लाइफ़ और द *तिब्बतन बुक ऑफ़ डेड* के लेखक

''दीपक चोपड़ा पिछले बीस वर्षों से मेरे मित्र और मेंटोर रहे हैं। अब जब हम अपनी नश्वरता को अंतत: स्वीकार कर रहे हैं, तो उन्होंने ऐसे परम विषय को उठाया है, जो हम सबको आकर्षित करता है : मृत्यु के पश्चात जीवन। दीपक अनेक संस्कृतियों से मिले विचारों के साथ अपने कर्म के विचार पर बल देते हैं, उन्होंने मंत्रमुग्ध कर देने वाले प्रसंगों के साथ एक पौराणिक गाथा का ताना-बाना बुना है, जिसने मृत्यु के विषय को धरती पर यहीं और अभी, सबसे बेहतर समय बिताने के लिए एक उपयोगी और प्रासंगिक विषय बना दिया। यह किताब उन सभी को निश्चित रूप से पढ़नी चाहिए, जिनकी एक दिन मृत्यु होगी।''

– कैंडेस बी. पर्ट, *एवरीथिंग यू नीड टु नो टु फ़ील गॉड* के लेखक

''दीपक चोपड़ा ने एक ऐसा मास्टरपीस लिखा है, जिसकी हमारी आध्यात्मिक संस्कृति में लंबे अरसे से आवश्यकता बनी हुई थी। यह पुस्तक मृत्यु के बाद के जीवन के लिए एक निर्भीक और दिलासा देने वाली गाइड की तरह है। अनंत ही आत्मा का सच्चा घर है पर फिर भी हम मृत्यु के अनुभव ओर हमारी जगह से परे मिलने वाले अनुभव से भयभीत रहते हैं। दीपक ने बहुत ही सुंदरता से हमारी ओर से इस यात्रा को पूर्ण किया।''

– कैरोलीन मीस, *एनाटॉमी ऑफ़ द स्पिरिट ऐंड सेक्रेड कांट्रेक्टस*

मैं, दूसरे कई लोगों की तरह, अक्सर दीपक चोपड़ा को एक फ़िजिशियन, अग्रणी नेता और संपूर्ण चिकित्सा के क्षेत्र में पश्चिमी प्रवृत्तियों में सकारात्मक बदलाव लाने वाले प्रमुख व्यक्ति के रूप में ही देखता आया था। वे इस पुस्तक में उससे कहीं ज़्यादा बेहतर तरीक़े से सामने आए हैं। वे मृत्यु के परम रहस्य को एक चिकित्सक, एक दार्शनिक और अध्यापक के रूप में संबोधित करते हैं। 'आत्मा की यात्रा' और 'आकाश का संगीत' जैसी उनकी अवधारणाओं को पढ़ कर मुझे अपने दादा जी एडगर कैशे की याद हो आई, जिन्होंने कई वर्ष पूर्व संसार को उस अंतरण का आशा से भरा दृष्टिकोण दिया था, जो हम सबको पार करना ही होगा। मैं हम सबके लिए इस पुस्तक की अनुशंसा करना चाहूँगा, जो हमारी ही अंतत: होने वाली मौत और हमारे प्रियजन की मौत के बारे में चिंतित रहते हैं।''

– चार्ल्स थॉमस कैशे, एक्ज़ीक्यूटिव डायरेक्टर, असोसिएशन फ़ॉर रिसर्च ऐंड एन्लाइटमेंट, इंक, प्रेज़ीडेंट, एडगर कैशे फ़ाउंडेशन, इंक

''दीपक चोपड़ा बहुत ही कुशलता से इस पुस्तक में आश्चर्यजनक, परंतु गहरा और महत्त्वपूर्ण लैंडस्केप रचते हैं। चोपड़ा ने बहुत ही गरिमा से प्रसंगों, गहन अनुभवों, धार्मिक कथाओं और वैज्ञानिक प्रमाणों को पिरोया है। मृत्यु के बाद जीवन के लिए उनका सर्वेक्षण बहुत ही गहन, हार्दिक और संतोषजनक है।''

– डीन रेडिन, पीएचडी, सीनियर वैज्ञानिक,
इंस्टीट्यूट ऑफ़ नोटिक सांइसेज़

''यह कोई 'आसान' किताब नहीं, पर यह एक ऐसी आकर्षक किताब है, जो आपके जीवन की सबसे अहम किताबों में से एक हो सकती है।''

– डोरिस विल्सडोर्फ़, प्रोफ़ेसर एमरीटा,
यूनीवर्सिटी ऑफ़ वर्जीनिया, और इंन्वेंटर

''एक कमाल का लेखन! जहाँ पश्चिमी विज्ञान अब भी अपने सीमित दृष्टिकोण के साथ एक निश्चित लेंस पर नाक टिकाए दुनिया को देखता है, वहीं दीपक आपको हाथ थाम कर ऐसी यात्रा पर ले जाते हैं, जहाँ आप वैदिक ऋषियों द्वारा वर्णित अनंत रचनात्मक चेतना को दूसरी महान विश्व संस्कृतियों के बीच देख सकते हैं। फिर वे आपको दिखाते हैं कि ये आँतरिक दृश्य अपने वैश्विक नज़रिए के बजाए पश्चिमी विज्ञान के डाटा की बेहतर व्याख्या क्यों करता है! संक्षेप में, यह भविष्य के अखंड वैश्विक विज्ञान की बहुत अधिक प्रभावी समीक्षा है, जो नाटकीय तौर पर हमारी संसार को देखने और इसमें काम करने की योग्यता को बदल देगी। जब आप दीपक के साथ इस अद्‌भुत यात्रा पर होंगे, तो इस शीर्षक का नश्वरता से जुड़ा वचन आसानी से पूरा हो जाएगा।''

– एलिज़ाबेट साटोरिस, पीएचडी, इवोल्यूशन बायोलॉजिस्ट ऐंड
फ़्यूचरिस्ट; प्रोफ़ेसर; *अर्थडांस : लिविंग सिस्टम इन इवोल्यूशन* की लेखक

''यह एक विरोधाभास है : जीवन का महानतम रहस्य –मृत्यु– इसका विपरीत और इसका विरोधाभासी जान पड़ता है। हालाँकि जो भी मुक्त मन से इस महानतम रहस्य के लिए दीपक चोपड़ा के भेद देने वाली अंतर्दृष्टियुक्त पड़ताल को पढ़ेगा, उसे अहसास होगा कि मृत्यु का विपरीत जन्म है, जीवन नहीं। जीवन, जो अपने सार में चेतना है, अनंत है और इसका कोई विपरीत नहीं। मृत्यु कहीं नहीं, केवल जीवन–रूपों का रूपांतरण है, चेतना ही अलग–अलग

रूपों में सामने आती रहती है। पुस्तक इसी मोक्षदायी सत्य की ओर बार-बार इंगित करती है।''

– इक्हार्ट टोल, द *पावर ऑफ़ द नाउ* के लेखक

''दीपक चोपड़ा अपनी कमाल की इस पुस्तक में हमें अपने साथ एक उल्लासदायक और लोभनीय अनंत नृत्य का हिस्सा बनने के लिए आमंत्रित करते हैं, जहाँ मृत्यु प्रेम और स्वतंत्रता के समान है। चोपड़ा अपने अनूठे विवेक और सरलता के बल पर हमें एक समयहीन चेतना में गहराई तक ले जाते हैं, जिसमें सारा जीवन समाया है। मृत्यु के पश्चात जीवन, एक विज्ञान और आत्मा का जगमगाता हुआ विलयन है, जो बहुत ही छंदबद्ध रूप से प्राचीन गाथाओं के साथ आधुनिक साहित्य को गूंथ कर प्रस्तुत करता है, और चोपड़ा के निजी कौतूहल से भरे प्रसंग भी कम रोचक नहीं। जीवन के पश्चात मृत्यु एक हैरतंगेज़ लेखन है, एक अद्‌भुत उपलब्धि और मानवजाति के उद्वेग और निराशा के लिए प्रेरक विषहर।''

– टी. बायरम करासू, एम.डी., सिल्वरमैन प्रोफ़ेसर ऐंड यूनिवर्सिटी चेयरमैन ऑफ़ द डिपार्टमेंट ऑफ़ साइकाइट्री ऐंड बिहेवरियल साइंसेज़ एट अल्बर्ट आइंस्टाइन कॉलेज ऑफ़ मेडीसिन; बेस्टसेलिंग, द *स्पिरिट ऑफ़ हैप्पीनेस* के लेखक

''दीपक चोपड़ा मृत्यु के बाद के जीवन का सम्मोहक ख़ाका खींचते हैं। उन्होंने अपनी धार्मिक शिक्षाओं के विवेक को आधार बना कर, वैज्ञानिक शोध के नतीजों के साथ प्रस्तुत किया है। ये परिणाम पाठकों को चिंतन के लिए विवश करते हैं और इसके साथ ही मृत्यु को एक नई और सहायक पहल के साथ देखने का अवसर भी प्रदान करते हैं।''

– जिम बी. टकर, एम.डी., यूनीवर्सिटीज़ डिवीज़न ऑफ़ पर्सेप्चुअल स्टडीज़, और *लाइफ़ बिफोर लाइफ़ : ए साइंटिफ़िक इन्वेस्टीगेशन ऑफ़ चिल्ड्रंस मेमोरीज़ ऑफ़ प्रीवियस लाइव्स* के लेखक

''मनुष्य के हृदय और सत्य के बीच की सबसे कम दूरी एक कहानी है। एक प्राचीन कहावत में यह कहा गया है। दीपक चोपड़ा अपनी अंतर्दृष्टियुक्त और इस अद्‌भुत पुस्तक में सावित्री की जो कहानी सुनाते हैं, वह ना केवल मनुष्य के हृदय और सत्य का पोषण करती है, बल्कि मृत्यु के पश्चात जीवन के लिए

एक असाधारण नज़रिया भी देती है। एक कैथोलिक पादरी और आध्यात्मिक गुरु होने के नाते, यह पुस्तक पढ़ते हुए, मैं यह देख कर चकित रह गया कि डॉ. दीपक चोपड़ा ने किस तरह एक ईसाई को अपनी संस्कृति और गहरी शिक्षा के बल पर जीवन और मृत्यु के गहरे सत्य की समझ दी है। मैं प्रत्येक व्यक्ति को प्रोत्साहित करूँगा - चाहे वह ईसाई, बौद्ध, हिंदू या नास्तिक - जो भी हो, वह इस असाधारण लेखन को अवश्य पढ़े। आपका मन व आत्मा उन्नत और प्रबुद्ध होंगे।''

– रेव. जे फ्रांसिस स्ट्राउड्स, एस.जे.,
डिमेलो स्पिरिचुएलिटी सेंटर, फ़ोर्डहम यूनिवर्सिटी

''इस पुस्तक में पूर्व और पश्चिम का मेल होता है। यह पुस्तकीय ख़ज़ाना विचारशील, प्रेरक, प्रबुद्ध करने वाला, व्यावहारिक और रहस्यमयी तथा मन और हृदय को रोमांचित करने वाला है। यदि दीपक चोपड़ा सही हैं – और समकालीन आफ़्टरलाइफ़ शोध उनके विश्वास को अपना समर्थन देता है – तो हमें मृत्यु से डरने के बजाए एक चमत्कार के रूप में इसका सम्मान करना चाहिए और अपनी सहज योग्यता का समारोह मनाना चाहिए ताकि जीवन के अनंत को ग्रहण करते हुए इसका अनुभव ले सकें। जाग्रत होने के लिए तैयार हो जाएँ।''

– गैरी ई. श्वार्ट्ज़, पीएचडी, प्रोफ़ेसर ऐंड डायरेक्टर, लैब फ़ॉर
एडवांसिस इन कांशसनेस ऐंड हेल्थ, यूनिवर्सिटी ऑफ एरीज़ोना, और द
आफ़्टरलाइफ़ एक्सपेरीमेंट्स ऐंड द *जी.ओ.डी. एक्सपेरीमेंटस* के लेखक

''इस किताब में, दीपक चोपड़ा बहुत ही निपुणता से हमारे हृदय, मन और चेतना को खोलने के लिए उल्लेखनीय ताना-बाना बुनते हैं ताकि हम स्वयं जीवन, मृत्यु और मन के रहस्यों का अन्वेषण कर सकें। वे चतुराई से रहस्यमयी कहानियों, बचपन की यादों, सृष्टि से जुड़े विचारों और अनेक क्षेत्रों के वैज्ञानिक आँकड़ों को आपस में गूंथते हैं। वे ऐसे प्रश्न करते हैं, जो पाठक को हमारी अपनी पहचान से जुड़े पुराने विश्वासों की पुन: जाँच करने का अवसर देते हैं। यह किताब ग्रहणशील पहल के साथ, हमारे मन और कल्पना का विस्तार करती है ताकि हम सत्य के उस यथार्थ की खोज कर सकें, जो हमारे भौतिक यथार्थ से कहीं परे है।''

– जिराल्ड जी. जेमपोलस्की, एम.डी., *लव इज़ लेटिंग गो* के लेखक
तथा इंटरनेशनल सेंटर फ़ॉर एटीट्यूडिनल हीलिंग के संस्थापक
(सॉसालिटो, कैलिफ़ोर्निया)

“दीपक चोपड़ा विश्व संस्कृतियों और आस्थाओं के बीच उभरते संवाद के लिए एक महत्त्वपूर्ण हस्ती रहे हैं। यहाँ वे ‘द बिग वन,’ मृत्यु के अनंत विषय तथा जीवन की संभावना को दूसरे तल पर ले जाते हुए इस बातचीत को और गहराई प्रदान करते हैं। उन्होंने विश्वासों पर केंद्रित होने के बजाए, माध्यम को अपनाया, जिससे अधिकतर लोग परंपरा के प्राचीन विवेक को प्राप्त करते हैं : कहानियाँ। इस तरह वे पूरे मुहावरे का विस्तार करते हैं, जिसमें ऐसे प्रश्न प्राचीन भारतीय अंतर्दृष्टि को याद करते हुए समझे गए हैं कि हम असंख्य यथार्थों के चौराहे पर खड़े हैं और जीवन और मृत्यु के बीच की रेखा एक दीवार नहीं है, जैसा कि हम अक्सर कल्पना करते हैं। यह अनेक, अनेक भेद्य बिंदुओं में से एक है। इसके अलावा हाल ही में हुई वैज्ञानिक खोजों के आधार पर उन्होंने इस किताब को किसी भी धर्म और विश्वास को मानने या ना मानने वालों के लिए विचारोत्तेजक बना दिया है।”

– हार्वे कॉक्स, हॉर्वर्ड यूनिवर्सिटी, *वैन जीसस केम टु हॉर्वर्ड* के लेखक

“दीपक चोपड़ा, एम.डी., हमारे समय के चिकित्सक बन गए हैं। यह पुस्तक उनकी सबसे ताज़ा दवा की तरह है। उन्होंने पूरी देख-रेख और विनम्रता के साथ कहानी, पूर्व के गुरुओं से मिले विवेक, नए विज्ञान और कॉस्मोलॉजी से ले कर हॉस्पिक तक का प्रयोग करते हुए भौतिकवादी दृष्टिकोण को नए सिरे से रचा और हमारे मन व आत्माओं को एक ऐसे यूनिवर्स में व्याप्त कर दिया, जो चेतना, स्पिरिट और जीवन से घिरा है। कर्म की प्रकृति पर एक सटीक व्याख्या को जानने के लिए तैयार रहें, जो पूर्वी दर्शन और आधुनिक न्यूरोविज्ञान को एक साथ लाने वाली है। चोपड़ा हमें याद दिलाते हैं कि प्राचीन विवेक और वैज्ञानिक बिंदु, दोनों ही हमें एक यथार्थ की ओर संकेत करते हैं, जो समकालीन संस्कृति के अंश धूल में मिलने के बाद भी लंबे समय तक बना रहेगा। मुझे यह किताब बहुत पसंद आई।”

–जेम्स ओ डिआ, प्रेज़ीडेंट, इंस्टीट्यूट ऑफ़ नोइटिक साइंसेज़

“पूर्व और पश्चिम के विवेक और विज्ञान तथा आध्यात्मिकता के आधार पर दीपक चोपड़ा पाठक को महानतम रहस्यों के गहरे अन्वेषण की ओर ले जाते हैं। यह हमारे अस्तित्व के स्रोत की जाग्रत चेतना का उद्‌घाटन है, हमारी अंतहीन यात्रा का जुनून और अस्तित्व का क्षेत्र, जो हमें एक होने का न्यौता देता है।”

– जीन होस्टन, पीएचडी, *ए पैशन फ़ॉर द पॉसिबल* के लेखक

"मन का विस्तार करने वाली पुस्तक! यह एक भरोसेमंद मार्गदर्शक के रूप में सामने आती है, जिसके शब्द *निर्धारित मान्यताओं पर नहीं*, बल्कि *ऐसा क्यों? और क्यों नहीं?* जैसी सोच से निकले हैं। दीपक चोपड़ा हमें विश्वास, कहानियों, मिथकों, साक्ष्यों और मस्तिष्क शोध के आकर्षक अन्वेषण की ओर ले जाते हैं और हमारे आत्म–परीक्षण के साथ–साथ धुंध में छिपे रहस्यों को प्रकट करते हैं। प्राचीन ऋषियों की तरह, दीपक हमें इस अंतहीन प्रयोग में हिस्सा लेने के लिए निमंत्रण देते हैं। इस यात्रा में कई सरप्राइज़ (हमारा यह यथार्थ हमारे मृत्यु के बाद के जीवन को प्रभावित कर सकता है) और सुख (मृत्यु एक रचनात्मक छलांग है) शामिल हैं। आप प्रसन्नता, सशक्तिकरण और बदलाव को अपनाते हुए, मुक्त मन से ही इस शीर्षक को पढ़ सकते हैं।"

– जिम बालार्ड, *माइंड लाइक वाटर* के लेखक

"कुछ पुस्तकें दैवीय रूप से प्रेरित प्रसारण होती हैं, जो हमारे सोचने, काम करने और जीने के तरीक़े को बदलने की शक्ति रखती हैं। यह भी उनमें से एक है, इसे एक वैज्ञानिक और फ़िज़ीशियन ने लिखा है, जो हमारे समय के सबसे उल्लेखनीय आध्यात्मिक गुरुओं में से हैं। अगर आपने कभी जीवन के अर्थ के बारे में विचार किया और अपनी पूरी संभावना को जाग्रत करने की इच्छा रखी है तो यह किताब आपके लिए किसी पवित्र कोष से कम नहीं है।"

– जोन बोरीसेंको, पीएचडी, *माइंडिंग द बॉडी, माइंडिंग द माइंड* और *सेवन पाथ्स टु गॉड* के लेखक

"दीपक चोपड़ा पूरी स्पष्टता और गहरी अंतर्दृष्टि के साथ हमें यह समझाने की प्रक्रिया से जुड़े हैं कि हम सही मायनों में क्या हैं और इस तरह वे हमें जीवन और मृत्यु के चमत्कारों की संपन्न और संपूर्ण सजगता के साथ छोड़ देते हैं।"

– लॉरी मोनरो, प्रेज़ीडेंट और सीईओ, मोनरो इंस्टीट्यूट

"मृत्यु के बाद जीवन में विश्वास एक सार्वभौमिक विश्वास है। यह पुस्तक अनेक लोगों को इस संभावना से निश्चितता और सुकून पाने में मदद करते हुए मानवीय चेतना की अनंत और शाश्वत प्रकृति के संदर्भ बिंदुओं का अन्वेषण करेगी।"

– लैरी डोसी, एम.डी., द *एक्स्ट्राऑर्डिनरी हीलिंग पावर ऑफ़ आर्डिनरी थिंग्स* के लेखक

"दीपक चोपड़ा की यह किताब उनकी अब तक सब किताबों में से सबसे बेहतरीन यह किताब है। वे बड़े ही कौशल से पाठकों को एक ऐसे विषय के लिए अपने जिज्ञासु और सीमाहीन मन की ओर खींचते हैं, जो हम सभी के लिए प्रासंगिक और आकर्षक है - मृत्यु - और वे ऐसा इस तरह से करते हैं कि हम गहराई से भावुक, विस्तृत और प्रेरित हुए हैं।"

"दीपक अपने लेखों और वार्ताओं में हमेशा हमें यह उपहार देते आए हैं कि हम अपनी ग़लत पहचान की सीमाओं से खुद को मुक्त कर सकें। दीपक के पाठक भी जानते हैं कि हम स्वयं को सबसे बड़े और सबसे क्षुद्र भय की क़ैद से मुक्त करने के लिए सदा उन पर भरोसा कर सकते हैं। इस लुभावनी किताब में, वे यह सब फिर से और बार-बार करते हैं। दीपक ने पाठक को उत्तम गद्य, रहस्यमय कविता और दिलचस्प कहानी कहने के माध्यम से मृत्यु और जीवन को देखने का एक नया तरीक़ा दिया है।"

"दीपक चोपड़ा ने एक विद्वान, चिकित्सक, आरोग्यकर्ता, महान संप्रेषक, गुरु और 21वीं सदी के संत के रूप में ऐसा मास्टरपीस तैयार किया है, जो अनेक अनुशासनों को अपनी ओर आकर्षित करता है, असंख्य आयामों पर संवाद करते हुए, प्रत्येक स्तर पर एक अद्‌भुत रूपांतरण प्रस्तुत करता है। जब मैंने इसे पढ़ना आरंभ किया तो उसी क्षण से मैं इससे बंध गई और मैंने पाया कि मैं उत्साहित हो गई थी, आँसुओं में बह कर विस्मित हो गई थी और मुझे इस पुस्तक ने गहराई से बदल दिया था। मृत्यु के विषय में मेरे अनजाने और अचेतन विश्वासों और धारणाओं की पड़ताल हुई और वे बदल गए।"

"मुझे यह किताब बेहद पसंद आई और मैं इसके संदेश से इस तरह बदली हूँ कि अब इसे समझने लगी हूँ। मैं आप सभी से इसे पढ़ने का आग्रह करती हूँ। यह किताब आपके जीवन और आपकी मृत्यु को बदल देगी।"

– लिन टिवस्ट, प्रेज़ीडेंट, सोल ऑफ़ मनी इंस्टीट्यूट

"इस पुस्तक में दीपक चोपड़ा हमारी सच्ची संभावना के द्वार खोलते हैं –मरणोपरांत जीवन। वे हमें दिखाते हैं कि मृत्यु हमारी आत्मा की चमक के साथ गहरा सामना हो सकती है। और वे हमें इस यात्रा में सैकड़ों ऐसे उपायों के साथ मार्गदर्शन देते हैं, जो अभी से आरंभ होती है। यह किताब उन लोगों को निश्चित तौर पर पढ़नी चाहिए, जो यह पता लगाना चाहते हैं कि 'मृत्यु' आपके जीवन का सबसे सार्थक रोमांच कैसे हो सकती है।"

– मारगोट आनंद, *द आर्ट ऑफ़ एवरीडे एक्सटेसी* के लेखक

''यदि मेरे मन में मृत्यु के बाद के जीवन को ले कर कोई संदेह थे तो वे अब नहीं हैं। दीपक चोपड़ा मृत्यु के गहरे अंधेरे कोनों में अपना अद्वितीय प्रकाश डालते हैं और मेरा मानना है कि यह उनके अब तक महानतम योगदानों में से है।''

– मैरियन विलियमसन, *द गिफ़्ट ऑफ़ द चेंज* की लेखक

''दीपक चोपड़ा ने एक बार फिर से अपने पाठकों को अभिभूत किया है। यह एक जादू है – कोई तंद्रा या गहरी नींद नहीं है – इसके साथ ही हम अपनी पूरी संभावना के साथ जाग जाते हैं क्योंकि विकास की इस प्रक्रिया में चेतना वाहक है। इस मंत्रमुग्ध कर देने वाली पुस्तक में, दीपक इस गहरे रहस्य को हल करते हैं कि जब हमारी मृत्यु हो जाती है तो क्या होता है। उन्होंने इस प्रश्न का उत्तर देने के लिए बने विविध सांस्कृतिक मॉडलों को पूरा मान देते हुए, सरल से उत्तरों के साथ बात पूरी नहीं की। मास्टर टीचर हमसे आग्रह करते हैं कि हम इस संभावना पर विचार करें कि हम स्वयं अपनी मृत्यु के बाद के जीवन को रच सकते हैं – हम अपने ही यथार्थ के निर्माता हैं। यह हममें से प्रत्येक के लिए वेक-अप कॉल की तरह है ताकि हम अपनी अनूठी मानवीय क्षमताओं को संपूर्णता के साथ अभी और मृत्यु से भी परे अपना सकें। मैं आपको विशेष रूप से इस किताब को पढ़ने की अनुशंसा करती हूँ।''

– मार्लिन मंडला श्लिटज़, पीएचडी, *कांशेसनेस ऐंड हीलिंग : इंटेगरल अप्रोचिस टु माइंड-बॉडी मेडिसन* की सह-लेखिका

''प्राचीन विवेक और अद्यतन वैज्ञानिक खोजों को उत्कृष्ट रूप से प्रस्तुत किया गया है, जो गैर-स्थानीय प्रकृति और चेतना के अस्तित्व और अज्ञात की शक्ति पर उनके बढ़ते झुकाव को दर्शाता है। डॉ. चोपड़ा आकर्षक प्रमाणों, व्याख्यात्मक वर्णन और सम्मोहक अंतर्दृष्टि की एक शक्तिशाली श्रेणी में, उस मौलिक प्रश्न का उत्तर देते हैं, जिसे अंततः हर कोई जानना चाहता है। इस प्रकार हम भरपूर आत्मविश्वास और सुकून को अनुभव कर पाते हैं।''

– मार्क एस. न्यूकर्क, पार्टनर, सिमरटिया टेक्नोलॉजीज़ इंक, और यूएस नैशनल एकेडमी ऑफ़ साइंसेज़ के सदस्य

''भौतिकवाद के इस युग में, दीपक चोपड़ा की यह पुस्तक नई उम्मीद के साथ जीवन का संचार करती है। आध्यात्मिक विवेक से भरपूर यह पुस्तक, मृत्यु के

पश्चात जीवन के लिए नए द्वार खोलती है और स्वतंत्रता, प्रेम व आनंद के नए संसारों की ओर संकेत करती है।''

– मिशेल मर्फ़ी, लेखक, ईसालेन इंस्टीट्यूट के प्रमुख व सह-संस्थापक

''एक बार फिर डॉ. चोपड़ा ने भ्रम के अंधकार को चीर कर, हमारे सच्चे अस्तित्व की महिमा को प्रकट किया है। अब वे अपने विज़न और विवेक के बल पर, हमें मृत्यु के पश्चात जीवन से जुड़े अपने गहरे आँतरिक सत्यों तक ले गए हैं और हमेशा की तरह यह वाकई एक कमाल रहा। यह अपने-आप में विस्मयकारी, आरोग्य देने वाला और आत्मा को मुक्त करने वाला लेखन है। यह किताब और दीपक चोपड़ा स्वयं, मानवता के लिए किसी विशाल उपहारों से कम नहीं है।''

– नील डोनाल्ड वाल्श, *होम विद गॉड : इन ए लाइफ़ दैट नेवर एंड्ज़* के लेखक

''डॉ. चोपड़ा इस जगह ऐसे प्रमुख प्रश्नों के उत्तर दे रहे हैं, जिनके लिए पश्चिमी धर्मों से बहुत ज़्यादा मदद नहीं मिलती। मृत्यु एक नया आरंभ है। चेतना मृत्यु से लेकर अगले जन्म से पहले तक व्यक्तित्व को संभाले रखती है।''

– जॉन ओ'एम. बोकरिस, प्रोफ़ेसर, यूनिवर्सिटी ऑफ़ पेंसिलवानिया (1953-1972); विशेष प्रोफ़ेसर, टेक्सास, ए ऐंड एम यूनिवर्सिटी (1978-1997); *द न्यू पैराडाइम* के लेखक

''पूर्व और पश्चिम की संस्कृतियों के बीच रमते हुए, मैंने सबसे बड़ा अंतर यही पाया कि इनमें मृत्यु और मृत्यु के पश्चात जीवन को ले कर प्रवृत्तियों में अंतर था। दीपक चोपड़ा ने अपने अस्तित्व में पूर्व और पश्चिम दोनों को समाहित किया है। वे वेदांत, कर्मों के नियम और हिंदू मिथकों से परिचित हैं, क्योंकि उनका जन्म भारत के हिंदू परिवार में हुआ। परंतु जब वे कैथोलिक स्कूल में गए तो वहीं उन्होंने फ़ादर से मृत्यु और मृत्यु के बाद के जीवन के बारे में भी जाना। वे पश्चिमी विज्ञानों से परिचित हैं, इसलिए हमें उनके लेखन में क्वांटम भौतिकी और चेतना की थ्योरीज़ का मेल मिलता है और इसके अलावा वे एक पश्चिमी फ़िज़ीशियन भी रहे, जिससे उन्हें एनडीईज़ यानी मृत्यु को निकट से देखने वाले अनुभवों से साक्षात्कार करने का अवसर मिला। वे अपनी इस

पुस्तक में, अपने अस्तित्व के इन्हीं हिस्सों को शामिल करते हुए, मृत्यु के पश्चात जीवन का निपुण विवरण प्रस्तुत करते हैं।''

– राम दास

''जन्म एक चमत्कार है ...उसी तरह मृत्यु भी चमत्कार है। दीपक अपने परिचित विवेक और बुद्धिमत्ता के बल पर नैतिक कहानियाँ, बचपन की स्मृतियाँ, क्वांटम पहेलियाँ, न्यूरोविज्ञान, धर्म और सामान्य बुद्धि को प्रयोग में लाते हुए इस बात का संतोषजनक अन्वेषण करते हैं कि हम सही मायनों में क्या हैं और हम इस जगह क्या कर रहे हैं और हम कहाँ जा रहे हैं। यह मुक्ति और परमानंद की ओर एक यात्रा है।''

– रिचर्ड गेरे, अभिनेता और मानवतावादी

''दीपक चोपड़ा सदा अपनी बुद्धिमत्ता के बल पर बड़े-बड़े विषयों पर काम करते आए हैं और इस पुस्तक में भी यही हुआ है। हम सभी मृत्यु के बारे में कोई न कोई सोच रखते हैं, जो इस बात पर गहराई से असर डालती है कि हम कैसे जीते हैं, चाहें हमें इसका पता हो या नहीं हो। दीपक ने पूरे विवेक से पूर्व और पश्चिम के बीच पुल बनाया है, वैज्ञानिक निरीक्षणों की बुद्धिमत्ता के साथ वैदिक ऋषियों का प्राचीन विवेक। इन दो लेंसों के माध्यम से हम चेतना के उन आयामों को प्रकट करते हैं, जो ना केवल हमारे विश्वासों बल्कि मृत्यु के बाद जीवन को रच सकते हैं, परंतु इससे भी अधिक, वे हमारे लिए उस शक्ति की पुष्टि भी करते हैं, जिनके बल पर इन विश्वासों का विकास हो सकता है। वे हमें दिखाते हैं कि हमारी व्यक्तिगत चेतना मृत्यु के बाद की हमारी अवस्था को ही सुनिश्चित नहीं करती, बल्कि यह उस जीवन के लिए भी महत्त्वपूर्ण हैं, जो हम अभी जी रहे हैं।''

– रिचर्ड मोस, एम.डी., *द मंडल ऑफ़ बीइंग* के लेखक

''मेरी बेबी बूमर पीढ़ी के लिए और कौन से प्रश्न और अधिक महत्त्वपूर्ण हो सकते हैं, और दीपक चोपड़ा के अलावा मृत्यु के पश्चात जीवन अन्वेषण के लिए और कौन सा भरोसमंद मार्गदर्शक हो सकता है? इस किताब के लिए उनकी पहल में ईमानदारी, बुद्धिमत्ता, समानुभूति, करुणा, अंतर्दृष्टि और सजगता की गहराई शामिल रहे हैं, जिन्हें उनकी पहचान कह सकते हैं। दीपक का प्रतिभाशाली, बहुआयामी मार्गदर्शन सूक्ष्म तलों और हिंदू मिथकों व ईसाई

शिक्षाओं के केंद्र तक जाता है और हमारे संसार में, 'पश्चिम की ओर आने वाले बुद्ध' के रूप में उनके पद को और पुष्ट करता है, जब हमारी पीढ़ी आने वाले समय के लिए कुछ चाहती हो तो हमारे जीवन और मान्यताओं पर मार्गदर्शन देने के लिए उनसे बेहतर और कौन हो सकता है? यह आत्मा की यात्रा और उससे भी परे जाने के लिए तैयारी का काम करती है और नश्वरता के व्यक्तिगत अनुभव पर और अधिक जानकारी देती है।''

– रीनाल्डो ब्रूटोको, प्रेज़ीडेंट, वर्ल्ड बिज़नेस एकेडमी

''विस्तृत और विचारोत्तेजक, यह पुस्तक मृत्यु के पश्चात जीवन के प्रश्न को एक बृहत्तर दृष्टिकोण देती है। यह हमारी अपनी ही लगाई गई सीमाओं के लिए उत्कृष्ट एंटीडोट हो सकता है, जो हम जीवन, मृत्यु और चेतना की प्रकृति के लिए रखते आए हों।''

– रुपर्ट शेलड्रेक, पीएचडी, बायोलॉजिस्ट,
द प्रेज़ेंस ऑफ़ द पास्ट के लेखक

''इस पुस्तक में डॉ. चोपड़ा हमें उनके एमर्जेंसी रूम मेडीसिन से लेकर पूर्वी मेटाफ़िज़िक्स में लेकर हुए रोमांच से जुड़े अनूठे जीवन अनुभवों से लाभ पाने का अवसर देते हैं। यह पुस्तक प्रेरक, सुकून देने वाली और प्रामाणिक है। यह भौतिक मृत्यु की उत्तरजीविता के लिए ठोस आँकड़े देते हुए, आनंद और विस्तार के पथ पर निर्देशित करती है और हमें यह खोजने में सहायक होती है कि हम सही मायनों में क्या हैं, जो कि एक भौतिक शरीर से कहीं बढ़ कर हैं।''

– रसल टार्ग, भौतिकविद् और *द एंड ऑफ़ द सफ़रिंग* के सह-लेखक

''चोपड़ा वैज्ञानिकों और इंजीनियरों द्वारा दर्ज किए गए असाधारण अनुभवों की अद्भुत विविधता को तुलना और विश्लेषण के साथ प्रकाशित करते हुए, उन्हें उस ताने-बाने में गूंथते हैं, जिन्हें विभिन्न धार्मिक परंपराओं ने अपनाया है। विलियम जेम्स की परंपरा में यह मूल अनुभववाद ख़ूबसूरती से आया है, जेम्स ने 'प्रमाण का बोझ' को न्यूनीकरणवादियों पर डाला, जिन्हें कई दशकों से विज्ञान के लिए बोलने का दावा करते हुए, विज्ञान के आधार-तथ्य, को अनदेखा करने की अनुमति दी गई।

चोपड़ा कुछ रूपकों के साथ इन आँकड़ों और अनुभवों की तुलना करते हैं, जिनसे हम विज्ञान की दुनिया में विस्मित होते हैं और जनता को प्रभावित

करते हैं। दीपक ने न्यूनतावादी भौतिकवादियों से प्रमाण के बोझ की माँग करते हुए चुनौती दी है। मैं पूरे विश्वास से भविष्यवाणी कर सकता हूँ कि वे केवल इतना ही करेंगे कि इसे अनदेखा करने की कोशिश कर सकें।''

– रुस्तम रॉय, पेंसिलवानिया स्टेट यूनिवर्सिटी प्रोफ़ेसर, एरिज़ोना स्टेट, ऐंड यूनिवर्सिटी ऑफ़ एरिज़ोना; इलेक्टिड टू द नैशनल एकेडेमिक्स ऑफ़ साइंस ऑर इंजीनियरिंग ऑफ़ द यूनाइटेड स्टेट्स, स्वीडन, जापान, रशिया ऐंड इंडिया

''दीपक चोपड़ा गहरे विवेक और स्पष्टता के साथ आकाशीय क्षेत्र में अनंत संभावनाओं का अद्‌भुत कैलाइडोस्कोपिक दृश्य प्रस्तुत करते हैं। कहानी के रूप में गुंथे लेखन को रोज़मर्रा के जीवन चक्र के बीच आसानी से पहचाना जा सकता है। हर संस्कृति, धर्म और व्यक्ति इस उल्लेखनीय लेखन में अपने आध्यात्मिक पथ तक पहुँच सकता है, जहाँ प्रेम, सत्य, करुणा, जन्म और मृत्यु समान हैं और अनंत यहीं और अभी है।''

– सिस्टर जूडियन, ब्रीटनबाक, आर.एन., कैथोलिक ऑर्डर ऑफ़ द पूअर हैंडमेड्स ऑफ़ जीसस क्राइस्ट, नमस्ते सेंटर फ़ॉर होलिस्टिक एजुकेशन, ला पोर्ते, इंडियानापोलिस

''हमारे अगले जीवन की दंग कर देने वाली विश्वसनीय यात्रा, दीपक चोपड़ा धार्मिक सिद्धांत से आध्यात्मिक सत्य तक रूपांतरित करते हैं। जीवन के पश्चात मृत्यु हमें इस बोध की ओर ले जाती है कि हम सभी एक ही आस्था से जुड़े हैं और मिल कर एक दैवीय योजना में हिस्सा ले रहे हैं। हम सामूहिक तौर पर इस जीवनकाल में और इससे भी परे हमारे आध्यात्मिक प्रताप की ओर चेतना में घूम रहे हैं। इस महान पुस्तक में बाहरी प्रश्नों के उत्तर दिए गए हैं और आँतरिक धारणाओं की पुष्टि की गई है, जिसके लिए मैं कृतज्ञ हूँ।''

– टॉम ज़ेंडर, यूनिटी : मेंबर ऑफ़ लीडरशिप काउंसिल के सदस्य, एसोसिएशन फ़ॉर ग्लोबल न्यू थॉट (एजीएनटी)

''दीपक चोपड़ा इस पुस्तक में अपने पाठकों को उस प्रवेशद्वार की ओर ले जाते हैं, जो मृत्यु है और इसके साथ ही वे उन्हें प्रोत्साहित करते हैं कि वे उससे परे जो भी दिख रहा है, उसके लिए अपनी आँखें खोल कर रखें। वे विभिन्न परंपराओं की खोजबीन के साथ ही यह दिखाते हैं कि मृत्यु कोई संकट नहीं,

यह एक अवसर है। चोपड़ा ने बड़ी ही दक्षता से प्राचीन पौराणिकता, आधुनिक विज्ञान और मनोविज्ञान का मेल प्रस्तुत किया है। वे एक मास्टर स्टोरीटेलर हैं, जो पश्चिमी पाठकों के लिए पूर्वी विवेक और ज्ञान प्रस्तुत करते हैं।''

– विक्टर चान, संस्थापक निदेशक, दलाई लामा सेंटर फ़ॉर पीस ऐंड एजुकेशन; *विज़डम ऑफ़ फ़ॉरगिवनेस : इंटीमेट जर्नीज़ ऐंड कन्वरसेशन्स* पुस्तक के लिए परम आरदणीय दलाई लामा के सह-लेखक

''दीपक चोपड़ा ने इस पुस्तक में एक बार फिर वही कर दिखाया, जो वे हमेशा बेहतरीन तरीक़े से करते आए हैं... उन्होंने उस अवर्णनीय तक हमारी पहुँच को आसान बनाया है। यह किताब चोपड़ा की लीजेंड बन कर सामने आती दिख रही है : जीवन के अनुभवातीत रहस्यों का अन्वेषण और ना केवल उन तक पहुँच को आसान बनाना, बल्कि – इसके साथ ही उन्हें रोचक तरीक़े से पेश करना! मृत्यु के पश्चात जीवन ऐसी ही है। अंतत: एक ऐसी किताब हमारे सामने है, जो पश्चिम को हमारे अपने ही उस अपरिहार्य के भय के बारदो के माध्यम से एक विस्तृत, मनोरंजक और कुल मिला कर सुकून से भरी यात्रा करवाती है। नश्वर मनुष्यों को निश्चित रूप से इसे पढ़ना चाहिए।''

– वार्ड एम. पावर्स, फ़िल्ममेकर; *वन : द मूवी* के क्रिएटर और डायरेक्टर

लाइफ़ आफ़्टर डेथ

मृत्यु से जुड़े सवालों के जवाब

दीपक चोपड़ा

अनुवादः रचना भोला 'यामिनी'

MANJUL

मंजुल पब्लिशिंग हाउस

MANJUL

मंजुल पब्लिशिंग हाउस

कॉरपोरेट एवं संपादकीय कार्यालय

• द्वितीय तल, उषा प्रीत कॉम्प्लेक्स, 42 मालवीय नगर, भोपाल-462 003

विक्रय एवं विपणन कार्यालय

• सी-16, सेक्टर 3, नोएडा, उत्तर प्रदेश, 201301

वेबसाइट : www.manjulindia.com

वितरण केन्द्र

अहमदाबाद, बेंगलुरू, भोपाल, कोलकाता, चेन्नई,
हैदराबाद, मुम्बई, नई दिल्ली, पुणे

दीपक चोपड़ा द्वारा लिखित मूल अंग्रेजी पुस्तक *लाइफ़ आफ़्टर* डेथ का हिन्दी अनुवाद

Life After Death: The Book of Answers by Deepak Chopra – Hindi Edition

This Hindi translation published by arrangement with Harmony Books, an imprint of Random House, a division of Penguin Random House LLC

यह हिन्दी संस्करण 2023 में पहली बार प्रकाशित

ISBN 978-93-5543-632-0

Cover image: shutterstock

अनुवाद : रचना भोला 'यामिनी'

मुद्रण व जिल्दसाज़ी : थॉमसन प्रेस (इंडिया) लिमिटेड

मेरे प्रिय माता-पिता के लिए

अनुक्रम

भाग दो : प्रमाण का बोझ

आभार...

लंबे समय से मेरे संपादक रहे पीटर गुज़ार्दी ने मुझे मृत्यु और मरणासन्न पर एक पुस्तक लेखन के लिए प्रोत्साहित किया, जो अब आपके हाथों में है। हमेशा की तरह उनकी अंतर्दृष्टि कुशाग्र थी और वे हर चरण पर एक अमूल्य मार्गदर्शक की तरह साथ रहे।

डेविड, कैरोलीन, फ़ेलिशिया और चोपड़ा सेंटर के सारे स्टाफ़ के नाम, मैं प्रतिदिन आप लोगों के मेरे प्रति समर्पण और दयालुता का स्मरण करता हूँ, धन्यवाद।

मेरे परिवार के नाम, जिसने मुझे इतना स्नेह और समर्पण दिया है, जो शायद मैं एक जीवनकाल में नहीं चुका सकता।

विवरण : जीवन से परे

मृत्यु के पश्चात जीवन पर यह किताब लिखते हुए, मैं बारंबार उन कहानियों की ओर आकर्षित होता रहा, जिन्हें मैंने अपने बचपन में भारत में सुना था। नीतिकथाओं के माध्यम से बच्चों को बहुत अच्छी तरह सीख दी जा सकती है और मैंने उन दिनों जो नीतिकथाएँ सुनीं, उनमें से कई तो आज भी मेरे जीवन का हिस्सा हैं। इस तरह मैंने तय किया कि मैं उन कहानियों के आसपास इस कथानक का ताना-बाना बुनूंगा, जिन्हें मैंने घर में, मंदिरों के प्रागंणों में और स्कूल में सुना। आशा करता हूँ कि पाठक भी उस संसार के बारे में जान कर अभिभूत होंगे, जहाँ नायक प्रकाश में सामने आने के लिए अंधकार से संघर्ष करते हैं।

इस जगह वह नायक एक स्त्री है- सावित्री, और उसे जिस शत्रु का सामना करना है, उसका नाम है- यम; मृत्यु के देवता! एक दिन यम उसके आँगन में प्रकट होते हैं, वे प्रतीक्षा कर रहे हैं कि ज्यों ही सावित्री का पति काम से लौटे तो वे उसके प्राण अपने साथ ले जाएँ। वह एक लकड़हारा है। सावित्री भयभीत है। ऐसी कौन सी रणनीति हो सकती है, जिसके बल पर मृत्यु को उसके इस निष्ठुर अभियान से मोड़ा जा सकता है?

मुझे इन चरित्रों की कल्पना करने में कोई कठिनाई नहीं हुई। मैं सावित्री के लिए डरा हुआ था और यह जानने को व्याकुल था कि मृत्यु के साथ उसकी बुद्धि की मुठभेड़ में अंत क्या हुआ? उनका संसार बहुत आसानी से मेरे भीतर प्रवाहित होते चला गया, क्योंकि मेरे बचपन का भारत, प्राचीन भारत से बहुत दूर नहीं था। मैं यह बताना चाहूँगा कि उस समय मृत्यु और उससे परे के संसार के बारे में क्या सोचा जाता था। यह सुनने में बहुत ही गूढ़ लग सकता है यदि ऐसा लगे, तो आप किताब के मूल भाग को पढ़ने के बाद इसे दोबारा पढ़ सकते हैं। हालाँकि यह

कितना भी दुर्लभ और रहस्यमयी क्यों ना लगे, मैं यहीं से आरंभ कर रहा हूँ।

मेरे बचपन के दौरान जो चीज़ सबसे अधिक जादुई थी, वह रूपांतरण था। मृत्यु को आत्मा की अंतहीन यात्रा के बीच एक विश्राम बिंदु के रूप में देखा जाता था, जो एक राजा को रंक या रंक को राजा बना सकती थी। आगे और पीछे की ओर फैले अनंत जीवनकालों की संभावना के साथ, एक आत्मा सैकड़ों स्वर्ग और नरकों का अनुभव पा सकती थी। मृत्यु के साथ कुछ भी समाप्त नहीं होता था; यह अनंत रोमांचों के द्वार खोलती थी। परंतु गहरे स्तर पर, यह एक भारतीय सोच थी, जो अपने लिए स्थायित्व नहीं चाहती। जल की एक बूंद वाष्प बनती है, जो अदृश्य हो जाती है, फिर वही वाष्प हरहराते मेघों में बदलती है और फिर मेघ से वर्षा धरती पर आती है, नदियों में वर्षा का जल भरता और फिर से सागर में लीन हो जाता है। क्या इस सारी प्रक्रिया के दौरान जल की वह बूंद कहीं मर गई? नहीं, इसने हर अवस्था में एक नई अभिव्यक्ति पाई। इसी तरह, यह विचार भी एक मृगतृष्णा है कि मेरे पास एक स्थिर शरीर है, जो समय और काल में बंधा है। मेरे शरीर के भीतर की कोई भी बूंद एक दिन पहले ही सागर, मेघ, नदी या फिर झरना हो सकती थी। जब दैनिक जीवन के बंधन बहुत कसने लगते हैं तो मैं स्वयं को यही सच्चाई याद दिला देता हूँ।

पश्चिम में, मृत्यु के बाद के जीवन को भौतिक संसार की तरह ही लिया जाता है। हैवन, हैल और कष्ट कहीं दूर, आकाश से परे या धरती तले पड़े हैं। मेरे बचपन के भारत में, मृत्यु के बाद के जीवन को इस रूप में नहीं लिया जाता था, यह तो एक सजगतापूर्ण अवस्था थी।

मैं और आप इस समय जिस ब्रह्माण्ड का अनुभव पा रहे हैं, जिसमें ये वृक्ष, पौधे, लोग, घर, कारें, सितारे और तारामंडल मौजूद हैं, वे केवल मात्र चेतना हैं, जो एक निश्चित बारंबारता पर स्पंदित हो रही है। इसी अंतरिक्ष में कहीं और, विभिन्न प्रकार के तल भी साथ-साथ बने हुए हैं। यदि मैं अपनी दादी से स्वर्ग के बारे में पूछता तो वे निश्चित रूप से उस घर की ओर संकेत करतीं, जिसमें हम रह रहे थे, ऐसा इसलिए नहीं होता कि वह घर स्नेहपूर्ण था, बल्कि उन्हें यही लगता था उसी जगह पर बहुत सारे संसार आराम से एक साथ रह सकते थे। उदाहरण के लिए, यदि आप कोई कसंर्ट ऑर्केस्ट्रॉ सुनने गए हैं, उस जगह सौ वाद्य यंत्र एक साथ बज

रहे हैं, उनमें से प्रत्येक अंतरिक्ष और समय में अपने लिए एक जगह रखता है। आप चाहें तो उस सिंफ़नी को पूरा सुनें या चाहें तो किसी एक वाद्य यंत्र पर अपना ध्यान रमा दें। आप उस एक वाद्य यंत्र से निकले नोट्स को भी व्यक्तिगत रूप से अलग छांट सकते हैं। किसी एक बारंबारता की उपस्थिति दूसरी बारंबारताओं में बाधा नहीं देती।

जब मैं छोटा था तो इस बारे में नहीं जानता था, पर जब मैं दिल्ली के भीड़ भरे बाज़ार में जाता, जहाँ किसी एक बाज़ार में होने वाली भीड़ की तुलना में बहुत ज़्यादा भीड़ होती तो मैं जिस दुनिया को देख नहीं सकता था, वह उससे भी ज़्यादा भीड़ से भरी थी। मैं जिस हवा में श्वास ले रहा था, उसमें कारों, पक्षियों, रेडियो तरंगों, एक्स-रेज, कॉस्मिक-रेज़ और उपआण्विक अनंत कणों का कोलाहल था। मेरे आसपास अंतहीन यथार्थ बिखरे हुए थे।

प्रकृति में प्रत्येक बारंबारता, एक साथ वास करती है और फिर भी, हम वही अनुभव करते हैं, जो हम देख पाते हैं। हम जो देख नहीं सकते, उससे भयभीत होना स्वाभाविक ही है और चूंकि मृत्यु एक व्यक्ति को आँख से ओझल कर देती है तो हम इसके लिए भयपूर्ण प्रतिक्रिया देते हैं। मैं निश्चित तौर पर इसका अभ्यस्त नहीं था। अपने पालतू पशुओं की मौत से मैं बहुत ही दुखी और उदास हो जाता। आधी रात को अचानक मेरे दादाजी चल बसे, मैं यह जान कर बुरी तरह से बिखर गया था। मेरा छोटा भाई पूरे घर में रोते हुए यही पूछता रहा, 'वे कहाँ हैं? वे कहाँ हैं?' मुझे इस प्रश्न का सही उत्तर जानने में कई बरस लगे और फिर मैंने जाना कि प्रश्न का सही उत्तर होता, 'यहीं और हर जगह!'

अस्तित्व के विभिन्न स्तर, चेतना की विभिन्न बारंबारताओं का प्रतिनिधित्व करते हैं। भौतिक पदार्थ का संसार चेतना की विभिन्न बारंबारताओं का प्रतिनिधित्व करता है। (दशकों बाद, मैं यह पढ़ कर मंत्रमुग्ध हो गया कि भौतिकविदों के अनुसार, ब्रह्माण्ड में पृष्ठभूमि में एक गुंजन सा हैं, जो नोट बी-फ़्लैट जैसा सुनाई देता है, हालाँकि यह मनुष्य की श्रवण क्षमता से लाखों गुना धीमे स्पंदित होता है।) भारत में बच्चा कभी इस तरह के जटिल अर्द्धवैज्ञानिक विचार नहीं सुनता था, परंतु मैंने पाँच तत्त्वों या महाभूतों के बारे में सुना था : धरती, जल, वायु, आकाश और अग्नि। इन सभी तत्त्वों के मेल से ही अस्तित्व में सब कुछ बना है, हालाँकि

पश्चिमी विज्ञान को मानने वाले व्यक्ति को यह बात सुनने में थोड़ी कच्ची लग सकती है, परंतु इसमें एक अनमोल सच छिपा है। सभी रूपांतरण कुछ सादे तत्त्वों पर ही टिके होते हैं।

बीसवीं सदी में, पश्चिमी विज्ञान को यह समझ आ गया था कि सभी ठोस वस्तुएँ वास्तव में अदृश्य स्पंदनों के मेल से बनी हैं। मेरे बचपन में, ठोस वस्तुओं को धरती तत्त्व के विस्तृत अंश से जोड़ा जाता था। यदि दूसरे शब्दों में कहें, ठोस वस्तुओं के स्पंदन घने होते हैं या वे निम्न तल के स्पंदन होते हैं। वाष्पयुक्त वस्तुओं के स्पंदन बहुत ही सूक्ष्म होते हैं, उन्हें उच्चतम तल पर माना जाता है।

जिस तरह भौतिक वस्तुओं के विभिन्न तल होते हैं, उसी तरह विभिन्न आध्यात्मिक तल भी होते हैं, यह पवित्र कैथोलिक भाइयों के लिए किसी सदमे से कम नहीं था, मेरे उन स्कूल टीचरों में से अधिकतर आइरिश थे। उनके लिए एकमात्र स्पिरिट होली घोस्ट थी, जो हैवन में रहती थी। हम बच्चे इतना तो समझते ही थे कि उनसे असहमति नहीं दिखाएँ, हमारे ब्रह्माण्ड में यही बात समझ आती थी यदि पृथ्वी सघन आध्यात्मिक जगत था, तो कुछ उच्चतम आध्यात्मिक तल भी होते होंगे, जिन्हें हम *लोक* कहते हैं, पश्चिमी रहस्यवादी मंडलियों में इन्हें 'सूक्ष्म तलों' के नाम से जाना जाता है। सूक्ष्म तलों की संख्या अनंत हो सकती है और फिर भी इनमें से सबसे निम्नतम भी भौतिक जगत की तुलना में कहीं अधिक बारंबारता पर स्पंदित होता है।

बहुत समय पहले ही, पश्चिम ने आकाश के संगीत को सुनने की कोशिश करना छोड़ दिया था, परंतु भारत में यह माना जाता है कि यदि किसी व्यक्ति की चेतना पूरी तरह से लययुक्त हो, तो वह अपने भीतर उतर कर, वास्तव में विविध उच्चतम तलों के स्पंदनों को सुन सकता है। सूक्ष्म तल पर आप अपने ही शरीर को भी देख सकते हैं, हालाँकि ऐसा हो सकता है कि यह क्षण प्रतिक्षण अपनी आयु बदल रहा हो।

हमें निम्नतम सूक्ष्म तलों में अतींद्रिय दृष्टि, टेलीपेथी और पाँच इंद्रियों के अन्य सूक्ष्म परिष्कृत रूप, भूत-प्रेत, देहमुक्त आत्माएँ आदि मिलती हैं, जो किसी न किसी कारणवश इसी ग्रह पर ''रह गईं'' हैं। जब मैं छोटा था, तो यह सुनिश्चित था कि जब कोई कुत्ता या बिल्ली अचानक रुक कर हवा में कुछ सूंघते, तो उन्हें कुछ दिखाई देता था। जब मैंने पूर्वी और पश्चिमी ग्रंथों में आगे जा कर यह पढ़ा कि मनुष्य अपनी उच्च सजगता की

अवस्था में कभी-कभी जिन निम्नतम सूक्ष्म तलों का आभास पाते हैं, उन्हें पशु अक्सर भांप लेते हैं तो मुझे बहुत आश्चर्य नहीं हुआ था। तब मुझे एक मनोरोग चिकित्सक के मुख से यह सुन कर भी हैरानी नहीं हुई थी कि अगर कमरे में पर्याप्त हल्की सी रोशनी हो, तो वह लगभग अदृश्य रूप में दिख रही आत्मा को देख सकता था, जो मरणासन्न की देह से निकल कर जा रही होती थी। हर भारतीय बच्चा ऐसे कई तरह के नायकों के कारनामों से भरे कॉमिक्स पढ़ता है, जो सुदूर लोकों में अपने युद्ध लड़ते हैं। भौतिक अस्तित्व से बाहर जाना और वापस आना ही, हमारा बाहरी अंतरिक्ष में यात्रा करने का संस्करण था। हमारे कॉमिक बुक्स के नायक विचारों से बनी छवियों और मेघों का सामना करते, नींद के दौरान उनके सूक्ष्म शरीर सूक्ष्म लोकों में विचरते, वे सूक्ष्म रंगों और आभामंडलों को देखते। ये सभी निम्नतम सूक्ष्म तलों पर स्पंदित हो रहे हैं।

भारतीय परंपरा में, हर भौतिक शरीर को एक सूक्ष्म शरीर भी दिया गया है। आपका सूक्ष्म शरीर आपके भौतिक शरीर का दर्पण है; जिसमें हृदय, जिगर, टांगें व चेहरा आदि पाए जाते हैं। परंतु चूकि यह उच्चतम बारंबारता पर स्पंदित होता है, इसलिए अधिकतर लोग इससे अनजान होते हैं। जीवन के दौरान, भौतिक देह, आत्मा का वस्त्र बनती है; यह इसे वह रूप देती है, जिसे भौतिक संसार में निर्धारित किया जा सके। मृत्यु के समय, जब भौतिक शरीर का क्षय होने लगता है, तो मुक्त होने वाली आत्मा उस सूक्ष्म तल पर प्रवेश करती है, जो इसके भौतिक तल के अस्तित्व से ही मेल खाता है, इसकी बारंबारता भूतपूर्व जीवन के लगभग निकट ही होती है।

तब यह बात आसानी से मन में समझ आ जाती थी कि आप वहीं जाते हैं, जहाँ से आप संबंध रखते हैं। मैं कल्पना करता कि कुत्ते, कुत्तों के स्वर्ग में जाते होंगे और कुत्तों को प्यार करने वाले लोग भी उसी स्वर्ग में जाते होंगे। मैं कल्पना करता था कि बुरे लोग अपने सिवा किसी और को कष्ट नहीं दे रहे, क्योंकि वे एक तरह से अपनी ही कार्मिक जेल में अकेले थे। यह अपने-आप में एक दिलासा था कि जो अच्छे लोग मुझे प्यार करते थे, वे अब अच्छी जगह रहने जा रहे थे। पर मेरे इस दृष्टिकोण की भी अपनी सीमाएँ थीं। मैं कभी यक़ीन से नहीं कह सका कि मेरे समझदार दादाजी को उस जगह उनके दादाजी मिले होंगे या फिर देवदूतों या प्रबुद्ध आत्माओं ने उन्हें आगे की राह दिखाई होगी। बहुत बाद में जा कर, जब

मैंने कर्मों पर शोध करना आरंभ किया तो मैंने पाया कि हम मरने के बाद आत्म-प्रेरित होते हैं। एक आत्मा अपनी इच्छा से एक से दूसरे सूक्ष्म तल की ओर जाती है। आत्मा के लिए भारतीय शब्द *ब्राह्माण* है, जो कि सब कुछ है, एक चेतना, जो अस्तित्व के हर तल पर व्याप्त है, परंतु भारतीय इस शब्दभंडार के प्रति सहज हैं, जो एक प्राचीन संस्कृति के अनुरूप ही है। हम कहते हैं ईश्वर। राम। शिव। महेश्वर। ये सब नाम इतना महत्त्व नहीं रखते, वह एकमात्र चेतना महत्त्व रखती है, जो हर चीज़ को रचती है और अनंत गति से अनंत आयामों में रचती आ रही है। सूक्ष्म तल पर आत्मा निरंतर अपनी भूमिकाएँ रचती है।

इस जगह व्यक्ति वास्तव में देवी, देवताओं, देवदूतों और राक्षसों की छवियाँ देख सकता है। ये कुल मिला कर भ्रम ही हैं, परंतु हर सूक्ष्म तल से आत्मा का अनुभव मिलता है। इस जगह, हमारे ग्रह पर, हम आत्मा को एक पदार्थ के रूप में अनुभव करते हैं। सूक्ष्म तलों पर, हम सूक्ष्म जीवों तथा उनके आवासों का अनुभव पाते हैं - जिन्हें हम स्वप्न का नाम भी दे सकते हैं।

यह ब्रह्माण्ड गैर-स्थानीय है, इसे आप किसी स्थान की तरह नहीं खोज सकते। मृत्यु के बाद हम धीरे-धीरे स्थानीय नहीं रह जाते। हम स्वयं को वास्तव में आत्मा के नज़रिए से देखने लगते हैं : हर ओर, एक साथ। यही समायोजन ही शायद हमारे लिए सूक्ष्म तल पर सबसे बड़ी बाधा होगी। इस समय, आप ब्रह्माण्ड के केंद्र में हैं, क्योंकि अनंत हर दिशा में फैला है। फिर भी संसार के किसी दूसरे कोने में कोई और ब्रह्माण्ड के केंद्र में है, क्योंकि अनंत उसके भी चारों और फैला है। यदि आप दोनों ही ब्रह्माण्ड का केंद्र हैं तो आप दोनों ही एक ही स्थान पर होंगे। आप विभिन्न स्थानों पर दिखाई देते हैं, वह केवल ऐंद्रिक शिल्पकृति है। जो दृश्यों तथा ध्वनियों पर आधारित है, जो स्थानीय घटनाएँ हैं। आप कोई स्थानीय घटना नहीं हैं।

इसी तरह, प्रत्येक क्षण समय का केंद्र है, क्योंकि अनंत हर दिशा में प्रत्येक क्षण में व्याप्त है। इस तरह, प्रत्येक क्षण हर दूसरे क्षण की तरह समान है। ब्रह्माण्ड गैर-स्थानीय है, क्योंकि इसका कोई ऊपर-नीचे, उत्तर-दक्षिण या पूर्व-पश्चिम नहीं है। ये एक निश्चित बारंबारता पर हमारी सुविधा के लिए बने संदर्भ बिंदुओं से अधिक नहीं हैं (एक शरीर के भीतर)। मृत्यु के बाद रूपांतरण की प्रक्रिया, किसी अन्य स्थान या समय की ओर गति नहीं

है; यह हमारे ध्यान की गुणवत्ता में बदलाव भर है। आप केवल वही देख सकते हैं, जिसके लिए आप स्पंदित हैं।

मेरे एक अंकल थे, जिन्हें घूमने का बेहद शौक़ था और वे अक्सर भारत में अलग-अलग जगहों पर रहने वाले ऋषियों और संतों से भेंट करने जाते रहते थे। कई बार वे मुझे भी अपने साथ ले जाते। मैंने तब ऐसे साधुओं के दर्शन किए जो बरसों से एक ही मुद्रा में ध्यान कर रहे थे और कई तो ऐसे भी थे, जिनकी श्वास भी नाममात्र की ही चल रही थी। अब मैं जानता हूँ कि तब मेरी आँखें मुझे धोखा दे रही थीं। मैं केवल कोष देख रहा था, जिसके अंदर अद्‌भुत रूपांतरण हो रहे थे। धीरे-धीरे ये छवियाँ बाहरी दुनिया से परे, विभिन्न बारंबारताओं पर स्पंदित थीं। वे अपने ध्यान में थोड़े से परिवर्तन के साथ ही राम (या फिर बुद्ध और ईसा, हालाँकि भारत में इसकी संभावना कम थी) से बात कर सकते थे। गहन ध्यान कोई आँतरिक अवस्था नहीं थी; यह चेतना के लिए लॉन्चिंग पैड की तरह था। ईआर में, जब किसी की मृत्यु दिल का दौरा पड़ने से हो जाती है और यह पता लगता है कि उसने मृत्यु का निकट से अनुभव पाने के बाद जीवन पाया है तो उसने अपने लिए एक अलग तरह के लॉन्चिंग पैड का प्रयोग किया है। दोनों ही दशाओं में, ध्यान की गुणवत्ता में बदलाव आया था।

इस जगह सबसे बड़ा अंतर यही है कि जब हृदय का रोगी उस प्रकाश के बीच जाता है तो यह यात्रा अनैच्छिक होती है। मेरे अतीत के वे योगी एक अभिप्राय का अभ्यास कर रहे थे। चेतना के बहुत ही गहरे स्तर पर जा कर एक इच्छा को रखते हुए, वे उस प्रक्रिया से गुज़र रहे थे, जो मृत्यु के समान थी। इंद्रियाँ एक-एक कर अलोप हो रही थीं (जब व्यक्ति की मृत्यु होती है तो उसे सबसे अंत में सुनाई देना बंद होता है, जो जन्म के समय सबसे पहले आरंभ होता है। यह भारतीय अवधारणा के अनुसार ही है, जिसमें कहा गया है कि पाँचों इंद्रियाँ एक निश्चित क्रम में आती और जाती हैं; चूंकि आवाज़ स्पंदनों के समान है, जो शरीर को एक बनाए रखते हैं, तभी वह सबसे अंत में व्यक्ति का साथ छोड़ती है।)

जब इंद्रियाँ शिथिल होने लगती हैं तो अति सूक्ष्म इंद्रियाँ तीक्ष्ण होती हैं। हम मृत्यु के बाद भी देख और सुन सकते हैं, परंतु तब वस्तुएँ भौतिक नहीं रहतीं। वे उनमें से कुछ भी हो सकती हैं, जिन्हें हम सूक्ष्म तल पर देखना चाहते हैं : स्वर्गीय दृश्य और ध्वनियाँ, स्वर्गीय जीव और प्रखर प्रकाश।

मृत्यु को निकट से देखने वाले अनुभवों (एन.डी.ई.) में आमतौर पर व्यक्ति को चेहरे दिखते हैं, आवाज़ें सुनाई देती हैं या कोई भावात्मक उपस्थिति अनुभव होती है। दूसरी संस्कृतियों में, लोग किसी भूत या पशु से सामना करने की अपेक्षा कर सकते हैं। प्राय: एक मरणासन्न व्यक्ति अपने आसपास कुछ अतिसूक्ष्म अनुभव करता है – एक निश्चित प्रकार की गरमाहट या शरीर का त्याग करने से पहले एक तरह की आवाज़। किसी न किसी तरह आप इन्हें मरणासन्न की स्पंदनात्मक बारंबारता से पहचान सकते हैं। जिस भी व्यक्ति ने मरणासन्न के साथ समय बिताया हो, वे यह जानते हैं कि मरणासन्न कमरे में अपने बिछुड़े हुए प्रियजन या साथी के संपर्क में है, उसे देख पा रहा है। भौतिक से सूक्ष्म की ओर अंतरण के उस संक्रमण काल में किसी प्रकार का सूक्ष्म संपर्क भी घट रहा है।

मृत्यु के समय भौतिक शरीर का सूक्ष्म रूप उससे अलग हो जाता है। वैदिक शिक्षाओं के अनुसार, बिछुड़ी हुई आत्मा कुछ समय के लिए सूक्ष्म लोक में निद्रालीन होती है, जिसे मैं इन्क्यूबेशन या ऊष्मायन काल का नाम देता हूँ।

कोई कार्य आरंभ होने से पहले मन में उसके लिए विचार आते हैं, और आत्मा के साथ भी ठीक ऐसा ही कुछ होता है। सामान्यत: आत्मा शांतिपूर्वक सोती है, परंतु यदि कोई व्यक्ति अचानक या असमय प्राण त्यागता है या उसकी बहुत सी इच्छाएँ अधूरी रह जाती हैं, तो यह नींद बेचैनी और व्याकुलता से भरी हो सकती है। किसी हिंसक मौत का आतंक बाद में भी स्पंदित होता रहता है और इसी तरह और सामान्य दुख जैसे अधूरा प्रेम या शोक भी बने रहते हैं। आत्महत्या में भी वही आँतरिक दुख अनुभव होता रहता है, जिसके कारण उन्होंने अपने प्राण लिए होंगे।

अधूरी इच्छाओं को नकारात्मक नहीं होना चाहिए। यदि मन में आनंद पाने की इच्छा अधूरी रह जाए तो वह भी इंसान को जाने नहीं देती। मेरे आध्यात्मिक जिज्ञासु अंकल ने ऐसे अनेक विवरण सुने थे, जिनमें आत्माएँ निचले सूक्ष्म तलों पर ही अटक कर रह जाती थीं। दिन, महीने या साल किसी आत्मा के नज़रिए का पैमाना नहीं हैं। जब लोग अचानक या अप्राकृतिक रूप से प्राण त्यागते हैं, तो उन्हें अपने निजी कर्मों पर कार्य करने का समय नहीं मिलता; जब तक वे अपने मोह और कर्तव्यों को पूरा नहीं कर लेते; वे इसी ठोस तल पर बने रहेंगे।

संतों और ऋषियों के पास सूक्ष्म लोकों के मध्य मुक्त रूप से यात्रा करने का अवसर होता है, वे इच्छाओं से परे होते हैं। व्याकुल आत्माएँ दो लोकों के बीच उलझ कर रह जाती हैं और यदि मृतक के प्रियजन आत्मा को अपनी प्रार्थनाओं, शोक, अधूरे प्रेम अथवा उनसे संपर्क करने की इच्छा से पुकारते रहें तो आत्मा निरंतर व्याकुल रहेगी। आत्मा को सूक्ष्म लोक में निद्रालीन होना है, जिस तरह यह कोख में सोई थी और शांतिपूर्ण मृत्यु के साथ ही यह संभव होता है।

इसके बाद अपनी आँखों से अपने पूरे जीवन की झलकी देखने की बात आती है। मृत्यु के मुहाने तक हो आए लोग प्राय: इसे देखते हैं, जैसे पानी में डूब रहे लोग, हालाँकि यह अंतरण का एक हिस्सा हो सकता है, जो पूरी तरह से मृत्यु से जुड़ा नहीं होता। मुझे बचपन में यह कभी नहीं बताया गया था, हालाँकि बाद में, मैं एक डॉक्टर से मिला, जिसने मुझे बताया कि वह ऑस्ट्रेलिया के ग्रेट बैरियर रीफ़ में लगभग डूब ही गया था। उसने बताया कि यह एक शांतिपूर्ण अनुभव था, जिसके साथ-साथ उसकी आँखों के आगे उसका पूरा जीवन तेज़ी से घूम गया था - जैसे किसी मूवी का स्लाइड शो, उसने कहा (मैं सोचने लगा कि यदि उस दिन लाइफ़गार्ड सही समय पर उसके पास मदद के लिए नहीं जाते तो क्या वह एक व्याकुल आत्मा बन जाता)।

स्वामी प्राय: मृत्यु के बाद जीवन के बारे में विस्तार से बातें करते हैं और उनमें से कई स्वामियों का यह मानना है कि अपनी आँखों से अपने जीवन की झलकी देखना, एक निश्चित कार्मिक प्रक्रिया हो सकती है। कर्म आत्मा के आसपास इसी तरह गुंथे होते हैं, जिस तरह किसी चरखे के तकुए के आसपास धागा लिपटा रहता है। इस क्रम में, केवल महत्त्वपूर्ण कार्मिक क्षण ही दिखाई देते हैं।

कुछ मामलों में, जब कोई व्यक्ति कुछ सप्ताह या महीनों के दौरान धीरे-धीरे मृत्यु की ओर बढ़ता है तो कर्म भी धीरे-धीरे सामने आते हैं। व्यक्ति पूरी तरह से अतीत में लीन हो कर, उन पर विचार कर सकता है। मृत्यु के समय, सूक्ष्म लोक में प्रवेश करने से पहले, कर्मों का पूरा लेखा-जोखा सामने आता है, सारी छवियाँ इस तरह प्रकट होती हैं, जैसे किसी फ़िल्म की रील चल रही हो।

हालाँकि भारत के शुद्धतावादी, इस छवि को भी पूरी तरह से माया या भ्रम का नाम दे सकते हैं। उनका कहना है कि एक ही क्षण में अपने पिछले जीवन की झलकी देखना, इस बात का प्रदर्शन है कि हर क्षण में अनंत समाया है। दो जन्मों के मध्य, आत्मा की गहरी नींद के दौरान, भौतिक शरीर में पिछले सभी प्रसंगों की स्मृतियों की छाप आत्मा पर अंकित हो जाती है। वह एक कार्मिक सॉफ़्टवेयर बनाती है, जो उसके भावी जीवन को जन्म देगा।

एक आध्यात्मिक अभ्यास ऐसा है, जिसे मैं आज भी पूरा करता हूँ। रात को सोने से पहले बिस्तर पर लेट कर, दिन की पूरी घटनाओं की समीक्षा। मैं यह समीक्षा उल्टे क्रम में करता हूँ, कर्म भी इसी तरह अपना कार्य करते हैं। इस तरह मेरे साथ जो भी हुआ हो, मैं उसे समझने के बाद शांत हो जाता हूँ। मेरी अपनी यही सोच है कि मरणासन्न व्यक्ति को भी यही अवसर दिया जाना चाहिए।

आत्मा की नींद की अवधि इस बात पर निर्भर करती है कि आत्मा मृत्यु के समय कितनी प्रबुद्ध है। आत्मा को निद्रालीन इसलिए किया जाता है ताकि यह स्वयं को मोह से मुक्त कर ले। इसके मोह की ताक़त ही तय करेगी कि इसे उसका त्याग करने में कितना समय लगेगा। जब आत्मा जागती है तो यह उसी तल में प्रवेश कर सकती है, जो इसके लिए परिचित है। यदि आप अपने विकास के उच्चतम स्तर या तल में प्रवेश करना चाहेंगे तो आप भ्रमित और असहज होंगे। इसी तरह, आप अपने विकास के निचले तल पर भी नहीं जा सकते : आप केवल प्रगति कर सकते हैं।

निद्रालीन आत्मा एक तरह के आवरण में घिरी रहती है। जब यह जाग कर अपने आवरण से मुक्त होती है तो वह अंततः समाप्त हो जाता है। सूक्ष्म यात्रा के दौरान आत्मा दूसरी आत्माओं से भेंट करती है, जो उद्भव के उसी स्तर पर स्पंदित हो रही हैं। आप कुछ ऐसी आत्माओं से भेंट कर सकते हैं, जिन्हें आप भौतिक संसार में मिले थे और अब आप दोनों की बारंबारता एक सी है। अधिकतर लोग बहुत गहरी इच्छा रखते हैं कि वे मृत्यु के बाद अपने प्रियजन से भेंट कर सकें। उनकी आत्माएँ सूक्ष्म वातावरण में भटकती नहीं, बल्कि वे स्वयं प्रेम से निर्देशित होती हैं। प्रेम एक स्पंदन है, जो मानवता से भी कहीं अधिक पुराना है। परंतु निर्देशन का नियम मानवीय है, हम वहीं जाते हैं, जहाँ हमारी गहरी इच्छाएँ हमें ले जाती हैं।

जब आत्मा भौतिक वस्तुओं के संसार में गति करती है, तो इसके स्पंदन ठोस और धीमे होते हैं, जो शरीर के आवरण के कारण लगभग स्थिर होते हैं। जब ये उच्चतम रूप से स्पंदित होते हैं, तो आत्मा भी स्थिर होती है, क्योंकि यह केवल विशुद्ध सजगता का अनुभव पाती है – दूसरे शब्दों में, उन दो गहरी अतियों के बीच ही सृजन की सारी शृंखला समाई हुई है। सूक्ष्म जगत में, आत्मा अपनी इच्छा से, अपने निम्नतम स्पंदन तलों में यात्रा कर सकती है, परंतु अपने विकास के बाद ही उच्चतम तलों पर जाया जा सकता है, जिस तरह आप बार-बार किसी चीज़ को छलनी से छानते हैं और उस समय भारी कण बार-बार छलनी में ही रह जाते हैं और अंत में परिष्कृत वस्तु का उच्चतम स्तर हाथ आता है।

जिन ईसाई ब्रदर्स ने मुझे पढ़ाया, उन्हें यह बताना बेहद पसंद था कि स्वर्ग में क्या और कैसा होता होगा और गॉड का घर दिल्ली की किसी भी इमारत की तरह असली और ठोस था। स्वामी और योगी भी इस बात से सहमत हैं, किंतु इसके साथ ही उनका यह भी मानना है कि आत्मा अस्तित्व के प्रत्येक तल पर व्याप्त है। आपकी सजगता के तल के आधार पर, आप स्वयं अपने लिए हैवन और हैल रचते हैं और सूक्ष्म तलों के साथ-साथ भौतिक तल पर भी काम करते हैं। भौतिक जगत में, यदि आप एक घर बनाना चाहते हैं तो आपको ईंटें जमा करके, एक-दूसरे के ऊपर रखनी होंगी। सूक्ष्म जगत में, आप ठीक वैसे ही घर की कल्पना कर सकते हैं, जैसा आप अपने लिए चाहते हैं और यह भौतिक संसार में दिखने वाले किसी भी असली और ठोस घर की तरह आपके सामने होगा।

सूक्ष्म तल पर कष्ट और आनंद कल्पना के स्तर पर होते हैं, भले ही वे आपको असली लगें। विडंबना यह है कि यदि कोई व्यक्ति भौतिक तल या संसार में संदेहवादी रहा है तो हो सकता है कि वह सूक्ष्म तलों पर भी वही रवैया रखे; तब उसे यह अहसास नहीं होगा कि वह ठीक उसी जगह है, जो उसके हिसाब से कहीं है ही नहीं। आप सूक्ष्म जगत में जो शरीर रखते हैं, यह वही शरीर है, जिससे आप भूतपूर्व भौतिक संसार में अपनी पहचान रखते आए थे। चूंकि यह एक काल्पनिक शरीर है, आप चाहें तो सूक्ष्म जीवन के दौरान इसे रख सकते हैं या बदल सकते हैं। भौतिक और सूक्ष्म तल पर विकास धीमे-धीमे होता है, इसे पूरा होने में समय लगता है।

मेरे ईसाई स्कूली अध्यापकों को यह सोचना पसंद था कि हैवन में हर इच्छा पूरी होती है और स्वामी भी इस बात से सहमत थे। इच्छा अब भी मृत्यु के बाद बहुत महत्त्व रखती है। विकास वास्तव में इच्छा की पूर्ति की ही प्रक्रिया है। सूक्ष्म जगत में, आप पिछले भौतिक जगत में अधूरी छूटी हुई इच्छाओं को निखारते हुए पूरा करते हैं। आप भौतिक संसार से मिले ज्ञान और अनुभवों को भी निखारते हैं। सूक्ष्म जगत आपके पिछले भौतिक जन्मों के लिए ग्रैजुएट स्कूल के समान है। यहीं आत्मा अपनी उच्चतम और अधिक उन्नत इच्छाओं के लिए ऊर्जा समेटती है ताकि उन्हें दोबारा भौतिक जगत में जाने पर पूरा किया जा सके, जब उस आत्मा को अपने लिए एक नया शरीर मिले।

मैं इस बात के लिए पूरी तरह से निश्चित नहीं था कि ईसाई स्कीम के अनुसार लोग क्यों मरते थे। कुछ मृतक पापी थे, मानो वे कोई अपराधी हों, जो अपने पाप कर्म पूरे कर चुके हों और कुछ लोग गॉड से मिलने के लिए मरते थे, वे इस बात के लिए उत्सुक दिखते थे कि परमेश्वर से मिलने का समय आ गया था। भारत में कोई व्यक्ति तब मरता है, जब वह अपने जीवनकाल को मिलने वाले विकास के अंत तक आ गया हो; वह अपने कर्म से जो-जो सीख सकता था, उसने वह सब सीख लिया है। यही सूक्ष्म तल या संसार के लिए भी उचित लगता है। चक्र स्वयं ही पुनर्जन्म को उत्पन्न करता है, जो बचपन में मुझे बहुत ही सहज महसूस होता था। असल में, यह सब इतना सहज था कि मुझे यह कभी विचार ही नहीं आया कि यह प्रक्रिया कितनी रहस्यमयी हो सकती थी। किसी तरह आत्मा अपने लिए उपयुक्त माता-पिता की खोज कर लेती है ताकि यह फिर से विकसित होने के लिए पुन: जन्म ले सके। सूक्ष्म तल पर जो भी हो, उसके लिए धन्यवाद देना चाहिए, जहाँ से व्यक्ति छोड़ कर जाता है, उस बिंदु से उच्चतम स्तर से पुर्नजन्म होता है। ब्रह्माण्ड स्वयं कुछ निश्चित गणनाएँ करता है। कुछ शास्त्रों का दावा है कि कर्मों का लेखा-जोखा रखने वाले देवता स्वयं यह कार्य करते हैं।

जब मैं छोटा था तो अक्सर इस दृश्य की कल्पना करता कि एक अदालत लगी है, जिसमें बैठे न्यायधीश हर मामले की सुनवाई कर रहे हैं- वे इतने ज्ञानी हैं कि आत्मा के प्रत्येक जीवनकाल के विषय में जानकारी रखते हैं। वे बिना किसी भेदभाव या पक्षपात के, आने वाले जीवनकाल

की घटनाओं को भी तय कर देते हैं। उनका लक्ष्य पुरस्कार देना या दंड देना नहीं है, वे विकसित और उन्नत होने के अवसर दे रहे हैं। इसके बाद आगे जा कर जीवन में पता चला कि हमें कर्मों के लेखे के लिए किसी देवता की आवश्यकता नहीं, क्योंकि ब्रह्माण्ड स्वयं ही ना केवल हर प्रकार के जीवनकाल, बल्कि प्रकृति की हर घटना में परस्पर संबंध स्थापित कर रहा है। आदलत का वह दृश्य हमारी अपनी परख़ की स्पष्टता के लिए एक प्रतीक के समान है। जीवनकालों के दौरान हम भविष्य के लिए अपने विकास से जुड़े चुनाव करने के लिए पूरी तरह से सक्षम थे। महान ऋषियों और संतों के लिए यह कोई असजग चुनाव नहीं था। वे अपने पिछले जन्म के अनुभवों को उतनी ही स्पष्टता से याद कर सकते थे, जैसे मैं और आप पिछले दिन में घटी घटनाओं को कर पाते हैं। परंतु हममें से जिन लोगों के पास स्वतंत्र सजगता नहीं होती, जो पहले हो चुका है, उसकी बहुत हल्की सी स्मृति ही शेष रहती है।

जन्म होने का अर्थ है, अंतर्दृष्टि और रचनात्मकता के नए स्तर तक पहुँचना। यह प्रक्रिया स्वयं को बार-बार दोहराती है और हर बार आप थोड़े से और उच्चतम तल तक आ जाते हैं। जब आपके कर्मों का हिसाब-किताब पूरा हो जाता है तो आप अपने तल की अधिकतम सीमा पर आ जाते हैं, आपकी आत्मा फिर से निद्रालीन होती है और यह चक्र चलता रहता है।

आत्मा की गति की दिशा सदा ऊपर की ओर होती है। सूक्ष्म तल पर होने वाला कोई भी कष्ट, यहाँ तक कि सबसे यंत्रणादायी नरक भी केवल एक अस्थायी प्रवास है। जब यह प्रवास पूरा होता है तो आपके कर्म यह ध्यान रखते हैं कि अगले जन्म में आपके कर्म और बेहतर हों। मुझे पता है कि यह उस प्रचलित मान्यता के विपरीत है कि पुनर्जन्म किसी व्यक्ति को पशु योनि में ले जा सकता है या फिर अपने कर्मों के आधार पर कोई कीड़ा तक बन सकता है। भारत की संस्कृति बहुत ही प्राचीन और जटिल है और जब मैं इस जगह बड़ा हो रहा था तो यह जान कर आश्चर्य में पड़ जाता था कि इसके आध्यात्मिक उपदेश अपने-आप में कितने विरोधाभासी हो सकते थे - जिस तरह हर प्रांत का भोजन अलग होता है, उसी तरह लोगों की मान्यताएँ भी अलग-अलग थीं। भारतीय सर्वग्राही होते हैं। उन्होंने जीवन में कभी न कभी, किसी न किसी समय पर हर चीज़ पर विश्वास रखा होता है। मेरे कैथोलिक स्कूल टीचर तो सदियों पुराने मेन्यू पर एक नया व्यंजन

भर थे। धीरे-धीरे, मैंने निष्कर्ष निकाला कि आध्यात्मिक विषयों के बारे में कुछ भी सीखने का अर्थ यही था कि जितना अधिक हो सके, चीज़ों को पढ़ा जाए और उनका अनुभव लिया जाए।

भारत में बीते मेरे बचपन के दौरान यही माना जाता था कि हम अपना अगला जन्म अपनी मर्ज़ी से नहीं चुनते, परंतु चुनाव का तत्व स्वयं ही सामने आता है। आपको कितना चुनाव मिलेगा, वह इस बात पर निर्भर करेगा कि आप उस आकाशीय तल में स्वयं को कितनी स्पष्टता से देख पाते हैं। साक्षी भाव के इस गुण की तुलना, इस संसार में अभी किए जा रहे अनुभव से कर सकते हैं। जिनके पास चुनाव की बहुत कम स्वतंत्रता होती है उनके जीवन आवेग, विवशता, लत और असजग प्रवृत्तियों से संचालित होते हैं। आप इनसे जिस हद तक स्वतंत्र होंगे, आपके पास उतने अधिक चुनाव होते जाएँगे। यही उस आत्मा के लिए भी सच है जो अपने अगल भौतिक जन्म के लिए विचार कर रही है।

संत और ऋषि इसी जीवनकाल में स्पष्ट साक्षी होते हैं। कहते हैं कि बुद्ध एक क्षण के लिए अपनी आँखें बंद करते हुए, एक ही क्षण में अपने पिछले हज़ारों जन्म देख सकते थे। इसके विपरीत, अधिकतर लोग अपनी इच्छाओं में इतने लिप्त होते हैं कि जब वे स्वयं को सही मायनों में देखना चाहते हैं, तो उन्हें धुंध और अंधकार के सिवा कुछ नहीं दिखता।

आप साक्षी भाव होने की योग्यता विकसित करके अपने हालात के लिए सजग हो सकते हैं और अपने कर्मों को भोगने की प्रक्रिया को तेज़ी से पूरा कर सकते हैं। ठीक इसी प्रकार, आप इसी सूक्ष्म तल पर कौशल और हुनर निखार सकते हैं। (अन्य दूसरी बातों के साथ यह जाना जा सकता है कि महान कलाकार और संगीतज्ञ, छोटी आयु में रहस्यमयी रूप से अपने गुणों का प्रदर्शन कैसे कर पाते हैं; किसी प्रतिभा के साथ जन्म लेना कोई संयोग नहीं होता।) जब आपका जन्म होता है तो आप पिछले जन्मों में निखारी गई प्रतिभाओं को भी अपने साथ लाते हैं।

सूक्ष्म तलों पर भी आत्माओं का उसी तरह बंधन होता है, जिस प्रकार वे भौतिक संसार में बंधती हैं। सूक्ष्म तल पर संबंध होने का अर्थ होगा कि आप किसी और की आत्मा के साथ स्पंदित हैं और आपको प्रेम, ऐक्य और परमानंद का अनुभव होता है। यह कोई भौतिक संबंध नहीं, क्योंकि सूक्ष्म जगत में केवल विचारों की छवियाँ होती हैं। जब कोई दिवंगत आत्मा

भौतिक तल पर रह रहे किसी व्यक्ति की आत्मा से स्पंदित होती है तो वह व्यक्ति उस आत्मा की उपस्थिति को अनुभव कर सकता है; उन दो आत्माओं के बीच संप्रेषण हो सकता है, भले ही उनमें से एक भौतिक जगत में हो और दूसरी सूक्ष्म जगत में रहती हो।

आत्मा दो वजह से भौतिक संसार में वापस आना चाहती है : वह अपनी इच्छाओं को पूरा कर, अपनी परिचित आत्माओं से भेंट करना चाहती है। हम अभी उन्हीं लोगों से संबंध बना पाते हैं, जिनकी आत्माएँ हमसे पहले कोई संबंध रखती थीं; हम उन लोगों के साथ अपने संबंध समाप्त कर देते हैं, जिनकी आत्माएँ हमारे साथ स्पंदित नहीं होतीं।

जब मैं छोटा था तो इस योजना के विषय में केवल एक ही बात मुझे कष्ट देती थी कि कहानी का अंत कैसे हुआ। पश्चिम में लोग अपने वर्तमान जीवन की तुलना मे अगले जीवन की कामना कहीं ज़्यादा रखते आए हैं। मध्य युग से ही हम दोबारा यहीं लौटने की इच्छा रखते आए हैं। भारत हमेशा से ही अधिक अनिश्चित मानसिकता में रहा। इसी जीवन में इतना कष्ट है कि इसे दोबारा हमेशा दोहराने का विचार ही विचलित करता है। कोई व्यक्ति कर्म के चक्र से छुटकारा कैसे पा सकता है?

भारतीय मान्यता के एक संस्करण में, जब कोई आत्मा अपने सारे कर्म संपूर्ण कर लेती है, तो इसकी सारी इहलौकिक इच्छाओं का अंत हो जाता है। यह भौतिक वस्तुओं और आसक्तियों के मोह से परे हो कर, प्रबुद्ध हो जाती है। और जब यह एक बार कर्म मुक्त हो जाती है, तो भौतिक तल पर अन्य सूक्ष्म तलों पर जन्म लेने की आवश्यकता नहीं रहती। ऐसी आत्मा अपने विकास के लिए ऊपर की ओर गति करती है, परंतु वह ऐसे तल पर होती है, जिसकी हम कल्पना तक नहीं कर सकते। पूर्वी दर्शन में, इन्हें कारण जगत कहते हैं; इस जगह चेतना ऐसा सूक्ष्म रूप ले लेती है कि यह कोई ऐसी देखी जाने वाली छवि उत्पन्न नहीं करती, जिससे हमें मोह हो सके। हम इस कारण जगत को तभी जान सकेंगे, जब हम इसका अनुभव करने को तैयार होंगे और हर व्यक्ति के लिए वह समय अलग हो सकता है। हम आविर्भाव में इसकी झलकी पा सकते हैं, परंतु उस स्थान पर हमारा वास तभी होगा, जब आत्मा के स्पंदन इतने उच्च होंगे कि वे वहाँ बने रह सकें।

एक और भारतीय संस्करण में, कर्म अनंत हैं और इनका निरंतर नवीकरण होता रहता है। अगर आप अपने कर्मों का अंत करना चाहते हैं तो यह कुछ ऐसा ही होगा मानो आप एक नाव में, एक हाथ से पानी उलीच रहे हैं और दूसरे हाथ से उसे वापस डाल रहे हैं, इस तरह इस जगह विकास अपनी तरह से काम करता है। जब आप आत्मबोध पा लेते हैं, तो आपकी पहचान आपके शरीर, मन, अहं या इच्छाओं से नहीं रहती। आप विशुद्ध साक्षी बनते हैं और ऐसी अवस्था में, आप कर्मों से पार होने का चुनाव कर सकते हैं। हालाँकि कर्मों का अंत, जीवन का अंत नहीं है। मानो आप ऋणमुक्त हो रहे हैं और आपको बिना किसी संयम के ख़र्च करने की स्वतंत्रता दी जा रही है।

मेरे भीतर मुक्त होने का आवेग घटता और बढ़ता रहता है, जैसा कि दूसरों के साथ भी होता है। भारतीय परंपरा में, हम पुनः जन्म लेते हैं और उसका एक सकारात्मक कारण होता है, हम अपने-आप को प्रकट करते हुए, इच्छा को पूर्ण करते हैं। जब मैं छोटा था, तब भी यह जानता था कि ईसाई भाई इस बात से सहमत नहीं थे, क्योंकि उनके लिए पापों से भरी दुनिया में जन्म लेने का एक अच्छा कारण यही था कि वे जीसस तक जाने का मार्ग खोज सकें। एक आदर्श ईसाई उद्धार पाने की इतनी जल्दी में होगा कि वह इस संसार को ही छोड़ देगा, जैसा कि कई ईसाई संतों ने किया – और इसमें कई भारतीय संत भी शामिल हैं।

भारत ऐसी प्राचीन संस्कृतियों के बीच रहा, जो हिंदू धर्म के आगमन से भी बहुत पहले से थीं, और यहाँ तक कि इस्लाम और ईसाई विजेताओं के अधीन रहने पर भी इसने अपनी दृष्टि सदा उस अनंत पर लगाए रखी। भारतीय मानसिकता में उन स्वर्गीय लोकों का कोई अंत नहीं है, जो अस्तित्व की उच्च बारंबारताओं से संबंध रखते हैं, परंतु जैसा कि हमने देखा, विकास के एक निश्चित उच्चतम स्तर पर, कुछ आत्माएँ अपना मार्ग चुनने का चुनाव कर सकती हैं। जब कोई आत्मा इन स्तरों तक आ जाती है तो यह कोई निश्चित सेवा देने के अतिरिक्त, एक और मनुष्य जन्म नहीं लेना चाहेगी, परंतु ऐसी आत्माएँ दुर्लभ हैं। बौद्ध धर्म में ऐसी आत्माओं को *बोधिसत्व* कहा गया है, ये आत्माएँ धरती पर अपने विकास के लिए नहीं आतीं, ये धरती पर आने का चुनाव करती हैं ताकि प्रबुद्ध होने के कारण की सेवा कर सकें। जब मैंने एक तिब्बती लामा से बोधिसत्व के बारे में

पूछा तो उन्होंने कहा, ''कल्पना करें कि आप सपना नहीं देख रहे, हालाँकि आप जाग्रत होने के आनंद में हैं, उसके साथ ही आप उनकी सहायता करके प्रसन्न हैं, जो अभी निद्रा में हैं।''

निःसंदेह, अधिकतर लोगों को इस विषय में पता नहीं होगा और उनके लिए यह कार्मिक चक्र निरंतर गतिमान रहता है। हम यहीं और इसी जगह अनंत तलों से घिरे हैं। यदि आप अपनी चेतना को उच्चतम बारंबारता तक ला सकें, तो आप चाहने पर, इसी क्षण देवदूतों के बीच हो सकते हैं। अनंत संभावनाओं के क्षेत्र में, आप एक साथ इन सभी स्तरों पर उपस्थित होते हैं, परंतु अनुभव के स्तर पर आप केवल एक ही में उपस्थित होते हैं। कुछ भारतीय शिक्षाओं के अनुसार, हम दूसरे लोक या तलों में जाने की इतनी इच्छा रखते हैं कि हम रात को अपनी नींद के दौरान उनकी यात्रा करते हैं। तब सूक्ष्म शरीर वास्तव में भौतिक शरीर का त्याग करता है, यह एक तंतु से उससे जुड़ा रहता है, जो इसे पुनः वापस ले आता है। यदि यह तंतु नष्ट हो जाए तो वापस आने का मार्ग खो जाता है। यदि आप निचले तलों को नहीं समझते तो उनके साथ छेड़छाड़ करना भी ख़तरनाक हो सकता है। जब आपको आत्मा द्वारा कल्पित संसार की पूरी योजना- निम्न से उच्चतम तल का सही मायनों में ज्ञान हो जाता है, आप शैतानों से ले कर देवदूतों तक सबको जान लेते हैं तो इस सृजन में आपके लिए कुछ भी ख़तरनाक नहीं रहता।

इस समीक्षा में, मैंने आपको उस संसार में मग्न करने का प्रयास किया है, जिसमें मैंने स्वयं को साठ वर्ष पूर्व पाया था। जब मैंने इसे जाना तो पाया कि यह वैदिक दृष्टिकोण था। यह एक विशाल आध्यात्मिक सागर था और भारतीय शैली में, आपको निमंत्रण दिया गया था कि आप अपनी पात्रता के अनुसार इसमें से जो ग्रहण कर सकें, उसे अपना लें। किसी भी समाज के लिए शाश्वतता को स्वीकार करना लगभग असंभव है और भारत भी कोई अपवाद नहीं है। जिस तरह लोग इधर मृत्यु और मरण के लिए परेशान रहते हैं, ठीक वैसा ही उधर भी है, इसके अतिरिक्त कुछ लोग ऐसे भी होते हैं, जिन्होंने स्वयं को इस ज्ञान के सागर से विमुख कर दिया है। पश्चिम में हमारे पास इस समझ और बोध के अपने संस्करण हैं। हम इस विषय से इंकार करते हैं कि कोई यह जान सकता है कि मृत्यु से परे क्या है, जो सुविधाजनक रूप से, कुछ समय के लिए हमारी व्याकुलता को

मिटा देता है। या हम यह भी कह सकते हैं कि आध्यात्मिक ज्ञान सापेक्ष है, केवल विश्वास ही मायने रखता है, आप जिसमें विश्वास रखते हैं, वह इतने मायने नहीं रखती।

यह पुस्तक इन्हीं सीमाओं से उबरना चाहती है। ''जब हम मरते हैं तो क्या होता है?'' अंततः यह प्रश्न इस रूप में सामने आता है, ''जब मेरी मृत्यु होती है तो उसके बाद क्या होता है?'' ये विषय निजी, भावात्मक और अनिवार्य लगने लगते हैं। यदि कोई पक्का मुसलमान ईसाइयों के हैवन में प्रवेश करता है या इसके ठीक विपरीत होता है, तो वह अप्रसन्न होगा : वह अनंत उसके अपेक्षित रूप से मेल खाने वाला नहीं होगा। मैं बचपन में बहुत ही सौभाग्यशाली रहा, क्योंकि मुझे उस समय सादगी से यह सिखाया गया कि प्रत्येक आत्मा स्वयं खोज कर सकती है कि वह किस घर से संबंध रखती है और यही दृष्टिकोण इस किताब में भी दिया गया है।

इसके अलावा मेरे साथ कुछ और निश्चित बोध भी बने रहे, जिन्हें इस किताब में ख़ासतौर पर जगह मिली :

> मृत्यु के बाद का जीवन अपने साथ नई स्पष्टता लाता है।
>
> मृत्यु के बाद का जीवन स्थिर नहीं है। हम मरने के बाद निरंतर उन्नत और विकसित होते रहते हैं।
>
> चुनाव मौत के साथ ही अंत नहीं होते; इनका विस्तार होता रहता है।
>
> लौकिक छवियाँ हमें अपने साथ मृत्यु के बाद जीवन में ले जाती हैं (हम वही देखते हैं, जो हमारी संस्कृति ने हमें देखना सिखाया है), परंतु आत्मा स्वयं रचनात्मक छलांग भरते हुए अपने लिए नई दुनिया के द्वार खोल देती है।

मैं यह देखने के लिए निकला कि ये क्षेत्र कितने विश्वसनीय हैं, ये हैवन और हैल की उस ईसाई कहानी से बहुत अलग हैं, जिन्हें पढ़ते हुए पश्चिम का हर बच्चा बड़ा होता है। एक पुरानी संस्कृति में प्रेम और मौत के लिए एक साथ जगह रहती है, वे शत्रुओं के रूप में नहीं, बल्कि एक ही जीवन के आपस में गुंथे हुए पहलुओं की तरह सामने आते हैं। महान बंगाली कवि रवींद्रनाथ टैगोर के शब्दों में :

रात ने ढलते हुए दिन को हल्की सी
फुसफुसाहट के बीच पूछा।
"मैं मौत हूँ, तुम्हारी माँ,
मुझसे ही तुम्हारा नया जन्म होगा।"

मैं जिस मृत्यु के बाद के जीवन की जानकारी के बीच पला, उसके सिरे दोनों ओर से जीवन की तरह ही खुले हैं। यह ज्ञान प्राचीन आध्यात्मिक दशकों तक मेरे साथ रहा, यह अनुभव और मनन से संशोधित होता रहा। मुझे मृत्यु का केवल यह विचार समझ आता है, जो हमें सब कुछ अनुभव करने की अनुमति प्रदान करता है। अब मैं आशा करता हूँ कि पाठकों को भी इस संसार में और आने वाले हर संसार में वही स्वतंत्रता मिल सके।

भाग एक

मृत्यु के पश्चात जीवन

1

द्वार पर प्रतीक्षारत मृत्यु

बहुत समय पहले, बनारस के आसपास बसे घने वनों के बीच, लकड़हारों के लिए बहुत काम था। इनमें से एक सुंदर सा युवक सत्यवान भी था, जो इसलिए भी सबसे सुंदर लगता था, क्योंकि उसे अपनी पत्नी सावित्री से बहुत प्रेम था। कई बार, सत्यवान के लिए अपनी प्रात:काल कुटिया छोड़ कर वन में जाना भी कठिन हो जाता था।

एक दिन सावित्री, बिस्तर में पड़ी अपनी प्रसन्नता के बारे में सोच रही थी, जो उसे पूरी जान पड़ती थी। अचानक उसे अपनी कुटिया के बाहरी अहाते में आलथी-पालथी लगाए कोई बैठा दिखाई दिखा। उसे लगा कि कोई घुमक्कड़ साधु होगा। उसने एक कटोरे में भात और सब्ज़ी परोसे और साधु को देने के लिए बाहर निकली, द्वार पर आए मेहमान का बहुत आदर किया जाता था।

''मुझे भोजन नहीं चाहिए।'' अजनबी ने कहा। उसने सावित्री के परोसे हुए भोजन के कटोरे को धूल में बिखेर दिया। ''मैं यहीं प्रतीक्षा करूँगा।''

सावित्री आँतकित हो कर वापस आ गई, क्योंकि वह जानती थी कि उसका अतिथि कौन था। कोई घुमक्कड़ साधु नहीं, बल्कि मृत्यु स्वयं विराजी थी, जिसे भारत में यम देवता के नाम से जाना जाता था।

''आप किसका इंतज़ार कर रहे हैं?'' सावित्री का स्वर काँप रहा था।

''सत्यवान नामक युवक का।'' यम देवता ने विनम्रता से कहा। उन्हें नश्वर मनुष्यों के जीवन पर पूरा अधिकार था और वे प्राय: अनायास ही उन्हें लेने आ जाते थे।

"सत्यवान!" सावित्री चिल्ला उठी। वह अपने पति का नाम सुन कर बेसुध होते-होते बची। "पर वे तो स्वस्थ और सबल हैं और हम परस्पर कितना प्रेम करते हैं। उन्हें मृत्यु क्यों लेने आई है?"

यम ने कंधे झटके। "हर चीज़ वैसे ही होगी, जैसे होगी।" वे उदासीनता से बोले।

"पर अगर आपको इतनी भी परवाह नहीं है।" सावित्री की बुद्धि वापस आ रही थी, "तो आप किसी और को क्यों नहीं ले जाते? कितने बीमार और बूढ़े लोग हाथ जोड़ते रहते हैं कि मौत उन्हें अपने पास बुला ले। आप उनके पास जाएँ और मेरी गृहस्थी में खलल नहीं दें।"

"मैं यहीं इंतज़ार करूँगा।" यम ने दोहराया, उन्होंने सावित्री की आँखों में छलक आए आँसुओं और उसकी याचना को उपेक्षित कर दिया। उसे यम के चेहरे में एक ऐसा संसार दिखा, जहाँ हर चीज़ नामविहीन और दया से रहित थी।

युवा पत्नी भीतर भागी। उसका पति शीघ्र ही अपने दुर्भाग्य से मिलने घर लौटता होगा, वह निरंतर यही विचार करते हुए चक्कर लगाने लगी। वीर सत्यवान की कुल्हाड़ी की धार से तो बाघ भी डरते थे पर यहाँ तो शत्रु ऐसा था, जिसे कोई धार छू भी नहीं सकती थी। फिर उसी असहाय अवस्था में सावित्री को एक उपाय सूझा। वह कंधों पर एक दुशाला ओढ़े, कुटिया के पिछले दरवाज़े से वन की ओर लपकी।

सावित्री ने सुन रखा था कि पर्वत पर एक पवित्र स्थल था, धरती पर ऐसी जगह, जो विशाल बरगद की जड़ों से बनी गुफा जितनी विशाल थी। उस जगह एक जाने-माने साधु का वास था। सावित्री उनसे सहायता की याचना कर सकती थी। पर उसे रास्ता नहीं पता था और वह शीघ्र ही जंगल की पगडंडियों में भटक गई। वह बुरी तरह से भयभीत थी पर किसी तरह साहस बटोर कर, भटकते-भटकते पर्वत पर चढ़ती रही और फिर बुरी तरह से थक कर चूर हुई। वह वहीं धरती पर गिरी और कुछ देर सोती रही; वह नहीं जान सकी कि वह उस जगह कितनी देर सोई होगी।

जब सूर्य की एक किरण चेहरे पर पड़ी तो उसने आँखें खोलीं। सावित्री ने खुद को एक विशाल बरगद के पेड़ तले पाया। उसने जड़ों के बीच दिख रहे छिद्र पर नज़रें गड़ाईं और उत्सुकता से देखा। इससे पहले कि वह

भीतर जाने का साहस करती, किसी ने पुकारा, ''जाओ यहाँ से!'' आवाज़ अचानक इतनी तेज़ी से आई कि वह बुरी तरह से चिहुंकी।

''मैं नहीं जा सकती।'' सावित्री बोली, उसका सुर कांप रहा था। उसने अपनी असहाय अवस्था का वर्णन किया पर किसी ने अंधेरे में से कहा, ''तुम दूसरों से अलग कैसे हो? मृत्यु हमसे दो क़दम पीछे है, पालने से ले कर क़ब्र तक।''

सावित्री की आँखें भर आईं। ''यदि आप साधारण लोगों से अधिक ज्ञानी हैं, तो आप मुझे कुछ और सिखा सकते हैं।''

उस आवाज़ ने कहा, ''तुम मृत्यु से सौदेबाज़ी करना चाहती हो? जिसने भी ऐसा करना चाहा, असफल ही रहा।''

सावित्री पूरी गरिमा के साथ डटी रही। ''तो मेरे पति के बजाए यमराज मुझे अपने साथ ले जाएँ, ऐसा कुछ कीजिए। जो सभी कहते हैं, वह सच है। मृत्यु तो शाश्वत सत्य है। मैं इतना चाहती हूँ कि वे मुझे मार दें और किसी ऐसे के प्राण नहीं लें जो इस मृत्यु का अभी अधिकारी नहीं है।''

इस बार वह स्वर पहले से कहीं कोमल था। उसने कहा, ''शांत हो जाओ। एक उपाय है।'' सावित्री ने अंधकार में एक सरसराहट सुनी और साधु अपनी गुफा से बाहर आ गए। वे एक संन्यासी थे, दुबली देह, धोती में लिपटी थी और कंधों पर रेशमी दुशाला ओढ़ा हुआ था। उन्होंने सावित्री को आश्चर्य से देखा और बताया कि उनका नाम रमण था।

''आप मृत्यु को पराजित करने का उपाय जानते हैं? कृपया मुझे भी बताएँ।'' सावित्री ने आग्रह किया।

साधु रमण ने दृष्टि घुमा ली और एक क्षण के लिए उसे उपेक्षित कर दिया। सावित्री उस दृष्टि को नहीं समझ सकती, फिर उन्होंने झुक कर धरती पर पड़ी एक पुरानी बेंत से बनी बांसुरी उठा ली।

''आओ। वे बोले। शायद तुम कुछ सीख सको। मैं वादा नहीं करता, पर निश्चित रूप से तुम सीखने का आग्रह रखती हो।''

फिर जैसे रमण उसे भूल गए और वे अपनी बांसुरी बजाते हुए एक हिरण पथ पर चल दिए। सावित्री कुछ देर भ्रमित और चकराई हुई खड़ी रही पर ज्यों ही बांसुरी के स्वर वन में विलीन होने लगे, उसके पास साधु के पीछे भागने के सिवा कोई उपाय नहीं बचा।

मृत्यु का चमत्कार

प्रत्येक जीवन दो रहस्यों के मेल से बना है। उनमें से केवल एक, जन्म को ही चमत्कार माना जाता है। यदि आप एक धार्मिक व्यक्ति हैं, तो जन्म एक नई आत्मा को ईश्वर के साथ उसके घर से, इस दुनिया में लाता है। यदि आप नहीं हैं, तो चमत्कार यही है कि माँ की कोख में निषेचित एक उर्वर कोशिका केवल पचास बार विभाजित और पुनः विभाजित होते हुए, पूरी तरह से नया व्यक्ति प्रस्तुत करती है। प्रोटीन की बूंद और पानी को पता है कि उसे स्वयं को आँखों, हाथों, चमड़ी और मस्तिष्क के रूप में आकार देना है।

नौ महीने का रूपांतर धीरे-धीरे बढ़ता रहता है, इस तरह हर मिनट लाखों नई मस्तिष्क कोशिकाएँ प्रकट हो रही हैं। ज्यों ही नवजात का जन्म होता है, वह किसी स्पेस शटल की तरह, माँ के जहाज से बाहर आता है, उसके शरीर का हर वह तंत्र, जिसे अपने-आप काम करना है, जैसे दिल, फेफड़े, दिमाग़ और पाचन तंत्र; अचानक उन्हें अहसास होता है कि यही वह क्षण है और इससे एक क्षण बाद नहीं रहेगा। वे अंग माँ पर निर्भरता को पूरी तरह से तोड़ देते हैं और आश्चर्यजनक दक्षता के साथ इस तरह काम करने लगते हैं मानो वे हमेशा अपने-आप ही चलते आए थे। एक क्षणांश में जीवन जीने के लिए स्वयं को चुनता है।

दूसरा रहस्य, प्रायः कई दशकों बाद होता है, जो अपने-आप में पूरी तरह से अलग है – मृत्यु। इसके कारण उन सभी चीज़ों का अंत हो जाता है, जिन्हें जन्म ने कड़े संघर्ष के बाद पाया था। एक दिल की धड़कन दिखाने वाला तंतु अदृश्य रेखा को पार करके स्थिर हो जाता है। कम से कम 700 मिलियन बार धड़क चुके फेफड़े, एक भी बार और काम करने से इंकार कर देते हैं। अरबों न्यूरॉन्स फ़ायर करना बंद कर देते हैं; अरबों- खरबों कोशिकाओं को शरीर से संदेश मिलता है कि उनका मिशन पूरा हो गया। और फिर भी अचानक आने वाला यह अंत जन्म की तरह एक रहस्य ही है, जब जीवन का अंत होता है, तो हमारी 99 प्रतिशत कोशिकाएँ अब भी काम कर रही होती हैं और सभी तीन बिलियन कोडॉन, इंसानी डीएनए की किताब के व्यक्तिगत वर्ण, पूरी तरह से सही-सलामत रहते हैं।

मृत्यु जन्म के क़रिश्माई संयोग के बिना आती है। कई कोशिकाओं को तो कई बार कुछ समय तक पता ही नहीं चलता। अगर किसी मरे हुए इंसान को दस मिनट में फिर से जीवित कर दिया जाए, इससे पहले कि उसका दिमाग़ हाइपॉक्सिया के कारण पूरी तरह से नष्ट हो, तब उसके शरीर की मशीनरी उसी तरह काम पर लग जाएगी, मानो कुछ हुआ ही नहीं हो। वास्तव में, मृत्यु एक ऐसा धुंधला प्रसंग है कि शरीर से सिर कट जाने के बाद भी पलकें दस या बारह बार झपक सकती हैं। यह भयावह तथ्य फ्रेंच क्रांति के दौरान सिर काटने के यंत्र के पास खड़ा हो कर पता चला।

धर्म में मौत को एक क़रिश्मा नहीं माना जाता। ईसाई मान्यता के अनुसार मौत का संबंध पाप और शैतान से है- पश्चिम में इसे ही यम के समान मान सकते हैं। मौत दुश्मन है और परमात्मा इससे हमारा बचाव करता है। पर परमात्मा की मदद से, यह एक और महत्त्वपूर्ण प्रसंग का दरवाज़ा बन जाता है - मृत्यु के बाद अगले जन्म का आरंभ। धार्मिक व्यक्ति के लिए मौत, ईश्वर की उपस्थिति को निकट लाती है और इतिहास के दौरान सभी साक्षियों का दावा है कि उन्होंने आत्मा को वास्तव में विदा लेते देखा है। (इनमें से सभी साक्षी धार्मिक नहीं, मैं एक जाने-माने मनोचिकित्सक को जानता हूँ, जिनकी नास्तिकता मेडिकल स्कूल में ही बुरी तरह से दहली थी, जब उन्होंने एक कैन्सर रोगी के कक्ष में प्रवेश किया और ठीक उसी क्षण में उन्होंने एक भूतिया और चमकदार आकार को शरीर से निकल कर ओझल होते देखा।) यह कहा जाता है कि हम मरते हैं तो हमारे शरीर का 21 ग्राम मास कम हो जाता है, वही आत्मा का भार होता होगा। असल में, ऐसा कोई परिवर्तन नहीं आता।

मृत्यु के समय जो भी घटता हो, मेरा मानना है कि इसे एक चमत्कार ही माना जाए। विरोधाभासी रूप से, चमत्कार यह है कि हम नहीं मरते। शरीर का अंत एक छलावा है और जिस तरह जादूगर एक पर्दा खोलता है, उसी तरह आत्मा उसे दिखाती है, जो इसके पीछे छिपा है। रहस्यवादी बहुत पहले ही इस क्षण का आनंद पा चुके हैं। जैसा कि महान फ़ारसी शायर रूमी ने कहा है, ''मृत्यु उस अनंत से हमारा विवाह है।'' परंतु केवल रहस्यवादियों ने ही मृत्यु के इस भ्रम को नहीं देखा। बीसवीं सदी के विख्यात दार्शनिक लुडविग विटजेनस्टीन ने लिखा, ''वर्तमान में जीवन के लिए कोई

मौत नहीं है। मौत जीवन का कोई प्रसंग नहीं है। यह दुनिया का कोई तथ्य भी नहीं है।''

मेरा मानना है कि मौत निम्नलिखित चमत्कारी कार्य करती है :

यह समय को समयहीनता में बदलती है।

यह आकाश की सीमा को अनंत तक ले जाती है।

यह जीवन के स्रोत को प्रकट करती है।

यह एक नए प्रकार के ज्ञान को प्रकट करती है, जो पाँच इंद्रियों की पहुँच से परे है।

यह उस रेखांकित समझ को प्रकट करती है, जो सृष्टि को व्यवस्थित करते हुए बनाए रखती है (हम इस जगह भगवान शब्द का प्रयोग नहीं करेंगे, क्योंकि कई संस्कृतियों में कोई एक रचयिता ही मृत्यु या मृत्यु के बाद जीवन का अंग नहीं होता।)

दूसरे शब्दों में, मौत इस धरती पर हमारे उद्देश्य की पूर्ति है। हर संस्कृति में यही विश्वास है कि यह एक सत्य है पर हमारी संस्कृति उच्च कोटि का प्रमाण चाहती है। मेरा मानना है कि हमारे पास प्रमाण है, परंतु यह भौतिक नहीं हो सकता, क्योंकि पारिभाषिक तौर पर, मौत की वजह से भौतिक जीवन का अंत हो जाता है। इस प्रमाण को देखने के लिए, हमें चेतना की सीमाओं का विस्तार करना होगा ताकि हम स्वयं को बेहतर जान सकें। यदि आप स्वयं को ऐसे व्यक्ति के तौर पर जानते हैं, जो समय और स्थान से परे है, तो आपकी पहचान का विस्तार होगा और इसमें मौत शामिल होगी। मनुष्य सितारों से भी परे संतुष्टि की खोज में रहता है, इसका कारण यही है कि हम अपने रहस्य को वहीं पाते हैं, वह भौतिक सीमाओं में नहीं बंधा है।

अनंतकाल अभी

मृत्यु एक अदृश्य चमत्कार होने के कारण बहुत रहस्यमयी है। परंतु हमें दूसरी ओर से जो भी अद्भुत सुराग़ मिले हैं, वे वास्तव में इस समय हमारे बहुत

पास हैं। लोग यह नहीं समझते कि यह मृत्यु के बाद जीवन के लिए कितना महत्त्वपूर्ण है। ''पश्चात'' शब्द ही इस बात का सूचक है कि मौत के समय, समय नहीं बदलता, यह फिर भी एक रेखीय चलते हुए, व्यक्ति को धरती के समय से स्वर्गिक समय में ले जाता है। ईसाई धर्म में, पापियों को हैल (नरक) में बहुत समय तक सज़ा नहीं मिलती। उन्हें *समय के बाहर* सज़ा दी जाएगी। नेक लोग मुक्ति पाने के बाद भी उसी क्षेत्र में रहते हैं, जिसमें कोई घड़ी नहीं होती। तो मृत्यु के ''पश्चात'' जीवन में, हमारे समय की साधारण समझ का कोई महत्त्व नहीं रहता।

दूसरे, हमारी समय की रोज़मर्रा की समझ ही अनंत पर आधारित है। अस्तित्व में 14 बिलियन साल पहले यूनिवर्स का विस्फोट हुआ था, और फिर ब्रह्माण्डीय घड़ी चलने लगी! हमारे शरीर हाइड्रोजन, ऑक्सीजन, नाइट्रोजन और कार्बन व आर्गेनिक केमिकल के बिल्डिंग ब्लॉक्स के स्तर पर, एटॉमिक स्पंदनों के कारण समय का अनुभव पाते हैं। हम दिमाग़ की आँतरिक घड़ी का प्रयोग करते हुए बाहरी प्रसंगों को मापते हैं, जो और कुछ नहीं, बल्कि आर्गेनिक केमिकल ही हैं। एक घोंघे का दिमाग़ इतना धीरे चलता है कि उसे एक घटना के होने और दूसरी घटना के शुरू होने का पता भी पाँच सेकेंड के बाद चलता है। उन पाँच सेकेंड के दौरान आप घोंघे को उठा कर दस फ़ीट आगे रख सकते हैं और उसे यही लगेगा कि कोई उसे अंतरिक्ष से आ कर टेलीपोर्ट कर गया है। इंसान का दिमाग़ इतना तेज़ चलता है कि हम सेकेंड के हज़ारवें हिस्से में ही रहने वाली घटना को भांप सकते हैं, जैसे मच्छर का फड़फड़ाना या हमिंगबर्ड के पंखों का धुंधलापन। पर किसी गोली का चलना या हर मिनट हमारे शरीर को भेदने वाले लाखों न्यूरॉन्स को देख पाना संभव नहीं होता।

बिग बैंग से पहले समय इस तरह नहीं चलता था; एक क्षण अनंतकाल के समान था। हमने इसका अनुमान लगाया, क्योंकि क्वांटम फ़िज़िक्स ने समय के भ्रम को भेद दिया है, यह एटॉमिक घड़ी से अलग हो कर, कुदरत के ताने-बाने में गहराई तक उतर गया है। गहनतम स्तर पर जा कर स्पंदन नहीं रहते। ब्रह्माण्ड किसी मरे हुए दिमाग़ की तरह डेडब्रेन हो जाता है। फिर भी मौत की छवि भ्रामक है, जिस जगह हर गतिविधि का अंत हो जाता है, वहीं से एक नए क्षेत्र का आरंभ होता है। इसे वर्चुअल रिएलिटी या आभासी वास्तविकता कहते हैं, जहाँ पदार्थ और ऊर्जा विशुद्ध संभावना के तौर पर

वास करते हैं। आभासी यथार्थ का आधार जटिल है, परंतु सादा शब्दों में, एक अभौतिक क्षेत्र होना चाहिए ताकि एक भौतिक ब्रह्माण्ड को जन्म दिया जा सके। यह क्षेत्र शून्य है, परंतु ख़ाली नहीं है। जैसे जब आप काउच पर पड़े ऊँघ रहे हैं तो आपका मन ख़ाली है पर आप एक पल में विचारों का अनंत चुनाव कर सकते हैं, इस प्रकार आभासी लोक नई घटनाओं के अनंत लोक से जाग्रत हो जाता है। सृजन शून्य से संपूर्णता की ओर आता है, जैसे अनंत समयहीनता से उबर कर समय की संपूर्णता तक आता है।

यदि अनंतकाल अभी हमारे साथ है, सारे भौतिक अस्तित्व को रेखांकित करता है, तो इसमें मैं और आप भी रेखांकित होने चाहिए। समय का भ्रम हमें सिखाता है कि मैं और आप जन्म से लेकर मृत्यु तक एक सीधी रेखा में चल रहे हैं, जबकि वास्तव में हम एक झागनुमा बुलबुले के अंदर हैं, जिसे अनंतकाल द्वारा ढीला छोड़ दिया गया है।

असल में, मृत्यु कभी हमसे बहुत दूर नहीं रही और जीवन और मृत्यु के बीच की स्थायी सीमा अभेद्य नहीं है। मैं एक मे नामक महिला को जानता हूँ, जो न्यू मैक्सिको की एक तलाक़शुदा महिला है। जब वह किशोरावस्था में थी तो उसे अपने प्यारे बड़े भाई के अचानक कार दुर्घटना में मारे जाने का सदमा सहन करना पड़ा। ''मैं पंद्रह वर्ष की थी और वह उन्नीस वर्ष का था, और वह इकलौता इंसान था, जिसे मैं सही मायनों में पूजती थी। जब वह यूं हवा की तरह ओझल हो गया तो मैं यह सब संभाल नहीं सकी।'' मे कहती है। वह ऐसे गहरे दुख की अवस्था में थी, जो कई वर्ष तक बना रहा।

मे पूरी तरह से अपने में सिमट गई। मैंने किसी से भी मिलना बंद कर दिया। मैं लगातार अपने-आप से पूछती रहती, *क्यों? मैं एक उत्तर चाहती हूँ। मुझे बताओ।* दिन पर दिन बीतते गए और कोई जवाब नहीं आया। मैंने एक बच्चे को जन्म दिया और उसने तय किया कि वह अपने बच्चे की ख़ातिर समाज में वापस आएगी। ''मैं जानती थी कि बच्चे की परवरिश इस तरह अकेले नहीं हो सकती थी, इसलिए मैंने तय किया मैं कुछ लोगों के संपर्क में रहना शुरू करूँगी।''

मैं जब पहली बार सामाजिक रूप से बाहर निकली तो उसे एक विचित्र सा अहसास हुआ। ''मैं हाथ में शराब का गिलास लिए किसी से बात कर रही थी, तभी मुझे अहसास हुआ कि मेरे पैर सुन्न हो गए। यही

भाव अचानक टांगों तक आ गया और मेरे सामने एक रोशनी थी। *बस वही तो।* उसी समय कमरा ओझल हो गया और मैं अपनी सोच से भी कहीं तेज़ी से अंतरिक्ष में उड़ी जा रही थी। मानो सब कुछ एक साथ सीमित और विस्तारित हो गया था। मुझे कुछ अनुमान नहीं था कि मैं कितनी देर तक ऐसी दशा में रही। यह पार्टी एक ग्रामीण इलाक़े में थी, इसलिए एंबुलेंस को भी उस जगह तक आने में पचास मिनट लगे। तब तक मेरी सुध वापस आ चुकी थी; मेरे दोस्तों ने बताया कि उस दौरान मेरी नब्ज़ बहुत कमज़ोर चल रही थी। कोई नहीं जानता था कि मैं बेहोश थी या मुझे दौरा पड़ा था।''

मैंने उससे पूछा कि वह अपने इस अनुभव की व्याख्या कैसे करती है। उसने एक हाथ अपनी छाती के पास रखते हुए कहा, ''यह अब भी यहीं है, बस इतना ही दूर है।''

''वहाँ अब भी क्या है?'' मैंने पूछा।

''अनंत काल। मुझे यक़ीन है कि मैंने यही अनुभव पाया था और यह हमेशा मेरे साथ बना रहा है। यह मुझे दिलासा देता है कि मैं अपने शरीर से बाहर वास करती हूँ। मैं पैंतीस वर्ष की आयु में ब्रेस्ट कैन्सर से जूझ रही थी पर एक पल के लिए भी मरने से नहीं डरी। मैं कैसे डर सकती थी? मैंने अनंतकाल को जो देख लिया था।''

वेदांत – आत्मा से निकले उत्तर

इससे पहले कि हम इसे समर्थन देने वाले विज्ञान की बात करें, मैं अनश्वरता को मानवीय चेहरा देना चाहता हूँ। यदि हम तथ्यों को निजी रूप से जुड़ा हुआ नहीं पाते तो वे निरर्थक हैं, और मरने से अधिक निजी क्या हो सकता है? प्राचीन भारत में यह मान्यता स्वीकृत थी कि अनंतकाल का अनुभव पाया जा सकता है, इसलिए वहीं से आरंभ करते हैं कि वह कैसे संभव था। हज़ारों वर्ष पूर्व ऐसे लोग थे, जो भगवान को नाराज़ किए बिना या उनके क्षेत्र में क़दम रखे बिना, उत्तरों की तलाश के लिए आत्मा की गहराई में उतरे। वे वैदिक भारत के ऋषि-मुनि थे, वे तब सामने आए, जब हिंदू धर्म फलने-फूलने की आरंभिक अवस्था में था। शायद यह चार हज़ार वर्ष या फिर हज़ार वर्ष पूर्व हुआ हो सकता है। आज वे ऋषि व्यास, भृगु या

वशिष्ठ आदि नामों से जाने जाते हैं पर ये अपने पीछे जो काम छोड़ गए हैं, वे ग्रंथ हज़ारों पृष्ठों में हैं। कई लेखन ऐसे हैं, जिनके लिए कोई प्रामाणिक लेखक नहीं है जैसे ओल्ड टेस्टामेंट, परंतु वेदांत के रूप में ऋषियों का ज्ञान कोई धर्म नहीं है।

भारत की आध्यात्मिक भावभूमि देवी और देवताओं से भरी थी; इनके असंख्य लोक और अभौतिक जगत थे। इनके पास देवदूतों और दैत्यों का अनुक्रम भी रहा, जो दांते की किसी भी चीज़ के विरोधी हो सकते हैं। ऐसी आश्चर्यजनक विविधता के मध्य, ऋषि किसी एक ईश्वर के प्रति समर्पित नहीं थे। वे एक ऐसा यथार्थ प्रस्तुत करते थे, जो हर संभावित अनुभव को पार करता था, इस जन्म में और इस जन्म से भी पार। उन्होंने यह माना कि अस्तित्व का प्रत्येक स्तर वास्तव में सजगता की एक अवस्था थी। दूसरे संसार – सारे संसार, वास्तव में – चेतना में ही बने थे। इस तरह, संसार के रचयिता होने के नाते, हम उनका अनुभव पा सकते थे और उन्हें अपनी मर्ज़ी से प्रभावित कर सकते थे। यही वेदांत का सार है। ऋषि जो बता रहे थे, वह एक दर्शन से अधिक था; यह एक अंतहीन प्रयोग में भाग लेने का निमंत्रण था। प्रयोग का उद्‌देश्य यही था कि यथार्थ के सत्य की परीक्षा अपने भीतर की खोज के साथ की जाए।

यह निमंत्रण अब भी खुला है। जब मैं और आप इसे स्वीकार करते हैं, तो हम एल्डस हक्सले के शब्दों में ऋषियों के ''शाश्वत दर्शन'' से जुड़ जाते हैं। जो हर आयु में वापस आता है ताकि एक नई पीढ़ी की माँगों को पूरा कर सके। यदि हम किसी प्राचीन परंपरा को अपने पर लागू नहीं कर सकते तो इसे बलपूर्वक वापस लाना निरर्थक होगा। परंतु वेदांत ऐसा करता है। अधिकतर लोगों के जीवन में, संदेह का स्थान सिद्धांत ले चुका है। भले ही वर्तमान आध्यात्मिक भ्रम, प्राचीन भारत के देवों तथा मंदिरों के मेल की तरह आकर्षक नहीं पर हमारे आसपास से उठते स्वरों को सुनें :

मैं अल्ज़ाइमर यूनिट में था, जब मेरे दादा चल बसे। वे अंत तक आते-आते पूरी तरह से एक अलग इंसान हो गए थे – अपने मन से इतर, मार्फ़िन की अधिकतम खुराक के बीच। मानो कोई किसी सब्ज़ी को मुरझाते देख रहा हो। जब उनकी सांस थमी तो जैसे कुछ नहीं बदला था।

मेरा भूतपूर्व पति हरामी है। मैंने उसे कहा कि वह मरेगा तो उसके लिए सीधा हैल का टिकट कटेगा। फ़र्स्ट क्लास।

मैं एक बौद्ध हूँ। जब मैं देह का त्याग करूँगा तो मैं विशुद्ध चेतना बन जाऊँगा।

मैं हिंदू हूँ। मैं पहले से ही विशुद्ध चेतना हूँ।

वे किससे मज़ाक़ कर रहे हैं? जब तुम चले जाते हो, बस चले जाते हो। पूर्ण विराम।

आख़िरी स्वर भौतिकवाद का है, जो मृत्यु को ही परम मानता है, क्योंकि यह जीवन को केवल उसके भौतिक रूप में देखता है। हम यह दावा कर सकते हैं कि आफ़्टरलाइफ़ (मृत्यु के बाद जीवन) को नकारना वैज्ञानिक है पर असल में यह केवल भौतिकवाद में विश्वास का संकेत देता है। ऋषियों का मानना है कि ज्ञान ज्ञाता से परे नहीं था, यह चेतन के भीतर गुंथा था। इस तरह, उन्हें जीवन और मृत्यु की पहेली हल करने के लिए किसी बाहरी देवता की आवश्यकता नहीं थी। ऋषियों के पास यह ज्ञान पहले से मौजूद था, वे सौभाग्यशाली थे और वही योग्यता हमारे पास भी है। प्रत्येक व्यक्ति एक चेतना है। प्रत्येक व्यक्ति एक आत्मा है। प्रत्येक व्यक्ति के पास निश्चित रूप से एक जीवंत अस्तित्व है। वेदांत का कहना है कि इस सामग्री के साथ कोई भी किसी भी वस्तु का गहरा ज्ञान प्राप्त कर सकता है, भले ही रहस्य कितना भी गहरा क्यों नहीं लगे।

तो हमने ऐसा क्यों नहीं किया? शायद इसलिए कि हम अपने भीतर सबसे गहरे अंश से एकात्म नहीं, जिसे ऋषियों ने आत्मन् कहा है। इसके लिए निकटतम अंग्रेज़ी शब्द ''सोल'' है। सोल और आत्मन् दिव्य की चिंगारी हैं, वह अदृश्य तत्त्व जो ईश्वरीय उपस्थिति को माँस और मज्जा में प्रस्तुत करता है। उनमें सबसे बड़ा अंतर यह है कि वेदांत में आत्मा को ईश्वर से अलग नहीं माना गया। यह आत्मा, ईसाई धर्म में वर्णित आत्मा की तरह नहीं है। यह ईश्वर के पास से ना तो आ सकती है और ना ही लौट कर उनके पास जा सकती है। मनुष्य और दिव्य के बीच ऐक्य है; इस ऐक्य की सजगता ही वह अनिवार्य चरण है, जो यथार्थ को सामने लाता है।

आत्मा सहज भाव से कहती है, ''मैं ईश्वर हूँ।'' यह हमारे लिए कम सहज है। बहुत वर्ष पूर्व, मेरा एक मित्र था, जो गहन आध्यात्मिक अनुभव

प्राप्त कर पाता था, जैसे अपना शरीर छोड़ना या फिर अपने हृदय में श्वेत प्रकाश को देखना या जैसे कि वह कहता था। मैंने उससे कहा कि निजी रूप से मुझे कभी ऐसे अनुभव नहीं हुए, उसने कहा कि उसे भी नहीं हुए। उसने माना कि वे सभी अनुभव अवैयक्तिक थे।

उसने मुझे उसी समय अंतर्दृष्टि प्रदान की कि जो भी शाश्वत, असीम और अपरिवर्तनशील है, वह *व्यक्तिगत नहीं हो सकता।* हम आदतन कहते हैं, ''मेरी'' आत्मा परंतु यह भ्रामक है। यह आत्मा किसी मकान, घर, संतान या मेरे माँस-मज्जा के विस्तार की तरह मुझसे कोई संबंध नहीं रखती। यह किसी व्यक्तित्व या स्मृतियों की तरह मुझसे संबंध नहीं रखती, क्योंकि वृद्धावस्था और मानसिक अव्यवस्था मस्तिष्क को अयोग्य करते हुए दोनों को ले सकती है।

मृत्यु मेरी संपत्ति से नहीं, बल्कि इस बात से संबंध रखती है कि मैं क्या बन सकता हूँ। आज मैं स्वयं को काल की संतान के रूप में देखता हूँ, परंतु कल को मैं अनंत की संतान भी बन सकता हूँ। मैं इस धरती पर अपना स्थान देखता हूँ, परंतु आने वाले समय में, मैं ब्रह्माण्ड की यात्रा पर भी निकल सकता हूँ। मनुष्यों के मन में यह गहरा बोध रहता है कि हमारी नियति अनंत है, परंतु हमें मौत से डर लगता है, क्योंकि यह हमारी इच्छाओं और सपनों की परीक्षा लेती है। हम इस परीक्षा से डरते हैं, क्योंकि अगर हम ग़लत साबित हुए तो हमारी सारी आकांक्षाएँ खोखली जान पड़ेंगी। मैंने अपने मेडिकल करियर में देखा है कि लोग अपने अंतिम समय में कितने भयभीत हो सकते हैं। मरण भी किसी दूसरे क्षण से अधिक वास्तविक नहीं होता, परंतु यह कहीं अधिक सुनिश्चित है। भले ही आप कितने धनी या होनहार क्यों ना हों, मृत्यु सबको एक ही स्तर पर ले आती है। (मुझे याद है कि कैसे एक बार विख्यात गुरु इस विषय में प्रवचन दे रहे थे कि उस प्रकाश में मग्न होना किसी परम आध्यात्मिक प्रसाद से कम नहीं था। मेरे साथ बैठी महिला कुलबुलाई; वह मेरे कान में झुक कर हौले से बोली, ''यह तो सुनने में मौत जैसा लगता है।'')

यदि मृत्यु के बाद के जीवन को अर्थ देना है तो इसे भी जीवन की तरह पूरी तरह से संतोषदायक होना चाहिए। पैसा, ताक़त, सेक्स, परिवार, उपलब्धि और भौतिक सुख को अंत तक लाना कोई छोटी बात नहीं है। हम किसी चीज़ से कितना भी प्रेम करें या उस पर निर्भर हों, जब जीवन

का अंत होगा तो वह भी नहीं रहेगा। कई साल पहले, जब मैं बोस्टन में एक मेडिकल रेज़ीडेंट था, तो अस्पताल में एक वृद्ध जोड़ा भर्ती हुआ। पति कोलन कैन्सर की आख़िरी अवस्था में था। पत्नी हृदय रोग से ग्रस्त थी पर उससे कहीं बेहतर हालत में थी। दोनों एक ही कमरे में थे और उनके पास कुछ दिन जाने के बाद मैंने देखा कि उनमें कितनी घनिष्ठता थी।

पति कई दिन तक, असहनीय दर्द के बीच बार-बार बेहोश होता रहा और होश में वापस आता रहा। उसकी पत्नी हाथ थामे घंटों साथ बैठी रहती। फिर एक सुबह पत्नी का पलंग ख़ाली था - वह पिछली रात दिल के दौरे की वजह से मर चुकी थी। पति भी नाज़ुक था और उसे सुन कर सदमा लग सकता था पर उसे बताना ज़रूरी था। मैंने बेमन से बताया पर वह सुन कर बहुत शांत दिखा।

''मुझे लगता है कि अब मैं जा सकूँगा। बस इसी इंतज़ार में था।''

''किस इंतज़ार में?'' मैंने उससे पूछा।

''एक पुरुष को हमेशा स्त्री को पहले जाने देना चाहिए।'' उसने कहा। वह फिर से बेहोशी में लौट गया और उसी दोपहर, वह भी चल बसा।

उसने मुझे याद दिलाया कि हम मरते समय अपने लिए क्या चुनाव कर सकते हैं। मर्यादा, शांति, जो आने वाला है उसे पूरे धीरज से स्वीकारना। ये सभी गुण विकसित किए जा सकते हैं और जब ये विकसित होंगे तो मृत्यु एक ऐसी परीक्षा होगी, जिसमें हम असफल नहीं होंगे। हमारी ग़लती यह नहीं कि हम मौत से डरते हैं, हम एक चमत्कार के रूप में इसका सम्मान नहीं करते। सबसे गहनतम विषय - प्रेम, सत्य, करुणा, जन्म और मृत्यु - सब समान हैं। ये हमारी नियति से जुड़े हैं और इसके साथ ही वर्तमान से भी संबंध रखते हैं। अंततः इस किताब का उद्‌देश्य यही है कि मृत्यु को वर्तमान में लाते हुए, प्रेम के समकक्ष बनाया जा सके।

इसके साथ ही मैं सावित्री की कहानी आगे सुनाना शुरू करता हूँ, एक ऐसी स्त्री जिसने मृत्यु को हराने के लिए प्रेम का सहारा लिया, जो हमारे मृत्यु के पश्चात जीवन की चर्चा के अंतराल में प्रकट होगी। प्रेम की संपूणता में एक ऐसा रहस्य है, जिसे उसने सीखा और हमें भी दोबारा सीखना चाहिए। टैगोर ने अपनी कविता की पंक्तियों में बहुत ख़ूबसूरती से इसे व्यक्त किया है :

आप क्या देंगे?

जब मृत्यु द्वार पर होगी,
तब आप क्या देंगे?

मेरे जीवन की संपूर्णता –
पतझड़ के दिनों और गर्मियों की रातों की मीठी मदिरा,
बरसों से साथ रहा नन्हा सा झुंड
और जीने से भरे अनेक घंटे

ये मेरे उपहार होंगे
जब मृत्यु द्वार पर होगी।

2

मरणासन्न का उपचार

जब वे भटकते हुए पर्वत की ओर बढ़े, तो सावित्री की व्याकुलता और बढ़ती गई, परंतु रमण ने उसकी ओर कोई ध्यान नहीं दिया। उन्होंने कच्ची पगडंडी को छोड़ा और भारी पत्थरों के बीच से राह बनाते हुए अचानक ओझल हो गए। सावित्री उनके पीछे चली जा रही थी, उसे एक नाला दिखाई दिया, रमण वहीं बैठे थे। उन्होंने सरकंडे से बनी बांसुरी निकाली, जो उनके केसरिया चोगे में खोंसी हुई थी। फिर वे अपनी बांसुरी बजाने लगे।

''मेरा संगीत सुन कर भी तुम मुस्कराईं नहीं?'' उन्होंने पूछा, वे सावित्री की दृष्टि में व्याकुलता को भांप सकते थे। वह उस समय मृत्यु के देवता यमराज के सिवा कुछ नहीं सोच पा रही थी, जो उसके घर प्रतीक्षारत बैठे थे।

''हमारे पास समय बहुत कम है।'' उसने आग्रह किया। ''आप जो शिक्षा देना चाहते थे, वह मुझे सिखाएँ।''

''अगर मैं तुम्हें मरणासन्न के उपचार के विषय में ज्ञान दूँ तो?'' रमण ने पूछा।

सावित्री स्तब्ध रह गई। ''मुझे पूरा विश्वास है कि सबकी मृत्यु होती है।''

''तो तुम अफ़वाहों में यक़ीन रखती हो? अगर मैं तुम्हें कहूँ कि तुम कभी प्रसन्न नहीं रहीं, तो क्या तुम मेरा विश्वास कर लोगी?''

''नहीं, ऐसा नहीं है। मैं आज सुबह, यह सारी समस्या आरंभ होने से पहले प्रसन्न ही थी।'' सावित्री बोली।

रमण ने हामी भरी। ''हम सभी प्रसन्न होना याद रखते हैं और कोई भी हमसे उस ज्ञान के बिना बात नहीं करता। मैं तुमसे एक और सवाल करता हूँ : क्या तुम याद रख सकती हो कि तुम कब जीवंत *नहीं* थीं?''

''नहीं,'' सावित्री ने सकुचा कर कहा।

''थोड़ी कोशिश करो। अपने दिमाग़ को उस जग़ह पीछे ले जाओ, जब तुम छोटी, बहुत छोटी थीं। ''अपनी ओर से वह समय याद करने की कोशिश करो जब तुम जीवंत नहीं थीं। सावित्री ऐसा करना ज़रूरी है।''

''ठीक है।'' सावित्री ने अपनी ओर से पूरी कोशिश की पर उसके पास जीवित नहीं होने की कोई स्मृति नहीं थी।

''शायद तुम जीवित नहीं होने के बारे में इसलिए याद नहीं कर पा रही, क्योंकि तुम हमेशा से जीवित रही हो।'' रमण ने कहा। उन्होंने उसके सिर पर लटकी शाखा पर बैठे टिड्डे की ओर संकेत किया। ''अगर तुम सात साल की नींद के बाद किसी टिड्डे को ज़मीन से बाहर आते देखो तो क्या इसका अर्थ है कि वह इससे पहले मरा हुआ था?''

सावित्री ने सिर हिलाया।

''तुम्हारा जन्म हुआ था, तुम इस बात पर केवल इसलिए विश्वास करती हो, क्योंकि तुम्हारे माता-पिता ने तुम्हें गर्भ से बाहर आते देखा था। उन्हें लगा कि वे तुम्हारे अस्तित्व के आरंभ के साक्षी हो रहे थे, इसलिए उन्होंने अफ़वाह फैला दी कि तुम्हारा जन्म हुआ है।'' सावित्री यह तर्क सुन कर चकित रह गई।

रमण ने अपनी बात पर बल देते हुए कहा। ''इस नाले को देखो। तुम इसका छोटा सा हिस्सा देख पा रही हो पर फिर क्या तुम इसके आदि और अंत को जानती हो? मेरी बात ध्यान से सुनो, सावित्री। तुम मौत को इसलिए स्वीकार करती हो, क्योंकि तुम जीवन को स्वीकार करती हो। ये दोनों एक साथ चलने चाहिए। इन अफ़वाहों को बिलकुल भुला दो कि कभी तुम्हारा जन्म हुआ था। यही मरणासन्न के लिए एकमात्र उपचार है।''

रमण उठ खड़े हुए और बांसुरी को फिर से अपने वस्त्र में खोंस लिया; अब वे चलने को तैयार थे। ''क्या तुम मुझ पर विश्वास करती हो?''

''मैं आप पर विश्वास करना चाहती हूँ पर मैं अब भी भयभीत हूँ।'' सावित्री ने स्वीकार किया।

"तो हम चलना जारी रखेंगे।" रमण आगे चलने लगे और सावित्री उनके पीछे जाने लगी, वह उनकी कही बातों पर विचार कर रही थी। वह यह सुन कर निरुत्तर थी कि वह कभी नहीं जन्मी, वह कभी मर भी नहीं सकती। क्या ये वाकई सच था?

रमण ने उसके विचार भांप लिए। "हमें जो याद नहीं, उसके आधार पर यथार्थ को नहीं देख सकते, हम जो करते हैं, उसके आधार पर यथार्थ खड़ा हो सकता है। हर कोई होने को याद रखता है; अस्तित्वहीनता कोई याद नहीं रखता।"

सावित्री ने एक क्षण के बाद हौले से उनकी बाजू को हाथ लगाया। "मेरे लिए कुछ देर बांसुरी बजाएँ। मैं प्रसन्न होना याद करना चाहती हूँ।"

पार उतरना

वेदांत इस बात पर बल देते हैं कि आत्मा हमेशा हमें नियर-डेथ (मृत्यु को निकट से देखने वाले) अनुभवों के आकर्षक विचार से सामना करवाती है, जो इस लोकप्रिय मान्यता का निश्चित अंश बन गया है। (1991 में, गॉलअप पोल में, आबादी के लगभग 5 प्रतिशत यानी 13 मिलियन अमेरीकियों ने यह माना कि वे ऐसे अनुभव पा चुके हैं)। मृत्यु को निकट से देखने का अनुभव, दूसरे यथार्थ से एक क्षणिक संपर्क मात्र है या फिर इसका अनुभव लेने वालों को ऐसा लगता है। एक व्यक्ति इमर्जेंसी या आईसीयू में पड़ा है। उसके दिल ने काम करना बंद कर दिया है और शरीर के सभी लक्षण मौत के संकेत दे रहे हैं। फिर भी इनमें से कुछ रोगी, ख़ासतौर पर कुछ रोगी जो कार्डियक अरेस्ट का शिकार होते हैं, उनकी जान बचाई जा सकती है। जब उनके साथ मृत्यु को निकट से देखने का अनुभव (मेडिकल साहित्य में इसे संक्षेप में एनडीई कहा जाता है) घटा तो उनमें से लगभग 20 प्रतिशत रोगियों ने कम से कम एक जाने-पहचाने लक्षण का वर्णन अवश्य किया - अपने शरीर से अलग होना, नीचे देखना और अपने शरीर को ऑपरेशन टेबल पर पड़ा देखना, अपने शरीर पर होने वाली मेडिकल प्रक्रियाओं को देखना, जहाँ डॉक्टर उनके दिल की खोई हुई धड़कन को वापस लाने की कोशिश में हैं। वे स्वयं को एक सुरंग में पाते हैं, वे एक तेज़ रोशनी की ओर जा रहे हैं, उन्हें किसी उच्चतम शक्ति के उपस्थित

होने का आभास होता है, वे देखते हैं या सुनते हैं कि उनके प्रियजन उन्हें पुकार रहे हैं।

डॉ. पिम वान लोमेल एक कार्डियोलॉजिस्ट हैं, जिन्होंने इस विषय पर प्रमुख डच अध्ययन किया है। वे यह जान कर चकित रह गए कि रोगियों के दिमाग़ ने पूरी तरह से काम करना बंद कर दिया था पर इसके बावजूद वे एनडीई ले पा रहे थे- दोबारा प्राण वापस आने तक वे मृतक ही थे। अचानक ही मौत क़रिश्माई चोला पहन कर सामने आई। जिस इंसान के दिमाग़ की घड़ी काम करना बंद कर देगी, उसे कोई अनुभव कैसे हो सकता है? हालाँकि दूसरी संस्कृतियों में इस समयहीनता पर और अध्ययन हुआ है और वे आश्वस्त करती हैं कि समय भले ही समाप्त हो जाए, परंतु चेतना निरंतर बनी रहती है।

दावा ड्रोलमा नामक महिला, अपने काले फ़ेल्ट से बने तंबू में हिमालय की किसी चोटी तले चुपचाप बैठी है। यह उसका घर है, परंतु उनकी गोपनीयता को भंग करने के लिए सारा दिन लोगों का तांता बंधा रहता है, जो उससे सवाल पूछने और आशीर्वाद लेने आते हैं। दावा जब से मृतकों की भूमि से वापस आई है, तब से वह पूर्वी तिब्बत में बहुत प्रसिद्ध हो गई है। जब वह सोलह साल की थी तो अचानक किसी रोगवश उसके प्राण चले गए थे और पूरे पाँच दिन तक उसका शव यूं ही पड़ा रहा। उसे किसी भिक्षु या परिवार के सदस्य ने हाथ नहीं लगाया। फिर दावा अपने शरीर में वापस आ गई और उसे अच्छी तरह याद था कि *बारदो* के दौरान क्या हुआ था, वह तिब्बती बौद्धों के लिए मृत्यु के बाद जीवन का सूक्ष्म और गहन लोक है।

उन पाँच दिनों के दौरान दावा ने कई स्वर्ग और नरकों में अपना समय बिताया। (ये हैवन और हैल ईसाई शब्द हैं, परंतु बौद्ध मान्यता के अनुसार ये ऐसी जगहें हैं, जिनमें अच्छे काम करने वालों को पुरस्कार और बुरे काम करने वालों को सज़ा मिलती है।) विवेक की देवी ने निजी रूप से दावा को हर जगह दिखाई, उसे बताया कि किस जगह पर क्या स्थित था। दावा ने उन आत्माओं के हर्ष को अनुभव किया, जिनके परिवार के सदस्य उनके निधन के बाद भी उनके लिए प्रार्थना करते थे। उसने बुरे काम करने वालों की दर्दनाक चीख़ें सुनीं, जो धरती पर पाप करने के बाद, अपने पापों की दुहाई दे रहे थे। दावा मौत के देवता से मिली, जिसने उसे जीवित प्राणियों

के नाम संदेश दिया। वे जानते थे और दावा को भी पता था कि वह धरती पर वापस जाएगी। वास्तव में, दावा की मौत कोई संयोग मात्र नहीं थी; उसने पूरी सजगता से यह यात्रा करने का निर्णय लिया था और इसमें शामिल सभी जोखिमों और ख़तरों पर विचार कर लिया था। स्थानीय लामाओं ने उसे चेतावनी दी थी कि वह यह क़दम नहीं उठाए पर दावा के मन में यह विश्वास था कि इस मृत्यु के बाद ही उसका जीवन संभव होगा।

वह साल-दर-साल अपना किस्सा दोहराती रही- लोगों को विश्वास दिलाना आसान नहीं था। तिब्बती संस्कृति इस बात के लिए तैयार नहीं थी कि किसी महिला को आध्यात्मिक वर्चस्व दिया जाए, केवल अपवाद ही उपस्थित थे। परंतु दावा अपने बारदो से जो प्रत्यक्ष ज्ञान ले कर आई थी - और जिस ''स्पष्ट प्रकाश'' को अपने पीछे छोड़ आई थी - वह जगजाहिर था। उसने लोगों को दबे हुए सोने का पता बताया। उसे निजी जीवनों के रहस्य पता थे और बिछुड़े हुए संबंधियों के बारे में विस्तार से बताती थी, जो कोई दूसरा नहीं बता सकता था। उसने महान लामाओं से शास्त्रार्थ किए और बौद्ध परंपरा व ज्ञान की जानकारी में उनसे श्रेष्ठ साबित हुई।

दावा तिब्बती संस्कृति में अनूठी नहीं है। जीवन में वापस आने वाले लोग *देलोग* या *देलोक* कहलाते हैं और लिंगज़ा चोकी ने सोलहवीं सदी में इस विषय पर विस्तार से लिखा था। ''मैं तब भी कमरे में थी पर बीमार होकर पलंग पर लेटने की बजाए मैंने अपने शरीर को छोड़ा और छत पर उड़ कर आ गई। मैंने देखा कि मेरे शरीर में, कपड़ों में लिपटा सूअर पड़ा था। मेरे बच्चे मेरे लिए रो रहे थे, और यह देख कर मेरा मन दुखी हो गया। मैंने परिवार से बात करनी चाही, पर कोई सुन ही नहीं रहा था। जब उन्होंने खाना खाया तो मैं रोई और गुस्सा हुई कि वे मुझे भोजन क्यों नहीं दे रहे। जब उन्होंने मेरे लिए प्रार्थनाएँ कीं, तो अचानक ही मुझे बेहतर लगने लगा।''

सजगता की अवस्थाएँ

देलोग के बारे में कमाल की बात यह है कि उनकी बातों में एक निरंतरता का आभास है, बीसवीं सदी में दावा को जो अनुभव हुआ, वही अनुभव लिंगज़ा को चार सौ साल पहले हुए थे। उन्होंने बारदो के वही छह स्तर देखे। उन्हें श्वेत तारा का मार्गदर्शन मिला, वे प्रज्ञा की देवी हैं, वे मृतकों

को वापस जीवित होने का संदेश देती हैं। ये संदेह एक अच्छा तिब्बती बौद्ध होने से जुड़े हैं (जैसे हर सदी में वर्जिन मैरी का आभास, एक अच्छा कैथोलिक बनने पर आधारित होता है)।

एनडीई के विशेषज्ञों ने पाया कि एनडीई और देलोग के अनुभव काफ़ी हद तक एक से थे। वे दोनों ही भौतिक शरीर के त्याग, अपने-आपको नीचे देखने और आसपास के माहौल को देखने, अपने प्रियजन से बात करने में अक्षम होने या विचार की शक्ति से दूसरे स्थान की यात्रा पर जाने की बातें करते हैं। जब देलोग कहते हैं कि दूसरे लोक में उनके पास ''स्वर्ण युग की देह'' थी - तो उनका कहने का अर्थ है कि युवा और संपूर्ण - हमें याद है कि कुछ एनडीईज़ को भी याद है कि मरने के बाद उनके शरीर वैसे ही सुंदर और युवा हो गए थे, जैसे कभी बीस या तीस वर्ष की आयु में रहे होंगे। दूसरे छोर पर मृतक संबंधी प्रकट होते हैं, इस क्षेत्र को तिब्बती, ''कुछ होने का बारदो'' कहते हैं। जब नया मृतक व्यक्ति उनसे मिलने की चेष्टा करता है, तो उसे इस भाव के साथ दोबारा संसार में धकेला जाता है कि अभी उसके आने का समय नहीं हुआ या किसी से कोई भूल हुई है। दोनों ही मामलों में ईश्वर या उस महाप्रकाश के संपर्क में आने का भाव पैदा हो सकता है, उसके बाद मौत का कोई डर नहीं रहता।

इसके अलावा एनडीईज़ और तिब्बत के देलोग के अनुभवों के बीच भी कई समानांतर दिखाई देते हैं। देलोग कहीं अधिक विस्तृत लेखा-जोखा देते हैं तो यह मानना उचित ही है कि एक एनडीई एक जागरण का आरंभ मात्र है, जो मृतक व्यक्ति को उन सभी आवश्यक अवस्थाओं से पार ले जाता जिसके बाद आत्मा स्वयं को प्रकट करती है। यदि ईसाइयों के हैवन, बौद्धों के बारदो और हिंदू धर्म के कई लोकों या दिव्य लोकों के निश्चित भूगोल को त्याग दें, मृत्यु के बाद जीवन की पहली अवस्था कुछ निश्चित और लगातार होने वाली घटनाओं के साथ सामने आती है।

''पार उतरना''

मृत्यु के बाद जीवन का उदय कैसे होता है

1. भौतिक शरीर काम करना बंद कर देता है। हो सकता है कि मरणासन्न को इसका पता नहीं चले, परंतु धीरे-धीरे उसे यह पता चलने लगता है।

2. भौतिक संसार ओझल हो जाता है। यह धीरे-धीरे हो सकता है; ऊपर की ओर उठते हुए, उन सभी स्थानों को नीचे देखने का अनुभव हो सकता है, जहाँ वे पहले थे।
3. मरणासन्न व्यक्ति हल्का महसूस करता है और प्रत्येक सीमा से मुक्त हो जाता है।
4. दिमाग़ और कई बार इंद्रियाँ काम जारी रखते हैं। हालाँकि धीरे-धीरे, सारा बोध अभौतिक होने लगता है।
5. एक ऐसी उपस्थिति सामने आती है, जो दिव्य अनुभव होती है। यह उपस्थिति प्रकाश, देवदूतों या देवताओं के रूप में हो सकती है। यह मरणासन्न व्यक्ति से बात कर सकती है।
6. व्यक्तित्व और स्मृति मंद होने लगते हैं, परंतु ''मैं'' का भाव बना रहता है।
7. यह ''मैं'' अस्तित्व के किसी दूसरे लोक में जाने का द्रवित कर देने वाला भाव भी हो सकता है।

स्वर्ग की ओर जाते हुए यह सात चरणों वाली सजगता की अवस्थाएँ नहीं होतीं। शोधकर्ताओं ने प्राय: इसे ''इंटर-लाइफ़'' चरण का नाम दिया है। जीवित रहने की मानसिक अवस्था और यह महसूस करने की अवस्था कि व्यक्ति अब नहीं रहा; यह इन दोनों अवस्थाओं के बीच का अंतरण है। इसमें व्यक्ति विशेष के अनुसार बहुत सारे परिवर्तन हो सकते हैं। मृत्यु के बाद वाले जीवन में, सभी ''प्रकाश में प्रवेश'' नहीं करते। कुछ रोगियों ने बताया कि वे अंतरिक्ष में दूसरे ग्रहों या दूसरे लोकों पर गए, जो कि उनके धार्मिक विश्वासों के अनुसार था। कुछ लोगों ने क़यामत का दिन देखा, जो नरक से कम नहीं था, हालाँकि यह संतोषजनक भी हो सकता था।

किसी व्यक्ति का स्वभाव बड़ी भूमिका निभाता है। एक बच्चा स्वर्ग से लौट कर बता सकता है कि बहुत सारे पशुओं के बच्चे खेल रहे थे और दिल का रोगी बता सकता है कि ईश्वर ने उसे गोद में बिठा कर कहा कि उसे धरती पर वापस चले जाना चाहिए। कोई देलोग तिब्बती धार्मिक मान्यताओं को सूक्ष्मता से देख सकता है। ये सभी छवियाँ स्पष्ट रूप से उनकी संस्कृति पर निर्भर करती हैं। विश्व के धर्मों के विशेषज्ञ हस्टन स्मिथ का कहना है, ''बारदो में हम जो भी अनुभव कर रहे हैं, वह हमारी अपनी ही मानसिक

रचनाएँ हैं।'' कोई मृत्यु के बाद के जीवन के बजाए बारदो देख सकता है, ईसाई को ईसाई छवियाँ ही दिखेंगी, वह बौद्ध छवियाँ नहीं देखेगा और मुसलमान को इस्लामी छवियाँ ही दिखेंगी।

हालाँकि पार उतरना केवल एक अंतरण मात्र है। आत्मा का पूरा यथार्थ अभी तक सामने नहीं आया। देलोग के लिए अभी भी ''मन की विशुद्ध प्रकृति'' को देखना बाक़ी है, जैसा कि बौद्ध इसे कहेंगे। देलोग अच्छी तरह जानते हैं कि वे वास्तव में कहीं नहीं गए, यात्रा का हर स्तर चेतना में ही होता है। असल में स्वर्ग या नरक असली नहीं, बल्कि उनके पीछे का ''स्पष्ट प्रकाश'' असली है। दावा ने भौतिक जगत में वापस आने से पहले उसी उज्ज्वल श्वेत प्रकाश में प्रवेश किया था।

जैसा कि उसका बेटा लिखता है, ''हालाँकि चक्रीय अस्तित्व के लोक अपनी प्रकृति से ही शून्य हैं, वे मन के भ्रम का दर्शन मात्र हैं, परंतु सापेक्ष स्तर पर उस जगह फंसे जीवों की पीड़ा से भी इंकार नहीं किया जा सकता।'' पश्चिमी इस बारे में बहस करते हैं कि क्या मृत्यु के बाद का जीवन असली जीवन जैसा ही हो सकता है पूर्व वालों ने माना है कि ये दोनों ही मानसिक प्रक्षेपण हैं। पश्चिमी मनुष्य के जीवन चक्र को जन्म और मृत्यु के बीच सीमित करते हैं; पूर्व वाले जन्म, मृत्यु और पुनर्जन्म के अनंत चक्र को देखते हैं।

इस तरह एक ही यात्रा में बहुत सारी विविधता की गुंजाइश है। ''मानो किसी सपने या भ्रम में, दावा के बोध में वे जीव हिमकणों की तरह अंदर-बाहर तैर रहे हों। एक ही पल में वह अचानक देखती है कि उसका कोई बहुत ही प्रिय नरक की यातनाओं को भोग रहा है; दूसरे ही पल वह विशुद्ध लोक की ओर जाते हुए कई व्यक्तियों से भेंट करती है। कभी-कभी, उसे बारदो की पूरी शोभायात्रा दिखाई देती है, सभी जीव किसी महान लामा के नेतृत्व में विशुद्ध लोकों की ओर प्रस्थान कर रहे हैं ... जो उसकी परोपकारी आकांक्षाओं की शक्ति से उन सबकी रक्षा करने आए हैं।''

अपेक्षाओं की संपदा

यदि विभिन्न संस्कृतियों को मृत्यु के बाद अलग-अलग चीज़ें दिखाई देती हैं, तो हमें भी इस संभावना का सामना करना चाहिए कि हम अपने लिए

मृत्यु के बाद का जीवन रचें। शायद मरणासन्न व्यक्तियों को दिखाई दे रही छवियाँ, आत्मा का ही तरीक़ा हो ताकि हमें पाँच इंद्रियों को परे छोड़ने में मदद मिल सके। मैं मानता हूँ कि मृत्यु के बाद का जीवन चेतना में रचा जाता है। परंतु जैसा कि हाल ही में जाने-माने जीव-विज्ञानी ने बताया, ''ज्यों ही आप चेतना शब्द का प्रयोग करने लगते हैं, तो आप उसी समय विज्ञान से दूर हो जाते हैं।'' मैं *टाइम* पत्रिका में प्रोफ़ेसर एरिक कॉरनैल का आलेख उठा कर पढ़ सकता हूँ, जो भौतिकी में नोबेल पुरस्कार विजेता हैं : ''विज्ञान का संबंध ईश्वर के मन को जानने से नहीं जुड़ा; यह प्रकृति और वस्तुओं के कारणों की समझ के बारे में है। रोमांच यही है कि हमारा अज्ञान ही हमारे ज्ञान को बढ़ाता है।''

मुझे पूरा विश्वास है कि बहुत से लोग इस अहसास के बिना ही सहमत होंगे कि जब आप मनुष्य के स्वभाव को नहीं समझते, तब तक प्रकृति को समझने का मूल्य बहुत थोड़ा रह जाता है। हम स्वयं को इस प्रयोग से बाहर क्यों रखते हैं?

जब चेतना एक साध्य संभावना ही नहीं, तो ऐसे में व्याख्या तो भौतिकवाद से ही आ सकती है। उदाहरण के लिए नशीले पदार्थ (जैसे मरिजुआना, चरस, गांजा, एलएसटी, कीटामाइन, मेस्कालिन) आदि मस्तिष्क को श्वेत प्रकाश और सुरंग में होने का अनुभव दे सकते हैं। यदि किसी को अपकेंद्रण यंत्र (सेंट्रफ़्यूज़) में रख कर इतनी गति से चक्कर कटाए जाएँ कि फ़्रंटल लोब्स से ख़ून आने लगे - अंतरिक्ष यात्रियों और टेस्ट पायलटों को अपकेंद्रण यंत्र में प्रशिक्षण लेते हुए ऐसे अनुभव होते हैं। अत्यधिक तनाव की वजह से मतिभ्रम हो सकते हैं; दिल का दौरा पड़ने के बाद आईसीयू में रखे गए रोगी प्राय: ऐसे अनुभव करते हैं और इन्हें ऐसा होने की अधिक संभावना रहती है।

क्या यह संभव है कि चिकित्सा जगत के पास इसके लिए सारे उत्तर हों? मृत्यु को निकट से देखने वाले अनुभवों (एन.डी.ई.) का डच अध्ययन करने वाले डॉ. वैन लोमेल ऐसा नहीं मानते। उन्होंने अस्पताल में ऐसे 344 रोगियों की जाँच की जिनके हृदय सामान्य रूप से धड़कने के बजाए अनियमित रूप से धड़क रहे थे। उनके ठीक होने के कुछ दिन बाद ही, उनसे बातचीत के दौरान डॉक्टर ने पाया कि एनस्थीसिया और दवाओं

ने उनके अनुभवों पर असर नहीं डाला। हालाँकि उन्हें इस बात से हैरानी हुई उन रोगियों ने दिमाग़ की गतिविधि नहीं रहने पर भी चेतना के विषय में बताया। वर्षों बाद भी वे इस विरोधाभास को याद कर विस्मित हो जाते हैं, ''उस क्षण में वे लोग ना केवल सचेत हैं, बल्कि उनकी चेतना पहले से कहीं अधिक विस्तृत अनुभव होती है। वे पूरी स्पष्टता से विचार कर सकते हैं, उनके पास अपने बचपन की पुरानी स्मृतियों में लौटने की याद है, और वे अपने आसपास के हर व्यक्ति और वस्तु से गहरे संपर्क को महसूस कर सकते हैं और फिर भी दिमाग़ की कोई गतिविधि दिखाई नहीं देती!''

ये निरीक्षण भौतिकवाद की डाइंग-ब्रेन की थ्योरी को नकारता है। एनडीई आरंभ होने से पहले दिमाग़ काम करना बंद कर चुका है और चार से दस मिनट के उस अंतराल के बीच यदि व्यक्ति को जीवित कर दिया जाए तो दिमाग़ बिना किसी क्षति के दोबारा काम करने लगता है। लोमेल यह भी कहते हैं कि अगर कोई मनोवैज्ञानिक व्याख्या सच्ची है तो वह सब पर लागू होनी चाहिए। उन्होंने पाया कि दोबारा जीवित होने वाले 82 प्रतिशत रोगी किसी एनडीई अनुभव को याद नहीं कर पाते; उनके मरणासन्न मस्तिष्कों ने उन्हें वह अनुभव क्यों नहीं पाने दिया, जो 18 प्रतिशत रोगियों ने पाया था?

हो सकता है कि चेतना का संबंध मस्तिष्क से नहीं हो। यह एक चौंका देने वाली संभावना है, जो संसार की सबसे प्राचीन आध्यात्मिक परंपराओं के साथ चलती आई है। क्या यह भी हो सकता है कि मृत्यु को निकट से देखने का अनुभव अब भी स्मृतियों और अपेक्षाओं से ही संचालित होता हो?

इसमें कोई संदेह नहीं कि पश्चिमी समाज में स्वर्ग बहुत से लोगों के लिए एक अपेक्षा है और हमें इसके बारे में बहुत ही निकटता से अध्ययन करना होगा ताकि यह जान सकें कि क्या हम वास्तव में स्वर्ग का चुनाव करना चाहते हैं।

3

मृत्यु तीन इच्छाएँ पूरी करती है

दो घंटों तक जंगल में चलने के बाद, सावित्री और रमण एक दोराहे पर आए।

''अगर उस ओर गए तो यम के महल जा पहुँचेंगे। क्या तुम जानती थीं कि मृत्यु इतना निकट रहती है?'' उन्होंने पूछा।

सावित्री कांप गई, ''मैं ऐसी बातें नहीं जान कर ही ख़ुश हूँ।''

''सच?'' रमण वास्तव में स्तब्ध दिखे। ''मैं एक दिन भटकते हुए उसी महल में चला गया था। मैं मौत को आमने-सामने मिल कर चकित हो गया था।''

सावित्री जिससे इतना डर रही थी, उसके बारे में सुनते ही उसके भय की सीमा नहीं रही। रमण ने आगे आ कर उसका हाथ थाम लिया, ''आओ, मैं चलते हुए इसके बारे में बात कर सकता हूँ।'' उनकी पकड़ मज़बूत थी, सावित्री ने शांत अनुभव किया मानो उनकी शक्ति सावित्री तक आ रही हो।

''मैं तत्काल जान गया था कि मैं यम के घर आ गया हूँ।'' रमण ने आगे बताया। ''क्योंकि द्वार के आसपास खूँटों पर खोपड़ियाँ टंगी थीं। इसलिए मैं वहीं बैठ कर अपने मेज़बान के आने की प्रतीक्षा करने लगा। मैंने पूरा दिन और अगले दिन भी प्रतीक्षा की। अगले दिन यम घर वापस आए। जब उन्होंने मुझे देखा तो बहुत दुखी हो गए। ओह, तुम्हें मेरे द्वार पर तीन दिन इंतज़ार करना पड़ा। मृत्यु भी आतिथ्य के पवित्र संकल्प को तोड़

नहीं सकती। मैं तीनों दिनों के नाम पर, तुम्हें तीन इच्छाओं की पूर्ति का वचन देता हूँ।''

''यह सुन कर प्रसन्नता हुई, क्योंकि मैं लंबे समय से आपके बारे में जानना चाहता था, आप सृष्टि में सबसे बड़े ज्ञानी हैं।'' यम ने झुक कर अपनी प्रशंसा ग्रहण की। मैंने कहा, ''मेरी पहली इच्छा है कि मुझे घर वापसी का मार्ग मिल सके, मैं कोई मूर्ख नहीं और सदा आपके साथ रहने की इच्छा नहीं रखता।''

यम ने मुस्करा कर पूर्व की ओर संकेत किया, ''तुम सूर्य के ऊगने की दिशा में चलोगे तो अपने घर जाने का मार्ग जान लोगे।''

''मेरी दूसरी इच्छा, मैं जानना चाहता हूँ कि क्या आपने कभी प्रेम का अनुभव पाया है?''

''यम अब बहुत प्रसन्न नहीं दिखे पर उन्होंने बेमन से उत्तर दिया। 'प्रेम सृजन करता है, परंतु मेरा कार्य तो विनाश का है इस प्रकार मुझे प्रेम की कोई ज़रूरत नहीं है।' यह सुन कर मुझे यम पर दया आई, परंतु वे घमंड से ताक रहे थे और उन्हें मेरी दया की कोई आवश्यकता नहीं थी। वे बोले, 'अब जल्दी करो और अपनी तीसरी मनोकामना पूरी करवा लो।'

''मैंने कहा, 'महान ऋषियों ने कहा है कि आत्मा मृत्यु के बाद भी बनी रहती है। क्या ये सत्य है?' यम के चेहरे पर काला साया सा तैर गया। वे गुस्से से गरजे, परंतु वह हुंकार मुझे उत्तर देने के लिए थी। 'मैं तुम्हें सत्य बताऊँगा।' वे बोले – 'जीवन में दो मार्ग हैं। एक मार्ग विवेक का है और दूसरा मार्ग अज्ञान का है। विवेक का पथ ही स्व की ओर ले जाता है। अज्ञान का पथ आनंद की ओर ले जाता है। आनंद इंद्रियों से उपजता है, इसलिए यह अस्थायी है और जो भी अस्थायी है, मृत्यु उसे अपने शिकंजे में कस लेती है। इस तरह अज्ञानी मेरी पकड़ में आ जाता है। परंतु स्व अनंत का प्रकाश है। यह सदा चमकता रहता है। बहुत कम ज्ञानी ही इस प्रकाश को देख पाते हैं, जबकि यह कहीं और नहीं, बल्कि उनके ही भीतर समाया है। यह स्व, तुम्हारी ही आत्मा का प्रकाश है। अब जाओ। यम को कभी तुम्हारा मुख नहीं देखने से प्रसन्नता होगी।' और उन्होंने फिर से गुस्से में हुंकार भरी।

सावित्री को कथा तो रोचक लगी पर वह विस्मित थी, ''अगर आत्मा का प्रकाश हमारे भीतर झलकता है तो हम उसे खोज क्यों नहीं पाते?''

रमण ने रुक कर आसपास देखा। उन्हें मार्ग में बरसात के पानी से बना गड्ढा दिखा। वे सावित्री को उसी ओर ले गए। ''क्या तुम इसमें झलकते सूर्य को देख सकती हो?''

सावित्री ने सिर हिलाया। ''मैं देख सकती हूँ।''

''तो देखो।''

रमण ने पानी में क़दम रखा और कीचड़ को पैर से हिला दिया। ''क्या तुम अब भी इसमें सूरज की परछाईं देख सकती हो?'' सावित्री ने माना कि अब वह ऐसा नहीं कर सकती थी। ''यही कारण है कि लोग आत्मा को नहीं खोज पाते।'' रमण ने कहा। ''यह मन की निरंतर चलने वाली गतिविधि और भ्रम के कारण धुंधला जाती है। जब मैंने सूर्य की परछाईं को नष्ट किया तो मैंने सूर्य की कोई हानि नहीं की। यह शाश्वत है और इसे कोई नष्ट नहीं कर सकता। अब तुम आत्मा का रहस्य जान गई हो, जिसे मृत्यु भी मिटा नहीं सकती।''

सावित्री गंभीर होकर विचार करने लगी, ''मैं इस पर विश्वास करना चाहती हूँ।''

''तुम अब भी डरी हुई हो। रमण ने कोमलता से कहा। ''परंतु यह एक चीज़ सीखो। अगर सच को देखना चाहती हो तो परछाइयों पर भरोसा नहीं करो।''

सावित्री चलते हुए भी निरंतर कुछ सोच रही थी। उसका एक हाथ बड़ी सहजता से संन्यासी के हाथ में था।

विश्वास का प्रश्न

मृत्यु के बाद सबसे बदतर जीवन नरक हो सकता है
और दूसरा बदतर जीवन स्वर्ग हो सकता है।

मैंने 2005 में गर्मियों के मौसम में एक पन्ने पर ये पंक्तियाँ लिखी थीं। अगर हैवन और हैल शब्द का प्रयोग करें तो ईसाई मान्यता दिमाग़ में आती है। परंतु मैं सामान्य रूप से विचार कर रहा था। अगर आप भगवान के लिए अच्छे हैं तो आप स्वर्ग में जाते हैं, अगर आप अच्छे नहीं हैं तो आप नरक में जाते हैं। क्या ये दोनों ही ''अंत'' के पर्यायवाची नहीं हैं?

वेदांत कहता है कि मृत्यु के बाद का जीवन हमें वही रचने के लिए बना है, जो हम पाना चाहते हैं। अगर ये स्वर्ग और नरक के लिए सच है तो वे किस तरह की अपेक्षाओं को पूरा करते हैं? आपके बुरे कर्म आपको क़ैद की ओर क्यों ले जाते हैं और आपके पापों को बिना किसी दया या प्रायश्चित की आशा के बुरी तरह से दंडित क्यों किया जाता है?

विपरीत की तुलना में यह प्रश्न सरल है। अच्छे लोगों के लिए बादलों से परे कोई कल्पना लोक क्यों होना चाहिए जहाँ सद्गुणों को पुरस्कार मिले, अंतहीन निष्क्रियता के साथ कोई विराम नहीं हो?

2005 की गर्मियों में ये विषय मेरे बहुत निकट थे। मुझे मौत के बारे में निरंतर सोचना पड़ रहा था, क्योंकि माँ कोमा में चली गई थीं। भारत से आए एक फ़ोन से यह पता चला। मैं झट से जेट पर सवार हुआ। क्षण-प्रतिक्षण यह अनिश्चित होता जा रहा था कि क्या मैं उन्हें अंतिम विदा देने के लिए सही समय पर पहुँच सकूँगा?

आप जिससे प्रेम करते हों, उसके मरने की कल्पना कठिन होती है। माँ की आयु अस्सी साल थी और वे पिछले पाँच साल से धीरे-धीरे ढल रही थीं। पिछले छह महीने से तो पूरा शरीर जैसे ख़त्म होता जा रहा था। परिवार में सभी इस बात पर सहमत थे कि अब उनके कष्टों का अंत हो जाना चाहिए।

मैंने पाया कि मैं अपनी माँ के हृदय में स्थित एक सेल के बारे में सोच रहा था। एक डॉक्टर होने के नाते मैं सही तरह से सेल या कोशिका की कल्पना कर सकता था मानो उसे दूरबीन से देख पा रहा था। कोई भी हृदय कोशिका एक ही जीवनकाल में कई बार अपने अणुओं को बदल चुकी होती है। मेरी माँ का कमज़ोर दिल, जीवनकाल के अनुभवों से भरा था और अपने-आप में कोई स्थिर वस्तु नहीं था। यह परिवर्तन की आग की लपटों से घिरा था, क्योंकि हर कोशिका ऐसी ही थी। मेरी माँ जिस दिन से पैदा हुईं, उसी दिन से बार-बार जीवन से आ-जा रही थीं।

हृदय की पुरानी कोशिकाएँ स्वर्ग नहीं जा सकतीं, इसलिए वे स्वयं ही भौतिक रूप से मृत हो जाती हैं। आपका पूरा शरीर स्वयं को क़ब्र में धकेलता है और एक मिनट में हज़ारों बार उसी मृतक अवस्था से बाहर आता है, हर बार पुराने का स्थान नया ले लेता है।

अणु कभी भी अपनी पूर्ति कर सकते हैं, इसलिए इस ज्ञान की मृत्यु मायने रखती है। ज्ञान ही एक कोशिका का सार है, जिसे कभी न तो किसी ने छुआ और ना ही देखा। जब एक छोड़ी गई श्वास पर लाखों ऑक्सीजन अणु उड़ते हैं तो वे उड़ कर दुनिया में चले जाते हैं जो बचता है, वह कहीं अधिक महत्त्वपूर्ण है : एक कोशिका कैसे बनानी है, एक कोशिका कैसे पेश आती है, ये दूसरी कोशिकाओं से कैसे संबंध रखती है।

बहुत सादे अणुओं का एक सूत्र और डीएनए की लड़ी यह सब कैसे जानती है? जब हम मरते हैं तो हम उत्तर की खोज करते हैं क्योंकि फिर हम पदार्थ की आड़ में छिपे सार का सामना करते हैं। ''सार'' का अर्थ है, किसी चीज़ का निचोड़, किसी चीज़ को उबाल कर अशुद्धियों में से शुद्ध सत्त्व को निकाल कर अलग करना। इस जगह शब्दावली के फेर में नहीं पड़ें। सार, सोल, आत्मा या होली स्पिरिट सब नाम ही हैं। ''पार उतरने'' की आरंभिक अवस्था के बाद, बाक़ी मृत्यु के बाद का जीवन छवियों से परे है; यह आत्मा से संबंधित होता है।

मेरी माँ कोमा में ही चल बसीं, मैं कुछ घंटे पहले उनके पायताने पहुँच चुका था। यह एक आधुनिक मौत थी, जो हॉस्पिक के देख-रेख से भरे माहौल के बीच हुई। शोक करने का समय आ गया था, परंतु मैं जानता था कि माँ अब यह पता लगाने के लिए मुक्त थीं कि वे वास्तव में कौन थीं और इसी बात ने मेरा धीरज बंधाए रखा। लाखों लोग इस तरह नहीं सोचते, वे हमेशा से आदरित स्वर्ग पर भरोसा रखते हैं, परंतु अब वह बदल रहा है।

पारंपरिक विश्वास के हनन ने पैराडाइज़ को भी अछूता नहीं छोड़ा। जब 2003 में *कोलंबिया* स्पेस शटल दुर्घटना हुई, जिसमें वह विमान सेंट्रल टेक्सास के ऊपर एटमॉसफ़ीयर में ही नष्ट हो गया और सातों यात्री मारे गए। प्रेज़ीडेंट बुश ने कहा कि उन्हें पूरा यक़ीन था कि मृतक अंतरिक्षयात्री अब हैवन में हैं। जब टैनेसी में पॉलस्टर्स ने लोगों से इस बारे में सहमति पूछी तो 74 प्रतिशत लोगों ने माना कि वे मृत्यु के बाद जीवन में विश्वास रखते थे, केवल उनमें से आधे लोगों (कुल का 37 प्रतिशत) का मानना था कि अंतरिक्ष यात्री हैवन में थे, जबकि बाक़ी लोगों का कहना था कि वे इस बारे में नहीं जानते थे।

व्यक्ति को सबसे बेहतर संकेत की ओर देखना चाहिए यानी चर्च की उपस्थिति। 44 प्रतिशत अमेरिकियों का कहना है कि वे नियमित रूप

से चर्च जाते हैं। विश्वसनीय आँकड़े दिखाते हैं कि इसमें से आधी संख्या वास्तविक है। हर प्रमुख संगठन धीरे-धीरे पतन की ओर है - यह अठारह विकसित देशों में से पंद्रह देशों के लिए सही है (ईसाइयों का फ़ंडामेंटिल्ज़म इसका अपवाद है, जो यूएस और दुनिया भर में विकास का दावा करता है।)

आप इन धार्मिक मान्यताओं के विस्तार में कहाँ आते हैं, यह जानने के लिए स्वयं से कुछ बुनियादी प्रश्न करें, जो निम्नलिखित हैं :

इनमें से प्रत्येक कथन को पढ़ें और उन पर अपने विचार प्रकट करें :

सहमत - यह मेरे विश्वासों के अनुरूप है।

असहमत - यह मेरे विश्वासों के विपरीत है।

कोई राय नहीं - मैं निश्चित रूप से नहीं कह सकता या इस बारे में नहीं सोचता।

सहमत - असहमत - कोई राय नहीं - मैं ईश्वर में विश्वास रखता हूँ।

सहमत - असहमत - कोई राय नहीं - मुझे लगता है कि ईश्वर स्वर्ग में है।

सहमत - असहमत - कोई राय नहीं - मैं मृत्यु के बाद स्वर्ग जाने की अपेक्षा रखता हूँ।

सहमत - असहमत - कोई राय नहीं - स्वर्ग जाना व्यक्ति की नेकी पर निर्भर करता है।

सहमत - असहमत - कोई राय नहीं - स्वर्ग जाने का मतलब है कि बाइबिल, कुरान या फिर किसी दूसरे ग्रंथ की बातों पर विश्वास रखना।

सहमत - असहमत - कोई राय नहीं - अगर ईश्वर में विश्वास रखते हैं तो ईश्वर में विश्वास नहीं रखने वालों की तुलना में आपके लिए स्वर्ग जाने की संभावना अधिक रहेगी।

सहमत - असहमत - कोई राय नहीं - ईश्वर दयालु है, परंतु फिर भी उन्होंने नरक की रचना की।

सहमत - असहमत - कोई राय नहीं - नरक पापों की सज़ा के लिए बना है।

सहमत - असहमत - कोई राय नहीं - स्वर्ग और नरक शाश्वत हैं।

सहमत – असहमत – कोई राय नहीं – मुझे दंड मिले या मुक्ति, परिणाम न्यायपूर्ण होगा।

सहमत – असहमत – कोई राय नहीं – यह सोच कर दिलासा मिलता है कि मरने के बाद मैं ओझल नहीं होने वाला।

सहमत – असहमत – कोई राय नहीं – स्वर्ग का वैज्ञानिक प्रमाण कभी नहीं मिलेगा।

सहमत – असहमत – कोई राय नहीं – हमारे मरने के बाद क्या होता है, इसे विश्वास से ही जान सकते हैं।

सहमत – असहमत – कोई राय नहीं – मृत्यु को निकट से देखने वाले अनुभव वास्तविक होते हैं।

सहमत – असहमत – कोई राय नहीं – जब लोग "प्रकाश में प्रवेश कर", उस जगह से वापस आते हैं, तो यही मृत्यु के बाद जीवन की झलक है।

सहमत – असहमत – कोई राय नहीं – मैंने मृत्यु को निकट से देखने वाले जितने भी अनुभव पढ़े, उसके बाद स्वर्ग में मेरा विश्वास बढ़ गया।

सहमत – असहमत – कोई राय नहीं – मैंने अपने जितने प्रियजन खो दिए हैं, उन सबसे स्वर्ग में भेंट होगी।

सहमत – असहमत – कोई राय नहीं – मैं मरने के बाद अपने माता-पिता से पुन: मिलने की आशा रखता हूँ।

सहमत – असहमत – कोई राय नहीं – हम सचमुच मृतक आत्माओं से संप्रेषण कर सकते हैं।

सहमत – असहमत – कोई राय नहीं – पुनर्जन्म एक यथार्थ है।

कुल सहमत ___________

कुल असहमत ___________

कुल, कोई राय नहीं ___________

आप कितनी बार सहमत हुए, कितनी बार असहमत हुए और कितनी बार आपकी कोई राय नहीं रही; इनकी तुलना करें और देखें कि इनमें से कौन सी श्रेणी प्रमुख है।

सबसे अधिक सहमत (14-20 अंक) आप एक *आस्तिक* और विश्वास करने वाले हैं। विश्वास करने वाले व्यक्ति दो तरह के होते हैं। कुछ विश्वासी किसी संगठित धर्म के नियमों में दृढ़ आस्था रखते हैं और कुछ विश्वासी अपनी आध्यात्मिकता का साथ नहीं छोड़ते, भले ही वे चर्च को छोड़ चुके हों। एक विश्वासी होने के नाते आप मृत्यु के बाद के जीवन के लिए सुरक्षित अनुभव करते हैं और आपको उसी निश्चितता से सांत्वना मिलती है। आपको लगता है कि आप मरने के भय से उबर चुके हैं। आपका ईश्वर दयालु है - वह करुणामयी आपके मरने के बाद आपकी आत्मा की देख-रेख करेगा। आप मृत्यु को निकट से देखने वाले अनुभवों के बारे में जो भी जानते हैं, उससे आपका विश्वास और मज़बूत होता जाता है।

सबसे अधिक असहमत (14-20 अंक) आप एक *संशयवादी* हैं। संशयवादी होने की वजह से आप जीवन के लिए तार्किक और भौतिकवादी सोच रखते हैं। चाहे आप वैज्ञानिक नहीं हों, परंतु आप विश्वास के मॉडलों के बजाए वैज्ञानिक मॉडल पर अधिक विश्वास रखते हैं और इतना विश्वास रखते हैं कि आपके हिसाब से इन दोनों का कोई सह-अस्तित्व हो ही नहीं सकता। आप मृत्यु के बाद जीवन पर भरोसा नहीं रखते और उससे समझौता कर लेते हैं। आपको संदेह रहता है कि मृत्यु को निकट से देखने वाले अनुभव एक तरह से दिमाग़ी ख़राबी हैं। आपके मन को और अधिक पुष्ट प्रमाणों से बदला जा सकता है, परंतु अब तक आपने कुछ नहीं देखा; आपको शक रहता है कि मृत्यु के बाद जीवन की झलक देने वाला हर प्रमाण कल्पना है या केवल इच्छा पूर्ति का साधन। मरने के बाद कोई वापस नहीं आता इसलिए आपको पूरा यक़ीन है कि हमें कभी उस जगह के बारे में कोई विश्वसनीय जानकारी नहीं मिल सकेगी।

सबसे अधिक, कोई राय नहीं (14-20 अंक) आप *नास्तिवादी* या *बताने के लिए अनिच्छुक* हैं। इन दोनों समूहों में अंतर के बावजूद, दोनों ही सहमत हैं कि मृत्यु के बाद जीवन का अस्तित्व हो सकता है या नहीं हो सकता। आप उनमें से हो सकते हैं, जो मरने के बारे में नहीं सोच सकते, आपको लगता है कि जब तक मरने की बारी नहीं आए, तब तक इससे बचना ही

ठीक है या फिर आपको लग सकता है कि जीवन के बाद, ईश्वर की तरह, हमारी भी कोई व्याख्या नहीं होगी। मृत्यु को निकट से देखने वाले अनुभवों में आपकी अधिक रुचि नहीं होती।

यदि आप किसी भी श्रेणी में 14 से 20 अंक तक भी नहीं लेते तो आप स्वयं को *मुक्त मन* और मुक्त सोच वाला जानें। ऐसे लोग आध्यात्मिक मान्यताओं के साथ-साथ सांसारिक और वैज्ञानिक मान्यताओं पर भी भरोसा करते हैं। आपको मृत्यु को निकट से देखने वाले अनुभवों के लिए कौतूहल तो होता है, परंतु आप उन पर पूरी तरह से यक़ीन नहीं कर पाते। हो सकता है कि आपको इस बारे में चिंता हो कि आपके पास जीवन में कोई निश्चित विश्वास नहीं; आपको यह भी लग सकता है कि आप भ्रमित हैं। वैसे आप इस बात से सहज महसूस करते हैं कि आपके जीवन में कोई निश्चितता नहीं है, क्योंकि आपके हिसाब से मृत्यु के बाद होने वाले अनुभवों में कोई निश्चितता नहीं हो सकती। (स्वर्ग जाने के नाम पर आप आहें भर कर सोचते हैं कि ऐसा होने से अच्छा लगता होगा पर आप उसके भरोसे नहीं बैठे।)

आपको यह जान कर हैरानी नहीं होनी चाहिए कि आप आस्तिक हैं या नास्तिक या फिर नास्तिवादी। जब आप दूसरे लोगों को अलग श्रेणी में देखते हैं, जो आपके विश्वास तंत्र से बहुत अलग हो सकती है, तो आपको *स्वयं के सही होने पर* संदेह हो सकता है।

विश्वास रखने वाले आस्तिक स्वर्ग या नरक की राह लेंगे, जो उनकी धार्मिक पृष्ठभूमि से मेल खाता है। वे मरने के बाद, ईश्वर या देवताओं के उन संस्करणों से भेंट करेंगे, जो उन्हें बहुत भाते हैं। वे स्वयं को देवदूतों या बोधिसत्वों के बीच पाएँगे। मृत्यु के बाद होने वाले जीवन के बारे में सोच भावुकता से भरी हो सकती है, ऐसा लग सकता है कि उन्हें परमानंद का अनुभव हो या फिर अपनी अपेक्षा पूरी नहीं होने पर उन्हें खेद या दुख भी हो सकता है। कैथोलिक धार्मिक मान्यता में एक विलाप कर रहे जीसस और पापियों के भाग्य पर खेद मनाती मदर मैरी का भी वर्णन आता है।

यह अनुभव किसी शून्य जैसा भी हो सकता है। संशयवादियों को लग सकता है कि मृत्यु के बाद का जीवन एक शून्य है, जिसमें कोई सजग संवेदना नहीं है। उनके लिए, मृतक अपने स्व के बोध को जाने बिना ही

एक लंबी नींद में जा सकता है। प्रश्न यह उठता है कि यह अवस्था कब तक बनी रहेगी या कैसी हो सकती है।

नास्तिकों के लिए मृत्यु के बाद का जीवन समस्यापूर्ण है। उन्हें लग सकता है वे एक अनिश्चित सी स्थिति में बने रहेंगे, जहाँ किसी धुंधले बादल से झांकते अच्छे और बुरे कर्म कभी निश्चित तौर पर हल नहीं हो सकते। इस तरह के मृत्यु के बाद के जीवन में उनके इसी दृष्टिकोण से जुड़े विचार और चिंताएँ भी बने रह सकते हैं। ईसाइयों का पाप-शोधन स्थल इसी श्रेणी में आता है।

और अनिश्चित या मुक्त सोच रखने वाले व्यक्ति? हो सकता है कि वे और भी बड़े आश्चर्य में हों, क्योंकि जो भी ऐसी सोच रखता है वह बिना किसी अपेक्षाओं के प्राण त्यागता है। अगर आप भी जीवन के लिए ऐसी ही पहल रखते हैं कि प्रत्येक दिन अपने-आप में अहमियत रखता है तो शायद आपके लिए आख़िरी दिन भी इससे कुछ अलग नहीं होगा। संक्षेप में, हमारे जीवन को आकार देने के लिए चेतना की योग्यता ही हमारा सबसे स्थायी गुण है, यह मन का ऐसा पहलू है, जिसे हम निरंतर जारी रखने की अपेक्षा रख सकते हैं।

अंतराल के बीच कहीं

जब तक भौतिक और तत्त्वमीमांसक भ्रमित रहेंगे, तब तक हम उनके बीच के अंतराल में उलझे रहेंगे। जब कोई विश्वास हमें समाज ने नहीं दिया तो हम सभी को मृत्यु के बाद एक जैसे जीवन की अपेक्षा क्यों करनी चाहिए? चुनाव और कंडीशनिंग भी अपनी अहम भूमिका निभाते होंगे। इन दो लोगों के जीवन को देखें, जो अपने-आप में पूरी तरह से अलग हैं :

मैरियन का जन्म एक बड़े कैथोलिक परिवार में हुआ। उसने कम्यूनियन को अपनाते हुए धर्म का पालन तब तक किया, जब तक उसकी माँ चालीस साल की उम्र से पहले ही ओवरी कैन्सर से मारी नहीं गई। माँ की उस पीड़ा को देख कर मैरियन के अंदर कुछ मर गया था। उसने ईश्वर की दया पर भरोसा करना बंद कर दिया। हालाँकि उसने यह बात अपने से भी छिपाए रखी। जब उसका विवाह एक ऐसे आदमी से हुआ, जो बहुत पहले अपने धर्म का त्याग कर चुका था, तो उसने परिवार और करियर पर ध्यान दिया

और वे दोनों मिल कर सफल हुए। इसी तरह किसी भी बाधा के बिना कई दशक बीत गए। जब मैरियन के आख़िरी बच्चे ने कॉलेज जाने के लिए घर छोड़ा तो वह अकेलापन महसूस करने लगी और कुछ ही समय में उसे अपने भीतर से ऐसा अपराध बोध सालने लगा कि वह फिर से चर्च का हिस्सा बनने के बारे में सोचने लगी। बावन साल की उम्र में उसे अपना वही धर्म चाहिए, जिसके बीच वह पली-बढ़ी।

आरोन यहूदियों के एक छोटे परिवार से था, जो धर्म का पालन नहीं करता था। परिवार का इकलौता बच्चा होने की वजह से उसे अच्छी परवरिश मिली। वह गणित में प्रतिभाशाली था, इसलिए पिता ने कहा कि उसे एकाउंटेंट बनना चाहिए ताकि वित्तीय सुरक्षा बनी रहे। आरोन ने उनकी बात सुनने के बजाए क़ानून की पढ़ाई की और तीस साल की उम्र तक मैनहट्टन लॉ फ़र्म में अपनी एक पहचान बना ली। उसके बाद उसने मुड़ कर नहीं देखा। उसने बढ़ती उम्र में एक वकील युवती से शादी की और उन्होंने शहर में एक अपार्टमेंट लेने के अलावा समंदर तट पर बीच कॉटेज भी बना लिया। उनकी कोई संतान नहीं थी और फिर उसे पता चला कि पत्नी उसे धोखा दे रही थी। आरोन इस झटके से जल्द ही उबर गया। उसने झट से एक तलाक़ के समझौते की व्यवस्था की जो उसे ज़्यादा से ज़्यादा लाभ दे सकता था। पचास साल की उम्र तक उसने तय नहीं किया कि उसे दूसरी शादी करनी चाहिए या नहीं और करियर इतना समय नहीं देता कि वह इस बारे में सोच भी सके। जहाँ तक उसे पता है, पिछले बरसों के दौरान उसके मन में कभी आध्यात्मिक सोच नहीं आई।

यह तो साफ़ है कि इन दो लोगों ने बहुत ही अलग तरह के जीवन जिए। इनमें से एक शांत अनुयायी है और दूसरा भयंकर प्रतियोगी। एक इंसान ने अपनी सारी ऊर्जा परिवार को पोसने में लगा दी और दूसरे ने अपना करियर बनाने में! मैरियन के लिए प्रमुख शब्दों में स्थिरता, अंतरंगता, देख-रेख, अपनापन, सहयोग, सुनना और धीरज शामिल थे। आरोन के लिए प्रमुख शब्दों में स्वतंत्रता, आत्म-निर्भरता, प्रतियोगिता, शक्ति, महत्त्वाकांक्षा और सफलता शामिल थे। जब दो जीवन इतने अलग मूल्यों के साथ चलते हैं, तो उन्हें मृत्यु के बाद एक जैसे जीवन की अपेक्षा क्यों करनी चाहिए?

हर किसी के बुनियादी चुनाव, जो उसका जीवन गढ़ते हैं, वे चेतना के स्तर पर ही आरंभ होते हैं। इस स्तर पर चुनाव करना सरल नहीं होता।

वे स्मृति, कंडीशनिंग, संस्कृति और अपेक्षा पर आधारित होते हैं। इन सभी सामग्रियों के आधार पर ही तय होगा कि उस व्यक्ति के साथ मृत्यु के बाद क्या होने वाला है। केवल कुछ विश्वास ऐसे हैं, जो एक बदलाव लाते हैं, वे धर्म पर टिके हैं। इसके अलावा अनंत अन्य चुनाव हैं, जिन्हें हम रोज़ करते हैं, क्योंकि वे ही हमारा निजी यथार्थ रचते हैं।

आप आज जो भी चुनेंगे, वही आपके आने वाले हज़ारों कल से झलकेगा।

4

फंदे से बचाव

सावित्री जब से घर से भागी थी, वह लगातार अनुमान लगाती आ रही थी कि सत्यवान कितनी देर में लकड़ी काट कर वापस आता होगा। पर अब उसका मन पहले से शांत था। यह रमण के विवेक का प्रभाव या फिर वनों की स्तब्धता नहीं थी। नियति ने सावित्री के लिए कुछ और ही रच रखा था। नियति उसे गोल-गोल घुमा रही थी, जब तक उसे यक़ीन नहीं आया कि अब वह स्वयं यम का सामना कर सकती थी।

इससे पहले, वह अपने मन की आँख से केवल इतना ही देख सकती थी कि उसका प्यारा पति यम के पाश में बंधने के लिए घर आ रहा था, पर अब उसे कुछ नहीं दिख रहा था। शायद यह एक अच्छा लक्षण था, क्योंकि रमण ने बोलना शुरू कर दिया था।

''मैं तुमसे वादा नहीं करता कि हम सत्यवान को बचा सकते हैं, पर दूसरे लोग मृत्यु से बचने में सफल रहे हैं।''

सावित्री का मन प्रफुल्लित हो गया। ''मुझे उनके बारे में बताएँ।''

''मुझे एक लड़का याद आ रहा है, उसका जन्म एक भयंकर शाप के साथ हुआ था। उसके पिता एक महान ऋषि थे। सुदूर स्थानों पर भी वे उन्हें आदर से स्मरण किया जाता था। ऋषि पुत्र को पाने के लिए तरस रहे थे पर उनकी पत्नी संतान पैदा नहीं कर सकती थी। अंत में ऋषि ने तय किया कि वे ईश्वर से एक पुत्र पाने की याचना करेंगे। केवल ज्ञानी ही यह रहस्य जानते हैं कि ईश्वर को हमारे लिए रचा गया था, हम उसकी आज्ञा पालन के लिए नहीं बने।

''ऋषि ने देवता को बुलाना चाहा, परंतु पहले उन्होंने आने से इंकार कर दिया। वैसे ऋषि बहुत ही धीरज वाले थे और वे लगातार वर्ष-दर-वर्ष ईश्वर से पुत्र की माँग करते रहे। अंत में देवता ने प्रकट हो कर कहा, ''मैं तुम्हें संतान दूँगा पर तुम्हें चुनाव करना होगा। क्या तुम लंबी आयु वाले सौ पुत्र चाहोगे, जो मूर्ख हों या तुम ऐसा पुत्र चाहोगे, जो भले ही कम आयु वाला होगा, परंतु बहुत ही बुद्धिमान होगा?''

''ऋषि ने बिना किसी संकोच के अपने लिए बुद्धिमान पुत्र चुन लिया, देवता के अनुसार वह पुत्र सोलह वर्ष की आयु में मरने वाला था। ऋषि और उनकी पत्नी की प्रसन्नता की सीमा नहीं रही, ऋषि की पत्नी गर्भवती हुई और एक पुत्र को जन्म दिया। वह बहुत ही बुद्धिमान था और माता-पिता उसे मिले शाप को जानने के बाद भी उसे बहुत चाहते थे। उन्होंने तय किया कि वे समय आने पर अपने पुत्र को सब सच बता देंगे। जाने कैसे बरस बीतते गए और वे इस निर्णय को टालते रहे।''

''अंत में बालक का सोलहवां जन्मदिन आ गया और फिर भी वह अपने बारे में कुछ नहीं जानता था। जब वह अपने पिता का आशीर्वाद पाने के लिए उनके चरणों पर झुका तो ऋषि बोले, 'मैं चाहता हूँ कि आज तुम मेरे साथ ही रहो और घर से बाहर नहीं जाओ।' उनका पुत्र अपने पिता की आँखों में आँसू देख कर चकरा गया। उसने पिता की आज्ञा का पालन किया और सारा दिन उनके साथ बिताया पर ऋषि को कुछ क्षणों के लिए उससे दूर होना पड़ा। वह अवसर का लाभ उठा कर पिछले दरवाज़े से बाहर निकल गया। वह अपने जन्मदिवस के अवसर पर देवता को भोग लगाना चाहता था, जिसके लिए पिता कभी मना नहीं कर सकते थे।

''जब वह लड़का मंदिर में पहुँचा और वेदी के सामने खड़ा हुआ तो उसने ध्यान नहीं दिया कि यमराज भी उसके पीछे अपना पाश ले कर आ पहुँचे थे, जिससे वे अपने शिकार को वश में करते थे। उन्होंने पाश को लड़के के सिर की ओर फेंका ताकि उसे घसीट कर ले जा सकें।''

''परंतु उसी समय वह लड़का अपने जीवन के उपहार के लिए आभार प्रकट करते हुए, वेदी के आगे झुक गया। यम का निशाना चूका और वह वेदी पर रखी प्रतिमा पर जा पड़ा। प्रतिमा धरती पर गिर कर चकनाचूर हो गई। देवता अपने इस अपमान से क्रोधित हो कर प्रकट हो गए। उन्होंने यम को ठोकर मार कर मंदिर से बाहर निकाल दिया और उस युवक को मृत्यु

से छुटकारा पाने का वरदान मिला। कुछ लोग कहते हैं कि यम को इतनी बुरी तरह से ठोकर लगी थी कि उनके प्राण ही निकल गए पर फिर देवता ने उसे पुन: जीवित कर दिया, क्योंकि उन्हें अहसास हुआ कि लोग मरने के इतने आदी हो गए थे कि मरे बिना उनका गुज़ारा ही नहीं चल सकता था।

सावित्री ने पूरे मन से यह कथा सुनी। उसके भीतर से कोई कह रहा था कि वह युवक और कोई नहीं, स्वयं रमण ही थे, पर उसने यह बात अपने तक ही रखी। ''उस युवक ने इस घटना से क्या सीखा?'' सावित्री ने पूछा।

रमण ने उत्तर दिया, ''उसने सीखा कि जब भी मृत्यु तुम्हें पकड़ने आए तो उसे ईश्वर को पकड़ने दो। अगर भगवान तुम्हारे अंदर भी है, तो यम का पाश हमेशा निशाने से चूकेगा। यही यम के पंजे से छूटने का रहस्य है।''

जब यह बात हो रही थी तो वे एक हरे-भरे मैदान से गुज़रे, जो फूलों से लदा हुआ था। सावित्री ने कहा, ''इस जगह कुछ देर लेट जाएँ। मैं इतनी व्याकुल थी कि इस बात के लिए आभार तक नहीं प्रकट कर सकी कि मैं जीवित हूँ।''

''सावित्री, यह तो बहुत अच्छा विचार है।''

वे दोपहरी के उस प्रकाश में घिरे बैठे रहे, जिसने हर फूल को सुनहरे रंग से रंग दिया था। सावित्री ने अपनी आत्मा में ध्यान रमा दिया।

एक ऋषि का स्वर्ग

स्वर्ग की मान्यता वस्तुओं को मानवीय बनाए रखती है और यही एक कारण है कि यह इतने लंबे समय से चलती आई है। हमारी मृत्यु के बाद, अपने घर वापस आने की छवि, हमारे कष्टों से मुक्ति और हमारे लिए पुरस्कार, अपने-आप में शक्तिशाली सांत्वना से कम नहीं होते (अगर आप पुराना सुसमाचार स्रोत सुनें तो आप चाह कर भी अपने आँसू नहीं रोक पाते - जीसस बहुत ही स्नेह और कोमलता से पुकार कर रहे हैं, *घर आओ... घर आ जाओ)* हालाँकि इस संदेह से भरे युग में, स्वर्ग के बारे में दो धारणाएँ ऐसी हैं, जिनके बिना यह टिक नहीं सकती :

1. जब हम करते हैं तो हम कहीं जाते हैं
2. हम जिस स्थान पर जाते हैं, वह सबके लिए वही स्वर्ग या नरक है।

जब हम संक्रमण की उस अवस्था की बात करते हैं, जिसे ''पार जाना'' कहते हैं, तो हम देखते हैं कि चरण-दर-चरण मरणासन्न व्यक्ति इस बात पर सहमत हो जाता है कि उसने अपना भौतिक शरीर खो दिया है और उसके व्यक्तित्व के अनेक मोह छूट चुके हैं। परंतु जो भी घटता है, यह उसकी केवल पहली अवस्था है। जैसा कि अधिकतर धार्मिक व्यक्ति कहते हैं, हमारे आगे आने वाला लक्ष्य, कोई मानसिक अवस्था नहीं, बल्कि वास्तव में एक स्थान है।

सभी संभावित लक्ष्यों में से, स्वर्ग सबसे आसान है। यह हमें दिलासा देता है कि हम भौतिक रूप से ऐसे ही रहेंगे और हमारा व्यक्तित्व भी ज्यों का त्यों रहेगा (लोग और भी सुनिश्चित तरीक़े से बात करते हैं। मैं ब्रेस्ट कैन्सर की रोगी से बात कर रहा था, जो एक रेडिकल मासटैक्टोकॉमी करवा चुकी थीं। हम दोनों जानते थे कि शायद उनके बचने की संभावना नहीं थी, परंतु एक पक्की ईसाई होने के नाते, वे स्वर्ग जाने को तत्पर थी। मैंने पूछा, जब आप उस जगह होंगी तो आप क्या देखने की उम्मीद कर रही हैं? उन्होंने झट से उत्तर दिया, ''मैं अपनी छातियाँ फिर से देख सकूँगी।'')

वेदांत के आगे स्वर्ग नाचता है, जिसका मानना है कि हमारा लक्ष्य यही है कि किसी अज्ञात से हमारी भेंट होगी। जब पार जाने की जानी-पहचानी छवियाँ ओझल हो जाएँगी तो अनपेक्षित घटेगा। चेतना एक रचनात्मक छलांग भर सकती है। हमें बचपन से जिस पारंपरिक स्वर्ग की मान्यता के बारे में बताया गया, वह एक रचनात्मक छलांग ही तो थी, जो अब चलन से बाहर हो चुकी है। हम चाहें तो इसकी आड़ में छिपे रह सकते हैं, पर मुझे नहीं लगता कि संदेह की इस संस्कृति में यह स्थिर हो सकती है। संदेह में नई संभावनाएँ पैदा करने का लाभ छिपा होता है।

इनमें से एक संभावना यह है कि मृत्यु भी जीवन की तरह ही रचनात्मक हो सकती है। एक पेंटर जानता है कि वह पिगमेंट की कच्ची सामग्री का प्रयोग कर रहा है पर अधिकतर लोगों को इस बात का अहसास नहीं होता कि वे चेतना की कच्ची सामग्री का प्रयोग कर रहे हैं। यदि वे कुल मिला कर चेतना के बारे में सोचते हैं तो उनके दिमाग़ में उसकी सामग्री ही आती है। फ़र्नीचर से भरे कमरे की तरह, आपकी चेतना विचारों, स्मृतियों, कामनाओं, भयों, इच्छाओं और सपनों से भरी है। इनमें से कुछ चीज़ें बदलती रहती हैं पर इनमें से कुछ स्थायी हैं, जो मन का स्थिर फ़र्नीचर है।

बार-बार उसी सामग्री का प्रयोग करते रहने में कोई रचनात्मकता नहीं है, फिर भी कह सकते हैं कि यह स्वर्ग के लिए एक अनिवार्यता है - इस्तेमाल किया गया फ़र्नीचर।

एक काग़ज़ का टुकड़ा लें और उसमें दो खाके बना लें - स्वर्ग और नरक। फिर जितना जल्दी हो सके, स्वर्ग और नरक से जुड़े शब्दों और मन में बसी छवियों को लिख दें। अधिकतर लोग, चाहे वे स्वयं को विश्वासी मानें या संदेहवादी, वे निम्नलिखित पंक्तियों के साथ सामने आते हैं :

स्वर्ग

संगीत वाद्य
रोएँदार सफ़ेद बादल
देवदूत
ईश्वर का घर
परम शांति
परमानंद
आत्मा का सच्चा घर
स्वर्ग - खोना और फिर से पा लेना
सत्यनिष्ठ लोगों को पुरस्कार
एक सिंहासन पर सवार श्वेतकेशी पिता
अच्छा परंतु नीरस
फिर से एक बड़ा परिवार
झूठा जनसंतोष
मैं उस जगह जाना चाहता हूँ

नरक

शैतान, कांटेदार पंजा, जली-कटी बातें
शापित का कष्ट
आग
दांते का नरक -लगातार चक्कर लगाना

अंतहीन पीड़ा
अविश्वसनीय रूप से डरावना
शाखाओं वाले खुर
भय के मारे पंक्तियों में खड़े लोग
बुराई की चमक-दमक
रॉकस्टार शैतान, लुभावना बुरा छोकरा
मैं उस जगह नहीं जाना चाहता

मैं जितनी तेज़ी से लिख सकता था, उतना लिखने के बाद मेरे सामने ये शब्द आए। मैंने तत्काल दो बातों को लक्ष्य किया : मेरी छवियाँ पूरी तरह से पुरानी थीं, जिन्हें उस संस्कृति से लिया गया था, जिसमें मैं रहता हूँ। इसमें कोई अस्पष्टता नहीं थी। स्वर्ग एक जगह है और नरक उसके विपरीत है। अगर हम अस्पष्टता नहीं रखते तो उसके अभाव में मृत्यु के पश्चात का जीवन रचनात्मक नहीं हो सकता। पर हमारा मन हर चीज़ को स्पष्ट देखना चाहता है। हर परीकथा में बुराई पर अच्छाई की जीत दिखाई जाती है। हम अपने बच्चों को नहीं सिखाते कि जब सिंड्रेला बॉल से घर वापस आई तो उसे अपनी सौतेली बहनों को देख कर इतना अच्छा लगा कि वे आपस में दोस्त बन गईं। या जब वह जूता उसके पैर में फ़िट आ गया तो उसने तय किया कि वह राजकुमार को परख़ने के लिए उसके साथ घूमने जाएगी। शैतान और ईश्वर से उसके संबंध के सदियों पुराने दैवज्ञान के बावजूद, हमारे मन उन्हें खलनायक और नायक की तरह ही देखते हैं।

कैथोलिक मान्यता के अनुसार, हम इस धरती पर जीवित अवस्था में ईश्वर को उसके अधूरेपन में देखते हैं। उनकी परछाईं शीशे में उसी तरह दिखती है जैसे हमारा शरीर और चेहरा है (सेंट पॉल की ''सीइंग इन ए ग्लास डार्कली'')। हम कल्पना करते हैं कि वह एक इंसान है। पर हम स्वर्ग में जाने पर ईश्वर को उसके असली रूप में देखते हैं। और चर्च के अनुसार, यहीं से एक विरोधाभास पनपता है, क्योंकि तब हम ईश्वर को अपने मन में बसी अस्पष्ट और अमूर्त छवि के साथ-साथ उसके असली स्वरूप में भी देख पाते हैं। दूसरे शब्दों में, वह एक साथ ही वास्तविक और अवास्तविक होगा। इस विरोधाभास को हल नहीं कर सकते; यह एक रहस्य है। इस बारे में वेदांत भी सहमत होगा। तो हम स्वर्ग में रहस्य कैसे पा सकते हैं?

स्वर्ग में युद्ध

लोकप्रिय ब्रिटिश लेखक एच.जी. वेल्स लिखते हैं, "स्वर्ग के राज्य का सिद्धांत इस समय उन क्रांतिकारी सिद्धांतों में से एक है, जिन्होंने कभी मानवीय सोच को बदला होगा।" स्वर्ग को इतना क्रांतिकारी बनाने का काम पूरी तरह से ईसा ने किया, जो इस दुनिया से अगली दुनिया में क़दम रखने की तरह था। असल में, स्वर्ग उनके सबसे अनूठे योगदानों में से एक है।

ओल्ड टेस्टामेंट में परमेश्वर पैगंबरों और आदरणीय कुलपतियों से वादा करता है कि उनके पास वास्तव में एक राज्य होगा : वे उसके नाम से धरती पर शासन करेंगे। इस तरह ईश्वर ने डेविड से एक अनुबंध किया कि हमेशा के लिए, उसके सिंहासन पर बैठने वाले की कभी कमी नहीं होगी। चूंकि डेविड पहले से राजा था, इसलिए इस वचन का यह मतलब निकाला गया कि यरुशलम में डेविड का साम्राज्य अनंत काल तक ईश्वर का होगा। जब जीसस कहते हैं कि ईश्वर का राज्य सामने है तो शायद वे भी इसी बात को मान्यता देते हैं, हालाँकि उनकी शिक्षाएँ इससे भी कहीं आगे तक जाती हैं।

ईसा मसीह के लिए स्वर्ग की अवधारणा वर्तमान में है। यह एक आँतरिक अनुभव है, जिसे अपनी सत्यनिष्ठा से अनुभव कर सकते हैं। स्वर्ग भविष्य भी है : यह क़यामत के दिन परमेश्वर से मिलने की तरह है। स्वर्ग निजी है, इसे आप अपने भीतर पा सकते हैं। इसके साथ ही स्वर्ग सार्वभौमिक भी है, यह जन्म और मृत्यु से परे एक अनंत धाम है, एक ऐसा स्थान जो सृष्टि से बाहर है।

यह शिक्षा बहुत ही क्रांतिकारी थी, क्योंकि जीसस ने आत्मा तक जाने के लिए पुल तैयार किया, हर इंसान को अपनी मेहनत से अपना रास्ता खोजना है। इससे पहले, यहोवा की नज़रों में सत्यनिष्ठ होने का अर्थ था, कर्मकांड पूरे करना, पुरोहितों की बात मानना और दैवीय आदेशों को नहीं तोड़ना। ओल्ड टेस्टामेंट में मृत्यु के बाद किसी जीवन का वर्णन आता है या नहीं, यह चर्चा का विषय है। (कहना ना होगा कि यहूदी नए टेस्टामेंट को ओल्ड टेस्टामेंट से ऊपर नहीं मानते। जब यहूदी धर्म पनपा तो इसने अपनी विस्तृत तत्त्वमीमांसा को शामिल कर लिया। परंतु लाखों संशोधित यहूदियों के लिए मृत्यु के बाद कोई जीवन नहीं है। इस तरह हर यहूदी पर यह दबाव

रहता है कि वह अपना जीवन हर संभव तरीक़े से अभी और यहीं नैतिकता और सत्यनिष्ठा के साथ बिताए।)

जीसस के बाद, लोग तीर्थ यात्रा पर जा सकते थे और तीर्थयात्रा का यह आपातकाल पूरी तरह से नया था। स्वर्ग एक ऐसा पुरस्कार था, जिसे व्यक्ति को अपने ही प्रयत्नों से जीतना होता था। स्वर्ग को जीतने की यह ज़रूरत ही आज तक ईसाई धर्म को पोषित करती आई है और अधिकतर परम भक्तों का कहना है कि इसे कभी भुलाया नहीं जाना चाहिए। पर क्या उन्हें याद है कि यह सारी प्रक्रिया अपने अंदर ही घटती है?

आज की संस्कृति में ईसाई धर्म शाब्दिक छवियों में अटक कर रह गया है – जैसे स्वर्ग वास्तव में कोई जगह है। किसी आँतरिक यात्रा का संकेत नहीं मिलता और आत्मा के रचनात्मक अन्वेषण के लिए कोई जगह नहीं है। लोग मिल कर एक ऐसे काल्पनिक स्थान के लिए बहस कर रहे हैं, जो जीसस की असली शिक्षाओं से कहीं परे है। इस युद्ध की शाखाएँ हर ओर फैल रही हैं। 2005 में, फ़्लोरिडा में टैरी शियावो नामक इकतालीस वर्षीया महिला आस्था और विज्ञान के बीच युद्ध का केंद्र बिंदु बन गई। जिसके दिमाग़ ने काम करना बंद कर दिया था। मिस टैरी की यह दयनीय दशा परसिस्टेंट वैजीटेटिव स्टेट यानी पीवीएस के नाम से जानी जाती है। ऐसे रोगी का दिमाग़ काम करना बंद कर देता है और वह बीच-बीच में जाग्रत अवस्था में आता है जैसे चेहरे के भाव बदलना, पलकें झपकना और सिर का हिलना। ये सभी अवचेतन से होने वाली क्रियाएँ हैं। यदि बहुत ही हताशा के बीच देखा जाए तो ये सभी लक्षण ''मिनीमल कांशसनेस'' के भी हो सकते हैं, यह मेडिकल अवस्था आशा की हल्की सी किरण का संकेत देती है। टैरी के माता-पिता ने उसे कोमा की सामान्य अवस्था से बाहर आने के बाद आँखें खोलते देखा था और उन्हें यह अपनी प्रिय की ओर से पहचान पाने का संकेत लगा था (राइट विंग के नेता सजगता के इन हल्के संकेतों को पूरी तरह से बदलते हुए दावा कर रहे हैं कि मिस टैरी हँसी और रोई, अपने आसपास के माहौल और अपने परिवार को पहचाना।)

टैरी जीवित नहीं थी और पिछले पंद्रह वर्षों से, तब से जीवित नहीं थी, जब से वह 1990 में दिल के दौरे के बाद बेहोश हो गई थी – धार्मिक दृष्टिकोण वालों ने इस विचार पर हिंसक तरीक़े से प्रहार किया। प्रेजीडेंट

बुश ने रातों-रात अपने टेक्सास रैंच से वाशिंगटन डी.सी. के लिए उड़ान भरी, ताकि कांग्रेस में एक आपातकालीन बिल पास करके, किसी इंसान की जान बचाई जा सके, यह एक ऐसा क़दम था, जिसे कुछ गलियारों में एक सनकी राजनीतिक हथकंडा कह कर नक़ारा गया। पाखंड के अभियोग लगाए गए। क्या यही धार्मिक सोच रखने वाले दक्षिणपंथी ही फांसी की सज़ा के समर्थक नहीं थे, जिसने सैकड़ों मासूमों की जानें ली थीं? अंत में, अदालत के आदेश से टैरी की फ़ीडिंग ट्यूब निकाल दी गई, जबकि उसके बारे में आपातकालीन कांग्रेशनल बिल भी पास किया गया था। दो सप्ताह बाद, मार्च 2005 में टैरी नहीं रही। दिमाग़ी मौत होने के बाद, जीवन को समाप्त करने के निर्णय के बारे में होने वाला मुकदमा सुप्रीम कोर्ट तक गया और उसने भी यही निर्णय दिया।

इस कहानी में धर्म विरोधाभासी अवस्थाओं के बीच मन को भ्रमित कर देता है। क्या स्वर्ग में विश्वास रखने वाले लोग ही टैरी को जीवित रखते हुए, उसके स्वर्ग जाने के अधिकार को नहीं छीन रहे थे? यदि स्वर्ग ही सबसे बड़ा पुरस्कार था तो स्वेच्छा मृत्यु कोई अपराध है या उपहार? मेडिकल विज्ञान इस बात की परवाह नहीं करता कि आत्मा शरीर में प्रवेश कब करती है और कब उसका त्याग करती है। यदि कोई पीवीएस अवस्था में कोई महिला देख या सुन नहीं सकती, सोच नहीं सकती तो उसकी लाइफ़ स्पोर्ट हटा देने से वाकई कोई बड़ा अंतर नहीं आने वाला। वह मरने से मरने की अवस्था तक ही जाएगी, बस अब वह मरण की परिभाषा का पूरी तरह से अनुभव ले सकेगी। अंत में, इस जगह एक विचित्र सी ईसाई दुविधा भी सामने आती है : क्या टैरी अभी स्वर्ग जा रही थी या वह क़यामत के दिन जाएगी, ऐसे में यह बात कैसे मायने रखती है कि उसे अभी या बाद में मरने की अनुमति दी जाए? कट्टरवादियों के अनुसार, उसके शरीर को अंत समय तक प्रतीक्षा करनी होगी ताकि वह क़ब्र से उठ कर प्रभु से आमने-सामने भेंट कर सके।

विज्ञान और धर्म के बीच का विच्छेद, विश्वास बनाम भौतिकवाद से बढ़ कर है। विज्ञान तत्वमीमांसक प्रश्नों से स्वयं को अनुपस्थित रखता है, यह ईश्वर, आत्मा, स्वर्ग और नरक से जुड़ी हर अदृश्य चीज़ को नामंज़ूरी देता है। यह मान्यता संशयवाद है, विज्ञान नहीं। क्वांटम भौतिकी के युग में विज्ञान अदृश्य जगत के अस्तित्व से इंकार नहीं करता। इसके विपरीत ही

सच है। और हम यह दावा नहीं कर सकते कि जीसस केवल तत्त्वमीमांसक हैं, उन्होंने इस संसार में रहने के लिए भी बहुत से उपदेश दिए हैं। जिसे देख कर हम उलझन में आ जाते हैं। जब जीसस अपने शिष्यों से कहते हैं कि उन्हें दुनिया में रहना चाहिए पर दुनिया होना नहीं चाहिए तो उनका उपदेश जीने योग्य नहीं लगता। अगर मैं नाश्ता कर रहा हूँ तो मैं दुनिया में हुए बिना ऐसा कैसे कर सकता हूँ? मेरा भौतिक शरीर हर पल में मेरा साथ देता है। परंतु आत्मा समय और स्थान से परे होते हुए भी, इस संसार में बनी रहती है। जीसस हमें, हमारे भीतर बसे स्वर्ग के साम्राज्य के लिए सुराग़ दे रहे हैं।

ऋषि कहाँ जाते हैं?

कई बार जीसस वेदांत परंपरा के ऋषियों जैसी बातें करते हैं। निश्चित रूप से यह सच है कि आप संसार में हों, परंतु इसके नहीं हों। सादा शब्दों में, वे अपने निकटतम अनुयायियों से कह रहे हैं कि वे स्वयं को भौतिक प्राणी मानना बंद कर दें। यदि हम चार सुसमाचारों से परे, थॉमस के खंडित सुसमाचार को देखें, जिसे बहुत जल्दी लिखा गया था, शायद यह उन्हें सलीब पर चढ़ाने की एक सदी के भीतर लिखा गया था, परंतु बाद में इसे औपचारिक ग्रंथों की सूची से निकाल दिया गया।

जीसस ने कहा : ''अगर तुम्हारा नेतृत्व करने वाले तुम्हें कहते हैं : देखो, राज्य स्वर्ग में है, फिर आकाश के पक्षी तुम्हारे आगे से जाएँगे; यदि वे तुमसे कहते हैं, यह सागर में है तो तुम्हारे आगे से मछलियाँ जाएँगी। परंतु यह राज्य तुम्हारे अंदर है और यह तुम्हारे बाहर है। जब तुम स्वयं को जान लेते हो, तो तुम ज्ञानी बनोगे, और तुम जान लोगे कि तुम जीवित पिता के पुत्र हो।'' यह पाठ्यॉंश आपको दिखाता है कि धर्म की जड़ें कितनी गहरी हैं और रूढ़ियों ने बाधा नहीं दी होती तो विवेक की महान परंपराएँ कितनी अनुकूल होतीं। जीसस इस जगह कह रहे हैं कि स्वर्ग हर ओर है, परंतु वे साथ ही यह भी कहते हैं कि यह एक आँतरिक अनुभव है - चेतना का एक अनुभव। जीसस आत्मा को हर ओर देखते हैं और इस तरह वे देख सकते हैं कि लोगों का सार समय और स्थान की सीमा से परे है। ऋषियों की तरह, जीसस अनंत के साथ जीवित रहने में सहज थे। क्यों, क्या हम ऐसा महसूस नहीं करते?

हम अपनी सामान्य जाग्रत अवस्था में मन को ग्रहण नहीं कर सकते। हमारी जाग्रत अवस्था समय के अधीन है, जबकि अनंत के साथ ऐसा नहीं है। इनके बीच कोई कड़ी अवश्य होनी चाहिए। वेदांत कहता है कि वास्तव में एक सातत्य है। *आपके भीतर का प्रत्येक गुण वास्तव में आत्मा का गुण है।* शब्दों के निम्नलिखित क्रम पर विचार करें :

संतुष्ट
प्रसन्न
रोमांचित
प्रसन्न
आनंदित
परम आनंदित

ऋषियों के मन में इसी प्रकार का सातत्य पाया जाता है। एक व्यकित यह जाने बिना भी संतुष्ट अनुभव कर सकता है कि आत्मा के साथ उसका कोई संबंध है। जब संतुष्टि गहरी हो जाती है तो व्यक्ति को प्रसन्नता का अनुभव होता है और प्रसन्नता बहुत गहरी हो तो रोमांच का अनुभव होता है। कभी-कभी हम उच्चतम स्तर तक जा सकते हैं और स्वयं को बहुत आनंदित अनुभव करते हैं। हम एक सातत्य के साथ आगे जा रहे हैं, जो भले ही अदृश्य हो, परंतु यह मीठे व्यंजनों के स्वाद की तरह असली हो सकता है।

आनंद प्रसन्नता की उस सीमा का प्रतिनिधित्व करता है, जिसे निजी रूप से अनुभव कर सकते हैं और ''एक्सटेसी'' शब्द के लैटिन मूल का अर्थ है, ''सबसे अलग महसूस करना।'' आमतौर पर लोग इस अनुभव के लिए कहेंगे, ''मैं इतना प्रसन्न था कि यह सब असली नहीं लग रहा था, मानो यह किसी और के साथ हो रहा था,'' ''मैं उससे इतना प्यार करता था मानो यह शरीर से बाहर घटने वाला कोई अनुभव हो।'' वेदांत में सातत्य के लिए एक और अंतिम चरण की बात कही गई है : परमानंद। संस्कृत में इसके लिए आनंद शब्द आता है। परमांनद आत्मा का गुण है। प्रतिदिन के जीवन के दृष्टिकोण के हिसाब से, इसकी कल्पना नहीं की जा सकती। अनंत प्रसन्नता पाते ही मन इस तरह चकरा जाता है, जैसे हमारी जीभ मीठे से भी अधिक मीठे व्यंजन को पा कर महसूस करती।

हालाँकि यह सबके भीतर है, स्वर्ग को केवल विश्वास की एक छलांग के साथ नहीं पाया जा सकता। यही परमानंद के साथ होता है, आत्मा के प्रत्येक गुण के साथ एक सातत्य, एक निरंतरता होती है। हम सभी सहज भाव से इसे जानते हैं। दयालुता को ही लें। दयालुता से भरा कोई छोटा सा काम करने की इच्छा, जैसे किसी राह चलते को सिर ढंकने की जगह देना, या ज़रूरतमंदों की मदद करना। दयालुता धार्मिक कार्यों को भी पार करती है, जब किसी विश्वास पर आधारित समूह अफ्रीका में एड्स राहत कार्यों में अपना सहयोग देते हैं। हम करुणामयी बुद्ध में भी, इसी प्रवृत्ति का सार पाते हैं, जिनकी प्रकृति ही दयालुता है।

हमें यह याद रहना चाहिए कि हमारे श्रेष्ठ गुण सार्वभौमिकता ग्रहण कर सकते हैं। ईसाई धर्म यह दावा कर सकता है कि जीसस अनूठे थे। जैसे बौद्ध दावा करते हैं कि बुद्ध अनूठे थे, परंतु सातत्य इसके विपरीत कहता है। जब हम आत्मा के और निकट जाते हैं तो निम्नलिखित गुण और अधिक गहरा जाते हैं :

करुणा
शक्ति
सत्य
परमानंद
सौंदर्य
प्रेम
विवेक
शक्ति

दयालुता से भरा हर कार्य चित्र को एक और ब्रशस्ट्रोक देता है : हर अंतर्दृष्टि आपको अपने सार के और निकट ले जाती है। मैं और आप एक-दूसरे से हज़ारों तरीक़ों से अलग हैं, जो इस पर निर्भर करता है कि हम अपनी आत्माओं से कैसे संबंध रखते हैं। हो सकता है कि किसी दिन मेरा मन सुंदर से सूर्यास्त पर आ जाए, किसी बच्चे की प्यारी मुस्कान पर आ जाए, अचानक ही यह सच सामने आ जाए कि मैं कौन हूँ। आपको अचानक यह ध्यान भी आ सकता है कि निर्धन आपकी करुणा के कितने

पात्र हैं, कीट की कविता कितनी प्यारी है, अपने-आप को किसी के लिए समर्पित करना कितना अच्छा है। आत्मा की निरंतर बनी रहने वाली रचनात्मकता ही जीवन को आकर्षक बनाए रखती है। जो भी कहा या सुना गया, इसके बावजूद मैं हैवन में विश्वास रखता हूँ और जब मैं नहीं रहूँगा तो मैं उस जगह होने की अपेक्षा रखता हूँ, वह कोई स्वर्गिक बगीचा नहीं, बल्कि वह जगह होगी, जिसे टी.एस. इलियट की पंक्तियों में जगह मिली है :

हमें अन्वेषण को बंद नहीं करना चाहिए
और हमारे सारे अन्वेषण का अंत
उस जगह पहुँचना ही होगा, जहाँ से हमने आरंभ किया था
और हमें उस जगह को पहली बार जानना होगा।

सत्य, विवेक, सुंदरता और आत्मा के अन्य गुणों को भौतिकता नहीं चाहिए। यदि प्रेम करने के लिए कोई न हो तो भी विशुद्ध प्रेम बना रहता है। आध्यात्मिक सत्य को पालन करने के लिए कोई धर्मयुद्ध नहीं चाहिए। हमारे मरने के बाद आत्मा ही प्रमुख होती है, परंतु इसकी झलक बहुत पहले मिल जाती है।

एक अधेड़ लेखक ने मुझसे एक बार कहा था, ''मैंने कभी शादी नहीं की, मैं कभी माँ नहीं बना, क्योंकि मैं एक पुरुष हूँ।'' वह एक लंबे समय से आध्यात्मिक जिज्ञासु था। ''मैं कई बरसों से पश्चिमी मैसाचुसेट्टस के एक आश्रम में रह रहा था, जो हिंदू मूल से था और जहाँ दिव्य माँ के बारे में बहुत कुछ बताया जाता था। मैं इतना ईसाई भी नहीं कि वर्जिन मैरी की ओर आकर्षित होता। शायद आप कह सकते हैं कि मैं शायद पुरुषों पर अधिक केंद्रित था, परंतु फिर भी मुझे स्त्रैण महत्त्व का अहसास हुआ।''

''मेरी कुछ महिला मित्र थीं, जो देवियों से जुड़े ग्रुप का हिस्सा थीं। वे कई तरह के अनुष्ठान करते हुए, पूर्ण चंद्रमा की रात में नृत्य करती हैं। मैंने हमेशा और अधिक पारंपरिक पथ का पालन किया, मैं दिन में कई घंटों तक ध्यान करता था। ना कोई नाच, ना कोई गाना, यहाँ तक कि कोई प्रार्थना भी नहीं। मैंने पूरे पाँच साल तक ऐसा किया। फिर एक दिन कुछ बहुत ही अजीब सा घटा।''

"मैं ध्यान में था कि अचानक ही मेरा मन एक कोमल से अहसास से घिर गया। यह मेरे दिल में एक गरमाहट और अपनेपन के साथ शुरू हुआ, फिर इसने भावात्मक रुख़ ले लिया। कोमलता, मधुरता, प्रेम। मैं वहीं बैठा उसका आनंद ले रहा था, जब अचानक ही उसकी गहनता बढ़ने लगी। मैं जैसे पिघल सा गया था। दस सेकेंड के भीतर ही मैं विशुद्ध हो गया था। विशुद्ध प्रेम और कुछ भी नहीं। *मैं दिव्य माँ बन गया था।*"

"मैं आपको कैसे बता सकता हूँ कि यह कैसा लग रहा था? कल्पना करें कि आप किसी महान मूवी स्टार को देख रहे हैं। वह अपने बच्चों को गले से लगा कर चूमती है और एक पल के लिए आप भूल जाते हैं कि आप एक अंधेरे कमरे में बैठे, पर्दे पर प्रकाश का खेल देख रहे हैं। आप वह हैं। मुझे कुछ ऐसा ही लगा था, बस यह हज़ारों गुना अधिक गहरा था। मैं और कोई नहीं, दिव्य माँ बन गया था।"

अनपेक्षित क्षणों में, हम आध्यात्मिक सातत्य में अपने आमतौर पर बने रहने वाले स्थान से परे हो जाते हैं। हम केवल स्नेह, आकर्षण, रोमानी प्रेम या गहरे समर्पण को ही अनुभव नहीं करते। हम ब्रह्माण्डीय प्रेम में लीन हो जाते हैं। इस व्यक्ति ने मुझे बताया कि अब वह स्त्रियों को अलग ही दृष्टि से देखता है। "वे साधारण मनुष्यों की तरह वास करती हैं, परंतु इसके साथ ही वे पूरी तरह से एक अलग ही शक्ति हैं – माँ – उनके भीतर से माँ झलकती है। हो सकता है कि मैं लाइट पर किसी महिला चालक को तेज़ी से गाड़ी निकालने के लिए हॉर्न दे रहा होऊँ, परंतु यदि वह मुड़ कर मेरी ओर देखती है, तो मैं *उसे* देख सकता हूँ। वही सब कर रही है, और जब मुझे यह अहसास होता है तो अपना हॉर्न बजाना भी मूर्खता लगने लगता है। क्या आप अपने गॉड को हॉर्न बजा कर परेशान कर सकते हैं?"

अपने भौतिक स्वरूप में हम केवल कुछ विशुद्धता को ही ग्रहण कर सकते हैं, परंतु कई बार यह दहलीज़ अनुभवातीत होती है। मैं संत टेरेसा के बारे में सोच रहा था। वे सोलहवीं सदी की स्पेनिश संत थीं, जिन्होंने दिव्य प्रेम का अनुभव इस रूप में पाया था कि एक देवदूत ने सुनहरे तीर को उनके हृदय के पार कर दिया था। टेरेसा ने कहा कि वह एक साथ बहुत ही दर्दनाक और बहुत ही आनंददायक था, तभी उन्हें कष्ट सहने वालों की संरक्षिका संत के नाम से जाना जाता है।

यहीं से हैवन का विरोधाभास सामने आता है, गॉड एक साथ दृश्य और अदृश्य है। आत्मा भी ठीक ऐसी ही है। हम उन घटनाओं के माध्यम से, दृश्य रूप में इसका सामना करते हैं, जो हमें प्रेरित करती हैं, जैसे एक स्नेही साथी, एक सुंदर पेंटिंग, एक समझदार कहावत - यह सब ओझल हो कर अलोप हो जाएगा। परंतु इसका सार बना रहेगा और यही सार हमें आने वाले कल को और स्नेह से देखने की प्रेरणा देता है। यही स्वर्ग की ओर जाने की राह है।

जो व्यक्ति मर गया हो, उसके लिए यह पथ संपूर्ण हो जाता है। तो फिर क्या? क्या आत्मा के लोक में जाने के बाद अनुभव वहीं थम जाता है? भौतिक रूप से, हाँ। प्रेम के पात्र नहीं रहते। केवल सार ही वास्तविक रहता है। परंतु जैसा कि हम देखेंगे, गतिविधि का अंत नहीं हुआ - वह इससे कहीं परे है। आत्मा स्वयं को दूसरी ओर जाने के चुनाव के और निकट पाती है और संभावनाएँ - जैसा कि ऋषियों ने घोषणा की है - वे हमेशा से कहीं अधिक रोचक होती हैं।

5

नरक की राह

रमण ने कुछ सोचते हुए कहा, ''अगर यम स्वयं को मूर्ख बनाते हैं तो निश्चित रूप से दूसरों के साथ भी ऐसा ही करते होंगे।''

''आप तो इस तरह कह रहे हैं मानो उन्होंने कोई चाल चली हो।'' सावित्री बोली। वन में इतने समय तक रहना उस पर भारी पड़ रहा था। वह जानती थी कि समय तेज़ी से भाग रहा था।

''यम एक चाल चल रहे *हैं*।'' रमण ने सहमति दी। ''यदि तुम्हें इस बारे में पता होता तो तुम उनसे दूर नहीं भागतीं।'' रमण चुप हो गए मानो उन्होंने कुछ ऐसा कह दिया था, जो पूरी तरह से साफ़ था।

''मुझे बताएँ कि यह तरक़ीब कैसे काम करती है।'' सावित्री ने कहा।

''ठीक है। मैं तुम्हें एक बंदर की कहानी सुनाता हूँ, जो एक किले की मीनार में छोटे से कमरे में बंद हो गया था। उस कमरे में कुछ नहीं हो रहा था और बंदर व्याकुल हो गया था।''

''बंदर खिड़की से बाहर दिख रही दुनिया को देख कर ही अपना मन बहला सकता था। कुछ देर के लिए मन बहलता पर वह फिर से अपने हालात के बारे में सोचने लगता। वह उस मीनार में कैसे आया? उसे बंदी बना कर उस जगह क्यों रखा गया? बंदर का मन उखड़ने लगता। उसके पास करने के लिए कोई काम नहीं था, बात करने के लिए कोई नहीं था। उसकी सोच ही उसे और ज़्यादा बोझिल बना देती थी। कमरे में दम घुटने लगता और वह पसीने से लथपथ हो जाता। नहीं, फिर उसे अहसास होता। *मैं किसी कमरे में नहीं, मैं तो नरक में हूँ।* उसका अवसाद तुरंत दुख और

फिर कष्ट में बदल जाता। बंदर को ऐसा लगने लगता कि राक्षस उसे हर तरह का कष्ट देने के लिए आसपास खड़े हो गए थे।''

''*यही तो*, बंदर सोचता। *मैं तो सचमुच नरक में हूँ।* और इस तरह यह कष्ट जारी रहता और बद से बदतर होता जाता। बंदर को बचाव का कोई उपाय नहीं दिखता था। पर धीरे-धीरे, बंदर को ऐसा कष्ट सहन करने की आदत हो गई। कितना समय बीत गया था? बंदर याद नहीं कर सकता था पर अब उसे अपने आसपास के माहौल के लिए बेहतर लगने लगा था। कमरा इतना बुरा भी नहीं था। असल में, इस तरह खिड़की से बाहर की दुनिया देखने का भी अपना ही मज़ा था।

''उन राक्षसों ने धीरे-धीरे बंदर को सताना बंद कर दिया और ग़ायब हो गए। इस तरह वह बेहतर महसूस करने लगता और फिर एक वह दिन भी आ जाता, जब उसे लगता कि अब वह आने वाले कल की आशा रख सकता था। बंदर का मन खुशी से झूम उठता और फिर ...'' रमण ने वाक्य अधूरा छोड़ दिया। ''इसमें कोई संदेह नहीं, तुम जानती हो कि कहानी का सिरा किस ओर जा रहा है।''

सावित्री ने सिर हिलाया, ''बंदर स्वर्ग की ओर जा रहा है।''

''बिलकुल सही। उसने बेहतर महसूस करना आरंभ कर दिया है। जब तब वह इस कल्पना में रहेगा कि वह स्वर्ग में है तो उसे लगेगा कि राक्षस उसे सज़ा नहीं दे रहे, देवदूत उसे दुलार दे रहे हैं। *आह*, बंदर को लगता है कि *वह परमानंद में मग्न है।*''

''जब तक वह फिर से नीरसता महसूस नहीं करता।'' सावित्री बोली।

रमण ने सिर हिलाया। ''बंदर मन है, जो सिर की मीनार में अकेला बैठा है। जब मन आँनद से विस्तृत होता है और पीड़ा से संकुचित होता है तो यह हर संभावित दुनिया बनाता है और लगातार अपनी ही रचनाओं के मोह में रहता है। बंदर कुछ देर के लिए स्वर्ग में विश्वास रखेगा पर नीरसता दूर होते ही, असंतोष का बीज अंकुरित होगा और वह फिर से स्वर्ग से निकल कर नरक की राह लेगा।''

सावित्री ने असहाय अनुभव किया, ''तो क्या हम सभी इसी तरह फंसे हुए हैं?''

''यदि तुम यह मानो कि तुम फंसी हुई हो। किले की दीवारों के बाहर अनंत क्षेत्र है। तुम अपने मन को दीवारों से परे ले जा सकती हो। बाहर एक

आज़ादी है और एक बार उसे पा लिया तो तुम्हें फिर से स्वर्ग या नरक जाने की आवश्यकता नहीं होगी।''

कर्म और पाप का प्रतिदान

अब तक, मैंने मृत्यु के पश्चात जीवन का एक ऐसा चित्र प्रस्तुत किया, जो मुक्त, रचनात्मक और चुनावों से भरपूर है। हम चरण-दर-चरण, अपनी अपेक्षाओं को पूरा करते हैं और ऐसी छवियों को चुनते हैं, जो उन उम्मीदों पर खरी उतरती हों। परंतु यह नज़रिया बहुत से लोगों के लिए एक पहलू को सामने ले आता है : पाप। ईसाई मान्यता के अनुसार पाप को उपेक्षित नहीं कर सकते, ईश्वर लगातार हमारे अच्छे और बुरे कर्मों का हिसाब रख रहा है। उसे रखना ही चाहिए, वरना सभी स्वर्ग में चले जाएँगे और उस जगह अच्छे और बुरे लोगों के मेल से धरती जैसे जीवन का ही आभास होने लगेगा।

मैंने हाल ही में टी.वी. पर एक कैथोलिक बिशप का इंटरव्यू देखा था और उनसे एक ऐसा प्रश्न पूछा गया, जो मिडिल एज के किसी बिशप से भी पूछा जा सकता था। ''क्या ईसाई सच में मानते हैं कि यह जीवन केवल इसलिए अस्तित्व रखता है कि हम आने वाले जीवन के लिए तैयार हो सकें?'' उन्होंने तत्काल उत्तर दिया, हाँ- यह वही उत्तर था, जो उन कैथोलिक बिशप ने दिया होता। हज़ारों वर्षों में भी यह ईसाई मान्यता नहीं बदली कि भौतिक संसार आँसुओं की घाटी है, पाप मौत को रचता है और इनसे बचाव का यही उपाय कि हमें स्वर्ग मिल जाए। ''मैं उसी जगह जा कर शांति पा सकूँगा। मैं विश्रांत हो सकूँगा।'' बिशप ने कहा। दूसरे शब्दों में, हम इस जगह जो भी सह रहे हैं, वह आने वाले कल की हमारी छवि के लिए अहम भूमिका निभाता है।

नरक को पाप का भुगतान माना जा सकता है पर यह लौकिक कष्टों का विस्तार भी है। जब बचाव ही परम पुरस्कार हो, तो पीछे रहना अपने-आप में बड़ा दंड है। ईसाई धर्म की मान्यता बुनियादी तौर पर कहती है, अच्छे बनो वरना परमेश्वर तुम्हें ऐसा जीवन और देगा, जो इससे भी बदतर होगा। वैदिक ऋषि कष्टों को पाप के रूप में नहीं लेते, वे इसे खोई हुई स्वतंत्रता मानते हैं। वेदांत के अनुसार, जो भी हमारी स्वतंत्रता में बाधा देता

है, वह हमारी मृत्यु के बाद भी चलता रहेगा। दोनों ही मामलों में, आप कर्म की शक्ति के पात्र हैं।

मूल रूप से संस्कृत शब्द, *कर्म* का अर्थ था "कार्य करना," परंतु यह शीघ्र ही विस्तृत हुआ और यह अच्छे व बुरे के बीच होने वाले संघर्ष का संकेत बन गया। कर्म को ब्रह्माण्डीय पहलू के साथ, इसके निजी प्रभावों के लिए भी प्रयुक्त किया जाता है। बाहरी तौर पर, आप अच्छे और नेक बनते हुए अच्छे कर्म पैदा करते हैं और बुरे बन कर बुरे कर्म संचित करते हैं। यह अच्छे और बुरे कर्मों के बीच चुनाव की ईसाई मान्यता से मेल खाता है ओर इसके अनुसार ही दंड या पुरस्कार दिया जाता है। पूर्व और पश्चिम में, लाखों लोग इसी मान्यता के अनुसार जीते हैं। परंतु ब्रह्माण्डीय कर्मों का कहीं अंत नहीं होता; यह आत्मा की निरंतर चलने वाली यात्रा का हिस्सा है, केवल एक जीवनकाल ही किसी को हमेशा के लिए स्वर्ग या नरक नहीं भेज देता।

अच्छे कर्मों की कोई भी मात्रा किसी व्यक्ति की स्वतंत्रता नहीं जीत सकती। नरक का वैदिक संस्करण कभी बंधन से बाहर आने का उपाय नहीं है, जो इसे विचित्र रूप से ईसाई नरक के अनुकूल बनाता है। संपूर्ण अच्छाई को पाया नहीं जा सकता और धीरे-धीरे करे, कर्म का प्रभाव एक संत के जीवन को पापी के जीवन में या पापी के जीवन को संत के जीवन में बदलता है। यही वजह है कि कर्म के ब्रह्माण्डीय पहलू के बेहतर अनुवाद के लिए इसे "क्रिया" के बजाए "गोंद" कहा जा सकता है।

आप इस कर्म की तुलना एक ब्रह्माण्डीय घड़ी से कर सकते हैं, जो अपने-आप में एक संपूर्ण घड़ी है। आप इसे एक सुपर कंप्यूटर भी कह सकते हैं, जो सृष्टि के हर कर्म का लेखा-जोखा रखता है। आप इसकी तुलना एक अनंत न्यायाधीश के तौर पर कर सकते हैं, जो हर विचार और कर्म के अच्छे और बुरे नतीजे तोल रहा है। सही मायनों में सारा तंत्र - ब्रह्माण्ड, मस्तिष्क, हीन अस्तित्व, उच्चतम अस्तित्व, आत्मन्, ईश्वर - ये सभी ब्रह्माण्डीय कर्म की अदृश्य शक्ति से एक साथ बंधे हैं। हर पूर्वी विश्वास और मान्यता को रेखांकित करने वाला कर्म का नियम कहता है कि हममें से कोई भी अपने कर्मों के भार से मुक्त नहीं हो सकता और चूंकि हम प्रतिदिन ये भार जमा करते हैं, हमारे पास इसके सिवा कोई चुनाव नहीं कि हम जन्म-दर-जन्म इस ऋण को उतारते रहें।

पाप से बचाव

ऋषियों के अनुसार, मृत्यु के पश्चात जीवन में अधूरे कार्मिक ऋण के कारण ही दंड भोगना पड़ता है। यदि मैंने कोई अपराध किया और धरती पर ही उसका प्रायश्चित नहीं हुआ तो मुझे बाद में कष्ट भोगना होगा। कार्मिक ऋण क्या है? बुनियादी तौर पर ऐसा कारण जिसका प्रभाव अभी तक सामने नहीं आया। भारत में कहते हैं, ''कर्म द्वार पर प्रतीक्षा करते हैं।'' यानी अगर कोई व्यक्ति पिछले कर्मों से भागने का प्रयत्न करता है तो कर्म उसी तरह दरवाज़े पर धीरज से उसकी प्रतीक्षा करते हैं, जिस तरह एक कुत्ता मालिक के लौट आने तक दरवाज़े पर सोता रहता है। कर्म अंतहीन रूप से धैर्यवान हो सकते हैं। धीरे-धीरे ब्रह्माण्ड ही आग्रह करेगा कि सही और ग़लत का संतुलन साधा जाए।

नरक, कार्मिक कष्टों की अवस्था है। मृत्यु को निकट से देखने वाले अधिकतर अनुभव सकारात्मक रहे, परंतु उनमें से कुछ सकारात्मक नहीं थे। एक सौम्य और स्वागत करने वाले प्रकाश की ओर बढ़ने के बजाए, कुछ लोगों ने नरक के लक्षण देखे। उन्हें राक्षस और शैतान दिखाई दिए; उन्होंने पापियों को कष्टों के बीच रोते सुना; चारों ओर एक घना अंधकार छाया था। मृत्यु को निकट से देखने का अनुभव पाने वालों की छानबीन करने वालों को ऐसे लोगों की पूरी श्रेणी मिली, जिसे उन्होंने ''धरती से बंधी आत्माएँ'' कहा। ये अपने बुरे कर्मों और कुंठित इच्छाओं के कारण सताई जाती हैं। जॉर्ज रिची नामक व्यक्ति ने प्रमुख साक्षी बनते हुए, सबसे पहले अपना ब्यौरा प्रस्तुत किया :

रिची के मृत्यु को निकट से देखने के अनुभव में, जीसस उसे धरती पर बड़े से शहर में ले जाते हैं, वह उस जगह पर धरती से बंधी आत्माएँ देखता है, जो किसी न किसी कारण से जीवन का पीछा कर रही हैं। एक धरती से बंधी आत्मा सिगरेट पीने के लिए गिड़गिड़ाती है। एक युवक, जिसने आत्महत्या की थी, वह अपने माता-पिता से क्षमायाचना की गुहार कर रहा है, जिसे कोई नहीं सुनता। रिची को एक लड़के की आत्मा दिखाई गई, जो एक किशोरी का पीछा करते हुए उससे माफ़ी माँग रहा है, पर वह लड़की उसकी उपस्थिति से पूरी तरह से अनजान है। जीसस ने रिची से कहा कि उस लड़के ने आत्महत्या कर ली थी और अब वह अपने कर्म के हर परिणाम से बंधा है।

ये सभी अधूरे कर्मों के भूत हैं। यह हमेशा याद रखना चाहिए कि नरक से जुडे अनुभव मरने पर आधारित नहीं होते। लोगों ने शैतान को सपनों में, कल्पनाओं में और यहाँ तक कि जीते-जागते रूप में भी देखा है (अगर आप इस बारे में यक़ीन रखते हैं कि शैतान और राक्षस किसी भी व्यक्ति के शरीर में प्रवेश कर, उससे अपना काम निकलवा सकते हैं।)

मृत्यु को निकट से देखने का अनुभव पाने वालों की छानबीन करने वाले लोग समाज में बहुत कम हैं, उनका काम यही है कि वे मृत्यु के बाद जीवन पर विचार करें और जब वे नरक या सताई हुई आत्माओं के अनुभव के बारे में सोचते हैं, तो कुछ निश्चित तथ्य, कष्टों का यह विज़न रचते हैं। चाहे वह कष्ट इस धरती पर भौतिक पीड़ा के साथ दिया जाए या फिर मृत्यु के बाद मानसिक यातना मिले, कारण वही रहता है, इन सभी का आधार हमारे कर्म ही होते हैं। हर संस्कृति यही मानती आई है कि हम मरने के बाद भी अपने बुरे कर्मों के प्रभाव से बच नहीं सकते, पर ऋषियों ने हमारे सामने एक तसवीर रखी और बताया कि सताए हुए लोग कैसे अपना बचाव कर सकते हैं।

भौतिक स्तर पर यह स्पष्ट नहीं है कि आप जो बोते हैं, वही काटते हैं। ग़लत काम अक्सर नज़र से छूट जाते हैं और उन्हें अक्सर सज़ा नहीं मिलती। हम सभी एक ऐसे जीवन की कल्पना में रहते हैं, जिसमें हम कुछ भी करके छूट जाते हैं। बैंक लूटने वाले हीरो कहलाने लगते हैं और मिसाल के लिए, फ़िल्मों में तो ऐसा होता ही है।

अगर हम यह कहते हैं कि बुरे कर्म एक दिन ग़लत काम करने वालों पर हावी होंगे तो क्या हम इच्छा पूर्ति के दोषी हैं? संशयवादी निश्चित रूप से हामी भरेंगे, क्योंकि अगर कोई कार्मिक ऋण भौतिक संसार के बाहर भरा जा रहा है तो इसका भुगतान नहीं माना जाएगा। यह मामला आसानी से नहीं निपटाया जा सकता, परंतु आध्यात्मिक तौर पर हम उन लोगों के बीच अंतर को जान सकते हैं; एक ऐसा व्यक्ति जो परिपक्व है और अपने ऋण उतार चुका है और कोई ऐसा व्यक्ति जो अपरिपक्व है और नहीं उतारे गए ऋणों के बोझ तले दबा है।

आध्यात्मिक रूप से परिपक्व व्यक्ति निम्नलिखित के माध्यम से सार्थक जीवन बिताता है :

आत्म-सम्मान : मैं दैवीय योजना का अंग हूँ, मैं इस ब्रह्माण्ड में अनूठा हूँ।

प्रेम : दूसरे मेरी बहुत परवाह करते हैं और मैं भी दिल से उनकी परवाह करता हूँ।

सत्य : मैं पिछले भ्रमों और बाधाओं को देख सकता हूँ।

प्रशंसा और आभार : मैं सृष्टि के अनुरूप हूँ।

आदर : मैं पवित्र को देख और अनुभव कर सकता हूँ।

अहिंसा : मैं जीवन के सभी रूपों की क़द्र करता हूँ।

इन मूल्यों से बाहर जीना पीड़ादायी है और यदि बहुत गहन हो तो पीड़ा व्यक्ति को नरक में डाल देती है तो एक सार्थक जीवन का मूल्य, कार्मिक ऋणों के छिपे हुए पहलू को दिखाता है : जब आप उनसे मुक्त होते हैं, तो आपका जीवन सार्थक और गहराई से जीने योग्य हो जाता है।

शैतान का क्या होगा?

धार्मिक ईसाई आपत्ति करेंगे कि मैंने नरक का ऐसा मनोवैज्ञानिक ख़ाका खींचा है, जिसमें शैतान का कोई काम नहीं है। शैतान को उपेक्षित करने का अर्थ होगा, बाइबिल के पाठ्य को उपेक्षित करना, जो हमें देवदूत लूसीफ़र के बारे में बताता है, जो सभी देवदूतों में से ईश्वर के सबसे निकट था, उसने ईश्वर की आज्ञा का पालन नहीं किया और अपने पाप के कारण सृष्टि के सबसे निचले तल तक गिरते हुए नरक पहुँच गया। इस मिथ में विश्वास करने वाले लाखों लोगों का कहना है कि यह प्रसंग मृत्यु के पश्चात जीवन की ज़िम्मेदारी से इंकार करने से जुड़ा है। हम चाहते हैं कि अंधकार का एक राजकुमार हो, जो ईश्वर के विपरीत शक्तिशाली हो और वह सारी बुराई का वाहक बन जाता है।

नरक का दायित्व लेना सुनने में बुरा लगता है पर दायित्व नहीं लेने का अर्थ होगा कि हम अपने-आप से हार रहे हैं। नरक ईश्वर से बहुत दूर है, क्योंकि यह चेतना के सबसे निचले स्तर का प्रतिनिधित्व करता है। इस धरती पर नारकीय अनुभवों के कारण, केवल मनोवैज्ञानिक नहीं हैं। इनमें केवल अवसाद या शर्मिंदगी शामिल नहीं है। जब हम अपने-आप से

असंतुष्ट होते हैं, तो यह भाव पैदा होता है कि हम कष्ट पाने के योग्य हैं। आपको लगता है कि आपको नरक का कष्ट मिलना चाहिए, आप इसके ही लायक़ हैं। जब संपर्क सुधर जाते हैं तब हमें नहीं लगता कि हमें दंड मिलना चाहिए : हम जीवन के सभी आरोग्यकारी तत्त्वों के साथ, एक बार फिर से उसके प्रवाह में बहने लगते हैं।

शैतान का हर पहलू हमारी अपनी ही परख़ में शामिल है। वह आत्म-न्याय का विशाल प्रतिबिंब है। शैतान चेतना का सृजन है और जब वह घटता और बढ़ता है तो वह उभरता है और उसमें महत्त्वपूर्ण तौर पर बदलाव आता है।

शैतान निम्नलिखित अवस्थाओं में *वास्तविक* होता है :

- लोगों को लगता है कि उन्हें आरोग्य के स्थान पर दंड मिलना चाहिए।
- एक संस्कृति शैतान के मिथक में विश्वास रखती है।
- विश्वास करने वाले उस मिथक पर ध्यान देते हुए मान देते हैं।
- अपने भीतर आरोग्य प्रदान करने के बजाए बाहरी तौर पर दिखने वाले राक्षसों पर शर्मिंदगी निकाली जाती है।
- बुरे कर्म जमा होते चले जाते हैं, उनमें क्षमा, प्रायश्चित या शुद्धि के लिए गुंजाइश नहीं होती।
- बच्चों को इन राक्षसों से डराते हुए कहा जाता है कि उनके पास अप्राकृतिक शक्तियाँ होती हैं।

शैतान निम्नलिखित दशाओं में *अवास्तविक* होता है :

- लोग महसूस करते हैं कि वे दंड के बजाए आरोग्य पाने के अधिकारी हैं।
- एक संस्कृति सजग होती है कि मिथक कैसे बनते हैं।
- लोग आत्म-सजग होते हुए अपने भावों का उत्तरदायित्व लेते हैं।
- लोग क्षमा, प्रायश्चित और आरोग्य में विश्वास रखते हैं।
- थेरेपी, खेल, आमने-सामने के संवाद, स्वस्थ पारिवारिक

माहौल व शिक्षा आदि के माध्यम से नकारात्मक ऊर्जाओं को बाहर निकाला जाता है।

- बच्चों को राक्षसों और शैतानों व दूसरे अप्राकृतिक जीवों में विश्वास करना नहीं सिखाया जाता।
- समाज चेतना के विकास को प्रोत्साहित करता है।

हमारी संस्कृति काफी हद तक शैतान से आगे बढ़ चुकी है, क्योंकि धार्मिक शब्दवादियों के बावजूद हमारे पास धर्मनिरपेक्षता की एक पूरी सदी है। इसके दोष चाहे जो भी हों, परंतु इस धर्मनिरपेक्ष संस्कृति ने थेरेपी को प्रोत्साहित किया, अंधविश्वासों को नकारा, लोगों को ज़िम्मेदारी दी कि वे अपने भाग्य को अपने हाथ में लें और ऐसे संप्रेषण को भी खुल कर सबके सामने आने दिया, जिसे वर्जित माना जाता था। ये अपने-आप में उल्लेखनीय उपलब्धियाँ थीं; जिनसे चेतना के विकास में आशातीत वृद्धि हुई। हालाँकि आप बुराई को जैसे भी परिभाषित करें, शैतान के जाने के बाद भी बनी रहती है, परंतु शैतान से हमारा ध्यान हटाने के लिए उसे बहुत नीचा दिखाया गया, जैसे माउंट ओलिंपस के प्राचीन देवता, एक समय था, जब प्रकृति के हर शक्तिशाली तत्त्व के साथ उनका नाम लिया जाता था और अब वे केवल इतिहास के पन्नों पर दर्ज हैं।

ग्रीक देवताओं की तरह, शैतान की उपयोगिता भी नहीं रही। जब लोगों को किसी बात के लिए बेहतर व्याख्या मिल जाती है तो पुरानी व्याख्याओं को परे धकेल दिया जाता है – मौसम विज्ञान ने पवन के देवता एओलस का स्थान ले लिया। प्रोमेथियन आग की जगह थर्मोडायनेमिक्स ने ले ली। हमारे पास शैतान को बढ़ाने या नीचा दिखाने की ताक़त है। असल में, हमारे पास ही उसे असली और नक़ली बनाने की ताक़त है, जो कहीं ज़्यादा महत्त्व रखता है।

जब चेतना विकसित होगी, तो शैतान और ज़्यादा अवास्तविक होता जाएगा। मेरा पहले से ही यह विश्वास है कि लाखों लोग ऐसे हैं, जो राक्षसों, पाप और ब्रह्माण्डीय बुराई को, कष्टों के मूल कारण के रूप में स्वीकार नहीं करते और उनके बारे में बात करना बंद करना चाहते हैं। वे चेतना के रूप में बात करना चाहते हैं। वे अपने-आप से कट कर जीने के बारे में बात करना चाहते हैं। हमने सदियों से ईश्वर को रक्षा के लिए पुकारा है और

शैतान को सदा अपना शत्रु माना। शायद हमारे विकास के लिए ऐसा करना अनिवार्य था पर अब हम और गहरे, ऋषियों के बताए मानवीय विवेक की ओर मुड़ सकते हैं, जो दो विरोधी ध्रुवों पर बसे स्वर्ग और नरक वाले टूटे-फूटे ब्रह्माण्ड के बजाए यथार्थ की बात करता है।

ऋषि हमें बताते हैं कि अच्छाई और बुराई, आत्मा से संपर्क का प्रत्यक्ष कार्य है। आत्मा ही स्व का असली पहलू है। जब हम आत्मा से संपर्क नहीं रखते तो हम यथार्थ से अपना संपर्क खो देते हैं।

आत्मा छिपे हुए रूप में होती है, जब ...

- आप बहुत थके हुए या तनाव में होते हैं।
- आप स्वयं को अपने से बाहर खींचते हैं।
- आपके ध्यान पर बाहरी तत्त्वों का क़ब्ज़ा होता है।
- आप दूसरों को अपने लिए सोचने देते हैं।
- आप विवशता में काम करते हैं।
- आप भय और व्याकुलता की चपेट में होते हैं।
- आप संघर्ष करते हुए कष्ट उठाते हैं।

इससे पहले कि आप आत्मा से नए सिरे से संपर्क स्थापित कर सकें, आपको इन दशाओं में बदलाव लाना होगा। मृत्यु से आप आत्मा के लोक में प्रवेश तो कर सकते हैं, परंतु वेदांत घोषणा करता है कि आत्मा को मृत्यु से पहले बहुत कुछ करना होता है। जीवन आत्मा की दृष्टि के अधीन होता है। आपकी विशुद्ध चेतना के हिस्से में कुछ निश्चित ब्रह्माण्डीय गुण होते हैं :

- यह निरंतर है।
- यह आपको कभी ओझल नहीं करती।
- यह प्रत्येक दूसरी आत्मा से जुड़ी है।
- यह ईश्वर की तरह सर्वव्यापी है।
- इसमें कोई परिवर्तन नहीं आता।
- यह समय और स्थान से परे जीती है।

तो केवल सौम्य, कोमल और स्नेहिल क्षणों में ही आत्मा प्रकट नहीं होती। जब आत्मा के अपने गुण स्वयं ही प्रकट होते हैं, वे क्षण कहीं अधिक महत्त्व रखते हैं। ऐसे क्षण आधुनिक जीवन में बहुत ही दुर्लभ हो गए हैं परंतु आत्मा कभी स्वयं को प्रकट करने से पीछे नहीं हटती।

आत्मा प्रकट होती है, जब ...

- आप स्वयं को केंद्रित पाते हैं।
- आपका मन स्पष्ट है।
- आपको लगता है कि जैसे समय थम सा गया है।
- आप अचानक ही सीमाओं से मुक्त अनुभव करते हैं।
- आप आत्म-सजग हैं।
- आपको लगता है कि आप दूसरे व्यक्ति के साथ मौन संवाद या प्रेम में मग्न हैं।
- आप पर आयु और बदलाव का असर नहीं होता।
- आप परमानंद अनुभव करते हैं।
- आपका सहज ज्ञान सदा सच निकलता है।
- आप जाने कैसे जान लेते हैं कि क्या होने वाला है।
- आप सच को भांप लेते हैं।
- आप स्वयं को असीम स्नेह और सुरक्षा के बीच पाते हैं।

यदि एक ही यथार्थ है, जैसा कि ऋषियों ने कहा है, तो जीवन अच्छे और बुरे का संघर्ष नहीं, यह एक उलझा हुआ जाल है, जिसमें सभी अच्छे और बुरे कर्म, हमें यथार्थ में या भ्रम के बीच गहराई में ले जाते हैं। कर्म ही जाल को घुमाते हैं। कर्म कोई क़ैद नहीं, यह चुनाव का क्षेत्र है। कर्म हमारे चुनावों को ईमानदार रखते हैं। हम जो बोते हैं, वही काटते हैं, परंतु कहना नहीं होगा कि हम ब्रह्माण्डीय अच्छाई और बुराई के बलों से घिरे हैं। चेतना की किसी भी दूसरी जगह की तरह, अंत में नरक हमारी अपनी ही सजगता को प्रतिबिंबित करता है और नरक से आज़ादी को किसी भी दूसरी उपलब्धि की तरह जीता जा सकता है, जिसके लिए आत्मा के यथार्थ के निकट आना होगा।

6

भूत-प्रेत

''आपने मुझे जो कुछ भी सिखाया, उसके लिए मैं आपकी हृदय से आभारी हूँ।'' सावित्री ने कहा। बहुत देर हो रही थी और वह सच में घर वापस जाने की आस खोने लगी थी। ''शायद मुझे अपना जीवन अकेले ही बिताना होगा और तब मैं आपके पास और कुछ सीखने के लिए आ सकूँगी।''

''क्या कभी कोई अकेला होता है?'' रमण ने कहा। वन गहरे सायों से घिरा था और सावित्री उनके चेहरे के भावों को अच्छी तरह नहीं पढ़ सकती।

''मैं अकेला महसूस करती हूँ।'' सावित्री बोली।

''प्राय: ये भावनाएँ विश्वास करने योग्य नहीं होतीं।'' रमण ने संकेत किया।

अचानक ही मार्ग के पास ही झाड़ियों में सरसराहट हुई। सावित्री चौंक कर उछली। वह क्या था? उसके चेहरे पर हैरानी और भय के मिले-जुले भाव थे

''भूत।'' रमण वहीं रुक गए। ''समय आ गया है कि अब तुम उनसे मिलो। इस जीवन से परे की यात्रा में भूत-प्रेत और आत्माओं के पास सिखाने के लिए बहुत कुछ है।''

वे वहीं स्थिर खड़े रहे और सावित्री को शांत रहने को कहा। सावित्री मारे भय के जड़ थी और जैसे उसका पूरा शरीर ठिठुर गया था। एक ही क्षण बाद, वन के धुंधलके से एक नन्ही सी बच्ची आती दिखाई दी, वह ठुमकती हुई उनकी ओर ही आ रही थी पर उनकी ओर देख नहीं रही थी।

''नहीं!'' रमण ने चेतावनी दी। उन्हें पता था कि सावित्री अचानक बच्ची को गोद में लेने को मचल जाएगी।

बच्ची ने खोई-खोई नज़रों से इधर-उधर देखा और फिर उस पगडंडी को पार कर, घने वन में ही कहीं खो गई।

''क्या तुमने उसे पहचाना।'' रमण ने पूछा

''नहीं, मैं कैसे पहचान सकती हूँ। क्या ये खो गई है?'' सावित्री ने जो भी देखा था, उससे उसने भ्रमित और खोया हुआ महसूस किया। रमण ने उसे प्रत्यक्ष तौर पर उत्तर देने के बजाए कहा, ''अभी और भी भूत हैं। तुम उन्हें अपनी ओर आकर्षित कर रही हो।'' तभी एक और प्रेत प्रकट हुआ, इस बार चार साल की बच्ची दिखाई दी। सावित्री बेसुध सी रह गई।

''क्या तुम इसे जानती हो?'' रमण ने पूछा।

''ये तो मैं हूँ!''

यह सुन कर उस भूत ने दूसरी ओर जाने से पहले एक बार उनकी ओर झांका।

''और वह दो साल की बच्ची भी मैं थी?''

रमण ने सिर हिलाया। ''तुम अपने जिस भी भूतपूर्व स्व को पीछे छोड़ आई हो, वह भूत ही तो है। अब तुम्हारा शरीर एक बच्चे का शरीर नहीं रहा। तुम्हारी सोच, इच्छाएँ, भय और आशाएँ बदल गए हैं। यदि तुम इन सभी भूतों का भार अपने कंधों पर ले कर चलती रहतीं तो यह कितना भयंकर होगा। इन्हें जाने दो।''

सावित्री कुछ नहीं कह सकी। एक के बाद एक, उसके बीते जीवन के साए सामने से आने लगे। उसने दस साल की बच्ची को रसोई में माँ के साथ बैठे देखा, बारह साल की एक बच्ची किसी लड़के से बात करने में शरमा रही है, एक नवयुवती सत्यवान के सम्मोहन में है, जो उसका पहला प्रेम था। आख़िरी भूत तो चौंका देने वाला था, वह तो जैसे उसकी छवि था, वह उसी की आयु वर्ग की स्त्री थी और वही दुशाला ओढ़े हुई थी, जो उसने झोंपड़ी से निकलते हुए पहन लिया था।

''देखा तुमने, यहाँ तक कि आज का कुछ समय वाला तुम्हारा स्व भी एक भूत ही है।'' रमण बोले।

जब यह आख़िरी साया भी वन में ओझल हो गया तो सावित्री बोली, ''ये मुझे क्या सिखाने आए थे?

''तुम्हारे जीवन में मृत्यु सदा तुम्हारे संग रही है।'' रमण ने उत्तर दिया। ''तुम अपने पुराने विचारों की तरह प्रतिदिन हज़ारों मौतें मरती हो। तुम्हारी पुरानी कोशिकाएँ, तुम्हारे पुराने भाव और तुम्हारी पुरानी पहचान तक कहीं छूट गई है। हर कोई इस समय मृत्यु के बाद वाला जीवन जी रहा है। इसमें डरने या संदेह करने को क्या है?''

''पर ये तो दिखने में कितने असली लग रहे थे।''

''हाँ, सपनों की तरह असली।'' रमण बोले। ''पर तुम यहीं और अभी हो। किसी सपने में नहीं हो।''

सावित्री ने ख़ुद को कभी इस तरह नहीं देखा था, इस दृश्य ने उसे साहस दिया। ''मैं अब भी मृत्यु को हराना चाहती हूँ, मैं सत्यवान को फिर से अपनी बांहों में पाना चाहती हूँ। पर अगर यम की जीत हुई तो मैं भूतों से नहीं चिपकी रहूँगी। कम से कम इतना विवेक तो पा ही लिया है।''

सपनों का क्षेत्र

जब लोग सोचते हैं कि क्या व्यक्तित्व मृत्यु के बाद बचता है तो इसका उत्तर है कि व्यक्तित्व तो तब भी नहीं बचता, जब हम जीवित होते हैं। हम वही व्यक्ति नहीं रहते, जो हम आज से पाँच, दस या पंद्रह वर्ष पूर्व थे और अगर ऐसा है तो यह शोचनीय दशा होगी। हमारे व्यक्तित्व निरंतर उन्नत हो कर रूपांतरित हो रहे हैं, विकसित हो रहे हैं। यदि यह प्रश्न हो, क्या व्यक्ति मृत्यु के बाद बचता है? तो उत्तर है, एक व्यक्ति क्या है? वास्तव में हम जिसे ''मैं'' कहते हैं, वह तो हर दिन, सप्ताह और साल दर साल बदल रहा है। आप किस व्यक्ति की बात कर रहे हैं, वह नौजवान जो प्रेम, रोमांस और उमंग से भरपूर था या वह बच्चा जो मासूम था और सारी दुनिया को हैरानी से देखता था? शायद हमें उस व्यक्ति की प्रतीक्षा अभी करनी है, जो मरणासन्न है। आप किस व्यक्ति के रूप में जीवित रहना चाहेंगे?

शायद कोई नहीं। वेदांत हमें बताता है कि मृत्यु के बाद का जीवन हमारे लिए रचनात्मक छलांग का एक अवसर लाता है। हमारे चुनाव विस्तृत होते रहेंगे, हम एक नए यथार्थ का सामना करेंगे, जो स्वर्ग की पारंपरिक

अवधारणा से कहीं अधिक संपन्न होगा। स्वर्ग एक अंतिम बिंदु है, जहाँ सभी परिभाषाएँ और रूपांतरण समाप्त हो जाते हैं। आत्माएँ एक ऐसी धन्य अवस्था में होती हैं, जो वास्तव में अनंत जीवन जीने के समान लगता है। चेतना को स्थिर क्यों होना चाहिए? जब तक हम प्रत्युत्तर देते रहेंगे, मृत्यु के बाद का जीवन निरर्थक रहेगा।

सबसे बड़ा फ़र्क़ यही है कि मृत्यु के बाद वाले जीवन में, पाँचों इंद्रियों का हमारे ऊपर प्रभाव नहीं रहता। मन का फ़र्नीचर हटा दिया गया है, ऐसी ख़ाली जगह बन गई है, जो हमारे भीतर और बाहर दोनों जगह मौजूद है। यही वजह है कि जब जीसस कई बार आपके ''अंदर के स्वर्ग'' और ''पिता के साथ'' शब्दों का प्रयोग करते थे, तो यह कोई विरोधाभास नहीं था। जब आप किसी कमरे से सामान निकाल देते हैं तो वह जगह ख़ाली हो जाती है, परंतु वैदिक ऋषियों का कहना है कि मानसिक स्थान अलग होता है। यह संभावनाओं से भरा है। इस जगह कुछ भी जन्म ले सकता है। वे इसे गर्भवान स्थान *आकाश* का नाम देते हैं। अंग्रेज़ी में इसका निकटतम शब्द, ''ड्रीम स्पेस'' हो सकता है या इसे शुरुआत करने के लिए सही माना जा सकता है।

कोई सपना ख़ाली स्क्रीन की तरह होता है, जिस पर कुछ भी दिखाया जा सकता है : कोई भी घटना, स्थान या व्यक्ति। आकाश भी ऐसा ही है। जब वेदांत कहता है कि हर संसार मन का प्रक्षेपण है, तो यह आकाशीय सपने की बात कर रहा है। ''संसार सूर्य के प्रकाश की एक किरण में दिखते धूलि कण के समान आते और जाते हैं।'' यह जानी-मानी वैदिक उक्ति है। आकाश में हमें सभी वस्तुओं की नश्वरता और अज्ञात की विशालता का अनुभव होता है। आकाशीय सपना ब्रह्माण्डीय है, यह हमारे रात को देखे गए सपनों की तरह नहीं होता।

एनडीईज़ हमें बताते हैं कि ''पार उतरने'' की अवस्था के बाद मृत्यु के बाद जीवन का पूरा अनुभव मिलता है, जो तब भी निजी जान पड़ता है। मरणासन्न व्यक्ति अब भी उस कमरे को देख सकता है, जिसमें उसका शरीर पड़ा है और यादें व संबंध, उसे भौतिक अस्तित्व से बांधने की कोशिश करते हैं अभी उसे यह अहसास नहीं कि उसके पास रचनात्मक छलांग लगाने की संभावना है। जब तक आप अपने पुराने अस्तित्व की तरह ही सोचते रहेंगे, तब तक आप अज्ञात का अनुभव नहीं कर सकते। मैं आपको एक उदाहरण देता हूँ :

कुछ वर्ष पूर्व अपने व्याख्यानों के दौरान, मैं जेरल्ड से मिला, उस व्यक्ति ने बताया कि वह दक्षिण-पश्चिम के ओझाओं की आरोग्यकारी शक्तियों से आकर्षित हो गया था। मैंने उससे पूछा कि उसे किस तरह का आरोग्य चाहिए था।

''मैं आपको पहले ही कोई पृष्ठभूमि नहीं देना चाहता।'' जेरल्ड ने कहा। ''मैं न्यू मैक्सिको गया और खुद को सांता फ़े के बाहर एक दल में पाया। हम क़रीबन बीस लोग थे। मैं इससे पहले कभी किसी शामन या ओझा से नहीं मिला था। हमारे शामन का नाम होपी था पर वह कोई धार्मिक प्रतीक नहीं पहनता था। वह कंधे तक लंबे बालों वाला एक ख़ुशहाल वृद्ध था। जब हमने एक मोटल के मीटिंग रूम में क़दम रखा तो उसने हम सबका अभिवादन किया।''

''शामन ने हर किसी से कहा कि वह अपने लिए एक साथी चुन ले। हमें कहा गया कि कमरे में जिस भी व्यक्ति के साथ हम सहज महसूस करें, उसे अपना साथी चुन लें। मैंने साथ खड़े हमउम्र युवक को देखा, मैं उसके साथ उतना ही सहज था, जितना किसी दूसरे के साथ होता। आप स्वयं ही महसूस कर सकते हैं कि मैं कितना बुरा महसूस कर रहा था।''

जेरल्ड ने अब बताया कि वह प्रोस्टेट कैन्सर के कड़े इलाज से गुज़र रहा था, जिसमें सर्जरी और कीमोथेरेपी भी शामिल थी। वह पिछले दो साल से कैन्सर मुक्त हो चुका था पर मन में अब भी डर था कि डॉक्टर उसे पूरी तरह से रोगमुक्त नहीं कर सके थे। उसकी बेचैनी दिन-ब-दिन बढ़ रही थी, जबकि वह खुद को दिलासा भी देता रहता था कि उसे कोई बीमारी नहीं थी। आख़िर में, एक दोस्त की सलाह पर, जेरल्ड बेमन से एक शामन की मदद लेने के लिए मान गया।

''जब हमने अपने साथी चुन लिए तो हमने एक गोल घेरा बना लिया। शामन बीच में आकर मंत्र पढ़ने लगा। उसने हमसे कहा कि हम कुछ ना करें, बस देखते रहें। पंद्रह मिनट के बाद वह पहले जोड़े की ओर मुड़ा, एक स्त्री और पुरुष। शामन ने पुरुष की आँखों में देखा और कुछ बुदबुदाया। उस पुरुष की देह तत्काल कांपने लगी, फिर वह इस तरह गिर गया मानो कोई हल्का दौरा सा पड़ा हो।''

शामन ने आदेश देते हुए स्वर में कहा, *मुझसे बात करो।* उसकी आदमी की आँखें जैसे शून्य में खो गईं। वह सर्दियों में ठंडे फ़र्श पर पड़ा

ठंड लगने के बारे में बताने लगा। वह शराब पी कर बेहोश हो गया था और मरने वाला था।

''शामन ने सिर हिलाया। वह उस स्त्री की ओर मुड़ा, जो थोड़ी स्तब्ध लगी। उसने पूछा, 'क्या तुम शराब पीती हो, तभी तुम इस जगह आई हो?' उस महिला ने लाल पड़ते हुए सिर को हिलाया। 'तुम्हारे परिवार में कोई आत्मा है, जो शराब से मरी थी। हमें उसे मुक्त करना होगा।' उसने महिला के साथी को उठने में मदद की और कहा कि उसने बहुत अच्छा काम किया। और इस तरह एक-एक जोड़ा, एक बार में गोल घेरे के बीच आता रहा।

जेरल्ड ने देखा कि हर साथी को किसी बिछुड़ी आत्मा को बुलाने के लिए प्रयुक्त किया गया था। हर बार आत्मा किसी समस्या की बात करती जैसे अवसाद, कैन्सर या कोई और लत - वही समस्या, जोड़े के दूसरे साथी की समस्या से ठीक मेल खाती थी। मोटल में मौजूद लोगों में से, कोई भी उस शामन से पहले नहीं मिला था। जेरल्ड को हैरानी थी कि उसका साथी, जेरल्ड के दादा जी की आत्मा के रूप में आया, जो उसके बचपन में फेफड़ों के कैन्सर की वजह से मारे गए थे।''

''हर किसी ने अपनी आत्मा को नहीं पहचाना और वह हमेशा कोई निकट संबंधी नहीं होता था। मेरे मामले में, मैंने अपने दादा के बारे में सुन रखा था, जो एक गणमान्य नागरिक थे। उन्हें मुक्ति के लिए गिड़गिड़ाते देखना बहुत ही भयावह था।''

कमरे में मौजूद कुछ लोगों ने जब शामन के कहे अनुसार आत्मा की मुक्ति के लिए प्रयास किया तो उसके बाद उनका रोग ठीक हो गया। जेरल्ड वहीं दक्षिण-पश्चिम में रहा और वह कई तरह के अनुष्ठानों व प्रक्रियाओं का हिस्सा बना। उसने मंत्रजाप में भी हिस्सा लिया। शामन ने उसे कई सप्ताह के बाद बताया कि अब उसके दादाजी की आत्मा शांत थी।

''जब मैं घर वापस आया तो मैंने मेडिकल जाँच करवाई पर अब मैंने चिंता करना छोड़ दिया था। रात को डरावने सपने नहीं आते थे और पसीने-पसीने हो कर नहीं उठता था। वह सब समाप्त हो चुका था, जैसा कि शामन ने कहा था।''

मैं यह कहानी इसलिए सुना रहा था ताकि हम अपने नज़रिए को मुक्त कर सकें। ईसाई संस्कृति में जन्म लेने का मतलब यह नहीं होता कि

मरणासन्न व्यक्ति स्वयं को एक अलंकृत द्वार पर देखेगा जहाँ सेंट पीटर उसका स्वागत करने खड़े होंगे। एनडीईज़ के रोगी भी अक्सर ऐसा कोई विवरण नहीं देते। हो सकता है कि कोई स्वयं को नेटिव अमेरिकी लोगों की आत्मा के लोक में पाए। आत्मा ऐसे रास्तों पर चलती है, जिनका हम पहले से अनुमान नहीं लगा सकते।

जेरल्ड की कहानी में एक कौतूहल से भरा परिशिष्ट है। उस जगह से वापस आने के एक माह बाद वह अपनी पत्नी के साथ ऊपर मिडवेस्ट के इलाक़े में गया, उसका परिवार मूल रूप से वहीं का रहने वाला था। ''हम एक पुराने विक्टोरियन होटल में ठहरे जिसे नया रूप दिया गया था। हमारे कमरे में फूलों वाले वालपेपर लगे थे और फ़ोर पोस्टर बेड भी था। तभी मेरी नज़र दीवार पर टंगी अख़बार की क़तरन पर गई जिसे फ्रेम किया गया था। वह सदी के बदलने के समय की थी, जिसमें एक फ़ायर ब्रिगेड स्वयंसेवक को दिखाया गया था। उनके बीच में मेरे दादा एक युवा के रूप में मौजूद दिखाई दे रहे थे।''

''क्या वह देख कर तुम दहल गए थे?'' मैंने पूछा।

''नहीं, मेरे लिए यह एक संकेत था कि शामन ने सही कहा था। मुझे ख़ुशी थी कि मेरे दादा की आत्मा जहाँ भी थी, वह मुक्त हो चुकी थी।''

आकाश

जो भी भूत मुक्त होना चाहते हैं, उनकी कहानियों में, स्मृति ही उन्हें पीछे खींचती है। उन्हें यह याद रहता है कि उनका भौतिक जीवन कैसा था और उन अधूरी यादों की अपनी एक पकड़ होती है। ऐसी भटकती आत्माओं को अस्तित्व की अगली अवस्था तक जाने का अवसर नहीं मिलता। इसका क्या अर्थ है, विचित्र रूप से, जब मृत्यु के बाद का जीवन वास्तविक होता है तो भौतिक संसार स्वप्न हो जाता है। बस नज़रिए की बात है। जब आप भौतिक शरीर में हैं तो आपका नज़रिया ही उस भौतिकता को असली बनाता है। जब आप रात को सपना देखते हैं तो सपने की वह अवस्था ही असली होती है। जब आप ''पार उतर रहे होते हैं,'' तो जागना और नींद दोनों ही असली नहीं होते, और आकाश - चेतना का क्षेत्र - वह वास्तविक है। यथार्थ में यह बदलाव क्यों आता है? वेदांत कहता है

कि चेतना अपने ही सृजन से निश्चिंत होती है। इस तरह जाग्रतावस्था, सपने के दौरान या इन दोनों से परे, हम कुछ भी देख, सुन और छू नहीं सकते, जो कि अंतत: वास्तविक है। ये बदलते हुए बोधों का प्रतिनिधित्व करते हैं।

यदि आप पूरी तरह से मुक्त होना चाहते हैं तो आपको स्वप्न जैसी अवस्थाओं से उठना होगा और आप जो हैं, उसे पाने का दावा करना होगा : आप यथार्थ को रचने वाले हैं। यह नहीं कह सकते कि हर मरणासन्न अपने लिए इस तरह की परम स्वतंत्रता पा लेगा। हो सकता है कि उन्हें पल भर को झलक मिले; उन्हें किसी एक सपने के टूटने जैसा अहसास हो सकता है और ऐसा लग सकता है कि अब उन्हें अगले सपने के लिए लुभाया जाना बाक़ी है।

मैं एक महिला को जानता हूँ, जब वह छोटी थी तो एक दिन स्कूल से अपने घर वापस आई तो उसने अपने शिकागो वाले भाई को देखा, जो वहीं कोने में खड़ा उसका इंतज़ार कर रहा था। दोनों आठेक साल के रहे होंगे। कज़िन ने कुछ नहीं कहा और वह बच्ची माँ को उसके बारे में बताने के लिए भागी।

जब वह रसोई में गई तो माँ को रोते देखा। बच्ची के पूछने पर उसे बताया गया कि उनके परिवार में अचानक मौत हो गई थी। शिकागो वाला कज़िन उस दिन सुबह मारा गया था। क्या उस बच्ची ने कज़िन को एक विज़न, एक पूर्वाभास या फिर कल्पना के संयोग के तौर पर देखा? जब वह अपनी कहानी सुनाती है तो वह कहती है कि उसने अपने कज़िन को ''असल में'' देखा था। इस जगह ''असल में'' शब्द का इसके सिवा क्या अर्थ होगा कि सामने वाला पूरी तरह से आश्वस्त है? किसी बिछुड़ने वाले संबंधी से हुई भेंट को भ्रम माना जाएगा या गहरा आध्यात्मिक अनुभव; यह घटना पर नहीं, बल्कि इस बात पर निर्भर होगा कि उसे देख कौन रहा है।

मृत्यु के बाद व्यक्ति एक बहुत ही आश्वस्त करने वाले अस्तित्व –भौतिक अस्तित्व से जागता है और स्वंतत्रता की भावना का सामना करता है। आकाश कोई निश्चित नज़रिया नहीं; यह एक चौड़ा और उन्मुक्त क्षेत्र है, जो चाहता है कि खिलाड़ी इसमें खेलने के लिए प्रवेश करें। इसके खिलाड़ी कौन होंगे?

- वे वही खिलाड़ी हो सकते हैं, जिनके हम आदी हो चुके हैं।
- वे ऐसे खिलाड़ी हो सकते हैं, जिनकी हमने कल्पना की थी और हम देखने को उत्सुक हैं।
- वे दूसरे अलौकिक प्राणी हो सकते हैं।
- वे हमारे ही निःस्सरण हो सकते हैं।
- वे हमारे अमूर्त विचारों के मूर्तमान रूप हो सकते हैं।

विश्व की संस्कृतियों में ये सभी बदलाव दर्ज किए गए हैं। ईसाइयों का हैवन एक निश्चित आकाशीय खेल है, मुक्ति का ऐसा खेल, जिसमें दूसरे सांसारिक प्राणी भी शामिल हैं, इनमें अतीत के जाने-पहचाने लोगों के साथ वह अमूर्त रूप भी हो सकता है, जिसे हम गॉड कहते हैं। ये छवियाँ जिस हद तक मन में साकार रूप लेंगी, मृतक ईसाई उसी हद तक यह स्वीकार करेगा कि वह हैवन में आ गया है। वेदांत कहता है कि गहरा सत्य यही है कि मृतक एक रचनात्मक स्थान, आकाश में चला गया, जो वह सब देता है, जो भी माँगा जाता है।

परंतु एक व्यक्ति कैसे जानता है कि वह क्या चाहता है? यह उत्तर जटिल हो सकता है। आइए, धरती पर वापस आ कर यही प्रश्न फिर से करते हैं। आप कैसे जानते हैं कि आप इस समय क्या चाहते हैं? जब तक आपकी अगली इच्छा प्रकट नहीं होती, आप नहीं जान सकेंगे। यह निश्चित है कि आप कुछ चाहेंगे, क्योंकि मन इच्छाओं की निरंतर धारा है। हालाँकि, इससे मन पूर्वानुमेय नहीं होता। हो सकता है कि आप आदतों के गुलाम हों कि आपको नाश्ते में दो अंडों की भुर्जी ही चाहिए या मैं ऐसे चंचल प्राणियों में से हो सकता हूँ, जिन्हें हर रोज़ नए तरह का नाश्ता चाहिए। हम दोनों किसी अचानक आने वाले तनाव के साथ अपने इन ढांचों से बाहर आ सकते हैं, जैसे परिवार में किसी की मौत, नौकरी खोना, दिल की बीमारी का पता चलना। अचानक ही हमारी भूख मर सकती है, हमारा मन खाने के बजाए दुख मनाना चाहता है। पुराने ढांचों और नए हालात के बीच की रस्साकशी इच्छा को सही तरह से पहचानने नहीं देती।

इसी तरह, आकाश छलिया है, क्योंकि यह बहुत अधिक मुक्त है; यह सपने की तरह है, इसका अनुमान नहीं लगा सकते है और इसके साथ

ही यह आश्वस्ति भी देता है। हालाँकि इसे एक दिशा दे सकते हैं। यदि हम मृत्यु के बाद सामने आने वाली रचनात्मक छलांग का लाभ लेना चाहें तो हमें इसे दिशा देनी ही चाहिए।

क्षेत्र का मार्गदर्शन करना

हमारी संस्कृति ने हमें जो विश्वास करने के लिए कंडीशन किया है, हमारे पास उन संभावनाओं से भी पार जाने का विकल्प होता है। एक ही अनुभव सबके लिए उपयुक्त नहीं हो सकता। हमारी दृष्टि वही देखती रहती है, जो वह देखना चाहती है, चाहे हम आत्मा की दृष्टि से क्यों नहीं देख रहे हों, परंतु आकाशीय क्षेत्र यूं ही आ जाने वाली छवियों का घुमाव नहीं है। यह एक सपने से कहीं अधिक व्यवस्थित है; यह एक तरह का अदृश्य लैंडस्केप है। आकाश की संरचना का वर्णन भौतिक रूप से नहीं कर सकते, परंतु यदि हम अपने भीतर देखें तो हमारे मन का आकस्मिक प्रवाह भी एक तरह की अदृश्य संरचना का पालन करता है।

मान लेते हैं कि कोई आपके पास आ कर, आपको आपके नाम से संबोधित करता है। वह व्यक्ति मुस्करा रहा है, उसके चेहरे पर एक इंतज़ार दिख रहा है। आप किस तरह पेश आने वाले हैं? आपका दिमाग़ एक साथ बहुत सारे काम करेगा। यह उस चेहरे से मिलता-जुलता नाम खोजेगा। यदि कुछ भी तत्काल नहीं मिला, तो यह अपने बैकअप संसाधनों की मदद लेगा। यह उन सभी चेहरों से इस चेहरे का मिलान करेगा, जो इसके चेहरे से मिल सकें पर दिमाग़ में अच्छी तरह दर्ज नहीं हैं। यह कुछ नामों के नमूने निकालेगा, जो आपकी याददाश्त को जगा सकें। यह हाल ही की घटनाओं की छानबीन करेगा कि अजनबी ने उनमें कोई अहम भूमिका तो नहीं निभाई। अगर यह सब काम नहीं आया, तो यह सोचने लगेगा कि याददाशत की कमी को ढंकने के लिए क्या बहाना बनाना है।

हम सभी ऐसे हालात से दो-चार होते हैं। हम चेहरे और नामों का मिलान करने के इतने आदी हो गए हैं कि हमें यह सोच कर हैरानी भी नहीं होती कि ये अपने-आप में कितनी आश्चर्यजनक प्रक्रिया है। ना केवल मन ऐसी सूचना गूगल कर सकता है, जो अद्भुत रूप से गतिशील हो,

यह कई तरह के काम एक साथ करने के लिए अपने पास बैकअप योजना भी रखता है। यह एक अद्भुत रूप से जटिल, परंतु अदृश्य ढांचे की ओर संकेत करता है।

जीवन के बाद भी यही ढांचा बना रहता है। मृत्यु को निकट से देखने वाले अनुभवों में मरणासन्न व्यक्ति का सामना अचानक अज्ञात हालात से होता है, वह अपने भीतर पहचान का स्रोत खोजता है : मृतक संबंधी, पहचानने योग्य आवाज़ें, एक दिव्य प्रकाश, किसी पिता या माता समान ईश्वर की उपस्थिति। दूसरे शब्दों में, हम सबके भीतर एक नक़्शा होता है जिससे हम सलाह लेते हैं। यही हमें इस योग्य बनाता है कि हम किसी अज्ञात अनुभव को सार्थक अनुभव में बदल सकें। (जब मैं यह अध्याय लिख रहा था तो टी.वी. पर हैवन के बारे में एक प्रोग्राम आ रहा था और इंटरव्यू देने वाली एक महिला को पूरा यक़ीन था कि वह हैवन तक हो कर आ चुकी थी। इंटरव्यू लेने वाले ने उसे हैवन के बारे में विस्तार से बताने को कहा। उसने अपने मृत्यु को निकट से देखने वाले अनुभव के बारे में बताते हुए कहा कि जब वह बच्चे को जन्म दे रही थी तो वह कुछ समय के लिए कोमा में चली गई थी। वह सब याद करते हुए उसके चेहरे पर उत्साह खेल गया। उसने बताया कि आकाश की ओर ऐसी सीढ़ियाँ जा रही थीं, जिनका कोई छोर नहीं था और उसके आसपास बहुत सारे प्रसन्नचित्त जानवर घूम रहे थे। उसने कहा कि नीले आकाश का ऐसा रंग था, जो पूरी धरती पर नहीं मिल सकता था। मेरे अनुसार, उसने अपने अनुभव को बताने के लिए किसी बच्चे के बचपन की स्क्रैपबुक की ड्राइंग को माध्यम बनाया।)

मनोविज्ञानियों ने ऐसे प्रयोग किए हैं, जो दिखाते हैं कि हम किस तरह स्वचालित रूप से अर्थ रचते हैं। एक प्रयोग में, कुछ लोगों को एक कमरे में टेप रिकॉर्डर के आगे बिठाया गया। उनसे कहा गया कि वे दो लोगों की बातचीत की टेप सुनें और उसमें से समझ आने वाली बातें नोट करें। उन्हें यह भी बताया गया कि टेप से आने वाली आवाज़ बहुत धीमी होगी। असल में यह जाँच की जा रही थी कि दिमाग़ बहुत धीमे बोले गए शब्दों को कितनी अच्छी तरह दर्ज कर सकता है।

यह टेप चालू किया गया, मुश्किल से ही कुछ सुनाई दे रहा था। वे लोग आगे की ओर झुक कर नोट्स लेने लगे। बस उन्हें यह नहीं बताया

गया था कि टेप की आवाज़ कोई सार्थक बात नहीं, बल्कि अनाप-शनाप बोले जा रहे शब्द थे। मशीन से अचानक ही शब्द निकल रहे थे। फिर भी वे लोग अपनी समझ के हिसाब से नोट्स बनाते रहे थे, क्योंकि सार्थक शब्द सुनने की प्रत्याशा ही उन्हें अर्थ के *निर्माण* की ओर ले गई।

मृत्यु के बाद आने वाले जीवन में रचनात्मक संभावनाओं का असीम विस्तार होता है। मन केवल यही एक प्रश्न नहीं करता - *टेप में क्या कहा जा रहा है?* - मन के पास पूछने के लिए अनेक प्रश्न होते हैं : *मैं कहाँ हूँ? मेरे साथ क्या हो रहा है? मैं क्या बन गया हूँ? इसके बाद क्या होगा?*

मृत्यु के बाद आने वाले जीवन में मस्तिष्क बहुआयामी हो जाता है। आकाश हमें आकाश की सीमाओं से पार ले जाता है। असल में तो हम हमेशा ही बहुआयामी होते हैं, परंतु भौतिक संसार में रहते हुए, इसकी ही सीमाओं में बंध कर रह जाते हैं। अब हमें आकाश के अनुसार समायोजन करना होगा, उस संरचना के साथ कड़े नियम नहीं हैं, रचनात्मक संभावना किसी भी सांस्कृतिक हठधर्मिता से परे है।

7

अदृश्य सूत्र

सच कहा जाए तो रमण ने सावित्री को जो बताया था, वह अपने-आप में कोई आश्चर्य नहीं था। वह आत्मा पर विश्वास रखते हुए ही बड़ी हुई। उसने सुन रखा था कि किस तरह हमारे ''भीतर बसने वाला'' स्व कभी नहीं मरता, भगवान कृष्ण के शब्दों में वह अमर होता है। परंतु ये पाठ तो बेहद सुदूर जान पड़ रहे थे।

''मैं कैसे जान सकती हूँ कि मेरे पास एक आत्मा है?'' उसने पूछा।

''तुम इसे छू कर या देख कर नहीं जान सकतीं।'' रमण बोले। ''हो सकता है कि तुम्हारी आत्मा हौले स्वर में तुमसे कुछ कहती हो पर फिर भी तुम अपनी ही आवाज़ की गूंज ही सुन सकती हो।''

''तो यह आत्मा एक कहानी भी हो सकती है?'' सावित्री का हृदय डूब रहा था।

''आत्मा अदृश्य है इसका अर्थ यह नहीं कि वह एक कहानी है।'' रमण ने कहा।

''देखो।''

एक रोशनी की किरण के पीछे, दो झाड़ियों के बीच बना जाला दिखाई दे रहा था। यह हल्की सी हवा में लहराते हुए झूमने लगता।

''एक मकड़े ने यह जाल बनाया। तुम उसका काम देख सकती हो पर मकड़े को नहीं देख सकती। उसके जाल का एक छोटा सा सिरा होता है, जब भी कोई जाल में प्रवेश करता है तो उसे उसी सिरे से पता चल जाता

है। आत्मा कहाँ गई? जब तक संपर्क बना हुआ है, तब तक इस बात से कोई अंतर नहीं पड़ता।''

सावित्री जैसे हठ पर उतर आई। ''पर हो सकता है कि मैं कल्पना ही कर रही थी कि मेरे पास एक आत्मा है।''

''ओह, पर यही तो कमाल है।''

रमण का चेहरा एक प्रेरणा से दमकने लगा। ''प्रकृति ने मकड़ों की कल्पना की। बड़े और छोटे मकड़े, मुलायम और बालों वाले मकड़े, हवा, पानी और धरती में रहने वाले रंगीन और काले-सफ़ेद मकड़े। मकड़ी के उन बच्चों के बारे में सोचो जो उन जालों के धागों पर घूमते हैं या फिर पानी में रहने वाले विशाल मकड़े जो किसी तालाब में छलांग लगा कर अपने खाने के लिए मछली पकड़ते हैं। हम मूर्ख हैं, जो मानते हैं कि मकड़ा एक वस्तु है। यह तो गुणों का बदलता हुआ भंवर है, जो हमें बदलते हुए आकर्षित करता रहता है। आत्मा भी ठीक वही है। हालाँकि तुम जिस रूप में इसकी कल्पना करोगी, यह वैसा ही गुण ले लेगी और फिर भी असीम संभावना शेष रहेगी। जब तुम पूछती हो, मेरी आत्मा कहाँ है? तो इसका उत्तर कोई स्थान नहीं, बल्कि संभावना है। आत्मा वहीं है, जहाँ हमेशा थी और वहीं रहेगी।''

रमण की आँखें अब भी सूरज की रोशनी में दमकते जाले पर थीं और सावित्री भी उस आकर्षण से अछूती नहीं रही। वह निश्चित तौर पर नहीं जान सकी कि उस जाले को बनाने वाला मकड़ा सफ़ेद, पीला, लाल, छोटा या बड़ा, नर या मादा; इनमें से क्या था, पर फिर भी उसे यह बात अच्छी तरह पता थी कि वह असली था। उसे कुछ नहीं पता था कि उसकी आत्मा कैसी दिखती थी या फिर मौत की सीमा के पार क्या था। बस उसके पास एक अदृश्य सूत्र था। ''क्या वही पर्याप्त होगा?''

''हाँ।'' रमण ने कहा। ''तुमने आज अच्छी तरह सुना है। तुम सीख रही हो।''

सावित्री थोड़ा संदेह से मुस्कराई। अचानक ही वह थकान महसूस करने लगी। वह वहीं काई से भरे किनारे पर लेटी और आँखें बंद कर लीं। उसका मन धीरे-धीरे शांत होने लगा, फिर उसे यह भी भूल गया कि वह कौन थी और कैसे संकटों का सामना कर रही थी। नींद लाने के लिए इतना ही काफ़ी था।

संसारों का जाल

आकाशीय क्षेत्र की हर संस्कृति ने अपनी तरह से व्याख्या की ताकि उसे अपने लिए अर्थवान बना सके। यह क्षेत्र अपने-आप में ही पूरी संभावना है। परंतु अतीत के महान आध्यात्मिक मार्गदशक अपने समर्थकों को दिलासा देना चाहते थे अंतरिक्ष शून्य नहीं था। हम इसे इसलिए जानते हैं, क्योंकि हमारा आँतरिक मौन भी एक शून्य नहीं है। विचारों और छवियों से परे जाने के लिए मरने की आवश्यकता नहीं है। जब कोई गहराई से ध्यान करता है तो विचार ओझल होते हैं और मौन का अनुभव शेष रह जाता है। कोई कह सकता है कि मौन कुछ नहीं, ख़ालीपन है, परंतु वैदिक ऋषियों ने हमें बताया है कि यह वास्तव में बहुत ही संपन्न मौन होता है।

आत्मा जिस उच्चतम अवस्था को प्राप्त कर सकती है, हम उसकी उसी यात्रा का अनुसरण कर रहे हैं, जो स्वयं आकाश है, रचनात्मकता का स्रोत। विभिन्न आध्यात्मिक परंपराएँ इस अंतिम बिंदु को अलग-अलग तरह से देखती हैं। इस जगह सात संस्करण दिए गए हैं, जो इस विचार को आकार देते आए हैं कि लोग अपनी आध्यात्मिक यात्रा को कैसे अनुभव करते हैं :

स्वर्ग
देवत्व
आत्मा का जगत
अनुभवातीत
देहाँतरण
जागरण
विलयन

ये आत्मा के लिए सात अवस्थाएँ हैं और हर संभावना स्व-रचित है। धरती पर शुरू हुआ स्वप्न तब तक जारी रहता है, जब तक यह अपने निष्कर्ष तक नहीं आ जाता। इसकी सामग्री मन के अदृश्य ढांचे से ली जाती है, जो इस प्रकार आपस में मिलता है, जिससे आकाशीय क्षेत्र का अर्थ स्पष्ट हो जाता है।

आत्मा के लिए सात ठिकाने

1. स्वर्ग : आपकी आत्मा स्वयं को ईश्वर की ओर से रचे गए संपूर्ण संसार के बीच पाती है। आप पुरस्कार के तौर पर स्वर्ग जाते हैं और कभी नहीं आते। अगर आप बुरे हों तो आप शैतान के घर जाते हैं और फिर वापस नहीं आते।

2. देवत्व : आपकी आत्मा ईश्वर के पास जाती है, परंतु यह किसी स्थान विशेष पर नहीं जाती। आप पाते हैं कि ईश्वर का स्थान, असीम अवस्था में है, जो उनकी उपस्थिति से व्याप्त है।

3. आत्मा का संसार : आपकी आत्मा दिवंगत आत्माओं के लोक में विश्राम करती है। यह आपके पूर्वजों और आपसे पहले मर चुके लोगों से भेंट करती है, जो उस महान आत्मा के साथ आए हैं।

4. अनुभवातीत : आपकी आत्मा ओझल होती है, जिसमें यह व्यक्ति धीरे-धीरे या एकदम मिट जाता है। विशुद्ध आत्मा चेतना के उस सागर में लीन हो जाती है, जिससे इसका जन्म हुआ था।

5. देहाँतरण : आपकी आत्मा पुनर्जन्म के चक्र में उलझ जाती है। यह आपके कर्मों पर निर्भर करता है, आपकी आत्मा निम्नतम से उच्चतम जीवनरूपों में जाती है और कई बार वस्तुओं के रूप में भी पुनर्जन्म हो सकता है। यह चक्र तब तक लगातार जारी रहता है, जब तक आपकी आत्मा उच्चतम बोध तक नहीं चली जाती।

6. जागरण : आपकी आत्मा प्रकाश में पहुँचती है। यह पहली बार संपूर्ण स्पष्टता को देखती है, अस्तित्व के उस सच का अहसास करती है, जो अब तक भौतिक शरीर में छिपा था।

7. विलयन : अमरत्व शून्य है। जब आपके शरीर के रसायनिक तत्त्व आधारभूत अणु और परमाणु में बदल जाते हैं, तो मस्तिष्क की ओर से रची गई चेतना पूरी तरह से विलुप्त हो जाती है। आपका अस्तित्व नहीं रहता।

इस जगह आपको सांस्कृतिक रूप से अतिव्यापन मिलेगा, क्योंकि एक परंपरा, दूसरी परंपरा को पोषित करती है। जन्नत के बाग के रूप में अमरत्व का मुस्लिम संस्करण, हूरों के यौन आकर्षण और दुर्लभ फलों के साथ पूरा होता है, जो अपने इस अंश के लिए अदन के बगीचे की अवधारणा का ऋणी है। आत्माओं का संसार, दुनिया भर में साझा है।

प्राचीन ग्रीक हेड्स में स्टिक्स नदी के पार दिवंगतों के साए से मिलने की अपेक्षा रखते थे, परंतु समय और ईसाई प्रभाव के कारण हेड्स एक दंडित करने वाले नरक में बदल गया, जिस पर शैतान का राज है और धन्य आत्माओं का ग्रीक स्थान एलसियन फ़ील्ड, हैवन या स्वर्ग बना।

जापान और चीन के पूर्वजों की पूजा में अदृश्य आत्मा लोकों का वर्णन आता है। प्रागैतिहासिक युग में आदिवासी दक्षिण एशिया से ऑस्ट्रेलिया और दक्षिणी पैसीफ़िक के द्वीपों तक फैल गए। वे अपनी आत्माओं के लोक अपने साथ ले कर गए। उनके साथ ही एक तरह का ''स्वप्न काल'' भी आया, जो साधारण समय को प्रभावित करता था। जिसमें भौतिक घटनाओं को आध्यात्मिक घटनाओं पर निर्भर देखा जा सकता है। परंतु आत्माओं का लोक भारत में नहीं, जहाँ प्रमुख मान्यता तीन अन्य लोकों के आसपास बसी है : अनुभवातीत (चेतना के सागर में विलयन), जागरण (यह पता करना कि व्यक्ति सच्ची प्रकृति उसकी आत्मा है), और देहाँतरण (पुनर्जन्म का संपूर्ण चक्र)।

हालाँकि किसी निश्चित संस्कृति में जन्म लेने से हमेशा यह तय नहीं होता कि आपकी आत्मा ''पार उतरने'' के बाद स्वयं को कहाँ पाएगी। यह पता चला है कि यह आँतरिक जीवन भी बहुत निजी है।

विस्तृत जागरूकता

आमतौर पर यही माना जाता है कि कोई नहीं जानता कि जब हम मर जाते हैं तो क्या होता है। परंतु ऋषि प्रश्न करते हैं कि हम जानने की अपेक्षा क्यों नहीं करते? शायद हमने मृत्यु के बाद के जीवन को अज्ञात मानते हुए बहुत ध्यान से नहीं देखा। यदि ऐसा है, तो क्यों?

एक बात तो स्पष्ट है, मन दोहराव का आदी होता है। हम उन्हीं इच्छाओं को बनाए रखना चाहते हैं, जो कल भी थीं। कुछ अध्ययनों के अनुसार, हमारे नब्बे प्रतिशत विचार आज भी वही होंगे, जो कल थे। आदतों का हमारे कामों पर गहरा असर होता है; पसंद और नापसंद ही हमारी रुचि को संचालित करते हैं। अगर आपको आज निर्धन होने से डर लगता है तो शायद यही डर आपके मन में बचपन से रहा होगा। अगर आप पाँच पाउंड वज़न कम करने के बारे में सोचते हैं तो शायद अपनी ये

छवि बहुत पहले ही बचपन में बना ली होगी। मनोवैज्ञानिकों का कहना है कि सकारात्मक रूप से आनंद पाने और पीड़ा से बचने की इच्छा ही हमें प्रतिदिन प्रेरित करते हुए, अच्छा असर डालती है। हम जो जानते हैं, उससे हम और अधिक आश्वस्त होते हैं। वास्तव में, वैदिक ऋषियों ने घोषणा की कि आदतें ही किसी व्यक्ति को वास्तविक बनाती हैं (व्यावसायिक जगत में, जब अचानक किसी की नौकरी नहीं रहती तो यह हानि मनोवैज्ञानिक रूप से हानिकारक होगी, कहना ना होगा कि अचानक काम से निकाले जाने पर एक व्यक्ति के लिए दिल के दौरे, कैन्सर और पक्षाघात का जोखिम बढ़ जाता है।)

इसके साथ ही यह हमें पुनः आश्वस्त करता है कि दोहराव का असर अच्छा नहीं होता। यह आपको कुछ भी नया नहीं करने देता? यह यथार्थ को पुराने खोल में छिपाए रखता है। हम सभी एक दीवार के पीछे जीते हैं, जिसके दूसरी ओर अज्ञात की अनंत संभावना छिपी है। दीवार में छोटे प्रवेश द्वार तो हैं, परंतु हम ही इनकी पहरेदारी करते हैं, एक अनुभव को अंदर जाने की अनुमति मिलती है पर दूसरे अनुभव को बाहर निकाल देते हैं, एक अनुभव को अच्छा और दूसरे अनुभव को बुरे का नाम देते हैं। जब तक हम अपने यथार्थ को इस रूप में लेते रहते हैं, तब तक स्वतंत्रता एक सुदूर संभावना ही बनी रहती है।

इस मामले में मृत्यु एक महान उपहार है, क्योंकि यह सारे द्वार और खिड़कियाँ खोलती है। मृत्यु हमें दीवार से परे जाने को विवश करती है। हमने जिन परिचित चीज़ों को जमा करके यथार्थ का नाम दे रखा है, हमें उनसे परे जाने की कोशिश शुरू करनी चाहिए। हालाँकि ऋषियों का कहना है कि हम इस आकाशीय क्षेत्र में ख़ाली हाथ प्रवेश नहीं करते। हमारा सपना चाहे जो भी हो, *सपना जारी रहता है।* चेतना, पुरानी यादों, आदतों, प्राथमिकताओं और संबंधों से हज़ारों सूत्रों से बंधी है।

जब भी कोई इस बारे में ज़ोर देता है कि हमारे मरने के बाद क्या होता है, तो मेरा प्रत्युत्तर प्रश्न के रूप में वापस आता है : "तुम कौन हो?" आप कल किस जगह होंगे, यह जानने के लिए आपको पता होना चाहिए कि आप आज किस जगह हो और मृत्यु के बाद का जीवन अपने-आप में एक ख़ास तरह का आने वाला कल ही तो है।

कुछ चीज़ों के बारे में आपका जानना ज़रूरी है "मैं कौन हूँ?"

1. आपकी कहानी क्या है? आपकी कहानी, आपके जीवन की घटनाओं से कहीं ज़्यादा है? यह आपकी आत्म-छवि के बारे में है, आप स्वयं को कैसे देखते हैं, कौन सी बातें आपके मन को आकार देती हैं, कौन सी यादें आपके मन में बसी हैं। इन सबको मिला कर, आपकी कहानी आपको बताती है कि आप जीवन के चक्र में किस जगह हैं।

2. आपकी अपेक्षाएँ क्या हैं? अपेक्षाएँ बीज हैं। अगर इन्हें एक बार उगा दिय जाए, तो ये उन चीज़ों के रूप में प्रकट होती हैं, जिन्हें हम जीवन से प्राप्त करते हैं या खो देते हैं। जब आप अपनी ही अपेक्षाओं को जान लेते हैं, तो उन अनकही सीमाओं को भी खोज लेते हैं, जो आपने अपने पर लगा रखी हैं। जो लोग महान वस्तुओं की अपेक्षा रखते हैं और जो लोग महान वस्तुओं की अपेक्षा नहीं रखते, उनके बीच भारी अंतर होता है।

3. आपका उद्देश्य क्या है? आप इसी अर्थ को खोजने की कोशिश कर रहे हैं। उद्देश्य उन बाहरी चीज़ों से कहीं गहरा होता है, जिन्हें हम पाना चाहते हैं, जो अधिकतर पैसा, संपत्ति, स्तर और सुविधा पर निर्भर होता है। अगर आप अपना उद्देश्य जानते हैं? तो आप उस गहन परियोजना को जानते हैं, जिसके लिए आपका जीवन केंद्रित है।

4. आपका गंतव्य क्या है? यह संपूर्णता के बारे में है। मनुष्य के लक्ष्य अंतहीन हैं। वे किसी सड़क की तरह प्रकट नहीं होंगे, वे उस नदी की तरह हैं, जो आगे जा कर सागर में मिलेगी, अनंत संभावनाओं में विलीन होगी। अगर आपको अपना गंतव्य पता है, तो आप अपनी उच्चतम संतुष्टि की कल्पना कर सकते हैं।

5. आपका मार्ग क्या है? आपके उद्देश्य और गंतव्य को जानते हुए, उस जगह तक जाने का रास्ता अवश्य होगा। ''मार्ग'' शब्द को आध्यात्मिक अर्थ में लिया गया है, परंतु वास्तव में सभी, कोई आध्यात्मिक हो या नहीं हो, वे जिस जगह जाना चाहते हैं, उस जगह जाने के लिए निश्चित नियमों का प्रयोग करते हैं।

6. आपके शत्रु कौन हैं? आगे बढ़ते हुए बाधाओं का सामना तो करना ही पड़ता है। आपको अपने मार्ग पर बाधाओं का सामना करना होगा। कभी-कभी शत्रु बाहरी होता है, परंतु अगर आप अपनी गहराई से जाँच करें, तो आपको पता चलेगा कि शत्रु भीतर भी है।

7. आपके मित्र कौन हैं? हम अपनी यात्रा पर दूसरों को भी साथ ले कर चलते हैं। जिस तरह आपके शत्रुओं ने किया था। हो सकता है कि ये मित्र आपको बाहरी जान पड़ें, परंतु वे आपकी भीतरी ताक़त की झलक भर हैं, जिस तरह विरोधी आपकी आँतरिक दुर्बलता की झलक देते हैं।

इन प्रश्नों में कहीं भी मृत्यु के बाद के जीवन की बात नहीं की गई। वे स्वर्ग-नरक और आत्मा के बारे में आपकी मान्यताओं को नहीं छूते। ऐसा इसलिए है कि हम इस समय जो जानते हैं, वह तत्काल और निजी है : हम कैसा महसूस करते हैं, हम क्या चाहते हैं, किसे प्रेम करते हैं। और यही बहुत है। हमारे लिए हुए निर्णय ही तय करेंगे कि जीवन आगे कैसे होगा। हम जीवन में केवल अच्छे और बुरे चुनाव करके ही आगे नहीं जाते। हम जो हैं, उसके साथ ही जीवन में आगे जाते हैं। चुनाव ही वह हाथ है जो इंसान की कच्ची मिट्टी को गढ़ता है।

हम थोड़ा विचार करके इन प्रश्नों के उत्तर दे सकते हैं कि हम कौन हैं और हमारे जीवन का मक़सद क्या है। बस हमें इतना करना है कि अगर हम आकाश में भी अपना चुनाव करना चाहें, तो हमें इन प्रश्नों को भौतिक मृत्यु के भी पार ले जाना होगा।

आप मरने के बाद अपनी कहानी किस रूप में चाहते हैं?
आप इसके आगे क्या होने की अपेक्षा रखते हैं?
मृत्यु के बाद जीवन निजी तौर पर आपके लिए क्या मायने रखता है?
आपकी अंतिम श्वास आपको किस ओर ले जाएगी?
आप उस जगह कैसे पहुँचेंगे?
आपका मार्ग कौन रोकेगा?
आपको आगे जाने में कौन मदद करेगा?

यह ध्यान दें कि अगर आपने इन प्रश्नों को पहले प्रतिदिन के जीवन में नहीं देखा होता तो ये कितने विचित्र लगते। हम अस्तित्व के दो स्तरों के बीच उलझे हैं। मैं आपको एक उदाहरण देना चाहूँगा :

हाल ही में, मेरी भेंट लिडिया नामक वृद्धा से हुई, जो पिछले तीस वर्षों से ज़ेन *रोशी* या मास्टर की अनुयायी थी। ये रोशी कोई जापानी

नहीं, बल्कि एक इतालवी थे, और यह एक महिला थी। लिडिया ने इन असाधारण लगने वाले तथ्यों की चर्चा की, उसने कभी नहीं बताया कि उसने उन्हें अपना गुरु कैसे चुना। ''हम सदा बहुत निकट रहे। यह ऐसा कुछ नहीं है, जिसे बौद्धिक तौर पर समझाया जा सके। यह आपके भीतर से आना चाहिए।'' लिडिया ने हौले से अपने हृदय को छुआ।

''मैंने अपनी गुरु के साथ रोम में समय बिताया और कई वर्षों के अभ्यास के बाद, मेरा अभ्यास ही मेरे लिए सब कुछ हो गया। मैं हर सर्दियों में उनके पास रहने के लिए रोम जाती, फिर हम उनके एक छोटे से दल के साथ ज़ेन का अभ्यास करते।''

''आपको अपना मार्ग मिल गया?'' मैंने पूछा।

वे कुछ संदेह में दिखीं। ''क्या मुझे मार्ग मिला है? आख़िरी बार, जाने के लिए सामान बांध रही थी तो मन में आया था कि *मैं ऐसा क्यों कर रही हूँ? इसे करने का क्या तुक बनता है?* पहले तो अपना प्रश्न संदेहास्पद लगा पर फिर मैं रात को डर के मारे उठने लगी, मेरा दिमाग़ तेज़ी से चक्कर काट रहा था।''

मैंने उससे पूछा कि उनके मन में कैसे भयावह विचार आ रहे थे?

''हमेशा वही चीज़। मैं कल्पना करती कि मैं उस जगह खो चुकी थी और मैं जो कर रही थी, उसके लिए मन में कोई आत्मविश्वास नहीं रहा था। पर मुझे पता था कि अपने ज़ेन गुरु के पास जाते ही सब कुछ एक ही बार में सही हो जाएगा, इसलिए मैं दोबारा सोने चली जाती।''

लिडिया बरसों के ध्यान और दूसरे आध्यात्मिक अभ्यासों के बाद अपने-आप को अच्छी तरह जानती थी पर रात को डर कर उठने वाले प्रसंग बढ़ते ही जा रहे थे। उसने मुझसे पूछा कि ये किस बारे में हो सकते थे।

''कई तरह की बातें संभव हो सकती हैं। मैंने कहा। हो सकता है कि तुम आदतन ही रोम आ-जा रही हो और तुम्हारी उस जगह के लिए असली वचनबद्धता समाप्त हो चुकी हो। हो सकता है कि तुम प्रतिरोध के उस हठी स्तर पर आ गई हो, जो तुम्हें सब छोड़ने नहीं दे रहा।''

लिडिया ने उत्सकुता से सिर हिलाया, ''यही सब हो रहा है। कई बार तो अपनी हठी आदतों और परख़ से इतनी नफ़रत होने लगती है कि लगता है कि मैं कहीं नहीं पहुँची। क्या ऐसा हो सकता है?''

''बेशक़, तुम कहीं तो पहुँची हो।'' मैंने उसे दिलासा दिया। (असल में, लिडिया की मौजूदगी अपने-आप में काफ़ी गहरी थी। जब वह कमरे में कदम रखती थी तो उसे महसूस किया जा सकता था।) ''पर हम आध्यात्मिक रूप से जो हासिल करते हैं, वह कहीं पीछे छिप गया है और हमें जिन चीज़ों पर काम करना है, वे हमें विशाल रूप से दिख रही हैं, जैसे मेज़पोश पर पड़ा एक धब्बा सबका ध्यान अपनी ओर खींचता है, जबकि बाकी सारा मेज़पोश पूरी तरह से साफ़ है।''

लिडिया को मिसाल तो पसंद आई पर वह संदेह में थी। ''हो सकता है कि मेरे भीतर कोई परख करने वाला और परेशान होना चाहता है या फिर यह जो भी नकारात्मकता है, मैं उससे पार नहीं हो पा रही। अगर ऐसा है तो क्या करना होगा?''

मैंने उसके लिए कई तरह के नज़रिए पेश किए। आमतौर पर उन्हें अस्तित्व संबंधी उदासी के लिए लागू किया जाता है।

''तुम गहन रूप से आध्यात्मिक हो इसलिए यह हो सकता है कि तुम अपने गहनतम विषयों को छिपाने के बजाए सतह पर लाने की कोशिश कर रही हो।''

''आध्यात्मिक होने का अर्थ यह नहीं कि आप हमेशा आरामदेह महसूस करेंगे।''

''हो सकता है कि आप अंतरण की प्रक्रिया में हैं और आपके मन में यात्रा के अगले चरण को आरंभ करने की व्याकुलता बनी हुई है।''

''मुझे अहसास नहीं था कि मेरे पास इतने चुनाव थे। मुझे लगा कि मैं तो ...'' लिडिया का स्वर कांप गया।

''असफल हो रही थी।'' मैंने कहा। ''बिलकुल नहीं। अधिकतर लोग एक ही चीज़ पर बहुत सा समय और प्रयत्न लगाते हैं; और अपने बारे में पीड़ादायक सत्य को अनदेखा कर देते हैं। तुम इसके ठीक उलट कर रही हो।''

उसने बेहतर महसूस किया और उसे इस पर विचार करना था। अधिकतर लोग आध्यात्मिक बने रहने की वचनबद्धता से बचने लगते हैं, क्योंकि उन्हें पता चल जाता है कि इससे एक तरह की उत्तेजना की अवस्था आ जाती है। जो भी गंभीर और कठिन है, उसे अक्सर उनके मरने के दिन तक टाला जाता है। परंतु ऋषियों ने सिखाया कि अगर स्वयं

को मृत्यु के बाद के जीवन के लिए तैयार करना है तो आत्म-अन्वेषण करना सबसे ज़्यादा महत्त्व रखता है। हम अपने-आप से बचने के लिए जो भी चालें चलते हैं, हमें उन्हें समाप्त कर देना चाहिए। जिसने लिडिया को असाधारण सी स्थिति में डाल दिया था। असल में वह अपने ही आँतरिक मौन के रूप में आकाशीय क्षेत्र का अनुभव कर रही है। बौद्ध धर्म कई बार अपने अभ्यासों को सजग मरण भी कहता है। एक व्यक्ति पुरानी यादों, कंडीशनिंग, आदतों और आत्म-अस्वीकृति के लिए मिटने लगता है, ये वही चीज़ें हैं, जिन्हें मन इसलिए इस्तेमाल करता है ताकि स्वयं को देख नहीं सके।

आकाशीय क्षेत्र का अनुभव पाने के लिए जागरण की विस्तृत अवस्था चाहिए। संकुचित जागरण हमें दैनिक कार्यों में उलझाए रखता है। मैंने लिडिया से कहा कि उसके मूड का उतार-चढ़ाव और निर्णय न ले पाने का अभाव इसी बात के लक्षण थे कि वह विस्तृत और संकुचित जागरण के बीच झूल रही थी। जब उसका मन आकाशीय क्षेत्र में नहीं होता था, तो वह अपने अहं के व्यक्तित्व में केंद्रित होती। हर दिन की इच्छाएँ और आवेग नियंत्रित होते। परंतु कई बार उसका मन इसकी सीमाओं से बाहर निकल जाता। स्वयं को उस विस्तृत जागरूकता के बीच देख, वह अपने अहं को त्याग देती-जितना कि कोई त्याग सकता है।

''तुमने यह क़ीमत अदा की है।'' मैंने कहा। ''जो भी तुम्हारी तरह समर्पण भाव के साथ मार्ग पर चलता है, वह स्वयं को अस्थिर और डांवाडोल पाता है।''

लिडिया सौभाग्यशाली थी कि उसे विस्तृत और संकुचित जागरण के बीच झूलने का अवसर मिला। कई लोग इस विस्तार के लिए नकारात्मक शब्द चुन लेते हैं। वे कहते हैं, ''मेरे भीतर सब ख़ाली हो गया है,'' ''मैंने अपनी छवि खो दी है,'' ''मैं नहीं जानता कि मैं कौन हूँ।'' कई बार ये पहचान लागू हो सकती है, परतु अनुभवातीत होने के क्षणों को उपेक्षित कर दिया जाता है। हमारी बातचीत के अंत में, लिडिया ने पुष्टि की कि उसने वर्षों के सुदीर्घ अभ्यास से सीखा था : हम जो भी तमाशे जीते हैं, वे अनपेक्षित रूप से बदलते हैं और जब हम नए चुनाव करते हैं, तो आत्मा का जीवन नया आकार लेता है। आत्मा का जीवन होना अपने-आप में महत्त्वपूर्ण है और इसे केवल विस्तार के बल पर ही पा सकते हैं।

चुनावों की विविधता

आकाश आत्मा का घर है और इसीलिए इसे किसी भी तरह से सीमित नहीं कर सकते। विचित्र रूप से, रहस्य यही है कि हम अपने ही मन की असीम संभावना को कैसे बाधित करते हैं। परंतु हम करते हैं। हम जो चुनाव करते हैं, वे ऐसे अदृश्य अवरोधक बना देती हैं जिन्हें केवल हम ही गिरा सकते हैं। मार्ग में निरंतर ऐसे कांटे होंगे जो, हमारे चुने गए मार्ग के आधार पर हमारे मन को एक अदृश्य ढांचा देंगे। ऐसे चुनावों के लिए प्रमुख शब्द होंगे :

विस्तार	**संकुचन**
अभिव्यक्ति	दमन
आत्म-ज्ञान	अस्वीकृति
अनिश्चितता के साथ सहज	निजी अंतर्दृष्टि
सुरक्षा की चाहना	राय लेना
आध्यात्मिक तौर पर केंद्रित	भौतिकवादी
आत्म-स्वीकृति अपराधबोध,	आत्म-अस्वीकृति
वैयक्तिकता	पुष्टि
परोपकारी, नि:स्वार्थ	अहं-केंद्रित

ये विशेषताएँ विभिन्न तरह के लोगों को नहीं, बल्कि आपके मन की विशेषताओं की ओर संकेत करती हैं जो कई कारकों के आधार पर विस्तार और संकुचन करता है। मन कोई ऐसी वस्तु नहीं, जो एक ही दिशा में जा रही हो। जब युवावस्था में और अधिक अभिव्यक्ति की प्रवृत्ति अपना सकते हैं और वृद्धावस्था में यह स्वयं को दबा कर रखने की प्रवृत्ति हो सकती है परंतु हमारे पास ऐसी निजी अंतर्दृष्टि भी आ सकती है, जो युवाओं को जुड़ाव का अहसास देने वाले मतों की जगह ले सकती है। दिन-प्रतिदिन मन में उतार-चढ़ाव आता है, ऐसा तब भी होता है, जब हमें लगता है कि हम किसी एक रास्ते को अपने लिए चुन चुके हैं। जीवन के लिए अपने अंत को मुक्त रखना सहज ही है, क्योंकि ऐसा करने से यह मृत्यु के बाद भी जारी रहेगा। आकाशीय क्षेत्र में हम अपने दोनों ही रूपों से मिलेंगे, ऐसा व्यक्ति जो मुक्त होना चाहता है और दूसरा अनुसारक जो अपने लिए सुरक्षा

चाहता है। आकाशीय क्षेत्र हमारी अपनी ही संभावना से अधिक कुछ नहीं है। क्या यह विचार जड़ पकड़ेगा?

सदियों से, पूर्वी विचारों का पश्चिम पर बहुत कम प्रभाव रहा, जबकि कुछ प्रमाण मिलते हैं कि ओल्ड टेस्टामेंट में पुनर्जन्म की संभावना पर विचार किया गया था। ईसाई धर्म के एक आरंभिक पंथ, ग्नोस्टिक्स ने इस मान्यता को अपनाया था, परंतु फिर उन्हें विधर्मी मान कर मिटा दिया गया। शायद जीसस ने भी एक बार इसके बारे में कहा था। जॉन द बैपटिस्ट के अनुयायियों का मानना है कि वे या तो मसीहा थे या फिर पैगंबर इलियाह थे, जिन्हें न्यू टेस्टामेंट में एलियास कहा गया है। यह मायने रखता था, क्योंकि यह मान्यता थी कि एलियास मसीहा से ''पहले आएँगे।'' जब ईसा के शिष्यों ने उनसे इस बारे में सवाल किया तो उन्होंने उत्तर दिया, ''एलियास को सचमुच में पहले आकर सभी चीजों को व्यवस्थित करना था, परंतु मैं तुमसे कहता हूँ कि एलियास आ चुका; परंतु जैसा चाहा, वैसा ही उसके साथ किया...'' तब शिष्य समझ गए कि द जॉन बैपटिस्ट के लिए ही ऐसा कहा गया था। (मैथ्यू 17:9-13)। हालाँकि 553 ई. में कैथोलिक धार्मिक मान्यता में पुनर्जन्म को विधर्मी माना जाता था। जीसस के कथन के इस मतभेद ने ही यह संशय पैदा किया कि बाइबिल से पुनर्जन्म से जुड़े सभी संदर्भों को बहुत ही व्यवस्थित तरीक़े से मिटा दिया गया। सच हो या ना हो, पूर्व को आगे नहीं आने दिया गया।

उन्नीसवीं सदी के आसपास, जब वैदिक ग्रंथों का अनुवाद हुआ, तो उनके विचारों ने विचित्र जगहों पर जड़ें पकड़ लीं। मिसाल के लिए आत्मन, को ओवरसोल के रूप में बहुत लोकप्रियता मिली, जिसे राल्फ़ वाल्डो इमर्सन ने गृह युद्ध से पहले पूरे न्यू इंग्लैंड में प्रसारित किया। भारतीय विचारों की ओर आकर्षित होते हुए, इमर्सन का दायरा परंपरागत नैतिकतावादी मान्यताओं को नए सिरे से परिभाषित करने लगा। जिसके साथ ही अनुभावतीत आँदोलन का जन्म हुआ।

अब हम पूर्व-पश्चिम मान्यताओं के बहुभाषी मेल का सामना कर रहे हैं। द न्यू एज आँदोलन कई परंपराओं की देन है, परंतु इनमें से थियोसोफ़ी प्रमुख है, एक ऐसा आध्यात्मिक आँदोलन जो विक्टोरियन पार्लरों के सत्रों में आरंभ हुआ परंतु हिंदू धर्म ने इसे गहराई से रूपांतरित कर दिया। (असल में, महात्मा गांधी पहले-पहल भारत में थियोसोफ़िकल सोसायटी ऑफ़

इंडिया द्वारा प्रकाशित, वैदिक ग्रंथों के अंग्रेज़ी अनुवादों से परिचित हुए थे।) 19वीं सदी के उत्तरार्ध गें प्रगुख रूप से आध्यात्मवाद की वजह से लोकप्रिय संस्कृति में पुनर्जन्म की मान्यता को स्वीकार किया जाने लगा।

इसके विपरीत, मृत्यु के बाद के जीवन के कुछ संस्करण ऐसे हैं जो किसी दूसरे के साथ मेल नहीं करना चाहते। जब मेल गिब्सन से उनकी विवादित फ़िल्म, द *पैशन ऑफ़* द *क्राइस्ट* के बारे में पूछा गया जिसमें अल्ट्रा-वॉयलेंस पर ज़ोर देते हुए, क्रिश्चयन लव को पूरी तरह से उपेक्षित किया गया था तो उन्होंने मुक्त रूप से स्वीकारा कि वे एक विशिष्ट स्वर्ग में विश्वास रखते हैं। ऑस्ट्रेलिया के *हेराल्ड सन* अख़बार के लिए गिब्सन का यह इंटरव्यू लिया गया था, तब उनसे पूछा गया कि क्या प्रोटेस्टेंट को अनंत मुक्ति से दूर रखा गया है। गिब्सन ने उत्तर दिया, "उन लोगों के लिए कोई मोक्ष नहीं हो सकता है, जो चर्च से बाहर हैं।" वे कैथोलिक चर्च की बात कर रहे थे। "इस बात को इस रूप में लें, मेरी पत्नी एक संत है। वह मेरी तुलना में कहीं बेहतर इंसान है। वह प्रार्थना करती है, ईश्वर में विश्वास रखती है, वह जीसस को जानती है और इन बातों पर विश्वास रखती है। और यही कहा जा सकता है कि वह मुझसे कहीं बेहतर है। परंतु यह सत्ता की राय है और मैं इसके साथ हूँ।"

आमतौर पर कट्टरवाद की आलोचना करते हुए इसे गैर-लोचयुक्त और ग्रंथों का शाब्दिक अनुवाद वाला माना जाता है। असल में लाखों पक्के ईसाई, मुसलमान और यहूदी इस तरह की बातों पर इसलिए भी भरोसा रखते हैं क्योंकि यह पूरी तरह से सादी हैं। मृत्यु किसी फुटबॉल के खेल को जीतने की तरह है - या हारने की तरह, और नरक से बच नहीं सकते। हर इंसान के खाते में अच्छे और बुरे कर्मों का भार बढ़ता है। छोटी-मोटी चोरी और व्यभिचार जैसे मामलों के लिए समान मूल्य का प्रायश्चित हो सकता है पर हत्या जैसे पाप करने के बाद इंसान के सारे अच्छे कर्म निरस्त हो जाते हैं और वह अपने अभिशाप के लिए टिकट कटा लेता है।

हालाँकि पारंपरिक हिंदू धर्म में, अच्छे और बुरे कर्मों का गणित अनंत रूप से लचीला है। हर बुरे कर्म के लिए आत्मा को अगले जन्म में निम्न योनि में भेजा जाता है, अच्छे कर्मों की मदद से इस संतुलन को साधा जा सकता है। पुनर्जन्म भी आत्मा को मोक्ष मिलने तक, एक और स्वर्ग व नरक का अनुभव पाने का मौक़ा देता है। मोक्ष से स्वर्ग और नरक का चक्र हमेशा

के लिए पूरा हो जाता है और आत्मा विशुद्ध चेतना के रूप में लौट आती है, परमानंद के सागर में परमानंदरूपी बूंद। यहीं आ कर सारे धर्मों के झगड़े मिट जाते हैं। वे भी अन्य भौतिक आसक्तियों की तरह पीछे छूट जाते हैं।

वेदांत के अनुसार, अनंत किसी स्मोर्गास्बॉर्ड (खुले हुए सैंडविच की मेज़) की तरह नहीं है। अगर सभी धर्मों की मान्यतानुसार, ''ईश्वर एक है'' तो आकाशीय क्षेत्र की कोई गहरी परत होनी चाहिए, जहाँ आपसी मतभेदों और अंतहीन चुनावों का अंत होता है। चेतना तो चेतना ही है, इससे अंतर नहीं पड़ता कि इसकी व्याख्या कौन कर रहा है। आकाश चुनाव से परे अस्तित्व रखता है, मन से परे अस्तित्व रखता है। एकता की यही अवस्था मरणासन्न को अपनी ओर खींचती है। आत्मा के चुंबकत्व के माध्यम से, व्यक्ति निजी सपने की अगली अवस्था की ओर आता है, जो स्रोत से सार्वभौमिक है।

8

आत्मा से भेंट

ज्यों ही सावित्री नींद से जागी, उसने देखा कि वे उसी बरगद तले थे, जिस जगह से उन्होंने यात्रा आरंभ की थी। वह उठी और सिर पर चढ़ आए सूरज को उनींदी आँखों से देखा। यह आकाश में इतना ऊँचा कैसे हो सकता था? फिर उसने रमण को वहीं खड़े पाया। उनके चेहरे पर रहस्यमयी मुस्कान थी।

"हमने अभी प्रस्थान नहीं किया। वे बोले। सत्यवान के वापस आने में घंटों बाक़ी हैं।"

सावित्री ने हौले से अपने पैरों पर खड़े होते हुए संन्यासी को देखा मानो वे कोई जादूगर हों। "आपने क्या किया?"

रमण ने कंधे झटके, "तुम थकी हुई थीं इसलिए तुम सो गईं। अगर तुमने कोई सार्थक स्वप्न देखा तो उसके लिए मैं उत्तरदायी नहीं।" उन्होंने एक भी शब्द कहे बिना अपनी बांसुरी ली और उसी तरह चल दिए, जैसे पहले गए थे। इस बार सावित्री ने निःसंकोच उनका पीछा किया। वे पर्वत पर जाने के बजाए ढलान उतरने लगे और कुछ देर बाद रमण ने कहा, "जब मैं छोटा था तो मैं एक भविष्य बताने वाले को जानता था, उसने बनारस में गंगा किनारे अपना खेमा गाड़ा था। हर धार्मिक व्यक्ति चाहता है कि उसकी मृत्यु बनारस में हो। उनके परिवार के सदस्य अंतिम संस्कार के लिए आते और भविष्य बताने वाला अच्छा पैसा कमाता, इसे तो किसी व्यक्ति की मरने की तिथि निकालनी भी आती थी, परंतु मैंने उससे मिलने से इंकार कर दिया।"

"क्यों?" सावित्री ने पूछा।

रमण हँस दिए। ''मैं अलग था, तब भी अलग था। मैं कहता था कि भविष्य बांचना तो बहुत सरल है। मैं वर्तमान बताने वाले भविष्यवक्ताओं के पास जाता था। जो सामने है, उसे देखना सबसे कठिन होता है।''

''क्या आप विस्तार से बता सकते हैं?'' सावित्री ने पूछा।

''क्या तुमने माया के बारे में सुना है?''

''क्यों नहीं, वे माया की देवी हैं।''

''हम्म।'' रमण बोले। ''पर माया क्या है? एक तरह का जादू जो असलियत को हमसे छिपा देता है? माया कहीं अधिक सूक्ष्म है। मान लेते हैं कि मैं तुम्हें बर्फ़ का टुकड़ा, भाप का बादल और हिम कण दिखाता हूँ। क्या तुमने कहीं पानी देखा? अगर तुम हामी भरती हो तो तुम माया को पार कर चुकी हो – तुम बर्फ़ का टुकड़ा, भाप का बादल और हिम कण देख कर भी मूर्ख नहीं बनीं। तुमने सीधा सार को देखा कि वे सभी पानी से बने हैं।''

''अगर तुम इंकार करती हो तो तुम माया में उलझ गई हो। बर्फ़, भाप और हिम कण ने ही तुम्हारा ध्यान अपनी ओर आकर्षित कर लिया और तुम सार को खो बैठीं। तुम्हें मूर्ख बनाने के लिए जादू की ज़रूरत नहीं पड़ी। तुमने ही अपने मन को भटकने की अनुमति दी। तो आत्मा के साथ भी यही होता है। हम लोगों और वस्तुओं को सतह पर देखते हैं। यह सुंदर है, यह बदसूरत है, यह धनी है और इससे मुझे प्रेम है, इससे मैं घृणा करता हूँ। फिर भी प्रत्येक आत्मन्, अनंत रूपों में वही सार।''

''क्या आप इसी तरह देखते हैं?'' सावित्री ने पूछा।

''हाँ, और जब तुमने सत्यवान से प्रेम किया, तुमने भी यही किया था।'' रमण ने कहा। उन्होंने सावित्री को गहराई से देखा, ''राजकुमारी, मैं तुम्हारे विषय में सब जानता हूँ।''

अचानक ही सावित्री के गाल दहक गए। रमण ने जाने कैसे उसका रहस्य प्रकट कर दिया था। वह एक राजकुमारी के रूप में जन्मी थी, एक धनी और ताक़तवर राजा की पुत्री। जब उसके विवाह का समय आया तो सावित्री ने आग्रह किया कि वह स्वयं अपने लिए उपयुक्त वर की खोज करेगी। तब उसके पिता ने चिंता करने के बावजूद, कुछ दरबारियों को साथ भेज दिया ताकि सावित्री अपने लिए उपयुक्त वर की तलाश कर सके। सावित्री और उसके साथी एक घने वन से निकल रहे थे। ज्यों ही सावित्री की नज़र सत्यवान पर गई, जो बहुत ही सरल और निर्धन युवक था, सावित्री

ने उससे विवाह करने का संकल्प ले लिया। उसने निर्णय लिया कि चाहे जो भी बाधा आए, वह सत्यवान को ही अपना पति चुनेगी।

जब सावित्री ने अपने पति के विषय में बताया तो उसके पिता बहुत अप्रसन्न और निराश हो गए। हालाँकि सत्यवान से मिलने के बाद उन्हें पता चला कि वह एक नेक और उदार युवक था, जो सावित्री को दिल से चाहने लगा था। तब सावित्री के पिता ने बेमन से अपनी पुत्री को सत्यवान को सौंपने की हामी दे दी। विवाह से तीन रात पहले, सावित्री के सपने में यमराज आने लगे और हर बार उन्होंने एक ही बात दोहराई, ''उनके विवाह को एक वर्ष पूरा होते ही सत्यवान की मृत्यु हो जाएगी।''

''तो तुम पहले से जानती थीं। रमण बोले। और फिर भी तुमने एक शापित युवक से विवाह करने का निर्णय लिया, क्यों?''

''क्योंकि मैं उससे प्रेम करती थी।'' सावित्री ने हौले से कहा।

''और किसी दूसरे की आत्मा को पहचानना ही तो सच्चा प्रेम है? यदि तुम अपने मार्ग में माया के बिछाए जाल से मुक्त हो सको, तो तुम सत्यवान की आत्मा के साथ सदा वास कर सकती थी। यह संपर्क कभी समाप्त नहीं होता, भले ही देह रहे नहीं रहे।''

रमण ने सावित्री का माथा छुआ और उसे उसी क्षण गंगा किनारे जलते शव दिखने लगे। जिनकी चिताओं का धुआँ आकाश तक जा रहा था। ''आँखों को इसे देखना ही पड़ता है, परंतु फिर भी ये आत्मा को नहीं देख सकतीं। कुछ नहीं देख पाने की वजह से ही हम मृत्यु में विश्वास रखते हैं।'' रमण ने ये शब्द कहे और वे शब्द सावित्री के भीतर उतर गए। ''क्या तुम्हें लगता है कि तुम अभी अपनी आँखों पर विश्वास करना बंद कर सकती हो?''

सावित्री ने सिर हिलाया और एक पल को लगा कि उसकी और सत्यवान की आत्माएँ आपस में मिल गई हों, जैसा उस दिन हुआ था, जब वे पहली बार मिले थे।

जीवन और मृत्यु के बीच अंतर

हम जो देखते हैं, उस पर विश्वास करना किसी लत की तरह है – हम इसके बिना रह नहीं सकते। मैं साठ वर्षीय व्यक्ति को जानता हूँ, जो एक रिटायर्ड

ब्रोकर है। एक दुखदायी दुर्घटना ने उसकी पत्नी को उससे छीन लिया। वह दिन ढलने के बाद कार चला कर घर आ रही थी। अचानक किसी चीज़ से ध्यान भटका। उसका आगे वाला दायाँ टायर फ़ुटपाथ पर चढ़ा और स्टीयरिंग व्हील का एक ही झटका, उसकी कार को पीछे से आने वाली गाड़ियों के बीच ले गया।

वह तीन घंटे बाद भारी आँतरिक रक्तस्राव के कारण मारी गई। उसका पति सदमे में चला गया। वह अचानक अपनी पत्नी को इस तरह खोना सहन नहीं कर पा रहा था। कई महीने बाद भी वह भारी मानसिक दुख को सहन कर रहा था; उसके मन में यह बात बैठ गई थी कि उसे अपनी मृतक पत्नी से बात करनी ही होगी वरना उसका शेष जीवन उसी पीड़ा में बीतेगा।

''कहते हैं कि जब आप किसी को लंबे समय तक प्रेम करते हैं, तो वह आपका ही हिस्सा बन जाता है।'' उसने कहा।

''मुझे लगता है कि ये सच है।'' मैंने उत्तर दिया।

''ज्यों ही रूथ मुझे छोड़ कर गई, ऐसा लगने लगा मानो मेरे भीतर को छेद हो गया हो। मैं अपने दुख को इसी तरह व्यक्त कर सकता हूँ – उसमें लगातार तीव्र वेदना का अनुभव होता था। हम उसके घर बैठे थे। वह घर किसी एक आदमी के रहने के लिए काफ़ी बड़ा था। शायद उसे भी इस बात का अहसास रहा होगा, क्योंकि उसने कई बेडरूम बंद कर दिए थे और स्टडी में सामान से भरी आरामकुर्सी पर बैठने लगा था।''

''मैं किसी बीमार कुत्ते की तरह दुखी था, रूथ के जाने के महीनों बाद भी मेरी यही दशा थी।'' उसने कहा। ''फिर मैंने तय किया कि अब इस दुख का कुछ करना होगा। बार-बार मन से आवाज़ आती थी कि अभी रूथ कहीं नहीं गई थी। मैं उससे बातें करने लगा। हालाँकि, मैं उन क़िस्मतवालों में से नहीं था, जो अपने जाने वाले प्रियजन को महसूस कर पाते हैं। मैं बात कर रहा था – किससे? हवा से? अपनी कल्पना के अंश से? वह आगे बोलने से पहले एक क्षण के लिए रुका।

फिर मैंने एक दिन मनोवैज्ञानिक (साइकिक) से मिलने का निर्णय किया। आपको यह देख कर हैरानी होगी कि दक्षिणी कैलिफ़ोर्निया में कितने लोग ऐसे थे, जो आपके लिए मृतक से बात कर सकते थे।''

मैंने हौले से कहा कि हाँ जो लोग पीछे बच जाते हैं, वे जानना चाहते हैं कि उनके प्रियजन के साथ मौत के बाद क्या हुआ।

''हाँ, मैं भी मानता हूँ। मुझे यक़ीन है कि मुझे जो साइकिक मिली, उसकी मंशा नेक थी। मैं उसके घर गया तो घबराहट सी हो रही थी। वह किसी जिप्सी खेमे जैसी जगह में नहीं रहती थी। वह एक कस्बाई घर था और उसे देख कर लगता था कि वह किसी ऐसी आम औरत की तरह ही है, जो किसी सुपरमार्केट की लाइन में आपके साथ खड़ी हो सकती है। उसने गावतकियों के साथ एक आरामकुर्सी चुनी और अपने पास पानी की बोतल रखी और कॉफ़ी टेबल के दूसरी ओर बैठ गई। उसने अपनी आँखें बंद कीं और कहा कि वे दोनों चुपचाप बैठेंगे। अगर वे ध्यान करना जानते तो ध्यान कर सकते थे। उन्होंने ध्यान नहीं किया इसलिए बस वे आँखें मूंद कर बैठे रहे, जब उन्हें लगा कि वह बोलने में बहुत देर लगा रही थी तो उन्होंने आँखें खोल कर थोड़ा देख भी लिया।

''पर तभी अचानक कुछ घटा।'' मैंने पूछा।

''उसने कहा कि एक औरत मुझसे बात करना चाहती थी और वह कुछ देख पा रही थी : दो बच्चे, एक बहुत दूर था, पर्वतों में एक केबिल? सफ़ेद सा बड़ा मैदान (बर्फ़ या जमी हुई झील)। हमारे दो बड़े बच्चे थे और बेटी इंग्लैंड में रहती थी। और रूथ और मुझे स्की करना पसंद था, कई बार हम ढलानों के पास केबिन भी किराए पर ले लेते थे। मैं अचानक ही उसकी बातों पर ध्यान देने लगा।''

''बहुत सारे लोगों को स्की करना पसंद होता है।'' मैंने कहा।

उसने आह भरी। ''मुझे पता है।'' वह लगातार ऐसी बातें कर रही थी, जो मेरे दिल तक पहुँच रही थीं पर अगर आप उधर होते –''

''मुझे उस जगह होने की ज़रूरत नहीं थी। आपको यही लगा कि वह रूथ बोल रही थी।''

''तब मैंने यही सोचा। शायद इसलिए ऐसा हुआ, क्योंकि मैं उसे इतना चाहता था।'' वह लगातार बोलता गया – जो हज़ारों लोग ऐसे हालात में करते हैं – फिर उस साइकिक ने और बहुत सारे ब्यौरे दिए। जो भी साइकिक से मिलता है, वह उसके लिए छोटे-छोटे स्पर्शों, घरेलू नामों और विचित्र लगने वाली घटनाओं के माध्यम से तसवीर सी पेश कर देते हैं।

मैंने कहा, ''रूथ ने आपको कहा कि वह अच्छी जगह है और आपको चिंता करने की ज़रूरत नहीं है। वह सुरक्षित थी और आपसे बार-बार कह रही थी कि वह आपको बहुत प्यार करती है। ठीक?''

''पता है, यह सुनने में अज़ीब लगता है।'' उस आदमी ने हिचकते हुए कहा। ''पर यह बहुत सच्चा लग रहा था। मैं इतना भावुक हो गया कि बस रोने ही वाला था। वह सत्र पैंतालीस मिनट तक चला। साइकिक ने मुझे गले से लगा लिया। यह उसके लिए भी भावुक कर देने वाला अनुभव रहा होगा, यह सोच कर भी अज़ीब लग रहा था कि एक घंटे पहले, हम एक-दूसरे को जानते तक नहीं थे।''

''और नतीजा क्या रहा?'' मैंने पूछा।

उसने कंधे झटके। ''मैं उसी समय बेहतर महसूस करने लगा। पर फिर मन में संदेह आ गया। रूथ केवल वही बातें क्यों कर रही थी, जो मैं पहले से जानता था? क्या वह महिला मेरा दिमाग़ या आभामंडल पढ़ रही थी या कुछ और? क्या वह मेरी किसी हार्दिक इच्छा से एकात्म हो रही थी? अब मैं यक़ीन से नहीं कह सकता कि उस बात ने मेरा कितना भला किया होगा।''

वह व्यक्ति यह नहीं जानता था कि मुझे भी ऐसा ही एक अनुभव हो चुका था। कई साल पहले, मुझे एक विश्वविद्यालय अध्ययन में हिस्सा लेने को कहा गया ताकि यह पता लगाया जा सके कि मृतकों से संवाद क्या सचमुच होता है। मुझे एक बंद कमरे में बिठाया गया और मुझसे कहा गया कि मुझे कुछ नहीं कहना -साइकिक से होने वाला सारा संपर्क प्रयोग करने वाले नेता के माध्यम से हो रहा था। असल में, तीन साइकिक हमसे फ़ोन के माध्यम से जुड़े थे। वे तीनों देश के अलग हिस्सों में थे। वे ना तो एक-दूसरे की बातें सुन सकते थे और ना ही आपस में बात कर सकते थे।

उनमें से दो साइकिक ने कहा, ''क्या कमरे में दीपक चोपड़ा हैं?'' उन्हें यह नहीं बताया गया था कि मैं कमरे में था। उन्हें यह तक नहीं बताया गया था कि कमरे में कोई पुरुष था या स्त्री। उन्होंने मेरी आवाज़ नहीं सुनी थी।

उन तीनों ने कहा कि कोई मृतक मुझसे बात करना चाहता था। उनमें से दो तो झटपट जान गए कि मेरे पिता बात करना चाहते थे, जो अचानक ही दो साल पहले चल बसे थे। तीसरे व्यक्ति ने पता लगाने में थोड़ा समय लिया और फिर उसने अंदाज़ लगाया कि वे मेरे पिता ही होंगे। पिता को मेरा बचपन का नाम पता था जो हिंदी में था। उन्होंने कहा कि वे प्रसन्न थे और

मुझे उनकी चिंता करने की ज़रूरत नहीं थी। तीनों साइकिक इन सामान्य से लगने वाले, सकारात्मक संवेदनाओं और भावों के साथ सामने आए। यह सारा प्रकरण दो घंटे चला।

जिस तरह उस व्यक्ति ने मृतक पत्नी से बात की थी, मुझे लगा कि वह एक सच्चा अनुभव था। मैं अपने कुछ संदेह भी साथ लाया। मेरे ''पिता'' वही बातें जानते थे, जो मैं जानता था, इससे ज़्यादा नहीं जानते थे। इस प्रयोग के निर्देश कड़े थे, जिनकी वजह से मेरे मन में पछतावा रहा। मैं सुनने वाली बात पर प्रतिक्रिया नहीं दे सकता था और ना ही अपनी ओर से कुछ पूछ सकता था। मैं यही सोचता रहा कि मृतक, अपनी मृत्यु के बारे में बात क्यों नहीं करते। कुछ ऐसे सवाल भी हैं, क्या रूथ और मेरे पिता को भूत, दिवंगत आत्मा या इनमें से कुछ भी नहीं मानना चाहिए। वैदिक ऋषियों के लिए वे आकाश में स्मृतियों के गुच्छे से अधिक नहीं, वह जानकारी तब तैरती रहती है, जब तक उसे अपने लिए कोई उपयुक्त स्थान नहीं मिलता। ''रूथ'' और ''मेरे पिता'' आकाश में दिखने वाली किसी भी वस्तु की तरह असली थे, परंतु उन्हें अर्ध-भौतिक स्तर प्रदान करना एक समस्या ही है। मैं ''पिता'' को इस नज़रिए से देखना चाहूँगा कि उन्होंने अपनी चेतना के उन पहलुओं की तरह बात की जो मेरे बहुत ही निकट थे इसलिए हम अब भी आपस में बात कर सकते थे।

संदेहवादी कहेंगे कि हमें दूसरों को देखने और सुनने की आदत होती है, एक आदत जिसे हम मरने के बाद भी छोड़ना नहीं चाहते। इस तरह, एक भूत अवशेष है, जिसे मन रचता है। मानने वाले इससे विपरीत मानते हैं। उनका मानना है कि भूत असली होते हैं, लगभग भौतिक, वे लोगों का धुंधला सा रूप हैं, जो अब तक संसार को छोड़ कर जाने का मार्ग नहीं पा सके। परंतु इन दोनों ही दशाओं में स्मृति और आदतें अपना काम कर रही हैं। क्या ये मेरे पिता की आदत थी या मेरी, जो हमें पास लाई? शायद हम दोनों की थोड़ी-थोड़ी, क्योंकि आप जिससे भी प्रेम और आत्मीयता से संबंध रखते हैं, वही आपके साथ आपकी चेतना बांटता है। हम सभी एक-दूसरे के अंदर हैं, जैसे मैं कितनी आसानी से अपने पिता की आवाज़ पहचान सकता हूँ, मुझे उनकी आदतें हाव-भाव, बोलना और सोचने का तरीक़ा याद है। किसी हद तक, मैं भी उन्हें अपने जीवन में अपना चुका हूँ, जो हमारे बीच की रेखा को और भी धुंधला देता है।

जब हम किसी मृतक से बात करते हैं, तो हम एक जाने-पहचाने का संपर्क का प्रयोग कर रहे हैं और फिर यह मज़बूत या कमज़ोर हो सकता है। जब यह कमज़ोर होता है तो हम मृतक को अपने मन में देखते और सुनते हैं; जब यह मज़बूत होता है तो हम उन्हें इस तरह देख पाते हैं, मानो वे हमसे बाहर हों। परंतु मैं या मेरे पिता, दोनों ही क्षेत्र से बाहर नहीं। ऋषियों ने बार-बार इसी बात पर बल दिया है और मेरा अनुभव कहता है कि यह सच है।

ऐसी शक्तियाँ जिनकी आपको आवश्यकता है

सफलतापूर्वक दूसरी ओर ''पार उतरने'' का अर्थ है, आपके पास ऐसी शक्तियों का भंडार होना चाहिए, जो इस काम के लिए चाहिए। अगर वह ''दूसरी ओर'' इस ओर का ही प्रतिरूप नहीं है, तो ये शक्तियाँ संकल्पशक्ति, भौतिक बल और सांसारिक जीवन के अन्य जाने-पहचाने सहारों से अलग होने चाहिए। फिर भी हमारी सूक्ष्म शक्तियाँ, हमारा हिस्सा होने के नाते, पूरी तरह से अलग नहीं हो सकतीं। हममें से अधिकतर के लिए हमारा प्रमुख संसार भौतिक है, निःसंदेह, परंतु हम हमेशा सूक्ष्म शक्तियों का प्रयोग कर रहे हैं और ये हमें मृत्यु के पश्चात् जीवन में सहायता कर सकती हैं। अगर ऋषि सही कहते हैं कि प्रत्येक जीवन में तथा इसके बाद भी इसी आकाशीय क्षेत्र में वास करता है, तो चेतना की सूक्ष्म शक्तियाँ दोनों को बांधती हैं।

ऐसी शक्तियाँ जिनकी आपको आवश्यकता है

आत्म-सजगता : स्वयं को जानने की शक्ति। यही शक्ति आपको केंद्रित रखती है।

तत्परता : आपके मन को मुक्त करने की शक्ति। यह शक्ति आपको अनुमति देती है कि आप पुरानी कंडीशनिंग और मान्यताओं से उबर कर यथार्थ को देखें।

अभिप्राय : इच्छाओं को प्रकट करने की शक्ति। यह शक्ति आपको उद्देश्य से जोड़ती है।

भेद-भाव : सूक्ष्म अंतर करने की शक्ति। यह शक्ति आपको बोध की जटिलताओं को समझने में मार्गदर्शन देती है।

स्वीकृति : अ-प्रतिरोध की शक्ति। यह शक्ति आपको अपने भीतर यथार्थ को समायोजित करने के योग्य बनाती है।

मृत्यु के बाद क्या होता है, ऐसी गहरी बात को सच्चे अर्थों में जानने के लिए, आपको अपने भीतर इन शक्तियों को जाग्रत करना होगा। केवल यही एक चीज़ है, जो हमें वास्तव में वैदिक ऋषियों से अलग करती है : उन्होंने अपनी सूक्ष्म शक्तियों का भरपूर प्रयोग किया; हम केवल थोड़े स्तर पर ही इनका प्रयोग कर सकते हैं। हम अपने मरने तक आत्मा की यात्रा को स्थगित करते हैं। फिर भी हमें प्रतिदिन अपनी सूक्ष्म शक्तियों की आवश्यकता होती है - हमारे लिए और उन संबंधों के लिए, जो हमारे क्षितिज का विस्तार करते हैं।

आपको केंद्रित और *आत्म-सजग* होना होगा ताकि आप दूसरों के हाथों का खिलौना नहीं बनें और ना ही उन्हें अपने हाथों का खिलौना बनाएँ।

आपकी अपने अहं से परे देखने की तत्परता ऐसा स्थान बनाती है, जिसमें आपके संबंध फल-फूल सकें।

आपके संबंध मूड के उतार-चढ़ाव के साथ बदलें, इसके बजाए आपको इन्हें गहरा और संपन्न बनाने की *मंशा* रखनी होगी।

आपका साथी आपको निरंतर इच्छाओं, माँगों और मतों (आप भी ठीक वही कर रहे हैं) से भरता जा रहा है। आपको यह *भेद* करना होगा कि इन बाहरी प्रभावों में से कितने आपके लिए सकारात्मक हैं, तटस्थ हैं या पूरी तरह से नकारात्मक हैं।

इन सभी बातों पर ध्यान देने से, आप आसानी से अपने साथी को *स्वीकार* कर सकते हैं ताकि आपकी अपनी निष्ठा और निजी विकास पर आँच नहीं आए।

अब ''संबंध'' के स्थान पर ''आत्मा'' शब्द को रख देते हैं। जो भी चीज़ें संबंधों को बनाती हैं, वे आपकी आत्मा पर लागू होती हैं। अगर मृत्यु के बाद का जीवन आपको आत्मा के लोक में ले जाता है तो आपको उन्हीं कौशलों की आवश्यकता होगी, जैसा कि हर आध्यात्मिक परंपरा में भी

कहा गया है। मैं और आप पहले ही मृत्यु के बाद होने वाले सभी अनुभवों को पहचान सकते हैं, क्योंकि वे हमारे लिए परिचित होंगे। जैसे मैं विकसित होऊँगा, मेरी शक्तियाँ भी बढ़ेंगी।

मैं और अधिक आत्म-सजग होता रहूँगा। "मैं" और "मैं नहीं" का भेद मिटता जाएगा। इस सीमा के विलय होने से अस्तित्व यथार्थ के और निकट होगा। मैं मुक्त अनुभव करूँगा।

मैं परिवर्तन और विकास के लिए अधिक इच्छुक रहूँगा। मेरे पुराने विश्वासों की जाँच होगी ताकि आवश्यकता होने पर बदलाव किया जा सके। मैं हमेशा कौतूहल और आकर्षण का अनुभव करूँगा।

मैं सच को जानने के लिए अपनी मंशा पर भरोसा रखूँगा, चाहे वह जो भी प्रकट करे। मैं नियंत्रण में रहूँगा।

मैं यह देखूँगा कि मैं प्रकृति की बहुत सूक्ष्म परतें भी भेद सकता हूँ। सूक्ष्म शब्द मुझसे छिपे नहीं रहेंगे, क्योंकि वे पहले से मेरे अस्तित्व का हिस्सा हैं। मैं उनसे जुड़ाव महसूस करूँगा।

मैं अपने ही सामने आने वाले सच को स्वीकार करूँगा। इस तरह भय और संदेह का ख़ात्मा होगा मैं भरपूर अनुभव करूँगा।

मैंने भावनाओं पर बहुत अधिक बल दिया है, क्योंकि हममें से अधिकतर लोगों के लिए जीवित रहने का कारण यही है कि हम सुरक्षित, स्नेही, प्रसन्न और संतुष्ट होने के भावों को ही आगे ले जा सकें। हम इन इच्छाओं के माध्यम से ही आत्मा से संपर्क स्थापित करते हैं और हम इसी वजह से आत्मा के सूक्ष्म लोक में जाने के लिए प्रेरित होते हैं। कुछ लोगों के लिए यह प्रेरणा ही बहुत है, परंतु हममें से अधिकतर लोगों को अपने सूक्ष्म संपर्कों के पूरी तरह से काम करने से पहले, एक उल्लेखनीय मोड़ की ज़रूरत होती है।

"मेरे और मेरे पति के बीच अनबन चल रही है।" चालीस साल की एक औरत ने मुझे बताया। मैं उसे केट कहूँगा। "मेरे पति ने वादा किया कि वह कम काम करते हुए परिवार के साथ अधिकतम समय बिताएगा, परंतु इससे हालात में सुधार नहीं हुआ। वह सारा दिन घर की झाड़-पोंछ करता और बीच में बैठ कर परिवार के साथ सुस्ताने के बजाए अपने वॉयस मेल देखता। मैंने मन की शांति के लिए अपनी दोस्त की सलाह पर अमल किया और वही ध्यान तकनीक सीखी, जिसका वह प्रयोग कर रही थी।"

दिन में एक या दो बार दस से बीस मिनट तक, एक अकेले कमरे में जा कर एक मंत्र दोहराना था। पहली कुछ बार तो उसे नींद आ जाती थी पर उसकी गुरु ने दिलासा दिया कि वह एक सकारात्मक संकेत था। उसे अपने शरीर से बहुत सारे तनाव को बाहर करना था।

"दूसरा सप्ताह और बेहतर रहा। मेरा मन शांत हो गया और मैं जागती रही। मेरी श्वास भी धीमी होते हुए लय में सध गई थी। एक दिन मुझे इस अहसास के साथ हैरानी हुई कि शायद मैं सांस ले ही नहीं रही थी। इससे भी हैरानी की बात यह थी कि मैं कितने समय से ज़मीन पर संशोधित सुखासन में बैठी थी। मैंने कभी किसी योग कक्षा में हिस्सा नहीं लिया; शायद मेरा शरीर जानता था कि वह क्या करना चाहता था।"

केट को यह सब बहुत अच्छा लगा और वह अपने जीवन में बहुत ठहराव महसूस करने लगी; अब उसका गुस्सा और खीझ दोनों ही कम हो गए थे। उसके वैवाहिक जीवन में भी सुधार आने लगा था।

"फिर एक रात, जब मैं सो रही थी तो मैंने एक हल्की नीली रोशनी देखी। मेरी आँखें बंद थीं और पहले मुझे लगा कि यह सोने के कमरे की रोशनी है, जैसे आँखों में फ़ोटो फ़्लैश जाने पर महसूस होता है। पर यह कुछ अलग था। मैं जो नीला रंग देख रही थी, यह तो चुंबकीय था। मैं अपना ध्यान उस ओर से नहीं हटा सकी। फिर मैंने अंधेरे में अपनी आँखें खोलीं और पूरा कमरा उसी नीली आभा से भर गया। उसमें सुनहरे कण भी शामिल थे।

मैंने केट से कहा कि यह योगिनियों के लिए एक असामान्य अनुभव था। वह उस प्रकाश को देख रही थी, जो बोध के एक सूक्ष्म स्तर से प्रकट होती है। मैंने उससे पूछा कि उसने कैसा अनुभव किया।

"बहुत ही शांत। सुरक्षित। परंतु प्रकाश बहुत आकर्षक था। वह तब तक मुझे अपनी ओर खींचता रहा, जब तक मुझे यह नहीं लगने लगा कि मैं उसे हमेशा उसी तरह देख सकती थी।"

मैंने कहा, "जिससे पता चलता है कि तुम अपनी ही सजगता से आकर्षित थीं। कहते हैं कि आत्मा हमारी सूक्ष्म इंद्रियों को एक पारदर्शी उज्ज्वल आभा के रूप में दिखती है।"

"क्या मुझे इसे दोहराने का अभ्यास करना चाहिए?" केट ने पूछा।

''ऐसा करने का कोई उपाय नहीं है। तुम्हारा यह अनुभव निरंतर बना रहा। इसे दोहराने का अर्थ होगा कि तुम पहली छाप या पहले चुंबन के अनुभव को दोहराना चाह रही हो।''

जब वह थोड़ी मायूस दिखी तो मैंने उसे बताया कि आध्यात्मिक जिज्ञासुओं के लिए एक जाल यह भी होता है कि वे उच्चतम अनुभवों से भरे पल को दोहराना चाहते हैं। हम चाहते हैं कि उसे फिर से पाया जाए। क्या आपने स्वयं कभी ध्यान दिया? अचानक सूरज ढलने का वह आश्चर्य से भरा पल, अंतरंगता का एक क्षण, कोई स्वादिष्ट भोजन; ये सभी दोहराव चाहते हैं। परंतु यह हमेशा एक सा नहीं होता, क्योंकि उस क्षण को सूर्यास्त, स्नेही मुद्रा या अच्छे भोजन ने अच्छा नहीं बनाया था। आपने उस समय क्षण भर को सूक्ष्म जगत की झलक पाई थी।

केट को बताया कि अनुभव का सातत्य प्रसन्नता को परमांनद की ओर और भौतिक अंतरंगता को आत्मा से एकात्मकता की ओर ले जाता है। उसने स्वयं को अनुमति दी कि वह इस सातत्य के प्रवाह के साथ बहे। ध्यान के माध्यम से यह कार्य सहज किया जा सकता है। यह जबरन आपके बोध को नए क्षेत्र में नहीं ले जाता; इसमें सूक्ष्म संवेदना हौले से आपके सामने आती हैं - जैसे कि केट ने नीली आभा देखी - जो सूक्ष्म भावनाओं और सहज अंतर्दृष्टि से भरी थी। मैंने उसे बधाई देते हुए वादा किया कि उसके जीवन में अभी और उल्लेखनीय मोड़ आने हैं।

सूक्ष्म जगत में हमारी संक्षिप्त यात्राओं के माध्यम से हम जान सकते हैं कि मृत्यु के पश्चात जीवन कितना सौम्य और कोमल होगा। सूक्ष्म शक्तियाँ प्राकृतिक रूप में सामने होंगी। आत्मा से प्रत्यक्ष संपर्क के दौरान शांति और पूर्णता प्राप्त होगी।

9

दो जादुई शब्द

"देखो, क्या तुम्हें दिखाई देता है?" उन्होंने एक ओर इशारा किया, सावित्री को वृक्षों से ऊपर धुएँ की रेखा दिखाई दी।

"कहीं चूल्हा जल रहा है।" उसने अनुमान लगाया।

"उसका पीछा करो और पता करके आओ। मैं तुम्हारे आने तक यहीं रहूँगा।" रमण वहीं एक ठूंठ पर आराम से बैठ गए।

सावित्री अकेले ही उस दिशा में आगे चल दी। जल्द ही उसने देखा कि बहुत सारे पेड़ जल चुके थे। इसके अलावा बहुत सारी नष्ट हो चुकी बैलगाड़ियाँ और बरबादी के दूसरे निशान दिखाई दिए। अंततः उसने खुद को एक उजड़े हुए गांव में पाया। पास वाले राज्य के सैनिकों ने हमला किया था और उस इलाक़े को बुरी तरह से समाप्त कर दिया था। उस जगह घरों के बजाए राख़ के ढेर दिखाई दे रहे थे। बस एक ही घर अपवाद था।

सावित्री उस दरवाज़े की ओर बढ़ी तो एक बुढ़िया को वहीं बैठा पाया। आपके आसपास हर चीज़ नष्ट हो गई है। सावित्री ने प्रणाम करते हुए कहा। "आपके घर को कैसे छोड़ दिया?"

बूढ़ी औरत बोली, "हमारे गांव के सभी मर्द लड़ाई में गए हुए हैं। जब सिपाही अपनी मशालें ले कर, मुझे लूटने और घर को आग लगाने आए तो मैंने उनसे कहा, 'आओ, आओ, किसी में इतना साहस नहीं था कि मेरे घर में क़दम रख सके। अंदर सबको छुतहा सिंदूरी ज्वर है। मुझे मेरे रोगी परिवार की देख-रेख करने में मदद करो।' यह सुन कर वे इतना डर गए कि उन्होंने पास आने से इंकार किया और झट इस जगह से आगे चले गए।"

सावित्री ने अपनी साड़ी का छोर खोला तो एक सिक्का दिखाई दिया, उसने वह बूढ़ी स्त्री को दे दिया। फिर वह वापस उसी रास्ते से चलते हुए रमण के पास पहुँच गई।

''आपने मुझे उस जगह क्यों भेजा?'' उसने पूछा।

''उस बूढ़ी औरत ने अपने दो शब्दों से सैनिकों की फौज को वापस भेज दिया : *सिंदूरी ज्वर।* वे बोले। बुद्धिमान मनुष्य जानते हैं कि मृत्यु को भी दो शब्द बोल कर वापस भेज सकते हैं, *मैं हूँ।''*

''मैं समझी नहीं।'' जब सावित्री ने आकाश की ओर देखा तो उसका दिमाग़ बुरी तरह से चकरा गया। अब तो उस जगह कोई धुआँ नहीं दिखाई दे रहा था।

''वह गांव तो एक प्रतीक भर था।'' रमण बोले।

''कष्ट और दुःख का प्रतीक?''

''नहीं, अस्थायित्व और अस्थिरता का प्रतीक। सावित्री, ध्यान से सुनो। जीवन में कहीं कोई स्थायित्व नहीं है। संपत्ति और अन्य व्यक्ति आते-जाते रहते हैं। हम किसी तरह इस हानि को सहन कर लेते हैं। कैसे? हम इस सोच को नहीं छोड़ते कि हम स्थायी हैं, हमारा संसार सदा के लिए है।''

''परंतु यह तो ग़लत तरीक़ा हुआ। मृत्यु लोभी है और किसी हमलावर सेना की तरह हर चीज़ को नष्ट कर देना चाहती है। बस अपने हथियार उठाओ और उसे कहो, *मैं हूँ।* मृत्यु वापस चली जाएगी, क्योंकि उसके पास नष्ट करने के लिए कुछ बचेगा ही नहीं। *मैं हूँ* के पास कोई संपत्ति नहीं, उसे कोई अपेक्षा नहीं, उसके पास ऐसा कुछ नहीं, जिससे वह चिपका रहे। फिर भी इस संसार में या फिर आने वाले संसार में तुम्हें जब भी, किसी भी चीज़ की आवश्यकता होगी, वह यही है, यही सब कुछ है।''

रमण पूरे अधिकार भाव से शांति के साथ बोल रहे थे। और इस बात ने सावित्री की मदद की।

''उस बूढ़ी स्त्री ने *सिंदूरी ज्वर* का नाम लिया तो वह झूठ बोल रही थी। जब तुम *मैं हूँ कहो,* तो तुम्हें सच बोलना चाहिए। मुझे लगता है कि तुम लगभग तैयार हो।'' रमण ने कोमलता से कहा।

''मैं इसे सच में कैसे बदल सकती हूँ?'' सावित्री ने पूछा।

''यह कठिन तो नहीं है। जब तुम प्रसन्न हो तो अपने भीतर देखो, और देखो कि प्रसन्नता किसे अनुभव हो रही है। जब तुम उदास हो, तो भीतर जाओ और उस उदासी को अनुभव करो। ये एक ही हैं। भीतर एक छोटा सा स्थिर बिंदु है, जो हर चीज़ को देखता है, उनका साक्षी है। जब भी संभव हो, उसी बिंदु के साथ बनी रहो। उसके पास से निकलने के बजाए उस पर ध्यान दो। सुपरिचय आपका मित्र है। *मैं हूँ*, आपका अस्तित्व है। केवल होने में कुछ भी विचित्र नहीं है।''

''पहले-पहल उस छोटे और स्थिर बिंदु का बहुत अधिक अनुभव नहीं होगा, परंतु यह असीम रूप से बड़ा हो सकता है। जब तुम्हारी मृत्यु होगी और तुम्हारे पास अपना कहने को कुछ नहीं होगा, तो *मैं हूँ* सारे ब्रह्माण्ड में व्याप्त होगा। ज्ञानियों ने बार-बार इस सत्य को दोहराया है, हर युग में दोहराया है। परंतु तुम्हें सत्य को किसी दूसरे के नहीं, अपने अनुभव से जानना चाहिए। उस *मैं हूँ* को अपने भीतर खोजो और यह विस्तृत हो कर तुम्हें भरपूर कर देगा। जब ऐसा होता है, तो तुम सुरक्षित हो जाते हो। तब तुम्हारा अस्तित्व तुम्हारी आत्मा के समान होगा।''

अनंतकाल

जब सूक्ष्म स्तर पर सभी छवियाँ ओझल हो जाती हैं, तो मरणासन्न व्यक्ति अनंतकाल में पहुँच जाता है। अनंतकाल या अमरत्व ही आत्मा का स्रोत है। ऋषि कहते हैं कि अंततः माया का अंत हुआ और यथार्थ आरंभ हुआ। हम जीवित अवस्था में अनंतकाल को नहीं देख सकते, क्योंकि यह हमारे आसपास की सभी दिशाओं में व्याप्त होता है, यह एक सीमा है जिसे ऋषियों ने सदा पार करना चाहा।

तुम्हारा दर्शन जितना असीम होगा, तुम उतने ही वास्तविक होते जाओगे।

यह सुनने में भले ही कितना भी प्रेरक लगे, परंतु यह हमें व्याकुल भी करता है, क्योंकि हम सदा सीमाओं के भीतर रहने के अभ्यस्त रहे हैं। ''वर्षों पूर्व, मैं आध्यात्मिकता में रुचि लेने लगी। एक महिला ने मुझे बताया। परंतु मुझे उससे 'एक' जुड़ी बातें करना पसंद नहीं था। मैं इनसे कोई जुड़ाव नहीं रख पाती थी। मैं जिस माहौल में पली-बढ़ी, उसमें मुझे यही विश्वास

सिखाया गया था कि पितामह समान परमात्मा स्वर्ग में विराजमान हैं और यह एक संकीर्ण विश्वास था। परंतु कम से कम मैं उससे जुड़ाव तो महसूस कर सकती थी। मैं इस 'एक' की अवधारणा को नहीं समझ पा रही थी। मुझे यह प्रतिक्रिया बहुत ही सहज लगी। यात्रा के अंत में कोई प्रिय, कोई भौतिक लक्ष्य या फिर भौतिक लोक की कोई स्मृति शेष नहीं रहती। यहाँ तक कि बौद्ध सूत्र 'स्पष्ट प्रकाश' भी एक उपमा है, क्योंकि अनंतकाल ना तो प्रकाश है और ना ही स्पष्ट।''

कल्पना करो कि इसका क्या अर्थ है। जब तुम अनंतकाल की ओर जाते हो तो जीवित या मृत होने का अनुभव नहीं रहेगा। तुम स्त्री या पुरुष नहीं रहोगे। एक क्षण, एक सदी के समान होगा और पूर्व का पश्चात् के साथ विलयन हो जाएगा। क्या हम ऐसे स्थान की बात कर रहे हैं, जिसे समझना वाकई कठिन है? यदि ऐसा है, तो इसका महत्त्व वाकई कहीं अधिक होगा।

अनंतकाल तुम्हें इतनी स्वतंत्रता प्रदान करता है, जितनी तुम्हारा मन सोच भी नहीं सकता। छवियों की अनुपस्थिति का अर्थ होगा कि अब तुम्हें छवियों की आवश्यकता नहीं रही। प्रियजन की अनुपस्थिति का अर्थ होगा कि अब तुम्हें संबंधों की आवश्यकता नहीं रही। तुम अपने स्रोत की ओर वापस लौट आए, परंतु थोड़े अंतर के साथ। तुमने सारा अनुभव पा लिया है। सृष्टि ने तुम्हें सब कुछ दिखा दिया है। यह सुन कर हमारा यह मन संकुचित हो सकता है, उसे लग सकता है कि कहीं यह कोई दुःस्वप्न तो नहीं। परंतु ऋषियों ने इसे ही मोक्ष कहा है और वे इसका उत्सव मनाते थे। केवल मोक्ष पा चुकी आत्मा ही कुछ भी चुन सकती है। उसे ऊपर या नीचे खींचने वाला कोई नहीं रहता, और सुख व दुख का यह सारा खेल वहीं थम जाता है।

अपने-आपको मुक्त पा कर कैसा अनुभव होता होगा? असीम? अनाम? यदि तुम उस अनंत आत्मा को कोई शब्द देना चाहो - अच्छा, पवित्र, स्नेही, सच्चा - ऋषियों ने इसके लिए ''नेति'' कहा है, संस्कृत में जिसका अर्थ है, ''वह नहीं।'' जिसके माध्यम से आप लगातार कहते हैं, ''वह नहीं, वह नहीं।'' कुछ वेदांत शाखाओं में तो आध्यात्मिक पथ को ही, ''नेति-नेति'' कहा गया है। जब तक आप सब कुछ त्याग कर सार तत्त्व तक नहीं आ जाते। मरणासन्न व्यक्ति को चरण-दर-चरण इसका आभास होता है। ''यह तो मैं था, पर अब नहीं रहा।''

जब ऐसा होता है, तो मृत्यु को निकट से देखने का अनुभव करने वाला व्यक्ति अनंतकाल के वर्णन के बहुत निकट आ जाता है। एनडीई साहित्य में यह लेखा-जोखा बहुत प्रसिद्ध हुआ, जो मेलन थॉमस बेनेडिक्ट नामक कलाकार का था। 1982 में बेनेडिक्ट ब्रेन ट्यूमर के कारण चल बसा। वह डेढ घंटे तक मृत अवस्था में रहने के बाद पुन: जीवित हो गया, यह तथ्य पश्चिमी मापदंडों पर ख़रा नहीं उतरता। तिब्बती बौद्ध धर्म में उसे देलोग की तरह मान्यता मिलती, और बेनेडिक्ट के विवरण उतने ही सूक्ष्म और विस्तृत हैं, जैसे किसी देलोग ने दिए हों। मैं इस जगह उनका विस्तार से वर्णन करूँगा, क्योंकि बेनेडिक्ट की यात्रा व्यावहारिक तौर पर, मृत्यु के पश्चात जीवन के इनसाइक्लोपीडिया की तरह है।

उसने पाया कि वह अपने शरीर से बाहर था, उसे पता था कि उसका शव बिस्तर पर था। उसका बोध कितना गहरा हो गया था - वह अपने घर के अंदर, बाहर और नीचे देख सकता था - उसने महसूस किया कि वह अंधकार में घिर रहा था, पर जल्द ही एक तेज़ प्रकाश दिखाई देने लगा। वह उसकी ओर बढ़ा, उसे पता था कि यदि उस प्रकाश में प्रवेश किया तो वह मर जाएगा।

इस बिंदु पर बेनेडिक्ट ने चौंका देने वाला निर्णय लिया। उसने चाहा कि वह अनुभव वहीं रुक जाए और वह रुक गया। मृत्यु के बाद क्या होता है, उसने उसे नियंत्रित करने का उपाय खोज लिया, यह बात सुन कर कोई ऋषि भले ही अचंभित नहीं हो, परंतु एनडीई साहित्य के लिए यह एक अनूठी घटना थी। बेनेडिक्ट ने अनुभव को बंद करने के लिए कहा ताकि वह उस प्रकाश से बात कर सके। जब उसने ऐसा किया तो वह प्रकाश निरंतर अपने आकार बदलने लगा, ''कभी वह जीसस बन जाता तो कभी बुद्ध जैसा दिखता, कई बार वह मंडल या मूल आकार की जटिल छवियों और चिह्नों का रूप ले लेता,'' उसने हमें बताया। प्रकाश ने उसे कहा, (या कहें कि प्रकाश ने उसके मन में जानकारी को स्थानांतरित किया) कि मरणासन्न व्यक्ति को छवियों का ''फ़ीडबैक लूप'' दिया जाता है, जो उसके अपने विश्वासों से मेल खाता है : ईसाई अनुयायी ईसाई छवियों को देखते हैं, बौद्ध अनुयायी बौद्ध छवियों को देखते हैं। वह एक लूप या कुंडली की तरह होता है इसलिए मरणासन्न व्यक्ति उसके भीतर प्रवेश कर उसका अनुभव ले सकता है, उसे आकार दे सकता है, जैसा कि बेनेडिक्ट ने स्वयं को करते

हुए पाया। (प्रकाश ने बताया कि वह एक दुर्लभ केस था : अधिकतर लोग कोई भी प्रश्न किए बिना आगे चल देते हैं)

बेनेडिक्ट ने बहुत सारे बदलते आकारों को देखा, इसकी एक वजह यह भी हो सकती है कि वह कैन्सर का रोगी घोषित होने के बाद से विश्व के अनेक धर्मों तथा आध्यात्मिक परंपराओं के संपर्क में आया था। इसके बाद बेनेडिक्ट को पता चला कि वह वास्तव में जो देख रहा था, वह एक उच्चतम सेल्फ़ मैट्रिक्स (स्व का सांचा) था, जिसे उसने ''मानवीय आत्माओं के मंडल'' के रूप में वर्णित किया है; यह चेतना का ब्रह्माण्डीय ढांचा है। उसे अहसास हुआ कि प्रत्येक व्यक्ति के पास एक उच्चतम स्व है, जो स्रोत की ओर वापस ले जाने के माध्यम का काम करता है। ये कथन, बिना किसी बदलाव के, विशुद्ध वेदांत की तरह सुनाई देते हैं। इससे संदेह के लिए भी स्थान बनता है, हो सकता है कि बेनेडिक्ट हाल ही में पढ़े गए भारतीय ग्रंथों से बहुत अधिक प्रभावित रहा हो। वहीं दूसरी ओर, उसके दृष्टिकोण से जो अनुभव सामने आ रहा था, वह पूरी तरह से निरंतर चलने वाला और वास्तविक था।

आत्माओं के मैट्रिक्स को देखते हुए, बेनेडिक्ट को पता चला कि वे सभी आपस में जुड़े हुए थे; मानवता एक अस्तित्व में गुंथी थी; हममें से प्रत्येक इस संपूर्णता का एक पहलू है। वह इस मैट्रिक्स की ओर खिंचता चला गया, उसने कहा कि वह बहुत ही आकर्षक था। उससे एक आरोग्यकारी उत्पादक स्नेह प्रसारित हो रहा था, जिसने उसे द्रवित कर दिया। प्रकाश ने उससे कहा कि आत्मा का मैट्रिक्स एक सूक्ष्म ऊर्जा स्तर बनाता है, जो लोगों को एक साथ घेरते हुए, उन्हें आपस में बांधता है। बेनेडिक्ट ने परमाणु निरस्त्रीकरण और पर्यावरण व अन्य निराशानजक मसलों के बीच काफ़ी समय बिताया था, जिन्होंने उसे निराशावादी बना दिया था। उसने कहा कि अब उसका सामना, प्रत्येक मनुष्य की विशुद्ध सुंदरता से हो रहा था, जिसे देख कर वह चकित रह गया था।

वह वास्तव में आश्चर्यचकित था कि कोई भी आत्मा दुष्ट नहीं थी। प्रत्येक मनुष्य के प्रत्येक कर्म का संबंध प्रेम की खोज से था और जब लोग दुष्टता से भरे कर्म करते हैं, तो उनके मूल में प्रेम का अभाव ही होता है। जब उसने पूछा कि क्या इसका अर्थ है कि मानवता को बचाया जा सकता था, तेज़ रोशनी के साथ ''तुरही का स्वर'' सुनाई दिया और बेनेडिक्ट से

कहा गया कि उसे इस उत्तर को कभी नहीं भूलना चाहिए, मनुष्य पहले से ही बचे हुए थे, भले ही ताज़ा हालात कैसे भी क्यों नहीं दिख रहे हों।

बेनेडिक्ट उस गहरे प्रकाश में परमानंद का अनुभव कर रहा था, वह एक ऐसे लोक में था, जो पहले से कहीं सूक्ष्म परंतु विस्तृत था। तभी उसने "असीम प्रकाश धारा को देखा, वह कितनी गहरी और जीवंत थी।" जब उसने उसके बारे में पूछा तो प्रकाश ने बताया कि वह जीवन की नदी थी और उसे उससे जी भर कर पान करना चाहिए।

उसने अनंत कौतूहल से भर कर पूछा कि क्या वह प्रकाश उसे उस ब्रह्माण्ड को दिखा सकता था, जो हर प्रकार के मानवीय भ्रम से परे था। उसे कहा गया कि वह प्रकाश धारा पर सवार हो जाए और जब उसने ऐसा किया तो वे लोग एक सुरंग से हो कर निकले, जिसमें से सॉफ़्ट सॉनिक ध्वनि सुनाई दे रही थी। उनकी गति, प्रकाश की गति से भी अधिक थी, वे सौर मंडल से बाहर निकले, तारामंडल के बीच से होते हुए, कई संसारों और जीवन-रूपों के साक्षी बने, वे सभी एक विचित्र सी हड़बड़ी में दिखे। उस समय तक, बेनेडिक्ट ने एक ज़रूरी खोज कर ली थी, उसे पता चल गया था उसे जो अंतरिक्ष यात्रा लगी थी वह वास्तव में उसकी अपनी ही चेतना का विस्तार था। उसके पास से निकल रहे तारामंडल और तारों के पुंज, उसकी अपनी ही चेतना थी, जो एक के बाद एक अंतरिक्षकाल की सीमा से परे होती जा रही थी।

बेनेडिक्ट ने कहा कि एक बिंदु पर आने के बाद सारे तारामंडल कहीं ओझल हो गए, सभी जीवनरूपों ने जैसे चिर-परिचित रूप ले लिया। एक दूसरा प्रकाश दिखा, जिसमें ब्रह्माण्ड का हर स्पंदन समाया था। वैदिक ऋषियों के अनुसार, ये वही आदिम स्पंदन हैं, जिनसे सृष्टि का जन्म हुआ, जिसका अर्थ है कि बेनेडिक्ट वास्तव में चेतना के ही कार्य का साक्षी बन रहा था। बेनेडिक्ट ने इस अवस्था को अपनी भाषा में प्रकट किया, उसने कहा कि वह यूनिवर्स के होलोग्राम से इंटरफ़ेसिंग कर रहा था।

दूसरे प्रकाश से निकलते हुए, उसने मौन और अनंत स्थिरता का गहरा अनुभव किया। उसे लगा कि अब वह अनंत को देख सकता था। वह एक तरह के शून्य या उसके शब्दों में पूर्व-सृजन की अवस्था में था और उसकी चेतना असीम थी। वह उस परम के संपर्क में था, जो कोई धार्मिक अनुभव नहीं, बल्कि असीम सजगता थी। उसे बोध हुआ कि सारी सृष्टि किसी

भी आरंभ या अंत के बिना चल रही थी। उसने महसूस किया कि एक बिग बैंग के बजाए (यूनिवर्स को रचने वाली एक घटना) करोड़ों बिग बैंग लगातार नए यूनिवर्स रच रहे थे। वह समय से परे था, यह सब एक साथ सभी आयामों में घट रहा था।

इस कॉस्मिक प्रकटीकरण के बीच, बेनेडिक्ट की यात्रा चरण-दर-चरण अपने-आप ही पलट गई और वह घर में अपने बिस्तर में उठ बैठा और उसके पास एक अखंड अनुभव था, जो कि अब एनडीई साहित्य में बहुत ही जाना-पहचाना है कि मौत एक भ्रम थी।

बेनेडिक्ट ने अनुमान लगाया था कि धरती पर उसका जन्म एक शिशु, एक नए अवतार के रूप में होगा। जब उसने अपनी आँखें खोलीं तो वह अभी अपने पुराने ही रूप में था, वही शरीर, जो हॉस्पिक कर्मचारी के अनुसार एक घंटे पहले मर चुका था, वह उस समय वहीं उपस्थित था (परंतु कोई मॉनिटरिंग मशीनरी या डॉक्टर नहीं था। हॉस्पिक कर्मी जो उसे मृत मान चुका था, उसने बेनेडिक्ट को यक़ीन दिलाया कि वह पूरी तरह से मर चुका था, उसके शरीर में हल्की अकड़न भी आने लगी थी। एक स्टेथोस्कोप की मदद से सुनने पर कोई दिल की धड़कन भी नहीं सुनी जा सकती थी। कुल मिला कर यह दावा मेडिकल तौर पर इतना चौंका देने वाला था कि इससे बेनेडिक्ट की कहानी का हर हिस्सा संशय की चपेट में आ सकता था।)

हालाँकि बेनेडिक्ट को पहले थोड़ा अज़ीब सा लगा पर फिर उसे बेहतर महसूस हुआ कि उसका जीवन उसे वापस मिल गया था। उसे तीन महीने बाद अपने मस्तिष्क का स्कैन करवाने का अवसर मिला - वह अपने ट्यूमर को लेकर चिंता में था - पर उस जगह से अच्छी ख़बर मिली। ट्यूमर का नामोनिशान नहीं बचा था, ऑन्कोलॉजिस्ट के हिसाब से यह बीमारी के अपने-आप ठीक होने का एक दुर्लभ उदाहरण था। यह इस मसले को एक ओर देता है कि मेडिकल साहित्य में मौत से होने वाले सुधार का कहीं कोई वर्णन नहीं आता और जहाँ तक मुझे पता है, इस तरह के एडवांस ब्रेन ट्यूमर का अपने-आप ठीक होना वाकई दुर्लभ घटना थी।

मेरा निजी तौर पर यही मानना है कि हर अंत बिंदु ही आरंभ बिंदु है। मेलेन-थॉमस बेनेडिक्ट के लिए विशुद्ध चेतना एक अद्‌भुत यात्रा का परम बिंदु बनी। ऋषियों के लिए यह वर्तमान में जीने का आरंभ बिंदु है। बेनेडिक्ट के अनुभव की सबसे सच्ची बात यह रही कि उसे अपने वर्तमान

से महानतम मूल्य मिले : "लोग भगवान बनने की कोशिश में इतने मग्न हैं कि उन्हें अहसास ही नहीं कि हम पहले से भगवान हैं और भगवान हमारे रूप में हैं। यही सब कुछ है।" शून्य हर ओर है, उस अदृश्य क्षेत्र में ही सब समाया है, ईश्वर ने ही मनुष्य को हर संभव लाभ दिया है, इसमें सच्ची आध्यात्मिकता की झलक मिलती है।

तीन लोकों की यात्रा

हो सकता है कि किसी पक्के भौतिकवादी को अभौतिक लोकों की यात्रा करना असंभव लगे, परंतु असल में, हम सदा ही चेतना की दूसरी अवस्थाओं में यात्रा करते रहते हैं। ऋषियों के अनुसार, हम सजगता के तीन स्तरों के बीच गति करते हैं, जिनसे सारे अनुभव बनते हैं :

भौतिक वस्तुओं से भरी चेतना।
सूक्ष्म वस्तुओं से भरी चेतना।
किसी और से नहीं वरन अपने-आप से भरी चेतना - विशुद्ध चेतना।

हर अवस्था में आत्मा अलग दिखाई देती है। भौतिक संसार में आत्मा भावों और आदर्शवाद के आसपास केंद्रित होती है। इसका संबंध हृदय, प्रेम और ईश्वर के प्रति समर्पण भाव से होता है। हम स्वयं को याद दिलाने के लिए अपनी आत्मा को देखते हैं कि हमारे भीतर दिव्य चिंगारी है और फिर भी हम अपना जीवन इस पर आधारित नहीं करते। आत्मा बार-बार अपनी झलकी देती रहती है।

सूक्ष्म संसार में आत्मा स्पिरिट है, जो पवित्रता, ईश्वर से निकटता और भौतिक अस्तित्व के भार से मुक्ति का प्रतीक है। आत्मा अब केवल आराम नहीं देती, वह दर्द के रूप में परमानंद छिपा था। आत्मा अब शाश्वत है; बिना किसी भ्रम के इसके मार्गदर्शन में चला जा सकता है। प्रमुख भावना चुंबकीय है : एक व्यक्ति निरंतर उस दिव्य की ओर खिंचता चला जाता है।

विशुद्ध चेतना के क्षेत्र में, विलय पूर्ण हो गया है। एक व्यक्ति देख सकता है कि उसका स्व और आत्मा एक ही हैं। अब कोई इधर या उधर नहीं रहा, आत्मा का कोई स्थान नहीं। यह हर ओर है और इसके साथ ही

कहीं भी नहीं है। अब कोई आत्मा की अच्छाई, पवित्रता या शुद्धता की चाह नहीं रखता। यह बस होती है।

मृत्यु के बाद एक व्यक्ति को अपने-आप ही सूक्ष्म आयाम का अनुभव होता है, ऋषियों के अनुसार प्रत्येक आयाम दूसरे आयाम में लिपटा होता है। धरती पर देवदूतों का आना संभव है, चाहे उन्हें सूक्ष्म वस्तुओं के लोक से क्यों ना जोड़ा जाए। इसी तरह सफ़ेद घोड़े पर सवार हो कर पैगंबर मुहम्मद का जन्नत में जाना भी संभव है। इनमें से प्रत्येक सजगता बदलाव से जुड़ा है। इसके साथ ही, चेतना की हर अवस्था की अपनी अनूठी विशेषताएँ हैं और अपना एक अलग यथार्थ रखती है।

तीन लोक : अनंत का नक़्शा

1. भौतिक वस्तुओं की चेतना : यह ठोस वस्तुओं कर संसार है, जिसे हम पाँच इंद्रियों की मदद से प्रमाणित करते हैं। यह रेखीय समय के अनुसार चलता है। हम स्वयं को एक भौतिक शरीर के तौर पर देखते हैं, जो समय और स्थान से परे है। एक जीवनकाल में दो परम, जन्म और मृत्यु के बीच वर्षों की सीमित संख्या हो सकती है।

इस आयाम में पालन किए जाने वाले नियम कड़े हैं। गुरुत्वाकर्षण, प्रकाश की गति, पदार्थ और ऊर्जा का रूपांतरण (जो ना तो पैदा की जा सकती है और ना ही नष्ट की जा सकती है।); यही दूसरे प्राकृतिक नियमों का आधार बनते हैं।

यदि यह आपका प्रधान जगत है तो आपके पास निश्चित शक्तियाँ हैं, जो आपको इसके अन्वेषण की अनुमति प्रदान करती हैं। इनमें भौतिक बल, संकल्पशक्ति, तर्क, भावात्मक प्रकटीकरण, यौनिकता और निजी अधिकार शामिल हैं। आप जिस हद तक इन शक्तियों का भरपूर प्रयोग करते हैं, आप उतना ही अधिक सफल होंगे। इसके साथ ही, आप चेतना के इस आयाम को ही यथार्थ समझते हुए मोह पाल लेंगे।

इस संसार में आकाश किसी भौतिक स्थान जैसा लगता है, जो भौतिक वस्तुओं की अनंतता से भरा है।

आत्मा निजी अनुभव देती है, परंतु इसे झलकियों में ही देखा जा सकता है।

2. सूक्ष्म वस्तुओं से भरी चेतना : यह सपनों, कल्पनाओं और अनेक रूपों में सामने आने वाली प्रेरणा का संसार है। हम अपनी सहजता, प्रेम और सौंदर्य जैसे गुणों तथा अपने साथ अंदर और बाहर उस सूक्ष्म उपस्थिति के साथ अनुभव करते हैं, जो पाँच इंद्रियों को नहीं मिलती। इस आयाम में जीवन काल उतनी देर रहता है, जितनी देर उसकी कल्पना की जा सकती है।

सूक्ष्म जगत के *नियम* भी गतिशील हैं। घटनाएँ अगले या पिछले क्रम में हो सकती हैं। अदृश्य ढांचे लंबे समय तक बने रह सकते हैं (जैसे मिथ और मूल आदर्श), परंतु फिर भी, समय उन्हें भौतिक संसार की तरह कड़ाई से नहीं बांधता। गुरुत्वाकर्षण और प्रकाश की गति परम सत्ता नहीं रहते।

यदि यह आपका प्रधान जगत है, तो आपके पास ऐसी निश्चित *शक्तियाँ* होंगी, जो आपको इसके अन्वेषण की अनुमति प्रदान करेंगी। इनमें कल्पना, स्मृति, कलात्मक योग्यता, आध्यात्मिक संवेदनशीलता, आरोग्यकारी गुण और सहज ज्ञान शामिल है। आप इन शक्तियों का जितना अधिक अभ्यास करेंगे, आप उतने अधिक सफल होंगे। हालाँकि आप स्वयं को भौतिक संसार से विरक्त भी पा सकते हैं। आपको ऐसा लग सकता है कि आपको सही दिशा का ज्ञान नहीं मिल रहा। हालाँकि आपकी यह चिंता तब तक रहेगी, जब तक आप यह नहीं जान लेते कि सूक्ष्म जगत स्वयं ही आपको सहयोग देने की क्षमता रखता है।

आकाश स्वप्न जैसा लगता है, यह स्मृतियों, छवियों, आदर्शों और देवताओं, आत्माओं और अलौकिक जीवों से भरा है।

आत्मा एक मार्गदर्शक बल की तरह अनुभव करती है, जो अपने स्रोत की ओर वापस जा रही है। इसे निरंतर महसूस किया जा सकता है।

3. किसी और से नहीं वरन अपने–आप से भरी चेतना – विशुद्ध चेतना : यह सजगता का वह संसार है, जो अपने बारे में सजग है। इसमें कोई स्थूल या सूक्ष्म वस्तुएँ नहीं होतीं। हम इस संसार को ''मैं हूँ'' के माध्यम से पुष्टि देते हैं। अस्तित्व ही अपना साधन और अपना पुरस्कार हो जाता है। एक अनुभव के तौर पर, विशुद्ध चेतना मौन मन के साथ आरंभ होती है; यह संपन्नता और अर्थ के साथ तब तक बढ़ती है, जब तक एक व्यक्ति को उसका अनुभव होता है।

इस संसार के *नियम* सृष्टि पर लागू होते हैं। हर वस्तु और घटना के बीज यहीं अंकुरित होते हैं। यहीं समय, स्थान और भौतिक वस्तुओं की संभावना होती है। यहीं मन की संभावना होती है, वह विचार या छवियों के बिना होती है। हालाँकि यह किसी भी दृश्य से परे है, विशुद्ध चेतना जन्म देने को उत्सुक है; रहस्यवादी हमें कहते हैं कि जो कुछ भी है, यह उसी से गर्भवती है।

यदि यह आपका प्रधान जगत है, तो आपको इसके दिशा ज्ञान के लिए कोई शक्ति नहीं चाहिए। समय का प्रवाह तथा स्थान का विस्तार आपके लिए सहज घटना रहेंगे; वे आपके अस्तित्व के साथ आते-जाते रहेंगे। आप बिना मोह के उनके साक्षी रहेंगे-हालाँकि यदि आप चाहें तो किसी भी गुण या योग्यता - प्रेम, करुणा, शक्ति और सत्य के साथ - इनका सपूंर्ण अनुभव ले सकते हैं।

इस संसार में आकाश का सृजन अनुभव नहीं होता। जन्म और मृत्यु, जीवन और मरण आदि कोई संदर्भ नहीं रखते। इस जगह केवल एक अस्तित्व है। यह अपने-आप में एक संपूर्ण अनुभव है।

यह हमेशा याद रखना चाहिए कि मृत्यु के "बाद" का जीवन वैसा नहीं है, जैसा हम सोचते हैं। चेतना के सभी आयाम हमेशा मौजूद रहने वाले स्थान हैं।

भौतिक वस्तुओं के संसार को ढंकने वाला आकाश त्रि-आयामी है। हमारी आँखें लैंडस्केप को देख कर बता सकती हैं कि हम किधर हैं। ऊपर और नीचे स्थिर दिशाएँ हैं, जो हमें भौतिक रूप से केंद्रित करती हैं। समय में, पहले और बाद में, स्थिर बिंदु हैं, जो हमें बताते हैं कि हम अपने जीवनकाल में कहाँ हैं।

सूक्ष्म वस्तुओं के संसार को ढंकने वाला आकाश कहीं अधिक अस्थिर सीमाएँ रखता है। यह एक क्षण में मुक्त रूप से विचरण करने वाले स्वप्न में बदल सकता है। स्थिर आयामों की अनुपस्थिति में, अनुभव को गहराई से मापा जाता है। भाव गहरे होते हैं, सपने और जीवंत होते हैं और देवदूतों व अन्य अलौकिक जीवों की उपस्थिति प्रत्यक्ष महसूस की जाती है। अनुभव के साथ यह अपनी ही शर्तों पर एक आरामदायक जगह बन जाती है, जैसा कि यह कलाकारों, सहज ज्ञानियों और गहरे आध्यात्मिक लोगों के लिए पहले से होता है।

अपने-आप को घेरने वाला आकाश विशुद्ध अस्तित्व है। यह बहुत ही सुरक्षित लगता है क्योंकि इसमें हर वस्तु के साथ ऐक्य होता है। हर अनुभव भीतर से आता है, एकमात्र बिंदु, जिससे सृजन किसी ऊर्जा किरण या अनंत रूप से खिलने वाले फूल की तरह होता है।

आत्मा अवैयक्तिक होती है। यह अस्तित्व है, जिसमें कोई अतिरिक्त गुण नहीं हैं।

अपनी निष्ठा को बदलना

अब तक, हमने मृत्यु के बाद होने वाली घटना के लिए यात्रा को रूपक की तरह प्रयुक्त किया। अधिकतर लोग इसी आशा में भौतिक संसार का त्याग करते हैं कि उन्हें एक उच्चतम संसार में जाने का अवसर मिलेगा। वैदिक ऋषियों का कहना था कि असली परिवर्तन तो व्यक्ति की निष्ठा का होता है। जब हम मरते हैं तो हम ''भौतिक वस्तुओं से भरी चेतना के प्रति अपनी निष्ठा'' का त्याग कर देते हैं और ''सूक्ष्म वस्तुओं से भरी चेतना'' की ओर चल देते हैं। वेदांत में इसे ही स्वर्ग गमन कहा गया है।

ऋषियों के दृष्टिकोण से निष्ठा का यह परिवर्तन सहज लगता है। हालाँकि अधिकतर लोगों के लिए यह बहुत कठिन साबित हुआ। पूर्व और पश्चिम वाले इसे अपना नहीं सके, क्योंकि भौतिक संसार हमें निश्चिंतता प्रदान करता है। जब हम दूसरे संसार के बारे में सोचते हैं तो संदेह पैदा होता है, जबकि सच यह है कि हम अपने सपनों में सदा इसमें ही वास करते हैं। शेक्सपीयर के हैमलेट में ऐसे संदेह और व्याकुलता का उचित उदाहरण मिलता है।

हैमलेट के लोकप्रिय स्वगत कथन, ''टु बी और नॉट टु बी'' में वह सोचता है कि क्या उसे इस भीषण दुख के समय आत्महत्या करनी चाहिए या नहीं। वह अपने पिता के भूत की आज्ञा का पालन नहीं कर पाता और तख़्ता पलट करने वाले अंकल क्लॉडियस को मार देता है। वह दुख से घिरा है और बहुत सी चीज़ों ने उसे बरबाद कर दिया है; उसका अंत:करण, कायरता और असफलता की भावना, माँ के यौन संबंधी विश्वासघात से विरक्ति और पगालपन की हद तक जाने वाला गहरा अवसाद। हालाँकि आत्महत्या करने से उसके दुखों का अंत हो जाता, हैमलेट थोड़ा ठहर कर

चीज़ों को तार्किक दृष्टि से देखता है, समस्याओं को उसी तरह हिस्सों में विभक्त करता है, जैसा कि उसका तार्किक मन किया करता था।

...मर जाना, सो जाना;
और संयोग से अगर कोई सपना देख लेना।
सपना, इसी में तो पेंच है;
कौन जाने चोला छूट जाने पर मौत की उस नींद में कैसे-कैसे सपने आएँ,
जब भी हम इस नश्वर चोले को बदलें
तो अपने-आप को देना चाहिए विराम...

इस कविता की महानता को पीछे छोड़ दें तो डेनमार्क का राजकुमार भौतिक और सूक्ष्म संसार के बीच फंसा है और वह स्वयं को यक़ीन नहीं दिला पाता कि वह उनमें से किसी पर विश्वास करे। यदि इस बहस को आधुनिक भाषा में कहें : क्या मरण अंत है या नींद में जाने के समान है? यदि यह नींद के समान है तो क्या इसका अर्थ है कि इससे मेरी समस्याओं का अंत होगा या मैं बुरे सपनों में खो कर रह जाऊँगा? हो सकता है ये सपने जीवित रहने से भी बुरे हों, तब भी, जब जीवन इतना दर्दनाक हो। मैं किसी ऐसे व्यक्ति से बात नहीं कर सकता, जो मर कर वापस आया हो, इसलिए मैं इस समस्या को हल नहीं कर सकता। मेरे मन में संदेह है और इसी संदेह की वजह से मैं जीना चाहता हूँ।

अपनी निष्ठा में परिवर्तन के बारे में वेदांत यही कहना चाहता है; यदि आप सफल नहीं हैं तो आप विस्मय से भरे संदेह से घिरे रहेंगे। रहस्य यही है कि *आपको सूक्ष्म संसार को साधना होगा ताकि आप भौतिक संसार से छूट सकें।* इस समय अपने तार्किक विचार पर भरोसा करते हैं। आप एक से दूरी घटना तक रेखीय रूप में जा रहे हैं। आपकी भौतिक शक्ति आपको वस्तुओं से छेड़छाड़ करने और सुरक्षित महसूस करवाने में मदद करती है कि आप अपना बचाव कर सकते हैं। आपकी संकल्पशक्ति और चरित्र का बल आपको दीर्घकालीन लक्ष्य पाने में सहायक होंगे।

इनमें से कोई भी शक्ति सूक्ष्म संसार में मायने नहीं रखती और इसलिए मृत्यु के बाद भी कोई सहयोग नहीं मिलता। और स्थूल और सूक्ष्म जगत के बीच की दहलीज़ दिग्भ्रमित है। हम पहले ही सपनों में इसका अनुभव करते

हैं। एक सपने में आप किसी घर को पंख की तरह उठा सकते हैं, समय में पीछे जा सकते हैं या फिर भयावह हालात में पूरी तरह से असहाय महसूस कर सकते हैं, भले ही आपने इससे बाहर आने के लिए कितना भी संघर्ष क्यों नहीं किया हो। भौतिक और सूक्ष्म यथार्थ के बीच की दहलीज बहुत ही गुमराह करने वाली है। हम सपनों में इसका अनुभव कर चुके हैं। एक सपने में आप किसी मकान को पंख की तरह उठा सकते हैं, समय में पीछे की ओर जा सकते हैं या फिर किसी भयावह स्थिति में पूरी तरह से असहाय अनुभव कर सकते हैं, चाहे आप इससे उबरने के लिए कितना भी संघर्ष क्यों नहीं कर रहे हों। याकी सिद्ध डॉन जुआन ने कारलोस कास्टानेडा को आध्यात्मिक गुरु के रूप में जो भी शिक्षाएँ दीं, वे बुनियादी तौर पर यही सिखाती हैं कि सूक्ष्म संसार में कैसे रहना है, इस प्रसंग में कास्टानेडा चिंता और संदेह के साथ सामने आते हैं।

एक प्रकरण में डॉन जुआन कास्टानेडा का हाथ पकड़ कर एक लंबे पेड़ से छलांग लगा देते हैं। जब वे ठोस धरती पर गिरते हैं, तो कास्टानेडा बीमार और परेशान सा लगता है (कास्टानेडा अक्सर भय के क्षणों में ऐसा महसूस करता है मानो उसका जी मितला रहा हो।) गुरु उससे पूछते हैं कि जैसे हमने अभी पेड़ से छलांग लगाई, उसमें और सपने में पेड़ से छलांग लगाने में क्या अंतर है। फिर वे अपने ही प्रश्न का उत्तर देते हुए कहते हैं। सपने में आप आसानी से पेड़ से छलांग लगा सकते हैं, क्योंकि सपने में ऐसा करना सहज होता है। आप जानते हैं कि आप जागने वाले हैं और तब आपको अहसास होता है कि आपके सपने की सारी घटनाएँ आपके दिमाग़ के स्नायु आवेग थे। कोई ''असली'' पेड़ नहीं था और आपको अपना पूरा सपना एक भ्रम लगने लगता है।

आप भौतिक जगत में आसानी से पेड़ से छलांग इसलिए नहीं लगा सकते, क्योंकि तब आपको यह अहसास नहीं होता कि आप जाग सकते हैं। एक सिद्ध व्यक्ति ऐसा इंसान है, जिसने पूरी तरह से जागना सीख लिया है इसलिए उसके लिए पेड़ से छलांग लगाना सहज है। यह एक दिमाग़ के स्नायु आवेगों के कारण होता है। असल में कोई पेड़ नहीं है। पर अगर आप किसी पेड़ को असली मानते हैं तो आपको ऐसी दुनिया की सीमाओं को भी मानना होगा।

व्यक्ति को अचानक ही अहसास होता है कि भौतिक जगत से परे निष्ठा को बदलना अपने-आप में एक बड़ी चुनौती है। क्या इसमें पेड़ों से छलांग लगाने की योग्यता भी शामिल है? यह अपने-आप में अति का मामला होगा (हालाँकि यह अनसुना नहीं है : कैथोलिक और हिंदू गाथाओं में उड़ने वाले संतों के प्रसंग आते हैं, मिस्र में तो एक नन को पेड़ पर हवा में बने उनके बसेरे से फुसला कर उतारना पड़ा था।) हममें से बहुत कम लोग ही मौत के बाद जीवन के रहस्य की तलाश करते हैं, इससे ही पता लगाया जा सकता है कि हम कितनी स्थिर निष्ठा रखते हैं। फिर भी कई बार ऐसे पल आते हैं, जब हमें अहसास होता है कि सपने की माया के बिना भी हम चेतना के एक स्तर से दूसरे स्तर तक जाने की योग्यता रखते हैं। मैं आपको उदाहरण से बताना चाहूँगा :

''तीस साल पहले, मुझे अपने दिमाग़ में एक ऐसा स्विच मिला, जो असलियत को बदल सकता था।'' हारोल्ड यह बात कह रहा था। उसकी उम्र साठ के लगभग होगी और वह एक रिटायर्ड लांस संपादक है। हम लोग दो साल पहले न्यू एज बुक कन्वेन्शन में मिले। ''मैं कान्जेनिटल हार्ट डिफ़ेक्ट के साथ पैदा हुआ, जिसकी वजह से कम उम्र में ही जान जा सकती थी। मैं बचपन से ही इसी सोच के साथ बड़ा हुआ। पर कॉलेज के बाद अपने उसी हार्ट की वजह से मुझे पेसमेकर लगवाने के लिए अस्पताल जाना पड़ा।''

''बदक़िस्मती से कई तरह की परेशानियों का सामना करना पड़ा - पहले संक्रमण और फिर कई तरह की दूसरी दिक़्क़तें। एक रात उन्हीं बदतर हालात के बीच मैं अपने पलंग पर लेटा हुआ था। नर्स मेरा तापमान लेने आई और जाते हुए बत्ती बंद करना भूल गई। मैं खीझा हुआ था पर इतनी नींद आ रही थी कि पलंग से उठने का मन नहीं हुआ। फिर बत्ती बंद हो गई।''

''पहले तो मुझे इसमें कुछ भी अज़ीब नहीं लगा, हालाँकि स्विच मेरे ठीक सामने था और मैंने किसी को लाइट बंद करते नहीं देखा था। कुछ ही सेकेंड बाद लाइट फिर से जली। वह जली और फिर बंद हो गई। मैं डरने के बजाए वहीं लेटा उसे ताकता रहा। बेशक़ स्विच को कोई ऑन या ऑफ़ नहीं कर रहा था पर बल्ब के जलने और बंद होने की आवाज़ तक सुनी जा सकती थी। अचानक ही दिमाग़ में एक अज़ीब सा ख़याल आया। यह तो *मैं हूँ।*

उस एक पल में मेरी नींद ग़ायब हो गई और मैंने असाधारण स्पष्टता को महसूस किया। ''क्या आपने ऐसा कभी सुना है? अपने मन से बत्तियों को जलाना और बंद करना?''

मैंने उन्हें बताया कि मैंने इससे भी अज़ीब बातें सुनी हैं। क्या धारावाहिक स्वयं को दोहराते हैं?

''अभी बहुत समय नहीं हुआ। पिछले ही महीने की बात है। न्यू यॉर्क में गर्मियों की एक रात थी। मेरा विमान चार घंटे की देरी से चल रहा था और मैं गुस्से से खौल रहा था। मेरे सारे संपर्क टूट गए थे और मैं बेताबी से अपना सामान आने की प्रतीक्षा में था। तभी मन में यह बात आई, *इन्होंने मेरा सामान गुम कर दिया है।* बेशक़ सब अपना सामान ले कर निकल गए पर मेरा सामान बेल्ट पर नहीं आया।''

''तो मैं सीधा लॉस्ट बैगेज ऑफ़िस गया और क्लर्क पर बड़-बड़ाने लगा, जिसे ज़रा भी परवाह नहीं थी। उसने जंभाई लेते हुए किसी को फ़ोन करके पूछा कि क्या कोई सामान पीछे छूट गया था। फिर उसने बोरिंग सी आवाज़ में कहा कि मुझे अपने सामान के दावे के लिए फ़ॉर्म भर देना चाहिए। अब तक कुछ भी अज़ीब नहीं लग रहा था।''

अपना आपा खो देने की हद तक खड़े हारोल्ड के मन में अचानक ही एक बात आई। *जैसे आसानी से गुस्सा आता है, उसी तरह आसानी से प्रसन्न भी हो सकते हैं। आप चाहें तो हालात को सकारात्मक बना सकते हैं।*

''मैंने अपने दिमाग़ में उस अदृश्य स्विच को देखा और मैं जानता था कि अगर मैंने स्विच बदला तो सब कुछ बदल जाएगा। तो मैंने यही किया। क्लर्क ने मुस्करा कर कहा कि वह फ़ोन करके मेरे बैगों का पता लगाती है। मतलब वह इस तरह पेश आई मानो उसने यह काम पहले नहीं किया था। उसने किसी को कॉल किया और मुझे बताया कि मेरा सामान मिल गया है। मुझे एक उपलब्धि का अहसास हुआ। फिर मेरे पीछे खड़ी सुंदर सी लड़की ने कहा कि उसी फ़्लाइट में उसका बैग भी गुम हुआ था। *मेरे मन में बात आई, तुम्हें भी तुम्हारा सामान मिलना चाहिए।* और अगले ही पल क्लर्क ने बताया कि उन्हें मेरे सामान के साथ ही उस युवती के बैग भी मिल गए हैं।''

''और आपने इस घटना को तीस साल पहले अस्पताल में हुई घटना से जोड़ दिया?'' मैंने कहा।

''क्या आप ऐसा नहीं करते। एयरपोर्ट वाली घटना के बाद से मैंने स्विच का प्रयोग एक-दो जगह पर और किया। एक बार पूरी तरह से भरे हुए विमान में सीट मिली और दूसरी बार तब, जब होटल वालों ने कमरा बदलने के लिए मना करने के बाद भी कमरा बदल दिया था।''

''क्या आमतौर पर भी किन्हीं ख़ास ताकतों के शामिल हुए बिना भी ऐसी घटनाएँ नहीं घटती रहतीं?'' मैंने पूछा। हारोल्ड विस्मित था। यह एक अलग बात थी। वह बता सकता था कि वह इसकी वजह था।

उसके अनुभव में बहुत सी बातें चौंकाने वाली हैं। इनमें सजगता को जान कर किया गया बदलाव भी शामिल है। यह बहुत विशेष और यहाँ तक कि अलौकिक लगता है। इसके बाद हारोल्ड ने स्वयं को एक नई रोशनी में देखा। इसने इस संभावना का विस्तार किया कि मन क्या कर सकता है, हालाँकि ''स्विच बदलने'' की बात अपने-आप में बहुत ही साधारण लगती है। अंत में, जब अनुभव पूरा हुआ तो यह धूमिल हो गया और इसे पूरी तरह से भुला दिया गया। क्या हम कह सकते हैं कि तब हारोल्ड ने आकाशीय क्षेत्र का दौरा किया था? वेदांत कहता कि हारोल्ड ने चेतना के बदलाव को अनुभव किया और जब ऐसा हुआ, तो वह संसार भी इसके साथ बदल गया। मृत्यु के बाद का जीवन भी ऐसे ही काम करता है, आपके अंदर एक आँतरिक बदलाव आता है, जो एक विभिन्न बाहरी परिवेश रचता है।

यह समझना बहुत महत्त्व रखता है कि भौतिक वस्तुओं, सूक्ष्म वस्तुओं और विशुद्ध चेतना के क्षेत्र वास्तव में एक ही क्षेत्र हैं - आकाश - जिन्हें तीन पहलुओं में देखा जाता है। आस्था पर आधारित आरोग्य में इसे स्पष्ट तौर पर देख सकते हैं, जो विशुद्ध चेतना (ईश्वर), एक सूक्ष्म घटना (प्रार्थना) और भौतिक शरीर को एक साथ लाता है। प्राय: आरोग्य पाने वाले जो प्रकाश देखते हैं, वह एक सूक्ष्म ऊर्जा होती है, जिसे शरीर में होने वाले इलेक्ट्रिकल और नर्वस चार्ज, दौरे, ऐंठन या तंद्रा के तौर पर भी देखा जाता है। चेरी लोमोनेट ने अपनी किताब द *हीलिंग टच ऑफ़ मैरी* में निम्नलिखित प्रसंग दिया है :

डॉन जे. एक पक्की कैथोलिक थीं, जिन्होंने अपनी युवावस्था में वर्जिन मैरी का विज़न पाने के लिए प्रार्थना की थी। जब उन्होंने अपने माता-पिता का घर छोड़ा तो उसके तुरंत बाद उन्हें असल में मैरी से मिलने का सौभाग्य मिला। वे मंत्रमुग्ध भाव से विनीत हो उठीं। हालाँकि वे खुद को

इस लायक़ नहीं मानती थीं कि वे परमात्मा की माँ को अपने भीतर अनुभव करें पर उन्हें यह अहसास तो हो ही गया था कि उन्हें एक संदेशवाहक के तौर पर चुना गया था।

जल्दी ही ऐसा मौक़ा आया, जब एक सहकर्मी ने निजी काम में उनकी सहायता चाही। सहकर्मी को अपनी पत्नी की चिंता थी, जो ब्रोंक्स में एक ऐसे घर में जाने लगी थी, जहाँ मदर मैरी की एक प्रतिमा से निरंतर सुगंधित तेल निकल रहा था। डॉन ने हस्तक्षेप की हामी भर दी और उस घर में गईं। जब वे अंदर गईं तो गुलाबों की तेज़ गंध नाक से टकराई और जब उन्हें वह छोटी सी प्रतिमा दिखाई गई, जिससे निरंतर गुलाब का अर्क निकल रहा था तो उन्हें यक़ीन हो गया कि वह वास्तव में एक चमत्कार था।

धीरे-धीरे वे उस घर में बार-बार जाने लगीं और हर बार उन्हें उस सुगंधित तेल में दैवीय उपस्थिति का अनुभव होता। एक बार उस घर में जाने पर घर की मालकिन ने बताया कि घर की दीवारों और फ़र्नीचर से भी वही तेल निकलने लगा था, जिसे उसने रुई के फाहों से पोंछ दिया था। डॉन को उन्हीं फाहों से भरा बैग घर ले जाने को दिया गया। कुछ समय बाद उसे पता चला कि उसकी एक दोस्त की तीन महीने की बच्ची स्पाइनल मेनिनजाइटिस से ग्रस्त होकर बीमार थी और उसे अस्पताल के आईसीयू में भर्ती करवाया गया था। डॉन को अपने अंदर से महसूस हुआ कि क्यों ना उस सुगंधित तेल को बच्ची के आरोग्य के लिए प्रयुक्त किया जाए। उसने बच्ची के माता-पिता से अनुमति ली और उसके कमरे में चली गई। छोटी बच्ची लगभग बेसुध थी और उसे खिलाने व दवा देने के लिए इंक्यूबेटर में रखा गया था। बहुत ही दयनीय दृश्य था।

डॉन ने तेल से भीगा फाहा लिया और बड़े ही आराम से उसकी पूरी पीठ पर लगा दिया। अगले दिन उसे पता चला कि बच्ची ख़तरे से बाहर थी। दो ही दिन में बच्ची आराम से सोने और दूध पीने लगी। फिर उसे उसके घर भेज दिया गया। केस को देखने वाले डॉक्टर का मानना था कि यह एक क़रिश्माई मामला था। डॉन का कहना था कि यह मैरी का हीलिंग टच था।

नि:संदेह, कैथोलिक गाथाओं में ऐसे अनेक प्रसंग मिलेंगे, जिनमें यही बताया गया है, परंतु हमें यह सोचना है कि इस मामले के लिए क्या कहा जाए? मेरे हिसाब से यह दिखाता है कि चेतना के तीनों तल आपस में गुंथे ही नहीं होते, बल्कि सक्रिय तौर पर परस्पर शामिल भी होते हैं। प्रतिमा, तेल

और बच्ची का शरीर भौतिक तल का प्रतिनिधित्व करते हैं। मैरी का विज़न, डॉन की आस्था और तेल में मौजूद दिव्य उपस्थिति सूक्ष्म तल का प्रतीक हैं। दिव्यता स्वयं विशुद्ध चेतना के तल का प्रतीक है। मैं किसी सत्य को प्रतिष्ठित करने के लिए यह प्रसंग नहीं सुना रहा। लेखक ने यह प्रसंग लिखते हुए सत्य की पुष्टि के लिए कोई पूछताछ नहीं की। उन्होंने ऐसे लोगों की ईमानदारी पर भरोसा किया, जो केवल अपने अनुभव बता रहे थे और उन्हें इससे कोई लाभ नहीं होने वाला था। मेरा मक़सद केवल इतना है कि उस संभावना को मुक्त किया जा सके कि आकाशीय क्षेत्र एक एकीकृत नियम है, जिसमें कारकों की विस्तृत श्रेणी शामिल है।

कहीं न कहीं, आकाश में देवदूत आसपास देख कर कहते होंगे, ''यह वास्तविक है।'' बिछुड़ने वाली आत्माओं, महान आध्यात्मिक जीवों और ''पार उतरने वाली'' आत्माओं को भी यही लगता होगा। मृत्यु के बाद जीवन के लैंडस्केप उतने ही जटिल हो सकते हैं, जितनी किसी व्यक्ति की इच्छा होगी; जब तक हम यह याद रखते हैं कि देवी, देवता, आत्माएँ और सोल्स केवल एक ही चीज़ से बनते हैं : अपने ही भीतर से रचने वाली चेतना।

10

तूफ़ान से बचाव

सावित्री को रमण पर विश्वास था, परंतु जब घंटे लंबे होने लगे तो उसे एक बार फिर से समय की चिंता सताने लगी। उसके मन में बार-बार यही बात आ रही थी, सत्यवान का बलशाली शरीर, यम की दृष्टि पड़ते ही ठंडा और निर्जीव हो रहा है। उसने सोचा, *मैं अपना सब कुछ खो दूँगी।*

रमण उसकी ओर मुड़े। ''क्या तुम सच में सब कुछ खो देने से डरती हो?'' उन्हें सावित्री के मन में चल रही बात को भांपने में देर नहीं लगती थी।

''नि:संदेह।'' सावित्री दयनीय स्वर में बोली।

रमण ने आगे की ओर संकेत किया। उस पगडंडी के पास ही एक कच्चा सा तीर्थ दिखा, जो किसी ने वन में बना दिया था। वहीं लताओं के बीच वेदी पर विष्णु की प्रतिमा रखी थी। सावित्री जानती थी कि विष्णु संसार के पालक हैं, वह झट से आगे बढ़ी और उन्हें चढ़ाने के लिए कुछ जंगली फूल बटोर लिए। उसने सोचा, *यह मेरे लिए संकेत है।* रमण वहीं खड़े रहे और सावित्री विष्णु के आगे माथा टेकते हुए सहायता की याचना करती रही। वह बार-बार यही दोहरा रही थी, *मैं सत्यवान के लिए कुछ भी करूँगी।*

जब उसने नज़रें उठाईं तो भगवान विष्णु साक्षात खड़े दिखाई दिए। सावित्री भौंचक्की रह गई। ''अगर तुम्हारे पति के प्राण बचा लूं तो क्या मेरे लिए कुछ भी करोगी?'' उन्होंने पूछा। सावित्री ने तत्काल उत्तर दिया, ''जी।'' ''तो नदी पर जाओ और मेरे पीने के लिए जल ले आओ।'' विष्णु बोले।

सावित्री झट से नदी की दिशा में भागी। रमण कहीं नहीं दिख रहे थे, पर सावित्री को याद था कि नदी कहीं आसपास ही थी। वह नदी के पास घुटनों के बल बैठ कर सोचने लगी कि वह पानी किसमें ले जा सकती थी। तभी उसे नदी के किनारे के साथ-साथ कोई दिखाई दिया। वह तो सत्यवान था! सावित्री ख़ुशी के मारे झूमते हुए उसकी ओर भागी, उसकी आँखों में आँसू थे। सत्यवान ने उसे गले से लगा लिया और पूछा कि क्या हो गया था।

सावित्री ने उसे सुबकियों के बीच बताया कि वह किस प्रकार के संकट में था। "फिर तो हमें अपने घर वापस जाना ही नहीं चाहिए।" सत्यवान ने घोषणा की। उसने सावित्री का हाथ कोमलता से थाम लिया। वे नदी के किनारे चलते रहे और फिर उन्हें एक मछुआरा दिखा, जो अपनी नाव किनारे पर बांध रहा था।

उसने उन्हें अभिवादन करने के बाद बताया कि वह नदी के बीच स्थित द्वीप पर मछली पकड़ने जा रहा था। "वह रहा मेरा घर।" उसने उस ओर संकेत किया। सत्यवान ने झट से मछुआरे से बात की और उसका सहायक बन गया। वह और सावित्री द्वीप पर ही जा बसे।

सावित्री बहुत प्रसन्न थी, क्योंकि कुछ दिन बीत चुके थे और यम का कुछ पता नहीं था। उसके पति ने मछलियाँ पकड़ना सीख लिया और वे दोनों सुख-चैन से रहने लगे। कई साल बीत गए। उनके घर दो बच्चों ने जन्म लिया। दोनों ही उनकी आँखों के तारे थे। फिर एक रात द्वीप पर भारी तूफ़ान आया। तेज़ हवा चलने लगी और नदी में ऐसा उफान आया जितना पहले कभी नहीं आया था। सुबह तक, बहुत कुछ बह गया था। सावित्री ने किसी तरह खुद को पेड़ पर रस्सी लटका कर बचाया। सुबह सूरज निकलने पर उसने देखा कि सत्यवान, उसका घर और बच्चे पानी में बह गए थे।

उसने किसी तरह नाव खोजी और उसे खे कर किनारे तक जाने लगी पर उसकी हालत इतनी ख़राब थी कि वह रेत में गिर कर रोने के सिवा कुछ नहीं कर पाई। अचानक उसे अपने पास एक साया दिखाई दिया। उसने देखा कि भगवान विष्णु खड़े थे। "क्या तुम्हें मेरे लिए पीने का पानी लाना याद रहा?" वे बोले।

सावित्री ने खुद को देखा तो उसे हैरानी हुई कि वह तो उसी साड़ी में थी, जो उसने भगवान विष्णु से पहली भेंट के दौरान पहनी हुई थी। ज्यों

ही वह उनके लिए पानी लेने के लिए झुकी, तो उसे अपनी परछाईं में वही युवती दिखाई दी जो वह बरसों पहले थी। ''ये क्या हुआ?'' उसने हैरानी से पूछा।

विष्णु बोले, ''मेरे साथ समय नहीं रहता। मैं मृत्यु से परे हूँ। समय लाभ और हानि का क्षेत्र है। जब तक तुम समय में हो, तब तक यह भ्रम बना रहता है कि तुम हानि से बच सकते हो, जो परिवर्तन का ही दूसरा नाम है।''

''फिर तो सत्यवान भी जीवित हो सकता है!'' सावित्री ने आह भरी। ''क्या उसे बचाया जा सकता है?''

विष्णु अलोप होने लगे थे। सावित्री ने उनकी परछाईं पकड़नी चाही पर हवा के सिवा कुछ हाथ नहीं आया। फिर वह मुड़ी तो रमण को अपने ही पीछे खड़ा पाया।

''देखा तुमने?'' रमण बोले। ''तुम जिसे खोने से डरती हो, वह असल में है ही नहीं। जो वास्तव में है, मौत उसे छू भी नहीं सकती। इस तरह से यह मृत्यु की ओर से एक उपहार है।''

''मैं ऐसा नहीं देख पाती।'' सावित्री ने निराशा से कहा।

''जब तुम नहीं रहोगी तो तुम्हें सब खोने के लिए विवश कर दिया जाएगा पर फिर भी कुछ तो शेष रहेगा। यह आत्मा है, जो वास्तविक है। इस तरह तुम्हें हानि का उत्सव मनाना चाहिए। अस्तित्व का फंदा कभी भी छूट सकता है, सार हमेशा बना रहेगा। और वह सार तुम हो।''

सीमाओं से पार जीना

मृत्यु के बाद का जीवन कोई रहस्य नहीं है, जिसे हल करना है। यह जीवन को सीमाओं से पार जीने का अवसर है। जैसा कि ऋषियों ने कहा है, सजगता, विशुद्ध चेतना के साथ बद्ध अवस्था में आरंभ होती है और फिर धीरे-धीरे एक-एक तल से उतरते हुए भौतिक संसार में प्रवेश करती है। प्रत्येक स्तर तुम्हारे भीतर है। किसी भी क्षण में, तुम खुद को कहीं भी ले जा सकते हो; सीमाओं का चुनाव, तुम्हारा अपना है। यही वजह है कि स्वर्ग और नरक की यात्रा कोई सुदूर स्थित संभावना नहीं। कई लोगों के लिए यह स्वीकार करना कठिन होता है, क्योंकि वे एक स्थिर और विश्वसनीय

''मैं'' चाहते हैं, जो उनके अस्थिर संसार में स्थिरता लाएगा। परंतु निरीक्षक और निरीक्षण की गई वस्तु में कोई भेद नहीं है। बाहरी और भीतरी जगत निरंतर बदल रहे हैं।

मृत्यु के बाद अनुभव बदल कर सूक्ष्म लोक में चला जाता है, जो स्वयं को अनंत विविधता में प्रकट करता है। हालाँकि हम पहले ही प्रतिदिन सूक्ष्म अनुभवों का स्पर्श कर रहे हैं। हम सूक्ष्म जगत की इन यात्राओं में निम्नलिखित में से कुछ नाम देते हैं :

स्वप्न
कल्पना
मिथ
आदर्श
देवप्रकटीकरण
''साया''
सामूहिक चेतना
देवदूत, राक्षस, संत, बोधिसत्व और इष्ट
इच्छाएँ और कामनाएँ
प्रेरणा

इस सूची में लगभग वह सब आ जाता है, जिसे ऋषि ''सूक्ष्म वस्तुओं से भरी चेतना'' कहते आए हैं। आप इन उपलोकों को ध्यान में रखे बिना स्वयं को एक संपूर्ण व्यक्ति के रूप में नहीं देख सकते। ये भविष्य के लक्ष्य हैं, परंतु यहीं और अभी भी हैं। एक ''साया'' या ''झलक'' सुनने में अलग सा शब्द लग सकता हैं, परंतु इसमें ऐसी शक्तियाँ छिपी हैं, जो हमारी इच्छा से भी परे हमें प्रभावित करती हैं। जंग के मनोविज्ञान में इस आभास का अस्तित्व, अवचेतन का क्षेत्र है, जहाँ हम उन ऊर्जाओं को रखते हैं, जो हमारे लिए अंधकार, दुष्टता, शर्मनाक और दुष्ट जीवों का संस्करण होती हैं। यह कल्पना करना कठिन है कि यह साया, उसी तरह अपना स्थान कैसे बना लेता है, जैसे प्रकाशमय अस्तित्व बनाते हैं, जिनमें हमारे देवदूत और इष्ट आदि शामिल हैं। हम इन्हें अलग-अलग स्थान देना चाहते हैं, परंतु सूक्ष्म लोक में कोई भौतिक विभाजन नहीं होते इसलिए स्वर्ग और नरक में

कोई भेद नहीं है, साए और प्रकाश में भी कोई भेद नहीं है। संपूर्ण सूक्ष्म लोक तक पहुँच बनाना हमेशा आसान और मुक्त है। अगर आप कल्पना करते हुए सपने देख सकते हैं, तो आप बिछुड़ी हुई आत्माओं, देवदूतों और देवताओं का अनुभव भी पा सकते हैं।

इस तरह, जो भी चेतनाओं के उपजगत में प्रवेश करना चाहता हो, उसके लिए पहला चरण यही होगा कि वह अपने यथार्थ और अयथार्थ से जुड़े कट्टर दृष्टिकोण से छुटकारा पाए। अनेक संस्कृतियों ने पाया कि जीवन और मृत्यु के बीच का अवरोध प्रवेश करने योग्य है। हम ही इसे एक दीवार बनाने पर तुले हैं और इस हठ के पीछे एक अज्ञात भय झांक रहा है। हम संपूर्ण सूक्ष्म लोक को, मृत्यु लोक के समान मानते हैं, जबकि ऐसा बिलकुल नहीं है।

''मेरा बेटा बाईस साल का था, जब वह नहीं रहा।'' एक महिला ने हाल ही में बताया। ''उसे ब्रेन ट्यूमर था और जिस दिन उसकी मौत हुई, मैं उस दिन उसके घर ही थी। मेरे साथ उसकी नवविवाहिता पत्नी और बहन भी थे। टॉम ने बहुत शांति से अपनी देह त्यागी। उस शाम हम तीनों देर रात तक उसके बारे में ही बातें करते रहे। हम शायद देर तक जागे होंगे, क्योंकि हम वहीं अलाव के पास ही सो गए।''

''अगली सुबह टॉम की पत्नी बहुत उत्साहित थी, उसने बताया कि टॉम उसके सपने में आया था, उसने उसे दिलासा दिया कि सब ठीक है। तभी टॉम की बहन बोली कि टॉम रात को उसके सपने में भी आया था और उसे भी ठीक यही कहा। वे मेरी ओर मुड़ीं और हाँ, मुझे भी ठीक वही सपना आया था। हम सबको लगा था कि टॉम उस जगह इस तरह मौजूद था कि यह कोई सपना नहीं हो सकता था – वह सच में वहीं था।''

इस उदाहरण में हम सूक्ष्म जगत की कई परतों के पार देखते हैं : सपने, बिछुड़ी हुई आत्माएँ और सामूहिक चेतना। इस दशा में, सामूहिक का अर्थ एक ऐसी सजगता है, जिसे तीन लोग मिल कर देखते हैं, हालाँकि इस शब्द को और भी अधिक विस्तृत किया जा सकता है। इस तरह का मेल हमारी सोच से भी कहीं ज़्यादा हो सकता है। सीमाएँ तो मनमानी होती हैं। आइंस्टाइन की प्रतिष्ठा उनके तार्किक चिंतन पर टिकी है, उन्होंने भी घोषणा की थी कि सापेक्षता के सिद्धांत का बीज दिवास्वप्न के दौरान ही आया था। क्या हमें इसे एक सपना कहना चाहिए, एक विज़न या फिर

प्रेरणा? क्या हम टॉम का अपने परिवार को दिलासा देना वास्तविक मानेंगे या यह एक भ्रम था? प्रेरणा या फिर उन तीनों का दुख, जो इस रूप में प्रकट हुआ।

वैदिक ऋषियों ने सूक्ष्म जगत को दिखाने का ही कार्य संपादित किया। यदि उनकी व्याख्याओं का गहराई से अध्ययन करें तो हम वास्तविकता के उस स्तर की खोज शुरू कर सकते हैं, जो आत्मा के निकटतम है। हम अमरत्व के छोर तक आ गए हैं, जो अभी पूरी तरह से शाश्वत नहीं, परंतु समय और काल की सीमा में भी नहीं आता।

पाँच कोश

एनडीई, तिब्बती बौद्ध और प्रकटीकरण की पुस्तक एक ही बात पर सहमत है : जब हमारी मौत होगी तो हम सुंदर दिखेंगे। तिब्बती बारदो का ''सुनहरा शरीर'' और क़यामत के दिन क़ब्र से एक संपूर्ण देह का उठना, जो आयु और क्षय से परे हो। जब लोग सपनों में अपने से अलग हो चुके प्रियजन को देखते हैं तो वे अपने उस रूप में दिखाई देते हैं, जब वे युवा थे, वे उन्हें किसी भूत-प्रेत की तरह या उनके बचपन के रूप के बजाए तीस वर्ष की आयु के लगभग दिखते हैं। वर्जिन मैरी का आभास कभी भी वृद्धावस्था वाले रूप में नहीं होता, वे सदा एक जगमग करतीं, सुंदर और प्यारी युवती के रूप में प्रकट होती हैं। वहीं दूसरी ओर, नरक के एन.डी.ई. में (जो प्रकाश में जाने की तुलना में दुर्लभ हैं), अभिशापित प्राणी कभी युवा और सेहतमंद नहीं दिखते। वे बूढ़े, मुरझाए हुए, बीमार, चोटों के निशानों से भरे हुए, विकलांग या फिर थोड़े और कुरूप दिखाई देते हैं। पुरस्कार और दंड के स्वप्नों में ये छवियाँ पूरी तरह से बदल जाती हैं।

ऋषि ऐसी सादा और आदर्श छवियों से संतुष्ट नहीं थे। उन्होंने सारे सूक्ष्म संसार को चेतना के ही विस्तार के रूप में देखते हुए कोशों या विशुद्ध चेतना के विभाजन पर ध्यान दिया। कोश का अर्थ है, आवरण, परत या खोल, परंतु विशुद्ध चेतना को इस तरह ले सकते हैं मानो इसकी पाँच परतों ने शरीर को उसी तरह ढंका हुआ है, जैसे प्याज की परतें होती हैं। (आप इन्हें स्पंदनों के तौर पर भी ले सकते हैं, जो निम्नतम से उच्चतम तक जाती हैं)। वे पाँच आवरण हैं :

1. भौतिक शरीर
2. प्राण (सूक्ष्म श्वास या जीवनी शक्ति)
3. मन
4. अहं और बुद्धि
5. परमानंद का शरीर

पाँचों कोश एक साथ मिल कर, स्व को उन्नत बनाते हैं या ऐसे भी कह सकते हैं कि ये स्व के तंत्र को उन्नत करते हैं। मैं और आप बहुपरतीय हैं, क्योंकि हमें इन कोशों से अलग नहीं किया जा सकता। हर आवरण के अपने ही नियम हैं, इस सच को जानते हुए, हमें सूक्ष्म जगत के लिए एक ढांचा मिलता है। जीवन के बाद की यात्रा एक स्वप्न की तरह है - दोनों ही दशाओं में हम अपने ध्यान को एक कोश से हटा कर दूसरे कोश तक ले जा रहे हैं। हमारी यात्रा स्व तंत्र के अंदर ही रहती है।

कोश आपस में बांटे भी जाते हैं। ब्रह्माण्ड की अपनी परतें हैं। मिसाल के लिए किसी देवदूत या बिछुड़ी हुई आत्मा के अनुभव को संभव किया जा सकता है, जो कि उपसंसार रचने वाली असंख्य पीढ़ियों के योगदान से हो सकता है। साझा यथार्थ कोई रहस्य नहीं है। आप दावा करते हैं कि आपका शरीर पूरी तरह से अनूठा है, परंतु यह फिर भी साझा है - उदाहरण के लिए, आज आप जो श्वास ले रहे हैं, उसमें करोड़ों ऑक्सीजन अणु ऐसे हैं, जिन्हें कुछ दिन पहले चीन में छोड़ा गया था। आप मास मीडिया में घूम रहे विचारों को सोखते हैं और कभी-कभी आपको ऐसी कोई प्रेरणा मिल सकती है कि किसी और के मन में भी वही विचार साथ-साथ आ रहे हैं। (एक लेखक होने के नाते मुझे अफ़सोस से बताना पड़ रहा है कि मैं कई बार ऐसे मौक़ों से दो-चार हुआ, जब कोई बहुत अच्छी किताब या विचार को दो या तीन लेखकों ने, एक या दो दिन के अंदर ही एक साथ अपनाया हो।)

तो प्याज की परतों वाली मिसाल, एक निश्चित बिंदु पर आ कर टूट जाती है। एक कोश कोई व्यक्तिगत संपत्ति नहीं है। यह एक गतिशील क्षेत्र है, जिसके अपने कानून और अनुभव हैं, एक ऐसा लोक, जिसमें हम अकेले या दूसरों के साथ प्रवेश कर सकते हैं।

अन्नमय कोश (भौतिक शरीर) : भौतिक शरीर स्व के तंत्र से सबसे अधिक अलग दिखने वाला पक्ष है। जन्म के समय लगभग सभी शिशु एक से दिखते हैं, परंतु सत्तर वर्ष की आयु तक आते-आते कोई भी दो व्यक्ति एक से नहीं दिखते। समय हम सबको अनूठा बना देता है। यही भौतिक तथ्य संसार में विभाजन को रेखांकित करता है, लोग अपने हिस्से के भोजन, पैसे, स्वामित्व और स्तर को पाने के लिए संघर्ष करते हैं। वे अपने शरीर को सुंदर दिखाना चाहते हैं, उसकी सुंदरता और आकर्षण बढ़ाने के लिए, उसे चोट और मौत की आशंका से बचाना चाहते हैं।

इस स्तर पर पहली चेतना जैविक है। यह बिना किसी स्वर के चुपचाप काम करती है और शरीर की विविध क्रियाओं को संगठित करती है। फिर भी इस जगह, यदि हम यह देखें कि कोशिकीय स्तर पर क्या हो रहा है तो यह पता चलता है कि चेतना सीमाओं को पार कर जाती है। कोशिकाएँ संप्रेषण करती हैं, कार्यों का आदान-प्रदान करती हैं, आत्म-बलिदान के कार्य करती हैं, संतुलन बनाए रखती हैं, पर्यावरण के लिए सजग रहती हैं, परिवर्तन के लिए अनुकूलन रखती हैं और जानती हैं कि वे एक महती संपूर्ण के अंश के रूप में ही बनी हुई हैं।

हर कोश एक साथ अपनी संपूर्णता और विभाजन को प्रकट करता है। यदि हम *अन्नमय कोश* को भौतिक संसार के तौर पर देखें, तो यह साफ़ दिखता है कि हमारे शरीर एक-दूसरे से अलग हैं, जो हमें अलग रखते हुए, इस भ्रम को बढ़ावा देता है कि हमें एक-दूसरे से संघर्ष करते हुए, प्रत्येक शरीर से प्रतियोगिता करनी चाहिए। फिर भी यह कोश हमें सहयोग, सामाजिक दायरों में भौतिक सुरक्षा और भोजन, आवास, सेक्स और भौतिक सुख की साझी इच्छा के साथ *संपूर्णता के निकट लाता है।*

प्राणमय कोश (जीवनी शक्ति) : *प्राण* का अर्थ है, जीवनी शक्ति। व्यक्तिगत तौर पर प्राण ऐसी श्वास है, जो हमें प्रकृति से लयात्मक रूप से जोड़ते हुए जीवन को बनाए रखता है। हम वह सब अपने भीतर लेते हैं, जो हमें बनाए रखने के लिए चाहिए, फिर इसके बाद जो चाहिए, उसे पाने के लिए सांस को बाहर छोड़ते हैं। पश्चिम में प्राण के लिए कोई समानार्थी शब्द नहीं है, केवल एक परंपरा इसका अपवाद है, "वाइटलिज़्म," जो "जीवनी

शक्ति'' पर केंद्रित है। आप चाहे इसे जो भी नाम दें, एक सूक्ष्म, प्रवाहित होने वाली बुद्धिमत्ता ही भौतिक शरीर को बनाए हुए है।

इस स्तर पर चेतना ही वह बांधने वाला बल है, जो प्रकृति को सशक्त बनाती है। मनुष्य को पता चलता है कि हम सभी सजीवों के साथ एकरूप हैं। चेतना जीवन के उच्च और निम्न स्तर नहीं पहचानती; यह विविधता को एक संपूर्णता के ताने-बाने में गूंथती है। जब आप पारिस्थितिकी में घिरे जीवन आकारों से स्वयं को जुड़ा हुआ महसूस करते हैं – पालतू पशुओं से, किसी पुराने छायादार वृक्ष से, पूर्ण चंद्र या भयंकर तूफ़ान से – आप उसी जीवंतता के प्रवाह को अनुभव कर रहे हैं, जो प्रकृति को एक साथ बांधता है, जब आप उस अद्‌भुत बुद्धिमत्ता के लिए सजग होते हैं, जो शरीर की हर कोशिका को बांधती है; तब यह कहना संभव नहीं होता, ''यह मेरा है।'' आप जीवन का स्वामित्व नहीं ले सकते, परंतु आपको इसके केंद्र में ही रहना भी पड़ता है। फिर भी स्तरों का यह विभाजन ही सारी संपूर्णता पर अपना वर्चस्व रखता है, यही वजह है कि मनुष्य सारे इकोसिस्टम को नष्ट करता है और उसे अहसास तक नहीं होता कि वह अपने ही सेल्फ़ सिस्टम के एक हिस्से को नष्ट कर रहा है।

यह कोश असंतुलन, विकृत इकोसिस्टम, प्रदूषण और शहरी भीड़-भाड़ के बीच हमें अलग रखता है।

यह हमें *संपूर्णता के निकट* लाता है और जीवंतता, सजीवों से मैत्री, इकोसिस्टम के साथ संतुलन और समानुभूति से संपूर्णता के निकट लाता है।

मनोमय कोश (मन) : व्यक्तिगत विचार और सोच ही मन का मूल है। आप जो सोचते हैं, उससे ही आप जानते हैं कि आप कौन हैं। यह वह स्तर है, जहाँ आप संसार की कच्ची सामग्री को संसाधित करते हुए इसे सार्थक बनाते हैं। मन में भाव, संवेदना, स्मृतियाँ तथा मस्तिष्क के अन्य प्रयोग शामिल हैं। ऋषि यह समझते थे कि मन अपने ही अदृश्य शरीर में व्यवस्थित है, निजी स्मृतियों और विश्वासों की इकाई, जिन्हें हम उसी तत्परता से हानि से बचाते हैं, जैसे अपने भौतिक शरीर को बचाते हैं।

इस स्तर पर, चेतना स्वयं को सीमाओं के बिना ब्रह्माण्ड से खेलते हुए पाती है, क्योंकि मन कहीं भी उड़ान भर सकता है, कोई भी कल्पना कर सकता है। आपका मन संसार की मनचाहे तरीक़े से व्याख्या कर सकता

है और दुर्भाग्य से, इनमें से कुछ तरीक़ों में स्व का अज्ञान भी शामिल है। मन पर पाबंदी लगाना असंभव है, फिर भी लोग इसकी आज़ादी के उपहार से डरते हैं। इस स्तर पर, हम विश्वास, भय और पूर्वाग्रह की स्व-रचित सीमाओं से ऊपर उठते हैं। ब्लेक का ''माइंड फ़ॉर्ज्ड मेनेकल्स'' उस जगह अलगाव और दमन को रचता है, जहाँ किसी माँग का अस्तित्व नहीं है।

मन व्यक्तिगत से अधिक सामूहिक होता है। मैं कह सकता हूँ, ''मेरा मन,'' इसका मतलब है मेरे अनूठे विचार और स्मृतियाँ, परंतु हमारे 90 प्रतिशत विचार हमारे समाज और इसके कई केंद्रों से निकल कर आए हैं। अनेक महान स्मृतियाँ बांटी गई हैं और विचार का मूल तत्त्व-भाषा, एक सामूहिक सृजन है। इस तरह ऋषि कहते हैं कि मन ही वह पहला कोश है जहाँ अखंडता, विभाजन पर राज़ करती है।

यह कोश बांटे गए विश्वासों, सामाजिक कंडीशनिंग, धर्म, मतों और साझे मूल्यों के साथ अखंडता और *संपूर्णता के निकट* लाता है।

यह कोश हमें राजनीति और धर्म के *विभाजक विश्वासों*, पूर्वाग्रहों, ''हम बनाम वे,'' चिंतन, राष्ट्रवाद और भय व घृणा से बनी मनचाही मानसिक सीमाओं के साथ विभाजन में रखता है।

विज्ञानमय कोश (अहं और बुद्धि) : यह उस पहचान का स्तर है, जिस पर ''मैं और मेरा'' का राज है। समाज उसी चीज़ को सकारात्मक मूल्य देता है, जो अहं के साथ सफल होने का संकल्प रखती है, परंतु आध्यात्मिक दायरों में अहं की प्रतिष्ठा कम है। आध्यात्मिक जिज्ञासुओं को अक्सर लगता है कि उन्हें ''अहं को मारना'' चाहिए और इसके आवेगों को नियंत्रित रखना चाहिए। हालाँकि अगर हम, ''मैं'' के प्रति कोई भेदभाव रखे बिना ''मेरेपन'' को देखें, तो स्व का यह स्तर, पहचान को सामने लाता है, ये वे बाहरी वस्तुएँ नहीं हैं, जिन्हें अहं पाने के लिए प्रेरित करता है।

पहचान कोई ख़ाली स्लेट की तरह नहीं रहती। यह मोह और लगाव से भर जाती है, जो इस बात पर निर्भर करता है कि हम किस चीज़ से अपना संपर्क जोड़ना चाहते हैं। विज्ञानमय कोश वह स्तर है, जहाँ मिथ और मूल आदर्श संचालित होते हैं, हमें ऐसी कहानियाँ और आदर्श देते हैं, जिनसे हम अपनी पहचान जोड़ सकें। देवता हमारी आदिम इच्छाओं, जिज्ञासाओं, युद्धों और प्रेम से खेलते हैं। अहं भी हमें हमारी पहचान के बारे में ज्ञान देता

है, इंसान होने का क्या अर्थ है : मैं परिवार और समाज के बिना यह नहीं जान सकता कि मैं कौन हूँ।

इस स्तर पर चेतना आत्म-केंद्रित है, जो ''मैं'' पर केंद्रित होती है। कुछ सार्वभौमिक से अधिक नहीं, फिर भी जब दो लोगों की इच्छाओं के बीच टकराव होता है तो अहं हमें विभाजित करता है। सच कहूँ तो, यह टकराव मन में होता है, अहं से इसका लेन-देन नहीं है। जब हम अहं कहते हैं, तो हम अहं-व्यक्तित्व की बात कर रहे हैं, जो व्यक्तिगत इच्छाओं, सपनों, विश्वासों, पसंद और नापसंद से भरा है। विज्ञान उसकी तुलना में ऐक्य के निकट है। इस स्तर पर अखंडता अलगाव पर राज करती है, जैसा कि संसार में चल रहे आदर्शरूपों और मिथकों के बीच देखा जा सकता है।

यह कोश हमें एक मानवता, नायकोचित जिज्ञासा और पौराणिक शोषणों के माध्यम से *अखंडता के निकट लाता है* और इसके साथ ही आत्म-सम्मान, मर्यादा और आँतरिक क्षमता की माँग भी पैदा होती है।

यह कोश हमें व्यक्तिगत विरक्ति, *अलगाव, व्याकुलता, अकेलेपन* और दबे हुए भावों के साथ अलगाव में रखता है, जो अपराध बोध और शर्मिंदगी को जन्म देते हैं।

आनंदमय कोश (परमानंद) : ऋषियों के लिए परमानंद आनंद की भावना से कहीं अधिक था। यह एक मूलभूत स्पंदन, ब्रह्माण्ड की ध्वनि, बुनियादी अवस्था थी, जिससे सारी दिव्यता का उदय हुआ। मृत्यु के बाद ऐसे जीवन की कल्पना करना संभव है, जहाँ कोई देह नहीं होती, जहाँ श्वास नहीं लेनी पड़ती और मन को किसी सूचना को संसाधित नहीं करना होता। परंतु अहं और आनंद का हल्का सा आभास अवश्य होता होगा। अहं कहता है, ''यह मेरे साथ हो रहा है।'' परमानंद कहता है, ''मैं सृष्टि की चिंगारी को अनुभव कर सकता हूँ।'' आनंद सृष्टि के प्रकटीकरण की संभावना है और जब तक आप सुख की इस देह में वास करते हैं, तब तक यह परमानंद कोई संभावना नहीं, बल्कि एक गहरा और ओजस्वी अनुभव ही है।

इस स्तर पर चेतना अस्तित्व का आनंद है। बाहरी दुनिया की किसी भी चीज़ पर केंद्रित होने के बजाए, हमारा ध्यान उस अलौकिक और दिव्य उपस्थिति पर लग जाता है, जिसे एक सुनहरे प्रकाश के रूप में वर्णित किया

गया है और प्रकृति के हर कण में हर ओर पाई जाती है। उस परमानंद में आपको बोध होता है कि वह अलगाव तो मात्र एक पर्दा है। पर्दे के पीछे विशुद्ध चेतना का प्रकाश झिलमलाता है। किसी व्यक्ति को आनंदित करने वाले श्रद्धापूर्ण अभ्यास गहराई तक जाते हुए परमानंद के स्तर तक आ सकते हैं। परंतु यह परमानंद प्रसन्नता और आनंद से भी कहीं परे है, हालाँकि विरल रूप में इसका अनुभव दोनों रूपों में कर सकते हैं। यह वह स्पंदनात्मक संपर्क है, जो विशुद्ध चेतना को सृष्टि में प्रवेश करने की अनुमति प्रदान करता है।

यह कोश *अखंडता को संपूर्णता से प्रकाशित करता है* – प्रेम, आनंद और उल्लास के माध्यम से – तब अलगाव का कोई आकर्षण नहीं रहता। कहा जा सकता है कि आनंदमय कोश विशुद्ध स्व है, जो व्यक्तिगत स्पर्श के साथ मिश्रित है, यह इतनी पर्याप्त है कि व्यक्ति भौतिक रूप में जी सके, चाहे मृत्यु के बाद का जीवन जो भी रूप ले। इस महीन आवरण के बिना, आप इस स्व में विलीन हो कर स्वयं परमानंद होंगे और कोई अनुभव करने वाला नहीं होगा।

एक बार कोशों का वर्णन होने के बाद, आपके लिए स्वयं को बहुआयामों के बीच देखना कठिन नहीं रह जाता।

भौतिक आयाम में कर्म शामिल है। आप यहाँ तब रहते हैं, जब आप स्वयं को समय और स्थान से परे एक देह के रूप में देखते हैं।

प्राणिक आयाम आपको अन्य सजीव वस्तुओं से जोड़ता है। आप यहाँ तब रहते हैं जब आप स्वयं को जीवन के जाल के एक अंश और प्रकृति के जीव के रूप में देखते हैं।

मानसिक आयाम विचार के माध्यम से यथार्थ को व्यवस्थित करता है। आप यहाँ तब रहते हैं, जब आप स्वयं को अपने विचारों, इच्छाओं, कामनाओं, सपनों और भय के रूप में देखते हैं।

अहं का आयाम आपकी अनूठी पहचान को परिभाषित करता है। आप यहाँ तब रहते हैं, जब आप स्वयं को ''मैं, मुझे और मेरा'' के संदर्भ में देखते हैं।

परमानंद का आयाम प्रेम और आनंद के माध्यम से हमारी परम संपूर्णता को संभालता है। आप यहाँ तब रहते हैं, जब आप स्वयं को प्रेम

की शक्ति के माध्यम से हर चीज़ में विलीन होते देखते हैं या फिर आपके पास उल्लास और परमानंद के सिवा कोई संवेदना नहीं रहती।

इन आयामों को परिचित बनाने से ही, इन्हें स्वचालित रूप से एक साथ नहीं ला सकते। हर कोश, जैसा कि हमने देखा, आपको संपूर्णता की ओर ला सकता है या आपकी अलग और एकांत में रहने की प्रवृत्ति को बढ़ा सकता है। ऋषियों का मानना है कि यह अखंडता ही एकमात्र यथार्थ है, जिसके आगे अलगाव का हर अनुभव एक सपना है। जीवन का लक्ष्य ही उस ऐक्य या योग को पाना है, और उनका कहना है कि इसे हर कोश पर ध्यान देते हुए ही पाया जा सकता है।

भौतिक शरीर : योग में आसन किए जाते हैं, जिनमें भौतिक चेतना पाने के लिए संतुलन, शक्ति और शरीर की सजगता का मेल होता है।

प्राणिक शरीर : योग हमें प्राण के प्रवाह की चेतना में लाने के लिए आत्म-सजग प्राणायाम का प्रयोग अभ्यासों में करता है।

मानसिक शरीर : योग में विवेक का प्रयोग किया जाता है ताकि मन के कार्य करने की चेतना पाई जा सके। इस तरह मनोमय कोश चेतना में विकास का स्तर है, जो मेरे, आपके और सभी मनुष्यों के लिए है। हम सामूहिक चेतना में व्यक्तिगत स्थान चाहते हैं और जब विकास की लहर मानवता से हो कर गुज़रती है तो हममें से प्रत्येक यह तय कर सकता है कि उस लहर को पकड़ना है या उपेक्षित करना है, उसे अपनाना है या उससे अपना बचाव करना है।

अहं : योग अपने सभी रूपों में सजगता का प्रयोग करता है, जैसे मनन और ध्यान, ताकि एक व्यक्ति की चेतना को ''मैं हूँ'' तक लाया जा सके जो सारे अनुभव को रेखांकित करता है।

परमानंद : योग मौन की गहरी अवस्था यानी समाधि के बीच परमानंद के सूक्ष्म स्पंदनों को मन की सतह तक लाते हुए, व्यक्ति को सजग करता है ताकि ब्रह्माण्ड का ''नाद'' हर अनुभव में उपस्थित हो सके।

मैंने *योग के विषय* में बहुत संक्षेप में सामग्री प्रस्तुत की है, जो कि अपने-आप में एक जीवनशैली है, परंतु किसी आम आधुनिक व्यक्ति से यह अपेक्षा नहीं की जा सकती कि वह अचानक इसके लिए निष्ठावान हो जाएगा। इस तरह आफ़्टरलाइफ़ के लिए भी काम करना कोई बहुत दूर

की कौड़ी लगती है; हमें इस ''वर्तमान'' पर ही और अधिक ऐक्य रखना चाहिए। योग को विशेष तौर पर भारतीयों के लिए नहीं बनाया गया था और ना ही यह प्रमुख तौर पर प्राचीन काल से संबंध रखता था, परंतु दुर्भाग्य से, चीज़ें इसी तरह सामने आईं और अब हम एक नई चुनौती के बीच हैं। हम इस तथ्य को कैसे ग्रहण करें कि हम पाँचों संसार के बीच रहते हैं और इसे पूरे जीवन को परिष्कृत करने के लिए कैसे इस्तेमाल करें।

चेतना और सहजता

हो सकता है कि मैं और आप प्रमुख रूप से भौतिक जगत में रह रहे हों, फिर भी हमारी सजगता विशुद्ध चेतना में आरंभ होती है। और हम विभिन्न आयामों के माध्यम से परत-दर-परत इस जीवन में यात्रा करते हैं, इनमें से प्रत्येक हमें अस्तित्व का एक नया भाव देता है। हम अस्तित्व या स्व की संपूर्ण पद्धति रखते हैं। ऋषियों ने इस पद्धति का अध्ययन किया और निम्नलिखित निष्कर्ष दिए :

- भले ही इसमें कोई भी संसार हो या यह कोई भी रूप ले, विशुद्ध चेतना सदा हर वस्तु में उपस्थित है।
- भौतिक संसार में विशुद्ध चेतना की बहुत कम मात्रा होती है, क्योंकि इस पर भौतिक वस्तुओं का वर्चस्व होता है और अलग होने का भ्रम बना रहता है।
- आप विशुद्ध चेतना के जितना निकट जाते हैं, यह उतनी ही शक्तिशाली होती जाती है।
- सूक्ष्म स्तरों पर चेतना में बदलाव लाने से सभी कोशों में एक साथ ही परिवर्तन आ जाता है।

यदि हम सिद्धांतों का पालन करें तो हम ऋषियों द्वारा प्राप्त कौशल का आनंद उठा सकते हैं या कम से कम उसका कुछ अंश तो पा ही सकते हैं।

मैंने इंटरनेट पर इससे जुड़े हुए कुछ पोस्ट किए और कहा कि व्यक्ति के जीवन में चेतना का समावेश ही भौतिक संसार में निपुणता पाने का श्रेष्ठ मार्ग है। प्रत्युत्तर संदेहास्पद थे। कई लोगों ने कहा, ''आप केवल चेतना की बात करना चाहते हैं, परंतु हमें तो लोगों को रोकना है कि वे इस ग्रह को

नष्ट नहीं करें।'' या ''चेतना तो बहुत अच्छी बात है, परंतु इससे युद्ध और आतंकवाद समाप्त नहीं होगा।'' या ''आपको शुभकामना, आप चेतना के माध्यम से गोली चलने से रोक सकते हैं।'' दूसरे शब्दों में, वे भौतिक कोशों को पहले रखते हुए, यह मान रहे थे कि भौतिक वस्तुओं को केवल प्रत्यक्ष कार्रवाई से ही प्रभावित किया जा सकता है।

कोई यह कैसे प्रमाणित कर सकता है कि यथार्थ को बदलने के लिए चेतना ही श्रेष्ठ उपाय है? भौतिक स्तर पर कर्म चेतना से अलग लगता है। जब तक आप ''चेतना के साथ कार्य करना'' को नहीं समझते, तब तक आपके लिए कुछ नहीं करने की बौद्ध अवधारणा एक पहेली ही रहेगी। चेतना के साथ किए जाने वाला काम कई रूपों में होता है। गांधी जी का असहयोग आँदोलन बाहरी तौर पर कुछ नहीं करने की कला ही थी, जिसने चेतना पर महती प्रभाव डाला; इसने एक संपूर्ण ऐतिहासिक युग का अंत कर दिया। चेतना में ही शक्तिशाली विचार भी होते हैं और इसमें कोई संदेह नहीं कि उन्होंने संसार को बदला है, प्रजातंत्र के ग्रीक आविष्कार से ले कर सापेक्षता के आधुनिक सिद्धांतों तक। *जब हम और सूक्ष्म कोशों की ओर जाते हैं, तो सारे कर्म चेतना में ही संपादित होने लगते हैं।*

मैं आपको प्रत्येक कोश में होने वाले कर्म से जुड़े कुछ उदारण दे कर बात समझाना चाहूँगा :

अन्नमय कोश, भौतिक शरीर : अपने शरीर को पोषण और सम्मान दें। इसकी अद्भुत आँतरिक बुद्धिमत्ता को सराहें। इससे भयभीत नहीं हों और विषाक्त होने से दूर रखें। वास्तव में अपने शरीर के साथ होने के लिए समय निकालें। इसे बाहर ले जाएँ और खेलने दें।

प्राणमय कोश, प्राणमय शरीर : प्रकृति में बाहर निकल कर अनुभव करें कि यही आपका घर है। पारिस्थितिकी तंत्र का पोषण करें, इसे सम्मान दें। दूसरे सजीवों को हानि नहीं पहुँचाएँ। प्रकृति को भय और कटुता के बिना देखें। जीवन के प्रति आदर भाव ही कुंजी है।

मनोमय कोश, मानसिक शरीर : मन के सकारात्मक उपयोग विकसित करें। मनुष्य के श्रेष्ठतम भावों को पढ़ें और सराहें। सजग हों कि आप अपने-आप में संपूर्ण हैं और ऐसे विचारों को आगे आने की अनुमति दें, जो विलग

होने के बजाए संपूर्णता के भाव को प्रश्रय दें। हम बनाम वे की सोच को अपनाने से बचें। अपनी स्वचालित प्रतिक्रियाओं और पुराने विश्वासों की जाँच करें। अपने उच्चतम स्व से मिलने वाले प्रत्येक संकेत के स्वागत कर अवसर खोजें।

विज्ञानमय कोश, अहं शरीर : कोई विज़न खोजें; एक खोज पर निकलें। स्वयं को विकास के विशाल ढांचे में जगह दें। व्यक्तिगत रूप से उन्नत होने के उपाय करें। आत्मा और विवेक की विस्तृत परंपराओं का उत्सव मनाएँ, जो सभ्यताओं को जोड़ती हों। हर तरह से मनुष्य बनने का प्रयत्न करें, इसी सूत्र का पालन करें, ''यह संसार मेरा परिवार है।''

आनंदमय कोश, आनंद शरीर : परमानंद पाने और अनुभवातीत होने के अपने अभ्यास विकसित करें। आप पहले से जानते हैं, ''अपने परमानंद का पीछा करें;'' अब अल्फा वेव व्यायाम आदि की मदद से इन्हें अभ्यास में उतारें जैसे ध्यान और गहन शिथिलता। समाधि और गहरी सजगता का मौन वास्तव में क्या है, स्वयं को इस खोज के लिए समर्पित करें। इस जगह होने के एक कारण के रूप में अपने ही अस्तित्व का अनुभव करें।

11

मार्गदर्शक और संदेशवाहक

''क्या मैंने पर्याप्त सीख लिया है?'' सावित्री ने पूछा। वह बदलने लगी थी, वह इसे अनुभव कर सकती थी। वह पहले कई चीज़ों को असली मानती थी, जो अब भ्रम लगने लगी थीं, जबकि पूरी तरह से असली चीज़ें अदृश्य हो गई थीं।

''मुझे भी यही लगता है।'' रमण ने कहा। ''तुम घर जाओ।''

''क्या आप मेरे साथ चलेंगे?''

उन्होंने मुस्करा कर सिर हिलाया। ''मैं यम को भयभीत नहीं करना चाहता कि उसके प्राण ही निकल जाएँ।''

सावित्री का दिल तेज़ी से धड़क गया। ''पर मैं वापस कैसे जा सकती हूँ? मुझे तो यह भी नहीं पता कि मैं किस जगह हूँ?''

''यह तुम्हारी कल्पना है।'' रमण ने वन के सबसे घने अंधकार से भरे क्षेत्र की ओर संकेत किया और सावित्री को जुगनुओं की क़तारें दिखीं, अभी तो दोपहर ही ढली थी। ''मुझे लगता है कि तुम सोचती हो कि मैं तुम्हारे साथ नहीं रहूँगा। यह भी तुम्हारी कल्पना का ही एक अंश है।'' सावित्री जाना नहीं चाहती थी, रमण ने सिर झुका कर कहा, ''हर चीज़ वैसे ही होगी, जैसे होगी।''

सावित्री को याद आया कि यम ने भी तो यही कहा था। रमण की आकृति घने वन में अलोप हो गई। वह कुछ क्षण तक वहीं रही और फिर उन रोशनियों की ओर चल दी। प्रकाश का घेरा बड़ा हो रहा था और वह जान गई कि वह देवों का दल देख रही थी (देव देवदूतों की तरह होते हैं, परंतु यह प्रकृति की आत्मा भी हो सकती है।)

''कौन हो तुम?'' उसने पूछा। ''क्या तुम वृक्ष देवता हो?'' भारत में देवता, प्रकृति के कण-कण में बसे हैं, जो उसे जीवंत रखते हैं।

परंतु उत्तर देने के बजाए प्रकाश छितराने लगा। सावित्री को लगा कि शायद वे उससे डर रहे थे। उसने अपने सौम्य से स्वर में उनसे वापस आने को कहा। उनमें से एक प्रकाश ने कहा, *हमें क्यों आना चाहिए, जबकि तुम तो केवल हमें मारना चाहती हो?* यह आवाज़ कहीं बाहर से नहीं, बल्कि सावित्री के अंदर से आ रही थी।

सावित्री हैरान थी। ''तुम्हें मारना चाहती थी? मैं तो ऐसा सोच भी नहीं सकती।''

प्रकाश ने कहा, *''तुम अभी यही कर रही हो। हम देव हैं, हमें तुम्हें सौंपा गया है पर तुम देखो कि हम कितने दुर्बल हैं।''*

सावित्री बोली, ''मुझे बताओ कि मैंने यह कैसे किया, जीवन में इसी क्षण में मुझे तुम्हारी सबसे अधिक आवश्यकता है।''

प्रकाश ने कहा, *''तुम्हारे भीतर दुख छिपा है। तुम मृत्यु को लेकर व्याकुल हो। तुमने हमारे विषय में कभी नहीं सोचा और ना ही कभी हमें पुकारा। तुम इस तरह हमें मारने की चेष्टा कर रही हो।''*

सावित्री ने कभी नहीं सोचा था कि देव इस तरह भी सोच सकते थे या वे ध्यानाकर्षण चाहते थे। परंतु मृत्यु के उल्लेख मात्र से ही उसके मन में फिर से भय आ गया और जब ऐसा हुआ तो प्रकाश फिर से मंद और दूर होने लगा।

वह बोली, ''ठहरो, मेरे हाथों अपनी हत्या मत होने दो।''

प्रकाश ने उत्तर दिया। *''तुम हमें नहीं मार सकतीं। हम तो अमर हैं। संकट यह नहीं कि तुम हमें चोट पहुँचा सकती हो, परंतु संकट यह है कि तुम हमारे और अपने संबंध को तोड़ सकती हो। हमें तुम्हारा प्यार और ध्यानाकर्षण चाहिए और इसके बदले में हम तुम्हारे सहायक होंगे।''*

''कैसे?''

''प्रेरणा के माध्यम से। हम संदेशवाहक हैं। हम तुम्हें देखने का अवसर देते हैं, जैसे तुम अभी देख पा रही हो और इस तरह इस दैवीय योजना में तुम्हें अपनी जगह देखने में मदद मिलेगी।''

"क्या यह दैवीय योजना का अंग था कि सत्यवान को प्राण देने होंगे।" सावित्री ने पूछा। देव पास आ चुके थे, किंतु यह प्रश्न पूछते ही वे फिर से दूर जा छिटके। सावित्री ने खुद को संभालते हुए गहरी सांस ली और उसने साहस और आशा पाने की प्रार्थना की। प्रकाश सावधानी से उसके निकट आ गया।

"दैवीय योजना तो जीवन स्वयं है। इसमें सभी जीव अपने सही और उपयुक्त स्थान पर शामिल हैं। मनुष्यों के लिए पहला उपयुक्त स्थान पहले उस अनंत में और फिर इस धरती पर है। मृत्यु दो श्वासों के बीच का अंतराल है, जिस तरह आप एक घर से दूसरे घर में जाते हैं।"

सावित्री का मन आभार से भर गया, इस तरह प्रकाश और भी निकट आ गया। देवता चमचमा कर उसका मार्ग रोशन करने लगे। सावित्री ने पाया कि वह गुम नहीं हुई थी। असल में, उसकी कुटिया तो पास ही थी और वह दृढ़ क़दमों से, उस प्रकाश के साथ-साथ अपने घर की ओर चल दी।

एक देवदूत कैसे बनाएँ

वास्तविकता और अयथार्थ के बीच का अंतर इस बात को उपेक्षित करता है कि चेतना वास्तव में कैसे काम करती है। यदि आप मुझसे कहें, "मेरे पास एक संरक्षक देवदूत है" मैं सजगता की अनेक अवस्थाओं से आपके कथन की व्याख्या कर सकता हूँ। आपका अर्थ हो सकता है :

> शायद मेरे पास एक गार्डियन एंजिल या संरक्षक देवदूत है।
>
> मेरा धर्म मुझे सिखाता है कि मेरे पास स्वर्ग में एक संरक्षक देवदूत है। मैंने देवदूतों की पौराणिक गाथाओं में उनके बारे में पढ़ा है और संरक्षक देवदूत मुझे बहुत आकर्षित करता है।
>
> मैं अपने संरक्षक देवदूत को देखता हूँ और उसकी उपस्थिति को अनुभव करता हूँ।
>
> मेरी हार्दिक इच्छा है कि मेरे पास एक संरक्षक देवदूत हो।
>
> मैंने अपने संरक्षक देवदूत को सपने में देखा।

सजगता की निश्चित अवस्थाएँ, जैसे सपने और कल्पना, समाज में स्वीकृत है, परंतु वे दूसरी अन्य अवस्थाओं के निकट मानी जाती हैं, जिन्हें आधुनिक लोग प्राय: अंधविश्वास से जोड़ते हैं, जैसे अपने प्रियजन की मृतक आत्माओं को देखना और उनका सपनों में आना। हालाँकि मैं ऐसे कई लोगों से मिल चुका हूँ, जिन्होंने मुझे बताया कि वे अपने ध्यान के दौरान संतों से भेंट करते हैं और कई लोगों के गुरु उनसे मिलने आते हैं, जिनमें माइकल, जीसस, बुद्ध, प्राचीन तिब्बती लामा तथा उनके अपने अवतार शामिल हैं। उनके कथनों को उपेक्षित नहीं कर सकते।

अन्य संस्कृतियाँ हमारी तुलना में कहीं अधिक सहजता से इस गूढ़ आयाम को दिशा देती हैं; हमारी प्रवृत्ति यही है कि इन बातों को भौतिक संसार से दूर कर दें और अपनी ओर से मनमानी परख़ करें, जैसे :

देवदूतों को देखने वाले लोग कल्पना करते हैं।

सपने भ्रम हैं, इसलिए हर गूढ़ तत्त्व भी एक छलावा ही है।

यदि आप किसी ऐसी चीज़ को देखते या सुनते है, जो भौतिक नहीं है, तो आप मतिभ्रम का शिकार हैं।

किसी देवता या देवदूत को देखना, किसी दूसरे ग्रह से आई उड़नतश्तरी को देखने के समान है। दोनों ही सामान्य अनुभव से बाहर की बातें हैं।

पवित्र सपने आना किसी आर्गेनिक रोग के लक्षण हो सकते हैं, जैसे मिर्गी या स्किजोफ्रीनिया आदि।

फिर भी, चेतना में रचना करना हमारा सबसे महानतम उपहार है और हम जो रचते हैं, वह निरंतर विकसित होता है। अगर आप बिना किसी परख के सर्जक की भूमिका के लिए स्वयं को प्रस्तुत करते हैं तो आप और अधिक आज़ादी पा सकते हैं। उत्पत्ति कोई सुदूर घटना नहीं होनी चाहिए, जिसके बल पर ब्रह्माण्ड कार्य करता है। यह निरंतर चलने वाली घटना हो सकती है, जो स्वयं को प्रतिक्षण नवीन करती है।

कोई बड़ा महान कलात्मक कार्य किसी सपने में आरंभ हो सकता है या एक प्रेरक क्षण की तरह प्रकट हो सकता है। यह कल्पना की अदृश्य पहुँच के बीच पनपता है और फिर कलाकार मिट्टी से या कैनवास पर

इसे आकार देता है। *मोनालिसा* को एक दर्शक चाहिए और उस दर्शक को सोचना पड़ा कि वह कितनी ख़ास पेंटिंग थी। पेंटिंग को अपने दर्शकों को मंत्रमुग्ध करना ही था और उसने यही किया, इसे नाम और यश मिला, लोगों ने इसे जाना और समझा। यदि आप चाहें तो बहुत बदलाव किए बिना, अपने एंजिल या फ़रिश्ते को ''मोनालिसा'' का नाम भी दे सकते हैं। एक कलाकृति और मनुष्य के हाथों बने उत्पाद के रूप में, *मोनालिसा* हमारी संदेहवादी प्रकृति को नहीं उभारती पर हम स्वयं को देवदूतों को रचते नहीं देख सकते इसलिए उस प्रक्रिया को अपनाना भी कठिन लगता है। इसके बाद हमें इस प्रक्रिया पर विस्तार से चर्चा करनी है।

मानसिक चित्रण या प्रक्षेपण

जिस पद्धति से देवदूत रचे जा सकते हैं, उसे हम प्रक्षेपण का नाम दे सकते हैं। मनोविज्ञान के क्षेत्र में प्राय: इस शब्द को इस अर्थ में लिया जाता है कि हम से बाहर किसी वस्तु पर एक व्यक्तिपरक अवस्था को लागू करना। जैसे लोग अपने नकारात्मक भावों को स्वीकार करने के बजाए, उन्हें दूसरों पर लाद देते हैं। इन जाने-पहचाने वाक्यों पर गौर करें :

> *मुझे नहीं लगता कि अब तुम मुझे प्यार करते हो।* यह तुम्हारी सोच है, बेशक़ मुझे तुमसे प्यार है।
>
> *बाहर शोर हो रहा है। कोई* चोर *आया है शायद।* तुम्हें हर शोर ख़तरनाक लगता है। यह तुम्हारे मन का वहम है।
>
> *अगर दस पाउंड कम किए बिना पार्टी में गई तो सब मेरा उपहास करेंगे। इस तरह का मानसिक चित्रण मत करो।* तुम बिलकुल ठीक हो।

यह मानसिक चित्रण या प्रोजेक्शन कठिन भी हो सकता है। जो समाज खुद को ख़तरे में मानता हो, वह अपने लिए जंगली कल्पनाओं का सहारा ले सकता है। मुस्लिम कट्टरवादी पश्चिम को भ्रष्ट, अपवित्र और अनैतिक मानेंगे, जबकि ईसाई कट्टरवादी यह मानेंगे कि मुसलमान बर्बर, रूढ़िवादी और गॉड से विमुख हैं। यह प्रोजेक्शन तभी सफल होता है, जब हम यथार्थ को नहीं देख सकते और भय, कटुता, व्याकुलता और असुरक्षा के आधार

पर झूठे संस्करण बना लेते हैं – कोई भी ऐसा नकारात्मक भाव, जिसके लिए हम ज़िम्मेदारी लेने से इंकार कर देते हैं। यह प्रोजेक्शन सकारात्मक भी हो सकता है, जब कोई मंत्रमुग्ध प्रेमी अपने प्रिय पात्र को संपूर्णता में देखता है, हालाँकि उसके मित्रों और परिजन को वह हाड़-माँस का बना साधारण जीव लगता है।

वैदिक ऋषि कहते हैं कि प्रोजेक्शन एक पद्धति है, जिसके माध्यम से चेतना यथार्थ रचती है। हम सभी इससे परिचित हैं, क्योंकि मूवी बिज़नेस पूरी तरह से प्रोजेक्शन या मानसिक चित्रण पर ही आधारित है। हॉलीवुड में, एक स्टार वह एक्टर होता है, जिसने यथार्थ और मानसिक चित्रण की विभाजक रेखा पार कर ली है। जब टॉम क्रूस किसी मोटरबाइक वाले का टायर बदलने के लिए रुकता है या फिर जेनिफ़र एनिसटन डेट पर जाती है, तो यह पूरी दुनिया में एक ख़बर बनती है। क्यों? क्योंकि स्टार्स को तो महामानव के आयाम में मानसिक रूप से चित्रित किया जाता है। उनकी ओर से किया गया छोटा सा कार्य भी महत्त्व की सीमा को लांघ जाता है। यदि मैं या आप किसी की टायर बदलने में मदद करें, तो यह कोई नायकत्व नहीं होगा; यदि कोई युवती डेट पर जाती है, तो प्रेम के देवता ने संसार में क़दम नहीं रखा। मानसिक चित्रण एक विधि है, जिससे आप किसी मानव को महा मानव में बदल सकते हैं और लौकिक को अलौकिक बना सकते हैं। इसके लिए कुछ सामग्री निम्नलिखित है :

प्रतीकवाद : हमारा प्रोजेक्शन ऐसा हो, जो कोई बहुत गहरा और महत्त्वपूर्ण अर्थ रखता हो।

इच्छा : हमारा प्रोजेक्शन ऐसा हो, जो किसी ऐसी इच्छा या माँग को पूरा करे जिसे प्रत्यक्ष तौर पर पूरा नहीं कर सकते।

कल्पना : हमारा प्रोजेक्शन ऐसे क्षेत्र में होना चाहिए, जहाँ कोई भौतिक सीमाएँ नहीं हों।

मिथ और आदर्श रूप : हमारा प्रोजेक्शन अपने अर्थ में सार्वभौमिक होना चाहिए।

आदर्शवाद : हमारा प्रोजेक्शन ऐसा हो, जो उच्चतम मूल्यों से हमारा संपर्क जोड़ सके।

ये आवश्यकताएँ सर्जक की चेतना में ही पूरी हो सकती हैं। किसी बच्चे को जलती हुई इमारत से बचाने वाला अग्निशमन कर्मी कोई नायक नहीं है। उस आदमी ने अग्निरोधी जैकेट पहनी है और वह बच्चे को बचा कर अपनी नौकरी कर रहा है। नायकत्व को रचने के लिए निम्नलिखित अनिवार्य सामग्री का मानसिक चित्रण करना होगा :

अग्निशमन कर्मी संरक्षक पिता का *प्रतीक* है।

वह हमारी कष्ट से मुक्ति पाने की *इच्छा* पूरी करता है।

हमारी *कल्पना* में, वह अग्नि से अधिक बलशाली है। वह निजी मुठभेड़ के बाद उसे पराजित करता है।

वह एक महान योद्धा के *मिथक* के लिए उपयुक्त है और ऐसा राजकुमार है, जो कष्ट में पड़ी राजकुमारियों की रक्षा करता है।

हम उसे पौरुष का आदर्श मानते हैं। अग्निशमन कर्मी केवल अपना काम नहीं करते – वे हमारे आदर्श के अनुसार जीते हैं।

मानसिक चित्रण या प्रोजेक्शन के अभाव में हम अग्निशमन कर्मी को उस रूप में नहीं देख सकेंगे, जैसे हम देख रहे हैं और इसके साथ ही वे भी स्वयं को उस तरह नहीं देख सकेंगे। यह इस बात का एक अच्छा उदाहरण है कि हम पहले कैसे प्रोजेक्शन तैयार करते हैं और फिर इसमें भाग लेते हैं। समाज लगातार इन मानसिक चित्रणों के उतार और चढ़ाव को झेल रहा है। नशीले पदार्थ लेने वाले खिलाड़ी पतित नायक बन रहे हैं; युद्धरत सिपाही नरक में क़दम रख रहे हैं; फ़िल्मों की नायिकाएँ अपने अगले विवाहेतर संबंध के सामने आने तक देवियाँ हैं, फिर वे किसी के घर को उजाड़ने वाली औरतें कहलाती हैं। हम जिन लोगों को सदा अपने जीवन से भी महान मानते आए, उन्होंने प्रतीकों, कल्पनाओं, आदर्शों और मिथकों से छेड़छाड़ करना सीख लिया है। बाज़ार के सफल उत्पाद भी ऐसा ही कर रहे हैं।

हालाँकि मानसिक चित्रण के ये बनावटी उदाहरण हमारे भीतर छिपी गहरी शक्ति को छिपा देते हैं। हमारी पूरी संस्कृति इसी मानसिक चित्रण पर टिकी है और इस क्षण में, मैं और आप इस प्रक्रिया को जारी रखे हुए हैं। *मानसिक चित्रण अर्थ रचते हैं।* घटनाएँ तब तक निरर्थक हैं, जब तक हम उन्हें मान नहीं देते। टी.वी. के समाचारों में दिखाई जाने वाली मौतों के बारे में सोचें। कुछ मौतें हमें इसलिए निरर्थक लगती हैं, क्योंकि वे हमसे बहुत दूर

कहीं घट रही हैं। परंतु यदि हम किसी व्यक्ति के साथ मूल्य को जोड़ दें, तो हर चीज़ बदल जाती है। यदि ऐसे कुछ शब्द उनके साथ जोड़ दिए जाएँ– ''किसी की औलाद,'' ''कैन्सर का रोगी,'' ''देश प्रेमी सिपाही,'' तो पूरी बात को सकारात्मक अर्थ मिल जाता है या फिर ''आतंकी,'' ''भगोड़ा अपराधी,'' ''गैंग का सदस्य'' वगैरह कहें तो पूरी बात में नकारात्मक अर्थ आ जाता है। हालाँकि ऐसा हर मौत के लिए सच हो सकता है, क्योंकि हर कोई किसी न किसी की औलाद ही होता है। हम उस सूचना के लिए इतनी तेज़ी से (जो अक्सर पहले से अर्थ से लैस होती है) प्रतिक्रिया देते हैं कि हमें यह भी नहीं दिखता कि हम सर्जक होने की अपनी शक्ति खो रहे हैं।

जो कुछ भी चेतना के एक स्तर पर असली जान पड़ता है, वही दूसरे स्तर पर नक़ली हो जाता है।

यदि आप कोई देवदूत बनाना चाहें, तो आपको उसका मानसिक चित्रण करना होगा, परंतु ऐसा करने के लिए आपको चेतना की ऐसी अवस्था में रहना होगा, जो देवदूतों को वास्तविक मानती हो। भारत में देवलोक नामक एक विशेष धर्म है, जिसमें देवदूतों का वास है, परंतु यह स्वर्ग की तरह नहीं है। देवलोक को अक्सर स्वर्ग की तरह दिखाया जाता है – वह बादलों के बीच एक ऐसा स्थान है, जहाँ अलौकिक जीव वास करते हैं। परंतु यह समझा जा सकता है कि सभी लोक या दूसरे संसार, चेतना की परतें हैं। इस तरह देवदूत भी इस सारे अस्तित्व के तंत्र का हिस्सा हैं।

ऋषि हमें बताते हैं कि कोई मानसिक चित्रण सारे कोशों को प्रभावित करता है। हम इस भौतिक संसार में सृजन करते हुए भी, चेतना के हर स्तर को प्रभावित कर रहे हैं और इस प्रकार सृजन का हर स्तर भी प्रभावित हो रहा है। अर्थ कभी अकेला नहीं होता। देवदूतों का अस्तित्व होता है, क्योंकि चेतना में उनका मानसिक चित्रण किया गया है। जिस प्रकार किसी मूवी को एक इमेज, एक प्रोजेक्टर और दर्शक चाहिए, उसी तरह देवदूत चाहिए। वेदांत के अनुसार इसमें तीन तत्त्व शामिल हैं :

दर्शक या प्रेक्षक *ऋषि* है।

मानसिक चित्रण की प्रक्रिया *देवता* है।

जिसका मानसिक चित्रण किया गया, वह छंद है।

एक मूवी हाउस में ऋषि दर्शक है, प्रोजेक्शनिस्ट द्वारा चलाई गई मशीन देवता है और स्क्रीन पर दिख रही छवि छंद है। इन बातों को याद रखना इतना ज़रूरी नहीं, परंतु प्राचीन ऋषियों ने चेतना के सार्वभौमिक नियम का पालन करते हुए, इसे तीन में एक की संज्ञा दी। यदि आप इन तीनों में से कोई भी एक भूमिका निभाते हैं तो आप उन सबको अपने अधीन कर सकते हैं। इन शब्दों की सरलता में ही पूरे संसार का रूप बदलने की क्षमता छिपी है।

यदि आप यूं ही संसार को देख रहे हैं तो यह आपको अपने अधीन कर लेगा, क्योंकि आप निष्क्रिय हैं और संसार आपके साथ सब कुछ कर रहा है। यदि आप प्रक्रिया का हिस्सा हैं – तलाक़ हो रहा है, काम पर जा रहे हैं, खाना पका रहे हैं – तो आप शक्ति के थोड़ा निकट हैं, परंतु प्रक्रिया की अपनी एक गति है, जो आपको अभिभूत कर सकती है। यदि आप ऐसी वस्तु हैं, जिसे देखा जाता है – एक अमीर आदमी, एक सुंदर युवती, कोई उपदेशक, कोई अपराधी – तो वस्तु व लेबल आपको पद और अर्थ देते हैं, परंतु आपने स्वयं को दूसरों को सौंप दिया है, वे लोग जो लेबल बना कर दूसरों पर लगाते हैं। इन तीनों भूमिकाओं के ऐक्य में ही, हम सर्जक के तौर पर अपनी पूरी शक्ति पा सकते हैं।

आत्मा इन तीनों भूमिकाओं को एक स्तर पर ला कर, ऐक्य में बंधी है। यही वजह है, विरोधाभास के तौर पर, ईश्वर ही सर्जक और उसकी सर्जना है। जब वह बाहर की ओर अपनी सर्जना का मानसिक चित्रण करता है, तो ऐक्य विविधता में बदल जाता है। वेदांत का यह सूत्र बिग बैंग के समान है। जब सर्जक स्वयं को देखने लगता है तो वह तत्काल तीन में एक वाली अवस्था में आ जाता है। एक दर्शक (ऋषि) निरीक्षण (देवता) की प्रक्रिया से वस्तु (छंद) को देखता है। ज्यों ही तीनों सामने आते हैं, सारा ब्रह्माण्ड उनमें विलीन हो जाता है; बिग बैंग में छितराने वाला पदार्थ अदृश्य तंत्र का केवल एक पक्ष है, जिसमें सर्जक अचानक देखता है कि क्या संभव है और उस देखने में ही संभाव्य अनंत विविधता के साथ सच हो जाता है। हमें यह देख कर चकित नहीं होना चाहिए कि इस सारे ब्रह्माण्ड में केवल 4 प्रतिशत दृश्य पदार्थ और ऊर्जा है, बाक़ी बचा हुआ 96 प्रतिशत यानी तथाकथित डार्क मैटीरियल है, जिसका काम यही जान पड़ता है कि वह उस दृश्यमान ब्रह्माण्ड को रहस्यमयी तरीक़े से संभाले रखे। ''सर्जक''

को कोई एक व्यक्ति होने की आवश्यकता नहीं है; इसमें वह अदृश्य क्षेत्र शामिल हो सकता है, जिसमें से हर चीज़ दिखने योग्य चीज़ व्यवस्थित और संभली हुई है।

यह तीन में एक वाली अवस्था कोई मायने नहीं रखती, यदि इसने रोज़मर्रा के यथार्थ पर असर नहीं डाला होता, परंतु इसने ऐसा किया। रचने के लिए देखना ही पर्याप्त है। भौतिकी में इसे ''ऑब्ज़र्वर इफ़ेक्ट'' या प्रेक्षक प्रभाव कहा गया है, वास्तव में यह पदार्थ को रचता है। एक ऑब्ज़र्वर ही एक इलेक्ट्रॉन की अदृश्य ऊर्जा अवस्था को समय और स्थान में स्थित निश्चित कण में बदलता है। इससे पहले कि ऑब्ज़र्वर इफ़ेक्ट अपना काम करे, उससे पहले कोई इलेक्ट्रॉन नहीं होता; केवल एक की संभावना होती है। हमारी आँखें इसे पहचान नहीं सकतीं, परंतु हम संभावनाओं के असीम सागर में डूबे हैं। हर संभव इलेक्ट्रॉन जिसका कभी अस्तित्व हो सकता है, वह पहले से यहीं है। हम केवल देखने मात्र से ही संभावनाओं के असीम सागर से इलेक्ट्रॉन तोड़ रहे हैं। जाने कैसे वैदिक ऋषियों ने इस आश्चर्यजनक तथ्य को समझ लिया था। कैसे? क्योंकि उन्होंने इस प्रक्रिया को सबसे पहले देखा, इलेक्ट्रॉन के साथ नहीं, बल्कि घटनाओं के उतार और चढ़ाव के साथ, जो उनके लिए इतना गतिशील था कि वह एक स्वप्न से अधिक नहीं था।

क्या यह वास्तव में विश्वसनीय है? ऑब्ज़र्वर इफ़ेक्ट के बारे में सबसे डरावनी बात यही है कि जब आप एक इलेक्ट्रॉन को देखते हैं, तो बाक़ी सभी इलेक्ट्रॉन भी प्रभावित होते हैं। यह बात केवल ब्रह्माण्ड के संदर्भ में ही समझ आती है, जहाँ कोई एक अकेला इलेक्ट्रॉन नहीं, बल्कि आवेश, अवस्थाओं और घुमावों का सब कुछ अपने भीतर संजो लेने वाला जाल है – यह ठीक वही दृष्टिकोण है, जिस पर भौतिकी सैद्धांतिक रूप से अभिसरण करती है। वैदिक साधु स्वयं को ऋषि अथवा द्रष्टा कहते थे, क्योंकि उनके लिए सब कुछ निरीक्षक या द्रष्टा के पास ही वापस आता था। देखना ही परम रचनात्मक कर्म था।

देवता का प्रभाव

सृजन का रहस्य निरीक्षक और निरीक्षण की गई वस्तु के बीच अंतराल में बसा है। इस अंतराल में देवदूत बसते हैं; वे चेतना के संसाधक हैं। यदि

बाइबिल की शब्दावली लें तो गॉड के सेवक हैं। देवता, इस प्रक्रिया के लिए संस्कृत शब्द है, इसका मूल *देव* शब्द में है, जिसका अर्थ है देवदूत। देव संदेशवाहकों से अधिक होते हैं; वे सृष्टि के वाहक हैं। वे सर्जक के लिए कार्य करते हैं, सर्जक द्रष्टा होने के अतिरिक्त कुछ नहीं करता, इसलिए देव देखने के सक्रिय पक्ष से जुड़े हैं, जो छिपा हुआ है। यह कहना उचित होगा कि हमने मानसिक चित्रण के बारे में जो भी कहा, वह देवता प्रभाव, चेतना की योग्यता से जुड़ा है, जो अदृश्य आवेगों को भौतिक यथार्थ में बदलती है। देवता प्रभाव यथार्थ के हर स्तर को नियमित करता है और इस तरह देवदूत या स्वर्ग के दूत सभी कोशों में उपस्थित होते हैं।

भौतिक आयाम में देवदूत आगंतुकों या मार्गदर्शकों की तरह आते हैं। वे ईश्वर का संदेश देते हैं या संकट के समय में मदद करते हैं।

जीवंत आयाम में देवदूत सृष्टि में श्वास फूंकते हुए प्रकृति को बनाए रखते हैं। वे रूप के निर्माता हैं; वे हर जीवंत वस्तु को प्रकृति से एक अनिवार्य संपर्क प्रदान करते हैं।

मानसिक आयाम में देवदूत व्यक्तिगत मार्गदर्शकों अथवा अभिभावकों की तरह आते हैं।

परमानंद के आयाम में देवदूत देवों से घिरे रहते हैं और निरंतर उसकी प्रार्थना करते हैं। वे आनंद के उत्कृष्ट रूप का आस्वादन करते हैं।

सभी पाँचों स्तर संप्रेषण की माँग रखते हैं। रचनात्मक आवेग एक से दूसरे स्तर तक निश्चित तौर पर जाना चाहिए। देवदूत वास्तव में इस बात के प्रतीक हैं कि सूचना कैसे बांटी और व्यवस्थित की जाती है। प्रतीक के पीछे का यथार्थ देवता प्रभाव है। मैं आपको एक ठोस उदाहरण देना चाहूँगा, जो शायद आपको इस छिपे हुए यथार्थ को समझने में सहायक हो सके।

मैं एक ऐसी महिला को जानता हूँ, जो देवदूतों के माध्यम से अपनी आजीविका कमाती है। उसका नाम लिली है, उसे देवदूतों के बारे में सबसे पहले अपने जन्मदिन की दावत में चला था, जब वह तीन या चार साल की थी। ''मेरी माँ ने बत्तियाँ बुझा दीं ताकि मैं अपने केक पर लगी मोमबत्तियाँ बुझा सकूँ। मैंने अपने आसपास देखा, वे लोग कमरे के एक कोने में खड़े थे। जब लाइटें जल रही थीं तो वे लोग उस जगह नहीं थे। मैंने उनकी ओर इशारा किया तो पता चला कि उन्हें कोई और नहीं देख पा रहा था। पर मुझे अच्छी तरह याद है कि उन्हें देख कर मुझे बहुत ख़ुशी हुई थी।''

लिली का देवदूतों से पहला सामना भौतिक ही था। जब उसकी मॉम ने उसे ऐसे ''लोगों'' को देखने के लिए निरुत्साहित किया, जो कहीं थे ही नहीं, तो वे झट से ओझल हो गए। हालाँकि लिली को फिर भी उनकी उपस्थिति का आभास था और जब वह बड़ी हुई तो उसने उनकी मौजूदगी को स्वीकार करना सीखा। धीरे-धीरे, ''गाइज़'' (वह उन्हें ऐसे ही बुलाती थी), ऐसी छवियों में बदल गए, जिन्हें वह आँखें बंद करने पर देख सकती थी और सवाल पूछने पर उसे उनकी आवाज़ों में उत्तर भी सुनाई देते।

''वे लगातार आने वाले स्वर नहीं थे, मेरे लिए वे कभी मतिभ्रम नहीं रहे। मुझे उन गाइज़ को बहुत सजग हो कर बुलाना होता था और जब भी मैं ऐसा करती तो मुझे एक सहजता और मार्गदर्शक विवेक का अहसास होता। मैं जानती हूँ कि अधिकतर लोग अपने ही मार्गदर्शकों से संपर्क नहीं करते, परंतु मैं उनके मार्गदर्शकों को भी देख सकती हूँ। वे हम सबके पास होते हैं।''

ऋषियों के अनुसार, यह गुण, ''सूक्ष्म वस्तुओं से भरी चेतना के संसार'' से संबंध रखता है। यह लिली के जीवन में आता-जाता रहा। यह काफ़ी हद तक इस बात पर निर्भर करता था कि वह ख़ुद को कहाँ पाती थी। कॉलेज के ठीक बाद, कुछ समय के लिए ऐसे व्यक्ति से विवाह हुआ जो लिली को उन ''गाइज़'' से संपर्क नहीं साधने देता था, उनके तलाक़ के बाद लिली ने एक ऑफ़िस मैनेजर की जॉब ले ली, जिसके लिए आँतरिक मार्गदर्शकों की बहुत ज़रूरत नहीं थी। पंद्रह साल के बाद उसके सामने आरोग्य का मुद्दा आ गया।

''गाइज़ ने मुझे बताया कि मैं लोगों को भावात्मक रूप से ठीक कर सकती हूँ और वे मेरी मदद करते। पहले तो यह सुन कर मुझे घबराहट हुई पर मैं यह भी देख रही थी कि जब लोग अपने पुराने घावों का सामना करते हैं तो उनके लिए यह सब कितना दर्दनाक होता है। गाइज़ ने मुझे कहा कि यह सब ऐसे नहीं होगा। वे मुझे बताते कि दर्द और सदमे की फंसी हुई ऊर्जाओं को कैसे मुक्त करते हैं। मैं सामने वाले व्यक्ति को किसी भी तरह के तनाव में डाले बिना यह सब कर सकती थी। इन बातों ने मुझे गहराई से छुआ।''

लिली तब तक चालीस साल की हो चुकी थी। उसने लोगों की हीलिंग का काम चालू कर दिया। उसने अपने दोस्तों से शुरुआत की जिनके

साथ वह अपने गाइज़ के बारे में बात कर सकती थी। जब काम बढ़ने लगा तो वह अपने गाइज़ के लिए ''हायर गाइड और एंजिल'' शब्दों का प्रयोग करने लगी।

''मैं काफ़ी हद तक पारंपरिक क़िस्म के लोगों में से हूं। जब मैं अपना काम करते हुए गाइज़ के संपर्क में नहीं रहती तो मेरा जीवन पूरी तरह से सामान्य होता है। मुझे अपने उन गाइज़ को एंजिल या देवदूत समझने में बरसों लगे पर फिर उन्होंने मुझे आर्कएंजिल माइकल से मिलवाया। मुझे क्राइस्ट के पास ले जाया गया ताकि मेरी मदद हो सके। मैंने लोगों से कहा कि वे ऊर्जान्वित रूप से गॉड से जुड़े हैं। अब यह सब बहुत सहज हो गया है, क्योंकि मैं जो भी कहती हूँ, वह सब देख सकती हूं।''

यथार्थ की सीमाओं के बाहर, जिन पर हम अक्सर सहमत होते हैं, लिली जैसे लोगों का वास है और हमेशा रहेगा। लिली हमें हमारी छानबीन के बहुत अहम बिंदु पर लाती है। इससे कोई फ़र्क़ नहीं पड़ता कि हम इस बहस में किस बात पर सहमत होते हैं कि देवदूत या एंजिल होते हैं या नहीं, वे स्वर्ग में बसते हैं या धरती पर। हमारी अपनी चेतना ही वास्तविक और अवास्तविक की नियामक है; हमने अपने ही मानसिक चित्रण में क़दम रख दिया है। यदि उस मानसिक चित्रण में केवल भौतिक वस्तुएँ हैं और सूक्ष्म वस्तुएँ नहीं हैं, तो वह अपना ही रचा हुआ है। मैं और आप केवल द्रष्टा, देखी जाने वाली वस्तु या देखने की प्रक्रिया नहीं, बल्कि एक ही बार में तीनों रूप रखते हैं। इससे इंकार करने का अर्थ होगा कि हम अपनी अखंडता से इंकार कर रहे हैं, और उस शक्ति से इंकार कर रहे हैं, जिस पर हमारा जन्मसिद्ध अधिकार है।

''मैं लोगों से अलग-अलग तरीक़ों से मिलती हूं।'' लिली कहती है। ''मैं उन्हें भौतिक रूप से देखने के साथ-साथ, उनकी ऊर्जा को भी भांपती हूं। जब मैं अंदर जाती हूं तो मैं उनकी ऊर्जा को उनके आसपास प्रकाश के घेरे के रूप में देखती हूं। यही बुनियादी वास्तविकता है, पर अगर मुझसे पूछा जाए तो मैं उनके देवदूत और दूसरे अलौकिक अस्तित्वों को भी देख सकती हूँ। इनमें से कुछ बहुत नकारात्मक होते हैं। मैं लोगों को उनके दूसरे जीवनकालों में देख सकती हूं और कुछ हद तक उनका भविष्य भी देख सकती हूँ। मैं उन्हें भविष्य में भी देख सकती हूं। यह सब बहुत ही गतिशील है, परंतु यह सब पाया जा सकता है।''

बीस साल पहले मैं लिली जैसी किसी अतींद्रिय दृष्टि वाले इंसान को नहीं जानता था; अब मैं ऐसे अनेक व्यक्तियों से मिल चुका हूँ। उनमें से प्रत्येक ने उन सीमाओं को उपेक्षित करना सीख लिया है, जो समाज ने जीवन के एक और दूसरे स्तर के बीच बना रखी हैं। आत्मा के स्तर पर, हम अपनी संभावना के बल पर वह सब कर सकते हैं, जो हम करना चाहते हैं। देवदूत भी असीम नहीं होते; मनुष्य की कल्पना के साथ-साथ इतिहास में, वे भी बदलते आए हैं। हमारी यह रचनात्मक परियोजना हज़ार वर्ष पुरानी है और आज तक जारी है।

जब आपकी मृत्यु होगी तो आपके साथ क्या और कितना होगा, यह आपके चुनाव पर निर्भर करता है कि बाहरी बलों के लिए कितना शेष रह जाएगा? लिली इस विषय में पूरी तरह से स्पष्ट है। वह अपने गाइज़ के साथ मिलकर, भौतिक मृत्यु की बाधा के बिना भी काम कर सकती है। इस तरह लिली सजग भाव से वह कर रही है, जो हम सब असजग हो कर करते हैं। इसके लिए देवता प्रभाव को धन्यवाद देना होगा, हम सृष्टि की प्रक्रिया हैं। हमारे माध्यम से; देव, देवदूत और आत्माएँ अस्तित्व में आती-जाती रहती हैं। लिली कहती है, ''जब मैंने इस विषय पर काम करना चालू किया तो मेरा बहुत सा शब्दभंडार ईसाई था, क्योंकि मैं शुरुआत से ही जीसस के बहुत निकट रही। फिर मैं क्राइस्ट उपस्थिति के रूप में उनका अनुभव पाने लगी, तब मेरे दिमाग़ में कोई तसवीर नहीं होती थी। मैंने पाया कि सार्वभौमिक मसीह के लिए एक गूढ़ नाम था, सनांडा और गाइज़ ने मुझे बताया कि सार्वभौमिक मसीह से संपर्क साधने के लिए मैं उस नाम का प्रयोग कर सकती थी। अब सनांडा भी अमूर्त रूप ले चुके हैं, जिस तरह करुणामयी प्रकाश का क्षेत्र है।''

मैंने लिली से पूछा कि उसके लिए इसके बाद क्या है।

''ये एक बड़ा प्रश्न है, है ना? एक स्तर पर मैं जानती हूँ कि मुझे असल में इन गाइज़ की ज़रूरत नहीं है। वे मेरे अपने ही पहलू हैं। अगर मैं चाहूँ तो मैं अपने-आप से ही कह सकती हूँ और अपनी योग्यताओं पर भरोसा कर सकती हूँ। यही अगली अवस्था है।''

मैंने पूछा कि यदि वह स्वयं ही सब कुछ जानती है, तो ऐसा क्या है, जो उसे अगली अवस्था तक जाने से रोक रहा है?

''आदत, हो सकता है कि कोई ऐसा भय शेष हो, जिसका मैंने आज तक सामना नहीं किया हो। आपको याद रखना होगा कि वे गाइड़ आजीवन मेरे साथ रहे। शायद मैं तब तक उन्हें साथ रखना चाहूँगी, जब तक मैं उन्हें अपने लिए आरामदेह मानती रहूँगी।''

हम सभी किसी न किसी अवस्था में, सृजन का हिस्सा बनने की ज़िम्मेदारी लेते हैं। देवी और देवता, देवदूत और अलौकिक जीव इसलिए अस्तित्व रखते हैं, क्योंकि वे चेतना की कच्ची सामग्री की उपज हैं। यह सारा सृजन आकाश की कार्यशाला में होता है, जो चेतना का क्षेत्र है। इसके कलाकार वे हैं जिनके पास यह काम करने की भरपूर सजगता है। मैं यह प्रस्ताव रखना चाहूँगा कि यदि आप स्वयं को एक ईश्वर बनाने के योग्य नहीं मानते, तो आप स्वयं को एक देवदूत का सृजन करना तो सिखा ही सकते हैं।

मैंने एक बार ऐसे व्यक्ति का इंटरव्यू लिया था, जिसके पास अद्‌भुत आरोग्यकारी शक्तियाँ थीं, और वह उनके बारे में बढ़ा-चढ़ा कर बात नहीं करता था। उसने मुझसे कहा, ''मैं कुछ ही दिन में तुम्हें कुछ काम करना सिखा सकता हूँ,'' जब मैंने उत्तर दिया कि मुझे इसमें संदेह था तो उसने कहा, ''दरअसल, यह बहुत ही सरल है। मुश्किल हिस्सा वह है, जब आपको इस विश्वास को छोड़ना है कि आप आरोग्य प्रदान *नहीं* कर सकते।'' यही लगभग हर चीज़ के लिए पूरी तरह से सच है। हम अपना पूरा जीवन एक सपने के मानसिक चित्रण, उसमें क़दम रखने और यह भरोसा करने में लगा देते हैं कि वह सपना असली है। स्वयं को ऐसे व्यक्ति के रूप में देखें, जो तीनों काम कर रहा है, और अचानक देवदूतों का संसार उसके लिए उसी तरह वास्तविक हो जाता है, जैसे उसका ठोस वस्तुओं का संसार रहा है।

12

सपना जारी है

सावित्री की कहानी कैसे समाप्त होती है? जब वह भाग कर अपनी कुटिया में वापस आई और आगे वाली खिड़की से बाहर झांका तो सूरज पहले ही वृक्षों की ओट में छिप गया था। यम अब भी धूल में खड़े थे, अंतर केवल इतना था कि अब चीड़ के पेड़ों की छाया ने उन्हें ढंक लिया था। सावित्री ने खुद को संभाला, अंतिम बार प्रार्थना की और उनका सामना करने के लिए बाहर आ गई।

और फिर? एक संस्करण में सावित्री हार्दिकता से यम का स्वागत करती है। मृत्यु के देवता भी प्रसन्न हो कर उसे वरदान देते हैं। सावित्री जीवन का वरदान चाहती है तो यम उलझन में आ जाते हैं और कहते हैं कि वह तो पहले से जीवित है पर सावित्री का आग्रह बना रहता है और यम उसकी इच्छा पूरी करते हैं। सावित्री उनके पैरों पर पड़ कर कहती है, ''आपने मुझे जीवन दिया, परंतु मैं सत्यवान के बिना नहीं जी सकती।'' यह सुन कर मृत्यु के देवता के पास सत्यवान के प्राण वापस करने के सिवा कोई विकल्प नहीं रहता।

पर सभी इस एक सादे से उपाय से संतुष्ट नहीं होते। मैं आपको बता सकता हूँ कि मेरा क्या मानना है। सावित्री अपने सारे भय जीत चुकी थी, इसलिए वह बाहर गई और यम के आगे नृत्य करने लगी। उसने बहुत ही मनमोहक नृत्य किया और जब नृत्य पूरा होने के बाद यम की गोद में आई तो हौले से इस तरह बोली मानो वह उनकी प्रेमिका हो, ''आपके लिए मेरी तड़प इतने कम समय में शांत नहीं हो सकती।''

यह सुन कर मंत्रमुग्ध यम बोले, ''पर हम शाश्वत काल तक साथ रह सकते हैं।'' सावित्री ने अपना सिर हिलाया, ''यदि आप सर्वशक्तिमान हैं तो उस अनंत में एक और क्षण जोड़ दें ताकि मैं आपको उस एक अतिरिक्त क्षण में इतना अधिक प्रेम कर लूं जितना कभी किसी ने, किसी को नहीं किया होगा। बस इतना ही चाहती हूँ।''

यम को ऐसा प्रेम कभी नहीं मिला था, कभी कोई युवती इस तरह निर्भीक होकर उनके पास नहीं आई थी। उन्होंने सावित्री को एक अतिरिक्त क्षण का वरदान दिया - और इस तरह वे हार गए।

कैसे?

देवताओं का एक क्षण मनुष्यों के लिए सौ वर्ष के समान है। उस एक अतिरिक्त क्षण में सत्यवान घर वापस आया और सावित्री को गले से लगा लिया। वे अपनी कुटिया में गए और पहले की तरह रहने लगे। उनके बच्चे हुए और फिर से बूढ़े हो गए। उस दौरान सावित्री के पिता ने भी उन्हें अपने महल में वापस बुलवा लिया और सावित्री अपने बुढ़ापे में अक्सर सोचती कि क्या उसने यम से बहुत समय ले लिया था, क्योंकि सत्यवान को संसार से गए भी अनेक वर्ष हो गए थे। सावित्री ने अपना अंत समय ध्यान में बिताया और प्रबुद्ध हुई और इस तरह जब वह अतिरिक्त क्षण पूरा हुआ तो यम को लगा कि सावित्री ने उसके साथ कोई छल नहीं किया था। वह सच में उनसे प्रेम करती थी, वह उनके जीवन के किसी एक पक्ष को प्रेम करने के बजाए उन्हें संपूर्ण रूप में चाहती थी।

यह अंत सुंदर और सांत्वनापूर्ण है। जब मेरे पास बहुत समय नहीं रहेगा तो मैं इसे ही पढ़ना चाहूँगा। मैंने पहले ही इसे लिख दिया है ताकि मेरा परिवार इसे पढ़ सके। *चाहे जो भी हो जाए, मेरे लिए रोना मत। मैं ठीक हूँ और चाहे जो हो जाए, मैं तुम सबको प्रेम करता रहूँगा। यह मेरी यात्रा का मार्ग है।*

मैं कभी-कभी इन शब्दों को पढ़ लेता हूँ। मैंने भी किसी तरह, सावित्री की तरह अस्तित्व का वह एक अतिरिक्त क्षण पाया है और वही मेरे लिए पर्याप्त होगा।

पुनर्जन्म

एक देवदूत को रचना चेतना का परम कार्य नहीं है। शून्य से नया जीवन बनाना बड़ी बात है। इसे हम पुनर्जन्म की योग्यता का नाम देते हैं। पुनर्जन्म के लिए कहा जाता है : हम मरते हैं और किसी दूसरे रूप में धरती पर वापस आते हैं। परंतु कोई आत्मा पुनर्जन्म के लिए नए व्यक्तित्व का चोला कैसे ओढ़ती है? भारत जैसी संस्कृति में, जिसमें पुनर्जन्म की सशक्त आधारशिला रही है, लोग जानना चाहते हैं कि वे कुछ निश्चित कार्मिक प्रवृत्तियों के साथ जन्म कैसे पाते हैं और समाज में ज्योतिषियों, पंडितों, दार्शनिकों और गुरुओं के समूह उस प्रक्रिया का वर्णन करते हैं, जिनसे कर्म किसी आत्मा से संबद्ध होते हैं और अनुभवों का एक नया जीवन प्रदान करते हैं।

अधिकतर लोगों को पता है कि तिब्बती यही अपेक्षा रखते हैं कि दलाई लामा सहित उनके धार्मिक नेता, एक शिशु के रूप में जन्म लेंगे, जो स्वयं अपनी पहचान के संकेत देगा। ये शिशु अधिकतर तिब्बत में ही जन्म लेते हैं, परंतु ऐसे मामले भी आए हैं, जब वे यूरोप में भी प्रकट हो सकते हैं, जैसे एक दशक पहले एक महान लामा की खोज में, तिब्बती खोजी दल, स्पेन के एक परिवार के पास गया था। भारत में महान धार्मिक हस्तियाँ अक्सर यशस्वी पूर्वजों से जुड़ी होती हैं। महात्मा गांधी को उनके अनुयायी, अतीत के महान गुरुओं से जोड़ते हैं। कौन जाने कि कौन सा मेल जायज़ है? यह विषय बहुत ही जटिल है।

कई ऐसे देसी अमेरिकी क़बीले हैं, जिनमें पाँच या छह बच्चे पैदा हो सकते हैं, जिन्हें पिछले जन्म की याद होती है कि वे एक ही माँ की संतान थे। जापानी बच्चों में भी ऐसे ही कुछ उदाहरण मिले हैं, जिन्होंने अपने इस जन्म में दूसरे विश्व युद्ध के दौरान हुए एक जैसे अनुभव दोहराए मानो किसी एक सिपाही की आत्मा कई खंडों में जन्मी हो। सोल रिग्रेशन (आत्मा परावर्तन) के विशेषज्ञ किसी व्यक्ति को उसके पिछले जन्म में ले जा कर उसकी पुरानी यादों को उभार सकते हैं। इस तरह कोई महान व्यक्तित्व जैसे क्लियोपैट्रा या नेपोलियन पूरे एक समाज की यादों को प्रभावित करते हैं, और अगले जन्मों में जा कर लोगों को याद आता है कि वे स्वयं नेपोलियन थे, जबकि उनके जीवन उस व्यक्ति से गहराई से प्रभावित हुए थे।

लोग अक्सर इस खेल को पसंद करते हैं, ''मैं पिछले जन्म में क्या था?'' या ''क्या हम दोनों पिछले जन्म में नहीं मिले थे?'' पर मैंने कई ऐसे लोग भी देखे हैं, जो पिछले जन्म की बात सुनते ही कान बंद कर लेते हैं। ईसाई विचारधारा इसे पसंद नहीं करती, क्योंकि उनके धर्म में इस जीवनकाल के अलावा मोक्ष या मुक्ति पाने का पुन: अवसर नहीं मिलता। पुनर्जन्म पाना कहीं अधिक क्षमादायक है। भूलों को सुधारा जा सकता है; पूरे जीवनकाल का निस्तार हो सकता है, यह सब स्वर्ग में नहीं, बल्कि नए शरीर के साथ उन्हीं घटनाओं के बीच होगा, जो पहले असफल रहीं या पाप और अभाव की श्रेणी में आ गईं थीं।

अगर पुनर्जन्म नहीं होगा तो हमें ऐसा लग सकता है कि यह ब्रह्माण्ड मृत्यु के अधीन है। बिग बैंग के कुछ मिलीसेकेंड के अंदर 96 प्रतिशत मैटर और एनर्जी, जो शून्य से उपजे थे, वे उसमें ही मिल जाएँगे। बाक़ी जो बचेगा वह अस्तित्व के बाहर और भीतर झलकी देगा, परंतु यह सब इतनी गति से होगा कि मैटर या पदार्थ ही ठोस और स्थायी लगेगा। असल में, हर ठोस चीज़ अस्थायी है, अस्तित्व का प्रत्येक कण उस शून्य से बाहर और भीतर झूल रहा है, यही ठोसपन का भ्रम देता है, क्योंकि हम अपनी इंद्रियों से उस स्पंदन को ग्रहण नहीं कर पाते। पैदा होने वाला नया कण कभी भी ओझल होने वाले कण की तरह नहीं होता, प्रकृति इसी तरह समय, स्थान, विद्युत व गति आदि अन्य बुनियादी बातों का प्रबंध करती है, जो एक साथ स्थिरता और परिवर्तन बनाए रखने के लिए चाहिए।

यही आपके और मेरे लिए सत्य है। हम परिवर्तन और स्थिरता के तरल उत्पाद के रूप में अस्तित्व रखते हैं। हमारे मस्तिष्क क्षण प्रतिक्षण एक से दिखते हैं, परंतु न्यूरॉन की गतिविधि सदा एक सी नहीं होती – मस्तिष्क एक ऐसी नदी की तरह है, जिसमें आप एक ही जगह पर दोबारा नहीं उतर सकते। जब किसी माता या पिता के जींस दूसरे माता या पिता के जींस से मेल करने के लिए रचनात्मक आत्महत्या करते हैं तो डीएनए का पुनर्जन्म होता है। डीएनए अपनी प्रतिकृति बना सकता है, इसका अर्थ यह नहीं है कि इसमें मूल कोशिका की मृत्यु होगी, यह नया जैनेटिक पदार्थ पैदा करता है, जो नया माँस या फ़्लैश पैदा करता है। इनकारनेशन शब्द को मूल लैटिन भाषा के शब्द *कार्नियूस* से लिया गया है, जिसका अर्थ होता है, फ़्लैश।

मनुष्यों को लगता है कि वे माँस और मज्जा से बने हैं। एक स्तनधारी के रूप में तो यह उचित लगता है पर जब हम स्वयं को आत्मा के आयाम के रूप में देखते हैं तो यह जटिल हो जाता है। हम कैसे बूढ़े हो कर नष्ट होते हैं, शरीर कैसे रोगी होता है, यह सब देखने के बाद शायद किसी को मृत्यु के बाद दूसरा शरीर पा कर प्रसन्नता नहीं होती हो - क्योंकि हममें से कुछ लोगों के लिए एक ही शरीर काफ़ी हो सकता है। इसी जगह ईसाई विचारधारा सामने आती है। उसका तर्क है कि यह शरीर पाप के कारण भ्रष्ट हो गया है इसलिए मरने के बाद फिर से जन्म पाने से बेहतर होगा कि इसे समाप्त कर दिया जाए।

पूरब कई कारणों से पुनर्जन्म के साथ सुविधाजनक संबंध रखता आया है। अगर ब्रह्माण्ड निरंतर खुद को रच रहा है तो केवल हम ही वह पहलू होंगे, जो शामिल नहीं हैं, और यह बात समझ नहीं आती। और मनोवैज्ञानिक तौर पर, यदि मैं बार-बार नए शरीर में वापस आ सकता हूँ तो अगले जन्म में उन महत्त्वाकांक्षाओं और इच्छाओं को पूरा किया जा सकता है, जिन्हें इस जन्म में पूरा नहीं कर सका, जिसे सोच कर मन को तसल्ली मिलती है। यह सोच और भी सांत्वना देती है कि मैं जिन प्रियजन को खो चुका, उनसे दोबारा मिल सकता हूँ या अपने खोए हुए प्यार को पुनः पाने का प्रयास कर सकता हूँ। पुनर्जन्म सामाजिक प्रगति के लिए आशा देता है; एक गुलाम अगले जन्म में मालिक बन सकता है। जन्म और पुनर्जन्म के ब्रह्माण्डीय तंत्र में एक विकासमूलक प्रवृत्ति छिपी है। चरण-दर-चरण हर आत्मा ईश्वर की ओर प्रगति के मार्ग पर अग्रसर होती है।

शायद यह विश्वास और पूरब बनाम पश्चिम का प्रश्न नहीं है। पुनर्जन्म चुनाव का प्रश्न हो सकता है। चेतना उपयोगी है। हम इसे अच्छी इच्छाओं के अनुसार आकार देते हैं। ईसाई धर्म द्वारा पुनर्जन्म से इंकार अंतिम वचन होने के बजाए एक सामूहिक चुनाव हो सकता है। सभी संबंधित कारकों को ध्यान में रखते हुए, मानवता का विशाल क्षेत्र कहता है, "मैं इस जगह वापस नहीं आना चाहता।" जबकि दूसरे कहते हैं, "हम वापस आना चाहते हैं।" एक बात निश्चित रूप से कह सकते हैं कि प्रकृति पुनर्जन्म की कार्यपद्धति पर निर्भर करती है।

वापस आने का चुनाव

ऋषियों ने अगले जन्म के हर पहलू को एक चुनाव बनाया है। आप जो चुनते हैं, वह असली हो जाता है, आप जिसे नहीं चुनते वह अवास्तविक हो जाता है। पर यह सुनकर उलझन होती है। क्या पुनर्जन्म होता है या नहीं होता? बाल मनोविज्ञानी जानते हैं कि एक बहुत ही नाजुक समय होता है, जो नवजात अवस्था से आठ या दस वर्ष की आयु तक रहता है, जिसमें कुछ बच्चों को पिछला जन्म याद रह सकता है। हाल ही में एक ऐसा उदाहरण सामने आया, एक बच्चा दूसरे विश्व युद्ध के लड़ाकू विमानों का दीवाना था। वह उन्हें देखने के लिए एयरफ़ील्ड जाना चाहता था। उसने उनकी तसवीरें काटीं और जब वह पैसिफ़िक में हुए एक भयंकर नौसेनायुद्ध के बारे में पढ़ रहा था तो उसने अपने माता-पिता से कहा कि उसकी वहीं मौत हुई थी।

उसके माता-पिता यह सुनकर चौंक गए और उन्होंने यही सोचा कि यह बच्चे की मन की कल्पना होगी पर जल्दी वह उन्हें लोगों के नाम और तारीखें बताने लगा। उसे अपना पिछला नाम याद था और यह भी पता था कि एक जापानी मशीन गन ने उसके विमान को कब अपनी गोली का निशाना बनाया था। माता-पिता ने उस घटना के बारे में छानबीन की तो पता चला कि एक अमेरिकी पायलट ठीक उसी तरह मारा गया था, जैसे उनका बेटा बता रहा था, वायुसेना के बचे हुए सिपाहियों ने उनके बेटे द्वारा बताई गई बातों की पुष्टि की।

भारत में अक्सर ऐसी घटनाओं के बारे में अधिक सुनने को मिलता है, जिनमें पुनर्जन्म के बारे में बनी आम धारणा के कारण सदमे और अविश्वास का भाव नहीं आता, जिसके कारण लोग ऐसी बातों को अपने तक ही सीमित रखना चाहें। अक्सर समाचारों में पढ़ने को मिलता है कि एक बच्चे ने पास वाले गांव में ले जाने को कहा और वहीं अपने पिछले जन्म के घर को पहचान लिया। जब वे वापस आते हैं तो वह बच्चा अपने पिछले माता-पिता और संबंधियों से भी संबंध बना चुका होता है। मनोवैज्ञानिकों का कहना है कि पिछले जन्म से इतना मोह और लगाव अस्थायी होता है, दस साल की आयु के बाद ये यादें फीकी होने लगती हैं और उनमें पहले जैसा आवेग नहीं रहता। मानो किसी आत्मा को नए स्थान और समय में अपनी जगह बनाने में थोड़ा अधिक समय लगा हो।

वर्जीनिया विश्वविद्यालय के इआन स्टीवेन्सन से इस तरह के विस्तृत वर्णन मिलते हैं, अब मनोचिकित्सक जिम टकर उनके काम को आगे बढ़ा रहे हैं। उन्होंने ऐसे 2500 से अधिक बच्चों के मामलों का अध्ययन किया, जिन्हें अपना पिछला जन्म याद था - यह संख्या बढ़ती ही जा रही है- उन्होंने पाया कि कई मामले तो इतने चौंका देने वाले थे कि उनके पिछले जन्म के शारीरिक लक्षण भी इस जन्म में सामने आ गए थे। ऐसे 14 बच्चों के उदाहरण मिले हैं, जिन्हें याद था कि पिछले जन्म में उनकी मौत गोली लगने से हुई और उनके शरीर में ऐसा निशान होता था, जिसे देख कर लगता था कि उस पर गोली लगी होगी। एक बच्चा तुर्की में जन्मा था और उसे बचपन से ही एक कुख्यात अपराधी के बारे में याद था, जिसने पुलिस के हाथों पड़ने के बजाए गोली मार कर आत्महत्या कर ली थी। अपराधी ने अपने ठोड़ी पर गोली मारी थी और बच्चे की ठोड़ी पर वैसा ही गोल निशान था। स्टीवेन्सन हैरान थे कि गोली बाहर निकलने का भी कोई निशान ज़रूर होगा और जब उन्होंने बच्चे के बाल देखे तो सिर के ऊपर भी एक निशान दिखा, जिस पर बाल नहीं थे।

इस क्षेत्र के एक और विशेषज्ञ कैरोल बोमैन के अनुसार पिछले जन्म को याद रखने वाले बच्चों में पिछले जन्म के पात्र जैसा ही व्यवहार पाया जाता है। वे लगभग दो साल की आयु से पिछले जन्म की बातें करने लगते हैं और सात साल की आयु तक वे बातें करना बंद कर देते हैं। बच्चे मरने के बारे में बात करते हैं। कई बार हिंसक मौत से जुड़ी किसी याद से डर सकते हैं पर अक्सर ये प्रभाव भावात्मक नहीं होता। वे अक्सर छोटे वयस्कों की तरह बड़े ही विस्तार से अपनी यादें दोहराते हैं। डॉ. स्टीवेन्सन के अनुसार वे कुछ इस तरह की बातें भी कर सकते हैं :

''आप मेरे मम्मी/डैडी नहीं हो।''

''मेरे मम्मी/डैडी कोई और हैं।''

''जब मैं बड़ा था... तो मेरी आँखें नीली थीं या मेरी कार बहुत बड़ी थी आदि।''

''जब मैं मम्मी के पेट में था, तो यह उससे पहले हुआ था।''

''मेरी एक (पत्नी/पति/बच्चा) है।''

'' मैं ...शहर में ट्रक चलाता/रहता था आदि।''

''मैं गिरने से मरा या कार दुर्घटना में मारा गया।''

''याद है, जब मैं दूसरे घर में रहता था तो वे मेरे डैडी थे आदि।''

ऐसे बच्चे अपने पिछले जन्म के बारे में पूरे विश्वास से बात करते हैं। डॉ. स्टीवेन्सन के अनुसार ऐसे लगभग 220 बच्चों के अध्ययन के बाद पता चलता है कि वे सीधे स्वर्ग नहीं गए और उन्हें एक और जगह प्रतीक्षा करनी पड़ी, जिसे आप उस जगह को ''पार करने'' का चरण भी मान सकते हैं। उन्होंने बताया कि उन्होंने स्वर्ग में जाने के बाद अपने अगले जन्म, नए परिवार और नई चुनौतियों का सामना करने के निर्णय लिए। एक लड़की ने बताया, ''स्वर्ग भी आसान नहीं है। उस जगह भी तो काम करना पड़ता है।''

चूंकि वे बहुत छोटे होते हैं, पिछले जन्मों के ब्यौरे देने वाले इस बात का सशक्त प्रमाण हैं कि पुनर्जन्म केवल सांस्कृतिक पुरावशेष नहीं हैं। परिवर्तन की विश्वसनीय सामग्री उपलब्ध है – तीनों प्रकार की साक्षी – वे बच्चे जिन्हें पिछला जन्म याद है, जिन लोगों को मौत को पास से देखने का अनुभव हुआ है और वे लोग जिनके पास अपनी देह से बाहर आने का अनुभव होता है – वे इस बात पर सहमत हैं कि मृत्यु के बाद का जीवन कैसे काम करता है।

शरीर से बाहर आने के अनुभव हमारे अनुमान से कहीं अधिक हैं और कुछ लोगों ने इन्हें इस हद तक साध लिया है कि वे लोग ''अंतरिक्ष पर्यटक'' हो गए हैं। मोरोन संस्थान के एफ़. होम्स एटवाटर इस क्षेत्र के अनेक शोधकर्ताओं में से हैं और अक्सर उनके पात्र ऐसे अनुभव बताते हैं जिनमें वे आकाशीय क्षेत्र में जाते हैं, इनमें वे क्षेत्र भी शामिल हैं जिन्हें हम मृत्यु से जोड़ते हैं। वे जो देखते हैं, वह मृत्यु को निकट से देखने के अनुभव या एनडीई से मिलता है और बच्चों के पिछले जन्मों के विवरण से भी उसका साम्य दिखाई देता है। एक बच्चे ने अपने घर में बताया कि भगवान किसी भी तरह की बोली या भाषा में बात नहीं करते, जैसे अंग्रेज़ी या स्पेनिश। यह गुह्य मान्यता भी है कि आकाशीय लोको में केवल टैलीपैथी के माध्यम से संप्रेषण होता है। मृत्यु को निकट से देख कर आने वाले लोगों का अनुभव भी यही है कि उन्हें जो भी सुना या उन्होंने जो सीखा, वह बिना किसी वाणी के, केवल तत्काल अंतर्दृष्टि या प्रकटीकरण के माध्यम से उन तक आया।

क्या ये बच्चे अपवादित हैं, क्योंकि इन्हें पिछला जन्म याद है या हम लोग असामान्य हैं, क्योंकि हमें याद नहीं कि हम पहले क्या थे? मुझे लगता है कि कोई भी उत्तर सही नहीं होगा। स्मरणशक्ति का निकट संबंध सशक्त भावों से होता है। कुछ लोग ही याद रख सकते हैं कि उन्होंने पिछले माह एक मंगलवार को क्या खाया था, पर अगर उन्होंने उस डिनर पर अपने प्रिय के आगे शादी का प्रस्ताव रखा था तो वह डिनर उन्हें सारी ज़िंदगी याद रहने वाला है। इसी तरह, इन बच्चों को पुराने जीवन के बुरे अनुभव याद रहते हैं और वे सशक्त नकारात्मक अनुभव मृत्यु की देहरी के इस ओर भी चले आते हैं। डॉ. स्टीवेन्सन एक और मामला याद करते हैं, जब एक बच्चे का जन्म हुआ तो उसकी छाती पर लाल रंग के दाग थे और उसके दिमाग़ में शॉटगन की घातक मार की पीड़ा की याद ताज़ा थी।

वहीं दूसरी ओर, यदि हम अपने साथ होने वाली हर घटना को याद रख पाते तो यह भावात्मक रूप से बंजर होती। अग्रणी सोवियत न्यूरोलॉजिस्ट अलेक्ज़ेंडर ल्यूरिया के पास, एस. नामक पत्रकार रोगी आया था, जो सब कुछ याद करके दोहरा सकता था। वह भीड़ से भरी प्रेस कान्फ्रेंस में बैठ कर, कमरे में बैठे हर इंसान के बोले हुए शब्द दोहरा देता पर एस. भावात्मक रूप से शून्य था और उसमें कविता, प्रतीकों और उपमाओं की समझ नहीं थी - उसके लिए हर घटना एक शाब्दिक तथ्य थी, जो मानसिक टेप पर दर्ज हो जाती थी। (जब ल्यूरिया से पूछा गया कि क्या कभी उसका मन दुखी होता था तो उसने साफ़ शब्दों में बताया कि अब उसके लिए दुख कोई मायने नहीं रखता।)

याद कई तरह से मिट सकती है, इनमें से रेट्रोग्रेड एमनीशिया (सदमे के कारण सब भूल जाना) भी एक बड़ा कारण हो सकता है। हम अक्सर दुर्घटना और युद्ध की मार से आहत व्यक्ति में ऐसे लक्षण पाते हैं। जब किसी की कार की टक्कर या गोली लगने के बाद सुध चली जाए तो होश में आने पर उसे गोली या चोट लगने तक तो याद होता है पर उसके आगे कुछ याद नहीं आता। वह अस्पताल में उठ कर सोचता है कि *उसे हुआ क्या है?* वह सिपाही या रोगी अपने अनुमान से समय के उस अंतराल को भरने की कोशिश करता है। *अस्पताल में हूँ और हाथ टूट गया है इसका मतलब है कि कार से दुर्घटना हुई होगी।*

पुनर्जन्म भी स्मृति में ऐसा ही अंतराल ले आता है, कुछ लोग ही पिछले जन्म की यादों को इस जन्म तक वापस ला पाते हैं। दो जीवनकालों के बीच में पहचान को नया आकार मिलता है, किसी तरह हम पूरी तरह से बदलते हैं और इसके साथ ही वही रहते हैं, जो हम थे। इस तरह पिछला जन्म एक तरह से रूपांतरण कक्ष है। किसी शांत दिन में, यदि आप टहलने जाते हैं तो आपको किसी टहनी पर कोष दिख सकता है, जिसमें बंद इल्ली तितली बनने की प्रतीक्षा में है। ऐसा करने के लिए इल्ली की हर कोशिका को रोज़ बदलना होगा। इस समय वह बिना किसी आकार के है। वह इल्ली धीरे-धीरे खुद को नया आकार दे रही है। इसकी पुरानी शारीरिक पहचान पूरी तरह से मिट जाएगी। लार्वा से पूरे वयस्क बनने तक सभी जीव ठीक ऐसा ही करते हैं और जिस तरह इल्ली का तितली से कोई साम्य नहीं होता, उसी तरह पानी की तली में बैठी ड्रैगनफ़्लाई की बड़ी होने पर अपनी पहचान से पूरी तरह से अलग होगी। आप उसे उसकी अंतिम अवस्था में पहचान नहीं सकेंगे।

कीटों के लिए पुनर्जन्म एक रचनात्मक छलांग है, जिसमें सजग चुनाव शामिल नहीं है, कीटों के जींस में जमा सूचना पीढ़ी-दर-पीढ़ी विविधता के साथ ऐसा ही रूपांतरण प्रस्तुत करती रहती है। असंख्य मोनार्क तितलियाँ उस मूल तितली की क्लोन हैं, जो कभी लाखों साल पहले हुई होगी। मनुष्य का डीएनए, नए लोगों को बनाता है, जिनमें से प्रत्येक खुद को अनूठा मानता है। शारीरिक अनूठापन केवल आरंभ है। हम रूपांतरण कक्ष से कुछ अनूठे हो कर ही बाहर नहीं आते, जैसे चिंपांजी या जर्मन नस्ल के कुत्ते, डाकसहूँड एक-दूसरे से अलग हो सकते हैं पर हम अपनी इच्छाओं, आशाओं, विश्वासों और महत्त्वाकांक्षाओं के साथ स्वयं को भीतर से पूरी तरह से बदलने के लिए आज़ाद होते हैं, ये सभी साधन हमारी चेतना में उपलब्ध हैं।

वैदिक ऋषियों का कहना था कि चेतना ही इस सारे तंत्र की नियामक है - पुनर्जन्म समय और स्थान की एक विविधता है, जो नई प्रतिभा और रुचियों को उत्पन्न करती है। जैसा कि ऋषियों ने इसे देखा - पुनर्जन्म एक रचनात्मक छलांग है, जो अच्छे और बुरे पुराने कर्मों का अनूठा मेल करती है। नया जीवनकाल और पुराना, लाखों कार्मिक कड़ियों के माध्यम से जुड़ता है, पर फिर भी पुनर्जन्म पाने वाले व्यक्ति को ऐसा लगता है कि वह पूरी तरह से नया हो गया है।

ऋषियों के अनुसार, यहीं से एक रचनात्मक छलांग सामने आती है। इसे आप अपने बैंक में जमा धन की तरह लें : चाहे आपके पास 500 डॉलर हों पर आपको पूरी सुविधा है कि आप इसे कहीं भी ख़र्च कर सकते हैं। कार्मिक अर्थों में कारण प्रभाव की ओर ले जाता है और जब तक यह कड़ी बनी रहती है, घटना अ, घटना ब की ओर ले जाती है। अगर ब्रह्माण्ड में कारण और प्रभाव नहीं होता तो अफरा-तफरी मच जाती। अगर आप कोई गेंद गिराते हैं तो गुरुत्वाकर्षण इसे वापस धरती पर गिराती है और यह नतीजा इतना विश्वसनीय है कि इसे निश्चितता मान सकते हैं। यदि कर्म इतने निश्चित होते तो पुनर्जन्म की आवश्यकता नहीं होती, क्योंकि जीवनकाल के अंत में कार्मिक संतुलन लार्वा को तितली में बदल देने वाले खोल की तरह विश्वसनीय होता, ऐसा नहीं होता कि वह अगले मौसम में तितली के बजाए किसी और जीवन को जन्म देगा।

वैसे कर्म का पहले से अनुमान नहीं कर सकते। लोग कई तरह के काम करते हैं और अपने किए हुए के हिसाब से ही फल पाते हैं। यह देख भ्रम होता है कि बुरे कर्मों को दंड नहीं मिलता और गुणों को अनदेखा किया जाता है। अच्छे लोगों के साथ हमेशा बुरा ही होता रहता है। वैदिक ऋषियों ने इसे अस्थिर ईश्वरीय विधान की अनिश्चितता नहीं माना। उनका कहना है कि कर्मों का पहले से अनुमान नहीं लगा सकते, जिस तरह चेतना का अनुमान नहीं लगाया जा सकता :

रचनात्मकता सहज है।

अनिश्चितता नए रूपों को सामने आने की अनुमति देती है।

अज्ञात में अनंत संभावनाएँ छिपी हैं, जिनमें से केवल एक अंश ही ज्ञात संसार के आगे प्रकट होता है।

प्रकृति एक साथ ही परिवर्तन और स्थिरता है।

ये कर्म के बुनियादी सिद्धांत हैं और इनकी सबसे रोचक बात यह है कि हम कठोर तंत्रों से नहीं, बल्कि अनिश्चतता के लिए गहरी वचनबद्धता और उससे मिली रचनात्मक छलांग की वजह से आपस में बंधे हैं।

पुर्नजन्म यही है कि चेतना किस तरह नई हो जाती है, जबकि यह उसी सामग्री का प्रयोग कर रही है, जिसे ना तो रचा जा सकता है और ना ही कभी नष्ट किया जा सकता है।

अनंत परिवर्तन और अनंत स्थिरता एक साथ वास करते हैं – यही वह रहस्य है, जिसे हमें पुनर्जन्म को पूरी तरह से समझने से पहले हल करना होगा।

कर्म और मस्तिष्क

हो सकता है कि कर्मों के माध्यम से ही मस्तिष्क को पूरी तरह से समझा जा सके। न्यूरोलॉजिस्ट, ''द बाइंडिंग इफ़ेक्ट'' यानी वह रहस्यमयी बल जो मस्तिष्क के अलग-अलग हिस्सों को एक साथ लाता है; नामक विषय को लेकर उलझन में हैं। ब्रेन इमेजिंग की हाल ही में हुई प्रगति से पता चला है कि मस्तिष्क के बहुत सारे हिस्से मिलकर सोचने, महसूस करने और संवेदना प्रकट करने का कार्य करते हैं। मान लेते हैं कि आप एक कमरे में आते हैं, अपनी मॉम को पहचानने के बाद, उनसे पूछते हैं कि क्या उन्हें केक बनाने की वह विधि याद है, जो उन्होंने आपके दसवें जन्मदिन पर बनाया था। आपका दिमाग़ लगातार एक से दूसरे और तीसरे हिस्से की ओर नहीं भाग रहा कि वह महिला आपकी कौन है और आप उनसे क्या पूछना चाहते हैं या आपको अपने पिछले जन्मदिनों के बारे में क्या याद है। दिमाग़ एक साथ अपने कई सारे हिस्सों को काम में ला रहा है और रहस्य यही है कि यह सब इसी तरह घटता है।

यदि दिमाग़ के पास एक से दूसरी जगह पर तेज़ी से संदेश भेजने के लिए हाई-स्पीड टेलीफ़ोन सिस्टम होता तो बाइंडिंग इफ़ेक्ट को क्रमिक आदेशों की शृंखला कह सकते थे। पर न्यूरॉन्स एक साथ काम करते हैं। बिंदु अ और बिंदु ब, एक साथ सक्रिय होते हैं। आगे और पीछे दिए जाने वाले सिग्नलों के लिए कोई अंतराल नहीं रहता। वैसे भी मस्तिष्क ऐसे अनंत मेल बना सकता है, जिनका आपस में कोई भी संबंध नहीं होता या बहुत कम संबंध होता है।

तब हर विचार, पूरे मस्तिष्क की गतिविधि हो जाता है। चाहे कैट स्कैन मस्तिष्क में उन न्यूरॉन्स को आसानी से देखा जा सकता है, जहाँ

किसी अपराधी के दिमाग़ में हत्या का विचार आता है या किसी संत के मन में करुणा उमड़ती है, परंतु पूरा दिमाग़ एक अपराधी और एक संत के दिमाग़ का अंतर पैदा करता है। पूरा दिमाग़ मिल कर उस सारे यातायात को देखता है, जो अरबों, ख़रबों स्वतंत्र न्यूरॉन्स को संयोजित करता है। वह यह ध्यान रखता है कि वे सब अनंत सूत्रों से आपस में बंधे रहें। यदि मैं कोई करुणापूर्ण कार्य करना चाहता हूँ तो मेरा दिमाग़ मुझे सरल उपाय देगा, जैसे *मुझे आपदा राहत के लिए दान देना चाहिए।* इस एक विचार को सामने आने के लिए निम्नलिखित की आवश्यकता होगी :

सही और ग़लत की नैतिक समझ

असहाय और शिकार होने की यादें

कष्टभोगियों के साथ समानुभूति

करुणा का भाव

समाज के प्रति कर्तव्य का भाव

ये आपस में गुंथे हुए भाव, दिमाग़ के अलग-अलग हिस्सों में रहते हुए गतिविधि के अनूठे ढांचों का प्रतिनिधित्व करते हैं। इसके साथ ही, गहरे स्तर पर मेरे दिमाग़ को इस बारे में सजग रहना होगा कि मैं कौन हूँ, मेरा इतिहास क्या है, मैंने कौन से अदयालुतापूर्ण काम किए हैं, मेरे मन में छिपा अपराध बोध क्या है, मेरे दयालु रोल मॉडलों के लिए मेरी सजगता आदि। यह चीज़ वाकई अद्भुत है कि दिमाग़ यह जानता है कि सारी सामग्री को एक साथ कैसे मिलाना है। यह किसी ग़लत स्मृति या भावना की ओर नहीं जाता। यह कभी नहीं भूलता कि मैं कौन हूँ या मुझे तब तक विचित्र परेशानियों में नहीं डालता, जब तक मैं मानसिक रूप से रोगी हूँ। ऐसी दशा में, मैं पूरी तरह से मुक्त हो सकता था। मेरे विचार मेरे अपने हैं, यह पहचान नहीं पाने की मेरी अयोग्यता के कारण ही मुझे लग सकता है कि ईश्वर मुझे आपदा राहत के लिए दान देने का आदेश दे रहा है।

हो सकता है कि मैं एक ही विचार के प्रति सचेत हूँ, पर मेरे दिमाग़ को उस विचार के समर्थन में बहुत कुछ करना पड़ता है (न्यूरोलॉजिस्ट का अनुमान है कि एक व्यक्ति दिमाग़ से संसाधित किए गए, प्रति मिनट 2000 बिट सूचना के प्रति सजग होता है। यह सुनने में भला लग सकता है, परंतु

हमारी सजगता के बाहर दिमाग़ असल में सूचना के 400 बिलियन बिट्स प्रति मिनट संसाधित कर रहा है। क़रिश्माई रूप से, यह प्रत्येक के नियंत्रण में रहता है और सबको फ़िल्टर करता है, परंतु उस छोटे से अंश को बना रहने देता है, जो हमें इस दुनिया में रहने और हमारे विचारों व इच्छाओं को बस में रखने के लिए चाहिए।)

मैंने इस जगह इसे विस्तार से प्रस्तुत नहीं किया, परंतु यह तो स्पष्ट है कि अगर दिमाग़ को एक विचार को प्रस्तुत करने के लिए इतना कुछ करना होता है तो कोई एक काम करने के लिए पूरे ब्रह्माण्ड जितना श्रम लगता है। जिस तरह एक न्यूरॉन, इलेक्ट्रॉन और एटम स्वतंत्र दिखते हैं, परंतु फिर भी ब्रहमाण्ड के एक छोर पर इलेक्ट्रॉन की हलचल उसी क्षण, बिना कोई संदेश दिए, लाखों प्रकाश वर्ष की दूरी पर स्थित इलेक्ट्रॉन तक पहुँचेगी। तो यह ''बंधन का प्रभाव ''कॉस्मिक और निजी, दोनों ही है। यह ''यहाँ'' और ''वहाँ भी'' अस्तित्व रखता है। कुल नतीजा यह है कि आप सारे ब्रह्माण्ड की गतिविधि हैं, एक ऐसी अंतर्दृष्टि जो सुनने में अमूर्त लगती है पर जिस तरह केवल एक विचार के लिए आपके दिमाग़ को कई अनदेखी गणनाएँ करनी पड़ती हैं, उसी तरह कर्म भी आपको उत्पन्न करने के लिए अनदेखी गणनाएँ करता है।

जैसा कि हम प्रमाणित कर सकते हैं, परिवर्तन और स्थिरता दिमाग़ में एक साथ वास करते हैं; यह दोनों के अभाव में काम नहीं कर सकता। जब आपको एक पुराना जन्मदिन याद आता है, तो आप इसे ''मेरा'' विचार कह सकते हैं, परंतु आप उन तक जाने वाले सिनेप्सिस और डेंड्राइट्स और फ़ायरस्ट्रोम के लिए कोई निजी जुड़ाव महसूस नहीं करते। दिमाग़ की कोशिकाएँ पूर्वानुमेय तरीक़े से काम करती हैं, जिनमें सोडियम और पोटाशियम अणुओं के बीच इलेक्ट्रिकल आवेश का आदान-प्रदान शामिल है और सकारात्मक व नकारात्मक इलेक्ट्रिकल आवेगों के बीच उतार-चढ़ाव भी शामिल रहता है। किसी तरह मैकेनिकल स्थिरता मुक्त, रचनात्मक और ऐसे विचार प्रस्तुत करती है, जिनका अनुमान नहीं लगा सकते।

ऋषियों ने कर्म के बारे में भी यही कहा है। ये अनंत रूप से लोचयुक्त और अनंत रूप से गैर-लोचयुक्त हैं, जो इस बात पर निर्भर करता है कि आप इन्हें किस रूप में देखते हैं। अज्ञात बल आपको बताए बिना ही

आपको पुनः आकार देने के लिए मुक्त हैं। वे हमेशा ऐसा करते रहते हैं और हममें से किसी को भी इतना भी पता नहीं चलता कि हमारा दिमाग़ एक विचार से दूसरे विचार तक अपनी यात्रा कैसे करता है। न्यूरोलॉजी घटना की साक्षी है, परंतु यह भी कैसे और क्यों नहीं जानती। दो लोग "सेब" शब्द बोल सकते हैं और उनके दिमाग़ों में गतिविधि का एक सा ढांचा दिखाई देगा। हालाँकि अगर इस ढांचे को सही तरह से मैप करने पर भी इससे यह अनुमान नहीं लगाया जा सकता कि वह व्यक्ति अगला शब्द कौन सा कहेगा - दूसरी घटना कोई शब्द, ध्वनि, संकेत या फिर मौन भी हो सकता है।

यहीं से प्रश्न पैदा होता है कि हम अपने अगले जीवनकाल के लिए कितना चुनाव रखते हैं। यह कहना उपयोगी नहीं होगा कि कर्म एक साथ लोचयुक्त और गैर-लोचयुक्त होते हैं। असल में, विपरीत का सह-अस्तित्व एक विरोधाभास है और जब तक हम इसे हल नहीं करते, हम आने वाले जीवनकाल को अपने बस में नहीं कर सकते; हम एक मशीन के जाल में उलझे हैं, जो अपनी कल्पना के अनुसार किसी भी तरह के नतीजे पेश कर सकती है।

इस जीवनकाल से अगले जीवनकाल तक

हम इस जीवन को नियंत्रित नहीं कर सकते और इसी वजह से हम मृत्यु के पश्चात जीवन को भी वश में नहीं कर सकते। हमारे पास अभी पर्याप्त चेतना नहीं है। हमारी पूरी क्षमता के लिए अज्ञान का अंतराल बहुत बड़ा है और अंतराल जो भी दावा करता है, वह अवचेतन में बदल जाता है। तिब्बती बौद्ध धर्म में एक जीवनकाल पूरी दृढ़ता से दूसरे जीवनकाल से जुड़ा है। जब किसी लामा की मौत होती है तो उनके पुनर्जन्म अवश्य मिलेंगे। ऐसे निशान पीछे छोड़े जाते हैं जो दो जन्मों को आपस में जोड़ते हैं। उनकी वापसी पर शिशु अपने पुराने खिलौनों को पहचान लेगा। उदाहरण के लिए, उसके आसपास के वयस्क बिना किसी संदेह के तय कर सकते हैं कि पहचान की वह शृंखला टूटी नहीं है।

यह भी कहा जा सकता है कि तिब्बती मरने पर उस अंतराल में नहीं गिरते। निरंतरता की रक्षा की जाती है। प्रसिद्ध तिब्बतन बुक ऑफ़

डेड में सजग भाव से मरण को विस्तार से बताया गया है, उसमें यह माना गया है कि एक मरणासन्न को सजगता के अबाध प्रवाह से यथासंभव संपर्क बनाए रखना चाहिए। पश्चिमी पाठक के लिए यह पुस्तक भ्रमित करने वाली हो सकती है; यह सजगता के अनेक स्तरों का वर्णन करती है। बारदो में इतने संभावित पड़ाव हैं कि आजीवन बौद्ध अभ्यास के बाद ही उन सभी संभावनाओं को ग्रहण किया जा सकता है। यही उल्लेखनीय बिंदु है, तिब्बती अपने विश्वास तंत्र से बाहर नहीं आना चाहते; वे इन्हीं से बने हैं और इससे ही उन्हें पता चलता है कि वे मुक्ति के पथ पर चल रहे हैं।

यह पूरी तरह से गुंथे हुए चुनावों का एक उदाहरण है, जिसकी तुलना में एक पश्चिमी व्यक्ति स्वच्छंद जुआरी है। हम अपनी चेतना को बनाए रखने का प्रयत्न नहीं करते, हालाँकि हम ऐसे जीवनकाल को पाने की इच्छा रख सकते हैं, जो उस जीवन से मिलती-जुलती हो जिसे हमने छोड़ा था, परंतु फिर भी हम सदा कुछ नया ही पाना चाहते हैं। किसी भी घटना में, हम अक्सर यह नहीं मानते कि हमारी इच्छा कोई मायने रखती है। हैवन और हैल अपने-आप इन बातों का ध्यान रख लेंगे, जिसका अर्थ है, पश्चिम वाले पूर्व में रहने वालों की तुलना में कर्मों को सब्र से सहन कर लेते हैं। पूर्ववासियों के मन में हमेशा यही सोच रहती है कि कर्म एक से दूसरे जीवनकाल में उनका पीछा करते हैं। उनके लिए, इस जीवन में प्रत्येक कर्म की गूंज, अगले जन्म तक जाती है और वर्तमान की अनियमित घटनाओं की जड़ें, अतीत में लिए गए निर्णयों में छिपी होती हैं।

यह इस बात का संकेत देता है कि कर्म से संबंध रखने के अनेक तरीक़े हैं। आप अपनी मर्ज़ी से सजगता या असजगता का चुनाव कर सकते हैं। कर्म हर चीज़ को आपस में जोड़ता है, परंतु यह भाग्यवादी होने की तरह नहीं है। पूर्व में प्राय: इस बिंदु पर ध्यान नहीं दिया जाता और लोग आमतौर पर यही मानते हैं कि बुरे कर्म अपराधों की तरह हैं, जिनके दंड सुनिश्चित हैं, जबकि अच्छे कर्म से निश्चित पुरस्कार मिलते हैं। सुनने में भले ही तार्किक लगे, परंतु इसके साथ चुनाव की स्वतंत्रता नहीं रहती।

''मैं हमेशा यही सोचता था कि कर्मों ने मुझे एक कठपुतली में बदल दिया है।'' मेरे एक मित्र ने एक बार कहा। ''अतीत में लाखों कर्म करने के बाद, हर कर्म का अपना नतीजा है और मैं उनसे मुक्त कैसे हो सकता हूँ?

हर बुरा चुनाव मुझे एक ओर ले जाता है और हर अच्छा चुनाव मुझे दूसरी ओर ले जाता है। भाग्य ही सूत्रधार है।''

''आप स्वयं को इस तरह की सोच से कैसे मुक्त कर सकते हैं?'' मैंने पूछा।

''मैं ऐसा नहीं कर सकता।'' उसने कहा। ''पर फिर एक दिन मुझे पता चला। अगर मैं एक कठपुतली हूँ तो इससे क्या अंतर पड़ता है। मैं सूत्रों को अनुभव कर सकता हूँ। मैं नहीं देख सकता कि उन्हें कौन चला रहा है। मैं केवल इतना जानता हूँ कि मैं जो भी चुनाव ले रहा हूँ, वह केवल मेरा और केवल मेरा है। मैं भले ही भाग्य की कठपुतली हूँ, परंतु इससे क्या अंतर पड़ता है, अगर मैं अंतर नहीं बता सकता?''

ऐसी व्यवहारिकता से बहस करना कठिन है। मैंने बाद में ही इसके दोषों को जाना। यदि कर्म, मस्तिष्क के अदृश्य कार्यों से जुड़े हैं, तो हम इसे केवल इसलिए उपेक्षित नहीं कर सकते कि इसे देखा नहीं जा सकता। हमारे दिमाग़ हर तरह के परेशान और भ्रमित करने वाले विचार पैदा करते हैं। वे असंतुलित हो कर हमें अवसाद या पागलपन की ओर ले जा सकते हैं। वे झूठे बोध और मतिभ्रम पैदा करते हैं, इनमें ऐसे रोग भी शामिल हैं, जिनका कोई उपचार ही नहीं होता। बुनियादी तौर पर हम जो कहते और करते हैं, उससे दिमाग़ में बदलाव आता है। न्यूरॉन्स की हार्ड वायरिंग अनुभव से संशोधित होती है। जिस व्यक्ति के दिमाग़ को भारी आघात से गुज़रना पड़ा हो, वह अक्सर दूसरे लोगों के दिमाग़ से अलग हो जाता है। सकारात्मक और नकारात्मक अनुभव मन को इस तरह कंडीशन करते हैं कि वह दुनिया को एक ख़ास नज़रिए से देखने लगता है और फिर दिमाग़ उसके अनुसार ही समायोजन कर लेता है।

आइए, अब इसे पुनर्जन्म पर लागू करते हैं। मृत्यु के समय कर्म के दृश्य और अदृश्य पहलू आपस में मिल जाते हैं। भारत में इसका स्टैंडर्ड संस्करण कुछ इस तरह का है : जब आप मरते हैं तो देह का त्याग करते हैं पर आपको पता होता है कि आप कौन हैं। हो सकता है कि आपको वह कमरा दिखता रहे, जिसमें आपकी मौत हुई है; आपके मन में कुछ समय तक देह होने की संवेदना बनी रह सकती है (पारंपरिक तौर पर, शरीर को मौत के तुरंत बाद छुआ नहीं जाता ताकि मृतक को ऐसा नहीं लगे कि उसके साथ कुछ किया जा रहा है।)

इसके बाद, जिस तरह एक डूबता हुआ इंसान अपने जीवन को अपनी आँखों के आगे घटता हुआ देखता है, एक व्यक्ति के कर्म उसी तरह सामने आते हैं, जैसे किसी चरखी से धागा निकलता है और इस जीवनकाल की घटनाओं की मन के स्क्रीन पर समीक्षा होने लगती है। आप जन्म से अब तक सभी अहम क्षणों का अनुभव कर पाते हैं। इस बार आप सब कुछ इतनी स्पष्टता से देखते हैं कि आपको अच्छी तरह पता होता है कि इसका क्या अर्थ है। उचित और अनुचित भी सामने प्रकट होते हैं। इनके साथ कोई बहाने या तर्क नहीं होते। आप अपने हर किए हुए काम के लिए उत्तरदायी होते हैं।

जब ये परख़ होती है तो यह कोई दैवीय प्रक्रिया नहीं, बल्कि आप स्वयं ही यह सब करते हैं – आप स्वयं को विभिन्न लोकों में पाते हैं, जो आपके किए गए कर्मों के अनुसार ही आपको पुरस्कार या दंड देते हैं। एक आत्मा किसी एक लोक में हमेशा के लिए नहीं रहती, यह अपने कर्म के आधार पर कुछ समय तक उसमें वास करती है। इस यात्रा के दौरान, आनंद और पीड़ा से भरे लोकों के बीच आप अपने बारे में सीखते हुए अपने ही निष्कर्षों पर आते हैं। कोई भी बाहरी शक्ति आपको यह नहीं बताती कि आपके जीवन का क्या अर्थ है और आपको अगले क़दम तक कैसे जाना है। हो सकता है कि आप नरक लोक में इतने समय तक रहें कि वह आपको अनंत काल लगने लगे या फिर आप उसे तत्काल भी छोड़ सकते हैं। समय पूरी तरह से व्यक्तिनिष्ठ होता है और आप जो भी अनुभव कर रहे हैं, वह आपकी अपनी सजगता, अपनी दुविधाओं और संघर्षों पर कार्यरत है। *मैं इस जगह क्यों हूँ? क्या मैं इस पीड़ा का हक़दार था? क्या यही एक उपाय बचा है?*

जो लोग अपने–आप से कटे हुए हैं, वे मृत्यु के बाद भी उसी तरह चकराए रहेंगे, जैसे वर्तमान में हैं। उनके लिए कारण और प्रभाव स्पष्ट नहीं है। उनके मन में अकेले छोड़ दिए जाने, क़िस्मत ख़राब होने, यातना मिलने, सब कुछ नियंत्रण से बाहर होने या सत्ता से संघर्ष का भाव बना रहेगा। इसी भ्रम के कुहासे में वे अपने ही लक्ष्यों और इरादों का दायित्व नहीं ले सकते और मृत्यु के बाद का जीवन उनके लिए भयावह और उलझन से भरा हो सकता है।

आत्मा के नज़रिए से कटा हुआ होना एक माया या भ्रम है और चाहें इसमें कितना भी समय क्यों ना लगे, व्यक्ति धीरे-धीरे लोकों को छोड़ने के लिए तैयार हो ही जाता है। प्रकाश के प्रतीक के साथ समझ पैदा होने लगती है। इस स्पष्टता में आपको अहसास होता है कि आपके किए हुए काम नहीं, "मैं हूँ" आपका आधार है। तब आप अपनी पहचान कोई एक निश्चित व्यक्ति होने से नहीं जोड़ते; आप अपनी पहचान सजगता से जोड़ने लगते हैं और आपका मन नई संभावनाओं से भरपूर हो जाता है। अपने पिछले जीवनकाल में जो कर्म किए थे, वे समाप्त हुए और अब नए कर्मों के बीज अंकुरित होने को हैं।

पुन: जन्म लेने की बात आपके मन में धीरे-धीरे आती है। आप लंबे समय तक आनंद का अनुभव करते हैं; आपने विशुद्ध अस्तित्व पा लिया है, जो आपके अच्छे या बुरे, कर्मों के बावजूद आपको संतोष प्रदान करता है। आप स्वयं को उसी अंतराल के बीच पाते हैं, जो दो विचारों के बीच होता है, तब आपको अहसास होता है कि आपको अनगिनत संभावनाओं में से चुनाव करना है। आप अगला जीवन कैसे चुनते हैं? हालाँकि यह अगला विचार चुनने के सिलसिले की तरह ही है। हम हमेशा ऐसा करते हैं, परंतु फिर भी नहीं जानते कि इसे कैसे करना है; अगला विचार उसी अंतराल से आता है, जो पूरी तरह से अज्ञात है।

जब आप नई पहचान का सपना साकार करेंगे तो आप इसके साक्षी होंगे और आप पिछले कर्मों के लिए पूरी तरह से समर्पण के साथ नए जीवन में क़दम रखेंगे और आप अब तक उन पिछले कर्मों के बारे में नहीं जानते। परंतु हम सभी अपने पुनर्जन्म के लिए सक्रिय भूमिका निभा सकते हैं। उस अंतराल में जब हर संभावना से हमारा सामना होता है तो चुनाव उन संभावनाओं में ही छिपा है। तिब्बतन बुक ऑफ़ डेड में दिए गए अनुष्ठान इसलिए नहीं बने कि एक दयालु इंसान को अच्छा स्वर्ग और बेहतर अगला जीवनकाल मिले। वे इस तरह बने कि चुनने की स्वतंत्रता मिले, व्यक्ति अंतराल के लिए सजग हो ताकि कर्मों को आकार दिया जा सके, वश में किया जा सके या उनका पूरी तरह से समाधान हो सके।

स्वयं को मुक्त करना

अगर आप स्वयं को एक अंतराल में पाएँ तो आपको कैसा लगेगा? मैं निजी अनुभव से इसका उत्तर देना चाहूँगा। एक वर्ष पूर्व, मैं विमान में विस्मित अवस्था में बैठा था। मिडवेस्ट में कुछ समय के विराम के दौरान मैंने पाया कि मेरे पास पढ़ने के लिए कुछ नहीं था। मैंने एयरपोर्ट के न्यूज़स्टैंड पर देखा पर किसी चीज़ पर मन नहीं टिका। जब मैं अगली उड़ान में था तो मैंने तय किया समय बिताने के लिए लेखन कार्य करूँगा। मैंने पाया कि मेरी नोटबुक और छोटा कंप्यूटर भी सूटकेस में पैक हो गए थे। भाग्य, हालात या फिर मेरी अदूरदर्शिता – आप कोई भी नाम दें, मैं चार घंटों के लिए पूरी तरह से अकेला हो गया था।

बिना किसी सूचना या अनुमति के एक सूक्ष्म मानसिक स्वर मेरा मार्गदर्शन करने लगा। इसने मुझे यह झलक दी कि जब मेरे मन के आसपास कोई बाधा नहीं होती तो यह कैसे काम करता है। मैंने जो देखा, वह बहुत ही बुनियादी था। मन में एक विचार आया, फिर एक और विचार आया और फिर एक और विचार आया। विचार आपको जकड़ सकते हैं या ऐसा भी हो सकता है कि आपका ध्यान भी उस ओर नहीं जाए; वे मज़बूत या कमज़ोर हो सकते हैं, बहुत ही आम या ख़ास हो सकते हैं, मज़ेदार या गंभीर हो सकते हैं। मार्गदर्शन करने वाले स्वर ने कुछ सेकेंड में इन बातों की ओर संकेत कर दिया।

अब आपके मन से संबंध साधने का उचित उपाय क्या है? उस स्वर ने पूछा। क्या आपको हमेशा वही करना चाहिए, जो यह कहता है? स्पष्ट रूप से नहीं, क्योंकि हमारे मन में हर तरह के विचार आते हैं, जिनका कोई प्रसंग नहीं होता या जो बहुत अच्छे होते हैं। क्या हमें मन की बात को उपेक्षित करना चाहिए? एक बार फिर नहीं, क्योंकि मन ही हमें वह इच्छा देता है, जिस पर हम अपना जीवन खड़ा करते हैं। मन से संबंध बनाने का कोई सीधा उपाय नहीं है। आप ऐसा नहीं मान सकते कि यह क़ारगर ही होगा। जब लोग मनमाने तरीक़े से आशावादी होना तय करते हैं, तो वे गंभीर कष्ट, बुरे कामों, युद्ध और निजी संघर्षों के दौरान ग़लत अनुमान लगा सकते हैं। अगर वे मनमाने तरीक़े से निराशावादी होना तय करें तो जीवन में आनंद, परिपूर्णता, संतोष, आशा और विश्वास पाने के अनेक मौक़े खो देंगे।

मेरे मानसिक मार्गदर्शक ने मुझे यह दिखाया और मेरा कौतूहल जाग गया। एक पल में लगता था कि आध्यात्मिक बनने में ही बेहतरी थी पर फिर भी कुछ ऐसी परिस्थितियाँ भी थीं, जिनमें आध्यात्मिक, स्नेही, स्वीकार करने वाला और भौतिकवाद से परे रहने वाला बन कर भी बात नहीं बनती थी। उदाहरण के लिए माता-पिता अपनी संतान को कोकीन का आदी होने के बावजूद अपना स्नेह देते हुए स्वीकार नहीं कर सकते, उन्हें सक्रिय हो कर हस्तक्षेप करना ही होगा। ऐसे ही हज़ारों उदाहरण दिमाग़ में आते हैं। प्रेम से आततायी को नहीं झुका सकते। सहने से कट्टरता की अति को रोका नहीं जा सकता। एक व्यक्ति को मन से संबंध साधने के लिए अनंत रूप से लोचयुक्त उपाय करना होगा; अन्यथा कुछ तो खो ही जाएगा। मन के लिए सबसे क़ीमती उपहार - इसकी पूरी आज़ादी है - यही हमारी रचनात्मकता का स्रोत है।

अब मेरे मानसिक मार्गदर्शक ने संसार को देखने को कहा। क्या यह मन की भांति ही नहीं है? उसी तरह सब कुछ अनुमान से परे है और इसलिए आप संसार के लिए कोई ऐसा स्थिर रवैया नहीं अपना सकते जो हमेशा काम आता रहे। भविष्य के लिए हमेशा आशावादी लोग भी उन लोगों की तरह ही अदूरदर्शी हैं, जो हमेशा निराशावादी बने रहते हैं। एक और क़दम आगे चलें। कर्म भी अनुमान से परे हैं और इन्हें भी एकाग्रता के साथ नहीं पाया जा सकता। अपने कर्मों से लड़ना भी, अपने कर्मों को स्वीकार करने जितना ही कुंठित करने वाला हो सकता है।

इस समय तक, सूरज ढल चुका था, केबिन ख़ाली था और उसमें अंधेरा हो गया था। मैं क्षितिज पर नीली-संतरी रोशनी का आख़िरी वलय देख सकता था। मेरा मानसिक मार्गदर्शक कोई दुर्घटना या दिवास्वप्न नहीं था। मुझे अहसास हुआ कि मैं लंबे समय से जानना चाहता था कि *यह सब कैसे काम करता है।* इसका उत्तर यह है कि मन, संसार और कर्म, एक ही चीज़ हैं। ये एक-दूसरे के संपूर्ण दर्पण की तरह हैं। इनकी जटिलता की कल्पना भी असंभव है। इनके अनंत संपर्क कभी पता नहीं लगाए जा सकते और पता लगाए भी जा सकते, तो घड़ी की अगली टिक के साथ ही नई अनंत संभावनाएँ हमारे सामने होतीं।

यह बोध उस अंतराल के निकट आने की तरह था, जिसके निकट मैं कभी नहीं आ सका था, यह वही अंतराल था, जिसमें एक नया जीवनकाल

चुना जाता है। यह अंतराल विशुद्ध स्वतंत्रता है और जब आप देखते हैं कि आप पूरी तरह से मुक्त हैं, तो चुनाव बदलते हैं। कुछ आत्माएँ पूरी तरह से अनासक्त रहते हुए अपने लिए उस देह से मोक्ष को चुनती हैं, जिनसे वे कर्म करती हैं। दूसरी आत्माओं को मोक्ष का आनंद तो आता है, परंतु वह देह के साथ ही इसका आनंद लेना चाहती हैं। वे संपूर्ण आत्म-सजगता के साथ पुनः जन्म लेने का चुनाव करती हैं – हम उन्हें प्रबुद्ध कहते हैं। हममें से बाक़ी किसी और श्रेणी में आते हैं। हम मुक्त होना पसंद करते हैं, परंतु हम नए अनुभव भी पाना चाहते हैं। तो हम चाहते हैं कि कर्म हमारे लिए एक नया कथानक बुनें। हम थोड़ी सी आत्म-सजगता और समर्पण साथ रखते हैं। हम पसंद-नापसंद, चुनौतियों और अवसरों के साथ एक नया व्यक्ति बनने के तमाशे के बदले में, ''मैं हूँ'' के विषय में विस्मृत होने के लिए हामी भरते हैं।

हम अपनी मर्ज़ी से जो नया जीवन चुनते हैं, इसमें संपर्क और असंपर्क की अनूठी मात्रा पाई जाती है। यह मन, कर्म और संसार के साथ पेश आने का तरीक़ा नहीं है। मुक्ति ही सबसे बेहतर उपाय है। परंतु हम अपने असंपूर्ण तरीक़े से एक रहस्य का अंश बन जाते हैं। हम प्रकाश और अंधकार के इस आकर्षक खेल में एक भूमिका को चुनते हैं, और एक बार फिर से भौतिक संसार ही हमारा यथार्थ बनता है। हम इस विश्वास पर वापस आते हैं कि मृत्यु से डरना चाहिए, संघर्ष आवश्यक है, आनंद मनाना चाहिए और पीड़ा से बचाव करना चाहिए। हम यह ज्ञान भुला देते हैं कि हमारी आत्मा क्या जानती है या जब हम अंतराल में थे तो हमारे पास क्या ज्ञान था। हम अपने पास केवल आँशिक सत्य रखते हैं ताकि हम कोई आकांक्षा रख सकें। मेरा यह मानना है कि हम इस निर्णय के लिए थोड़ा दुख भी रखते हैं कि हमने सत्य को पीछे छोड़ने का निर्णय लिया। हालाँकि हमारे उस आधे सच का भी एक गुण होता है। जब तक हम उस पर भरोसा करते हैं, आत्मा निरंतर हमें बाक़ी सत्य का उपदेश देती रहती है। उसी उद्‌देश्य से यह सपना जारी रहता है।

भाग दो

प्रमाण का बोझ

इस सदी तक आध्यात्मिक विषयों में प्रमाण का बोझ गैर-विश्वासियों के पास था। धर्म का मानवीय कल्पना पर इतना अधिक शक्तिशाली प्रभाव रहा है कि प्राचीन मिस्र से लेकर मध्ययुगीन ईसाइयों तक सारी संस्कृतियों पर इसका असर रहा - भौतिक दुनिया देवों और देवताओं के संसार की तुलना में कम असली थी। अधिकतर आधुनिक लोग इस वैश्विक दृष्टिकोण की कल्पना नहीं कर सकते, क्योंकि हम भौतिकवाद में उसी तरह डूबे हैं, जिस तरह वे आदर्शवाद में डूबे थे - ऐसा विश्वास कि प्रकृति आत्मा के सूक्ष्म लोकों में आरंभ होती है। आदर्शवाद में, पृथ्वी एक निम्न लोक है, जबकि स्वर्ग उच्चतम लोक है। इस प्रकार पार्थिव जीवन के बारे में सब कुछ - इसकी भौतिकता, प्रवृत्ति, यौनेच्छा, रोग, कष्ट और वृद्धावस्था - स्वर्ग की तुलना में ईश्वर या स्वर्ग से दूर है।

विज्ञान इस दृष्टिकोण को नकारते हुए अप्रमाणित नहीं करता। आदर्शवाद को एक नए वैश्विक दृष्टिकोण के साथ संचालित किया गया - भौतिकवाद - वह कहीं अधिक व्यावहारिक था। भौतिकवाद तकनीक को आगे लाया, इसके साथ इसकी सुख-सुविधा भी शामिल थी और इसने ऐसे कई तत्त्वों का वर्णन किया, जिन्हें धर्म ऐसे रहस्यों के रूप में दर्शाता था, जिनके विषय में केवल ईश्वर को पता था। किसी भी वैश्विक दृष्टिकोण की तरह, पुराने दृष्टिकोण ने सदा अपनी सीमाओं को लांघा, जैसे रोगों को ईश्वर की ओर से पापियों के लिए दंडस्वरूप माना जाता था। जब कीटाणुओं का पता चला तो यह व्याख्या निरर्थक और अतार्किक मानी जाने लगी। परंतु किसी तरह, नया वैश्विक दृष्टिकोण अपनी सीमा लांघेगा, जो कि यह आज है, जब विज्ञान दावा करता है कि भौतिक प्रमाण के बिना हम देवों, देवदूतों, आत्माओं और जीवन के पश्चात मृत्यु की सभी अवधारणाओं को नष्ट कर सकते हैं। जिस प्रकार धर्म की भौतिकी और रसायन शास्त्र से कोई तुलना नहीं, उसी तरह विज्ञान भी आध्यात्मिक विषयों में कोई क्षमता नहीं रखता।

प्रमाण का बोझ बदल गया है और अब विश्वास करने वाले को प्रमाणित करना होता है कि ईश्वर और आत्मा वास्तव में हैं। कई लोगों के लिए, भौतिकवाद की जीत इतनी संपूर्ण है कि हमें ईश्वर और आत्मा की परवाह क्यों करनी चाहिए, यह दिखाना भी एक कठिन चुनौती हो जाता है।

अगर आज भी कुछ दायरों में संदेहवाद है तो लोकप्रिय संस्कृति में इसी बात को प्रमाणित करने का बोझ है कि मृत्यु के बाद जीवन नहीं होता। जनमत से पता चला कि नब्बे प्रतिशत लोगों का मानना है कि हैवन होता है और उनमें से कई तो यह भी मानते हैं कि वे वहीं जाने वाले हैं। हैल का विश्वास पचहत्तर प्रतिशत तक कम हुआ है और अड़सठ प्रतिशत लोग शैतान में विश्वास रखते हैं। इस तरह अधिकतर लोग दुविधा में हैं, जब भी आध्यात्मिकता और विज्ञान और भौतिक दुनिया की बात आती है तो उनके लिए विश्वास रख पाना कठिन हो जाता है। सर आइजक न्यूटन एक पक्के ईसाई अनुयायी थे, जो आजीवन विज्ञान और तत्त्वमीमांसा के बीच विच्छेद से उलझते रहे।

हालाँकि मेरे हिसाब से एक और उपाय है। इस किताब में, मैंने चेतनाओं के आधार पर मृत्यु के बाद के जीवन का नज़रिया दिया है और चेतना से जुड़े मसलों को आँशिक तौर पर विज्ञान के माध्यम से हल कर सकते हैं। हम जिस प्रमाण की खोज में हैं, वे किसी असाधारण तत्त्व की तसवीरें नहीं हैं (यह सब पहले ही भरपूर संख्या में है और इसने संदेह को बढ़ावा ही दिया है।) सबसे ज़्यादा सहायक प्रमाण उन दावों के बारे में होगा जो वेदांत को रेखांकित करते हैं, जो अपनी शर्तों पर निरंतर बना हुआ है। सबसे बड़ा प्रमाण यही है कि यथार्थ चेतना से उपजा है। यदि हम इन प्रश्नों का उत्तर दे सकें तो हम सब प्रमाण पा लेंगे :

क्या आकाश यथार्थ है?

क्या मन मस्तिष्क की सीमा से परे है?

क्या ब्रह्माण्ड सजग है?

क्या चेतना समय और स्थान से परे आधार रखती है?

क्या हमारे विश्वास यथार्थ को गढ़ सकते हैं?

ये ऐसे बुनियादी प्रश्न हैं, जिन्हें विज्ञान ने छुआ है, भले ही कुछ शोधकर्ताओं ने अपनी खोजबीन करते हुए मृत्यु के बाद के जीवन को दिमाग़ में रखा हो। यह कहना उचित होगा कि भौतिकी कभी साबित नहीं कर सकती कि ब्रह्माण्ड आत्म-सजग है। परंतु यदि ब्रह्माण्ड आत्म-सजग *नहीं* होता तो अनेक रहस्य सुलझ ही नहीं पाते, जिन्हें अनेक सिद्धांतों ने ऐसे विचारों में शामिल कर लिया था, जिन्हें सोचा ही नहीं जा सकता।

अधूरे रहस्यों की ओर देखना ही हमारी सबसे बेहतर आशा है, क्योंकि विज्ञान जिन बातों की पूरी तरह से व्याख्या नहीं सकता, वही तार्किक तौर पर नई सोच की गुंजाइश रखती हैं। वर्तमान में, न्यूरोलॉजी यह नहीं जानती कि स्मृति कैसे काम करती है या दिमाग़ की कोशिकाएँ आँकड़ों को कठिन विचारों में कैसे बदलती हैं या पहचान कहाँ स्थित होती है। यदि हम इन बातों को जानते, तो शायद ''विस्तृत मन'' के बारे में अनुमान लगाने की आवश्यकता नहीं रहती, यह अवधारणा कि चिंतन दिमाग़ के बाहर भी हो सकता है। सौभाग्यशाली है या नहीं, हमने स्वयं को पहेलियों के ऐसे संपन्न भंडार के बीच पाया है, जो वैदिक ऋषियों और उनकी चेतना की गहरी समझ के लिए जगह बनाती हैं। अनेक रहस्यों के मोर्चे पर ही एक रहस्य का उत्तर छिपा है।

13

क्या आकाश वास्तविक है?

"आकाश" शब्द का प्रयोग, कम से कम एक सदी से भौतिकी के बाहरी किनारों के आसपास मंडराता आया है। इसकी वजह यह है कि एक प्राचीन और अप्रचलित विश्वास ने मरने से इंकार कर दिया। वह विश्वास कि ख़ाली स्थान बिलकुल ख़ाली नहीं है। आकाश, यह स्पेस के लिए संस्कृत शब्द है जिसे अंग्रेज़ी में ईथर भी कहा गया है। कुछ पीढ़ियों पहले तक, अगर आप स्कूल जाते और पूछते कि सितारों के बीच के उस अनंत शून्य को कौन भरता है, तो चाहे आप प्राचीन ग्रीस में होते या फिर मध्ययुगीन फ्रांस में या फिर अब्राहम लिंकन के समय में हॉर्वर्ड में; आपको यही बताया जाता कि विशुद्ध शून्यता या रिक्तता संभव नहीं है। एक अदृश्य आकाश है, जिसे ना तो देखा जा सकता है और ना ही मापा जा सकता, वही प्रकाश को सितारों के बीच यात्रा करने की अनुमति देता है, जिस तरह किसी तालाब में कंकड़ डाले जाएँ तो पानी लहरों को फैलने की अनुमति देता है। यदि कोई माध्यम नहीं होगा, तो प्रकाश की तरंगों के पास बिंदु अ से बिंदु ब तक जाने के लिए कोई मार्ग नहीं मिलेगा।

आकाश के इस विचार को 1880 के दशक में भारी हानि का सामना करना पड़ा, जब दो अमेरिकी वैज्ञानिकों अल्बर्ट मिशेलसन और एडवर्ड मोरले ने साबित कर दिया कि प्रकाश एक ही गति से यात्रा करता है, चाहे इसे किसी भी दिशा में भेजा जाए। यह बहुत महत्त्व रखता था, क्योंकि यही माना जाता था कि तथाकथित आकाश वायु ही प्रकाश की यात्रा में बाधा देती होगी। जब वैज्ञानिकों ने इसे ग़लत साबित कर दिया तो आइंस्टाइन को

भी यक़ीन हो गया कि आकाश बिना किसी गतिविधि के एक शून्य था, एक ऐसा विश्वास, जो कि आगे चल कर गलत ही निकला। अब भौतिकविदों का मानना है कि आकाश क्वांटम क्षेत्र में अदृश्य उतार-चढ़ावों के रूप में गतिविधियों से भरपूर है। इन तथाकथित उतार-चढ़ावों का ऊर्जा और पदार्थ से गहरा संबंध है और यही समय और आकाश में बाधा भी देते हैं। इस तरह आकाश की अप्रमाणित अवधारणा को ही अप्रत्यक्ष रूप से पुनर्जीवित किया गया है।

पदार्थ और ऊर्जा कहाँ से आते हैं, यह पता लगाने के लिए, भौतिकी एक ऐसे सार्वभौमिक क्षेत्र को प्रस्तुत करती है, जो ना केवल हर उस चीज़ को घेरे हुए हैं, जो हम देखते हैं, बल्कि इसमें वह सब भी शामिल है, जिसका कोई संभावित अस्तित्व हो सकता है। आधुनिक भौतिकी के लिए यह करना आसान रहा कि भौतिक संसार को शून्य में ओझल कर दिया जाए, परंतु यह बहुत ही विचलित करने वाला है, ठीक वैसे ही, जैसे किसी मरणासन्न व्यक्ति का ओझल होना। इसी तरह चट्टान, वृक्ष, ग्रह या तारामंडल का ओझल होना काम कर रहा था :

पहला, चट्टान, पेड़ या ग्रह नज़रों से ओझल हुए तो वैज्ञानिकों को अहसास हुआ कि ठोस पदार्थ अणुओं के मेल से बना है, जिसे नंगी आँखों से नहीं देखा जा सकता।

दूसरे, जब यह पता लगाया गया कि अणु ऊर्जा से बने हैं, वे शून्य के स्पंदन मात्र हैं तो अणु ओझल हो गए।

अंत में, जब यह पता लगाया गया कि स्पंदन एक क्षेत्र में अस्थायी विक्षोभ है। और क्षेत्र स्वयं स्पंदित होने के बजाए एक सपाट और निरंतर बना रहने वाला ''ज़ीरो प्वाइंट'' बनाए रखता है तो ऊर्जा भी ओझल हो गई।

सैद्धांतिक रूप से, प्रकृति में ज़ीरो प्वाइंट पाने के लिए कोई किसी ख़ाली स्थान को शून्य तक ठंडा कर सकता है और उसी समय, हर चीज़ स्पंदित होना बंद कर देगी। फिर भी यह ज़ीरो प्वाइंट अभी और यहीं अस्तित्व रखता है - यह वह आरंभ बिंदु देता है, जिससे ब्रह्माण्ड की हर चीज़ उपजती है। पदार्थ और ऊर्जा निरंतर उभर रहे हैं और फिर शून्य में लीन हो रहे हैं, ज़ीरो प्वाइंट अस्तित्व और शून्यता के बीच स्विचिंग स्टेशन का काम करता है। न्यूटन ने कहा कि मैटर और एनर्जी (पदार्थ और ऊर्जा)

को नष्ट नहीं कर सकते, परंतु वे सबएटोमिक स्तर पर रहस्यमयी तरीक़े से झूलते हैं, जब तक कुल मैटर और एनर्जी में सुधार नहीं हो जाता।

ज़ीरो प्वाइंट क्षेत्र

अगर ओझल होने का यह कार्य केवल तभी होता, जब आज से खरबों वर्षों बाद कॉस्मोस की मृत्यु होती और वह ठंडा हो कर परम शून्य पर आ जाता तो यह विचलित नहीं करता। यह तब भी इतना विचलित करने वाला नहीं होता, जब मैटर सैद्धांतिक रूप से ही शून्य में नष्ट हो जाता। जबकि असल में ऐसा नहीं है। मैटर और एनर्जी को ओझल होना ही होगा। यदि वे स्थिर रहते, जैसे कि चट्टानें, पेड़ या ग्रह हमें दिखाई देते हैं, तो अस्त-व्यस्तता और कोहराम छा जाते। मेटर इंटरस्टेलर स्पेस में तैरने वाले कण बनकर रहता। बिग बैंग के विस्फोटक अंश आपस में एक-दूसरे से किसी भी तरह का संबंध रखे बिना, करोड़ों मील प्रति घंटे की गति से उड़ते। कोई रूप, विकास या संगठन नहीं होता - दूसरे शब्दों में, ऐसा कोई ब्रह्माण्ड नहीं होता, जिसे हम जानते हैं। बस इतना हो सकता था कि गुरुत्वाकर्षण मैटर के विशाल हिस्सों को एक साथ खींच देती, परंतु गुरुत्वाकर्षण भी एक वेव फ़ंक्शन है जो ज़ीरो प्वाइंट के आसपास झूलता है।

यह अस्त-व्यस्तता पूरी तरह से वर्चस्व नहीं रखती, यह बात एक रहस्य बनी हुई है, जिसे केवल आकाश के माध्यम से हल किया जा सकता है। इस जगह भौतिकी की माँगें और वैदिक ऋषि आश्चर्यजनक तरीक़ों से रूपांतरित होने लगते हैं। ऋषि एक सार्वभौमिक नियम के रूप में चेतना पर केंद्रित थे। परंतु एक विचारशील ब्रह्माण्ड पाने के लिए, उन्हें यह व्याख्या करनी थी कि कॉस्मिक माइंड कैसे काम करता है, यह खुद को संभालते हुए स्वयं को विचारों में कैसे व्यवस्थित करता है। अगर ''माइंड फ़ील्ड'' पूरी तरह से स्थिर था, तो यह मृतक क्षेत्र होता या फिर इसमें एक निरंतर चलने वाला निरर्थक कोलाहल भरा रहता। भौतिकी को भी यह जानना था कि यूनिवर्स किस तरह स्वयं को संभालते हुए सुसंगत रूपों में व्यवस्थित होता है। अन्यथा बिग बैंग के समय प्रकट होने वाला आग का गोला अपने-आप को नष्ट कर देता, जैसे डायनामाइट खुद को उड़ाता है और यह परवाह नहीं करता कि इस दौरान कौन से रूप बन रहे हैं।

भौतिकी को चरण-दर-चरण शून्य की ओर ले जाया गया, क्योंकि इस दृश्यमान संसार में उस चीज़ की व्याख्या किसी भी तरह से नहीं हो सकती थी, जिसकी व्याख्या की जानी थी। ज़ीरो प्वाइंट, क्षेत्रों का भी क्षेत्र बना, जिसमें ब्रह्माण्ड का हर अज्ञात व आभासी कण शामिल था। यह अनुमान लगाया गया कि ज़ीरो प्वाइंट में दृश्यमान संसार की तुलना में दस से चालीस गुना तक अधिक शक्ति पाई जाती है - यानी 1 के बाद 40 शून्य। वह शून्य ऊर्जा का खौलता हुआ भंडार निकला, वह केवल फ़ोटोन और इलेक्ट्रॉन के बीच ही नहीं, बल्कि हर ग्रहण करने योग्य क्वांटम घटना के अंदर था। अचानक ही अज्ञात, ज्ञात से कहीं अधिक शक्तिशाली हो गया। परंतु ''क्षेत्रों का क्षेत्र'' किस तरह मन के समान है, ऐसी चीज़ें जिन्हें ऋषि खोज रहे थे?

अगर मन के बुनियादी कार्यों को देखें, तो यथार्थ को व्यवस्थित करना समझ में आता है। यूनिवर्स यह कार्य भौतिक रूप से करता है। यह जटिल सिस्टम बनाता है। डीएनए इसका एक उदाहरण है, परंतु जींस एक डबल हेलिक्स के साथ सादे मॉलिक्यूल पिरोते हुए जीवन नहीं बनाते। ये हर जेनेटिक बिट के बीच के अंतराल है। और यह सीक्केंसिंग सबसे ज़्यादा अहम है। एक अमीबा अपने जींस के अलावा कार्बन, ऑक्सीजन, हाइड्रोजन और नाइट्रोजन के सीक्केंस की वजह से इंसानों से अलग होता है, अपने अंदर के अणुओं की वजह से नहीं। जेनेटिक सामग्री के बीच का अंतराल इतना अहम है कि हम शून्य पर वापस आ जाते हैं, जहाँ *कोई* अनियमित घटनाओं को व्यवस्थित कर रहा है ताकि वे सार्थक हो सकें।

जब एक रूप तैयार हो जाता है, तो इसे एक साथ रहने के लिए याद रखना होता है। यूनिवर्स याद रखता है कि इसने क्या रचा है और वह इसे पुराने तंत्रों के बीच मिला देता है। पृथ्वी का इकोसिस्टम इसकी अच्छी मिसाल है। जीवन के रूप निरंतर एक संतुलन में आपस में जुड़े हैं। मिसाल के लिए पौधे फ़ोटोसिंथेसिस की प्रक्रिया के दौरान ऑक्सीजन देते हैं; अगर उन जीवों का विकास नहीं होता जो ऑक्सीजन ग्रहण कर, पौधों को कार्बन डाई ऑक्साइड वापस करते हैं तो धीरे-धीरे सारे परिवेश में ज़हर फैल जाता और कार्बन डाई ऑक्साइड पर जीने वाली सारी वनस्पति नष्ट हो जाती। यह बहुत ही जटिल संतुलन हमें शून्य तक ले जाता है, जहाँ आभासी ऊर्जा का एक-एक विचलन, ऊर्जा की माँग करने वाले आभासी कण के पास

से गुज़रता है। (एक लोकप्रिय लेखक के अनुसार, यह कुछ ऐसा है मानो कॉस्मोस लगातार सिक्के दे रहा है, जब भी किसी कण के पास सिक्कों की कमी होती है तो दूसरा कण सिक्कों से संपन्न हो जाता है।) बुनियादी ढांचा बहुत सरल है पर जब हर सेकेंड में ट्रिलियन से भी ज़्यादा एनर्जी का आदान-प्रदान होता है, जैसे वे धरती पर जीवन के लिए करते हैं तो इकोसिस्टम की उनको अलग-अलग पर फिर भी एक गतिशील संबंध में बनाए रखने की योग्यता को देख कर दंग रह जाना पड़ता है।

यूनिवर्स में कुछ और ऐसी चीज़ें भी हैं, जिन्हें मन कर सकता है। मन कभी भी घटी हुई दो अलग घटनाओं का हिसाब रख सकता है – मिसाल के लिए, हम इसी गुण के बल पर बरसों पहले देखे गए किसी चेहरे को आज भी पहचान सकते हैं। इसी तरह, यूनिवर्स दो जोड़े में आने वाले इलेक्ट्रॉनों का भी हिसाब रखता है। वे लाखों प्रकाश वर्ष की दूरी होने पर भी जोड़े में ही बने रहेंगे। यह एक रहस्य ही है कि अगर उनमें से कोई एक इलेक्ट्रॉन गतिशील होता है या घूमता है तो उसका जुड़वां भी उसी समय अपनी स्थिति बदल देगा, जबकि उसे दूसरे इलेक्ट्रॉन की ओर से किसी भी प्रकार की सूचना या संदेश नहीं भेजा गया। ज़ीरो प्वाइंट फ़ील्ड समय, दूरी या प्रकाश की गति की परवाह किए बिना संप्रेषण जारी रखता है।

हम "संप्रेषण" जैसे शब्द का प्रयोग करते हैं और इसी तथ्य को ध्यान में रखते हुए कहा जा सकता है कि मन और प्रकृति के बीच बनने वाले इन समानांतरों को नहीं देख पाना कितना मुश्क़िल है। यहीं से एक ख़तरनाक जाल हमारे सामने आता है। माइंड और मैटर एक ही चीज़ की व्याख्या करने के दो उपाय देते हैं, परंतु वे अपने-आप में एक से नहीं हैं। मिसाल के लिए, अगर कोई यह दिखा सकता कि यूनिवर्स की अपनी एक मेमोरी होती है तो इससे यह साबित नहीं होता कि इसका कोई मन भी है। किसी चेहरे को याद रखना एक मानसिक कार्य है। दो इलेक्ट्रॉनों में लंबी दूरी के बावजूद एक-दूसरे की गति के अनुसार सक्रिय होने की योग्यता एक भौतिक उपलब्धि है। यही जाल विपरीत रूप से भी काम करता है। अगर कोई बीथोवन के सोनाटा को चला कर वायलिन वादक के बो के हर स्पंदन की गणना कर ले तो उससे संगीत या उसकी सुंदरता की व्याख्या नहीं हो सकती। जो बातें मानसिक हैं, भौतिकता उनकी व्याख्या नहीं कर सकती। हम केवल दो मॉडलों के बीच समानांतर बनाते हुए ही, उन्हें एक यथार्थ में रख सकते हैं।

मैं ऐसे बोल रहा हूँ मानो यूनिवर्स को सजग भाव से पता होता है कि जब कोई डीएनए अमीबा बनाता है तो वह क्या कर रहा है। उदाहरण के लिए, वह इंसान बना रहा है या चिंपांजी। यहीं से मॉलिक्यूल्स की सजगता का पता चलता है और इसके लिए ज़ीरो प्वाइंट फ़ील्ड चाहिए, जो मन की तरह काम कर सके, जैसे यह कॉस्मोस में हर संभव उतार-चढ़ाव को व्यवस्थित करता है। भले ही कोई कितने भी निकटतम समानांतर क्यों नहीं बना ले, इस आधार को प्रमाणित या अप्रमाणित नहीं किया जा सकता। क्योंकि ज़ीरो प्वाइंट फ़ील्ड में ही सब कुछ समाया है और इस तरह हम भी इसका एक हिस्सा हैं। हम इसके बाहर नहीं जा सकते और इस तरह हम उसी अवस्था में हैं कि कोई मछली यह साबित करना चाहे कि सागर गीला है। जब तक मछली सागर से बाहर नहीं आती, तब तक सागर हर ओर है; कोई विपरीत नहीं है, और इस तरह कहीं सूखापन नहीं है, जो गीलेपन को संभव कर सके।

हम यह साबित नहीं कर सकते कि यूनिवर्स का एक मन है, क्योंकि हम मन से रहित नहीं हैं। कभी किसी ने मन के ना होने का अनुभव नहीं पाया; इसलिए हमारे पास इसके लिए कोई आधार नहीं है। वैदिक ऋषि भाग्यशाली थे कि उन्होंने इस बात पर विश्वास कर लिया था कि चेतना वास्तविक थी और उन्हें इसके लिए किसी प्रमाण की आवश्यकता नहीं थी। भौतिकी नहीं मानती कि चेतना भी होती है। अगर हम आत्म-सजग यूनिवर्स की बात करते हैं तो इसे भौतिकी में काल्पनिक सोच का अंश माना जाता है। परंतु मृत्यु के पश्चात जीवन की खोज करने के हमारे उद्देश्य में, यह दिखाना बहुत ही महत्त्व रखता है कि चेतना हर ओर है, क्योंकि तब हमारे मरने के बाद हमारे जाने के लिए कोई ऐसी जगह नहीं होगी, जो सचेतन *नहीं* हो।

पदार्थ पर मन

अगर हमारे मन क्वांटम क्षेत्र में सुधार कर पाते? तब हमारे पास दोनों मॉडलों के लिए एक कड़ी होती, माइंड और मैटर। हेल्मट श्मिट नामक शोधकर्ता ने हमें ऐसी ही एक कड़ी दी थी, जो सिएटल में बोइंग एरोस्पेस प्रयोगशाला के लिए कार्यरत थे। साठ के दशक के मध्य में, श्मिट ने ऐसी मशीनें लगाईं, जो अव्यविस्थत से सिग्नल देती थीं, उन्हें इसलिए लगाया

गया था ताकि यह जाँचा जा सके कि क्या लोग अपने मन के माध्यम से उन सिग्नल्स में कोई बदलाव ला सकते थे? पहली मशीन ने स्ट्रोन्टियम 90 से होने वाले रेडियोएक्टिव क्षय का पता लगाया; जो भी इलेक्ट्रॉन निकला, वह लाल, नीले, पीले या हरे रंग में था। श्मिट ने आम लोगों से कहा कि वे बताएँ कि बटन दबाने के बाद, कौन से रंग की रोशनी निकलेगी।

पहले रैंडम नतीजे ही सामने आए, जो चार में से एक लाइट को चुनने के लिए थे। फिर श्मिट ने अपने प्रयोग के लिए भौतिकी विशेषज्ञों का प्रयोग किया और उसके पहले नतीजे बहुत ही प्रेरणादायक रहे : भौतिकविद् ने 27 प्रतिशत तक सही रोशनी का अनुमान लगाया। पर वह यह नहीं जानता था कि यह अतींद्रिय दृष्टि का कमाल था - किसी नतीजे को पहले से जान लेना - या फिर उससे भी कुछ सक्रिय - बाहर निकलने वाले इलेक्ट्रॉन्स के रैंडम पैटर्न को असल में बदल देना।

तो श्मिट ने दूसरी मशीन बनाई जो केवल दो सिग्नल देती थी, जिन्हें प्लस और माइनस का नाम दिया गया। लाइटों का एक दायरा बनाया गया और जब भी प्लस या माइनस सामने आता तो एक बल्ब जलता। अगर दो प्लस एक साथ आते, तो लाइटें घड़ी की दिशा में जलतीं। दो माइनस आने पर लाइटें घड़ी की दिशा के विपरीत जलतीं। मशीन के बाईं ओर, मशीन प्लस और माइनस की समान संख्या दिखाती थी; श्मिट अपने पात्रों से चाहता था कि वे मन से यही सोचें कि लाइटें घड़ी की दिशा में ही जलें। फिर उसे दो ऐसे प्रयोगकर्ता मिले, जिन्होंने ऐसा करने में आशातीत सफलता पाई। एक व्यक्ति 52.5 प्रतिशत तक ऐसा करने में सफल रहा। रैंडमनेस पर केवल 2.5 प्रतिशत की बढ़ोतरी को बहुत बेहतर नहीं मान सकते, पर श्मिट ने अनुमान लगाया कि ऐसा संयोगवश होने के अवसर, 10 मिलियन में से एक बार थे। दूसरा व्यक्ति भी सफल रहा पर जब वह लाइटों को घड़ी की दिशा में चलाने की कोशिश कर रहा था तो उसे इसके विपरीत नतीजे मिलने लगे : वे घड़ी की विपरीत दिशा में जल रही थीं। बाद में दूसरे प्रयोगकर्ताओं के साथ प्रयोग करने पर यह प्रतिशत दर 54 प्रतिशत तक आ गई, हालाँकि यह विचित्र सा विरोधाभास भी बना रहा कि कई बार लाइटें ग़लत दिशा में भी जलने लगती थीं। (इसके लिए कभी कोई व्याख्या नहीं मिली।) श्मिट ने दिखाया कि एक प्रेक्षक अपने मन की शक्ति से ही क्वांटम क्षेत्र की गतिविधि बदल सकता है। जो इस बात की पुष्टि करता है कि कहीं गहराई

में माइंड और मैटर यानी मन और पदार्थ एक ही हैं। ऋषियों का कहना था कि हम आकाशीय क्षेत्र में व्याप्त हैं और यह अधिक विश्वसनीय लगता है, जो इस बात को और विश्वसनीय बनाता है कि जब हमारी मौत होती है तो हम क्षेत्र को नहीं छोड़ते; अगर ऐसा होता, तो हम कुदरत की इकलौती ऐसी चीज़ होते तो क्षेत्र का हिस्सा नहीं है।

शिमट के नतीजों से प्रेरित हो कर, प्रिंसटन के एक इंजीनियरिंग प्रोफ़ेसर रॉबर्ट जान ने और अधिक परिष्कृत प्रयोग किए, जिनमें ऐसी मशीनों को शामिल किया गया, जो एक सेकेंड में पाँच बार शून्य और एक पैदा कर सकती थी। प्रिंसटन के प्रयोगों में, हर सहभागी को तीन तरह के टेस्ट देने पड़े। पहले वह मशीन से यह चाहता कि वह शून्य की बजाए एक दिखाए, फिर एक के बजाए शून्य दिखाने की इच्छा प्रकट की जाती और अंत में वह कोशिश करता कि मशीन पर किसी तरह का असर नहीं डाला जाए। हर टेस्ट को तब तक दोहराया जाता, जब तक पाँच लाख से एक मिलियन तक के नतीजे उनके पास नहीं आ जाते। एक ही दिन में ऐसे भारी-भरकम नतीजों ने, शिमट और दूसरे पैरासाइकोलॉजिस्ट द्वारा की गई जाँचों को कहीं पीछे छोड़ दिया।

बारह वर्षों के अध्ययन के बाद, यह पाया गया कि आम लोगों में से केवल दो-तिहाई लोग ही मशीन के नतीजे को प्रभावित कर सके, जो शिमट के नतीजे से अलग था। ये आम लोग, उसकी भौतिकी की तरह, अपनी मर्ज़ी से भौतिक बदलाव ला सके, वे शून्य से अधिक एक, और एक से अधिक शून्य लाने में 51 से 52 प्रतिशत तक सफल रहे। यह सुनने में भले ही बहुत छोटा सा अंतर लगे, परंतु ट्रिलियन के अनुपात में यही बहुत बड़ा माना जाता है। नतीजे की एकजुटता अपने-आप में नवीन है, क्योंकि रैंडम चांस को क्वांटम भौतिकी, डार्विन के विकासवाद और कई अन्य क्षेत्रों के लिए मूल सिद्धांत माना जाता है। (इसके बाद दर्जनों ऐसे फ़ॉलो-अप अध्ययन हुए, जिनमें 51 से 52 प्रतिशत के बीच नतीजे आए।)

अगर हम इस बात पर वापस आते हैं कि हम क्वांटम क्षेत्र में व्याप्त हैं और इसे बदल सकते हैं, तो यह हमें कहाँ ले जाता है? हो सकता है कि हम क्षेत्र पर अपना असर डाल रहे हों, जो हल्के संयोगों से अधिक नहीं हो सकता, जैसे किसी दोस्त का नाम सोचते ही अचानक उसका कॉल आ जाना या फिर ऐसा ही कुछ और। शायद हम जिसे वास्तविकता कहते हैं,

वह चेतना से प्रकट होती है। जिसे हम अपनी मंशा के बल पर क्षेत्र से बाहर आने को फुसलाते हैं। अपनी द *फ़ील्ड* नामक अद्‌भुत किताब में इस विषय पर विस्तृत शोध करने के बाद लिन मैक टागार्ट चेतना की थ्योरी में संपूर्ण क्रांति की संभावना देखती है : ''सबसे गहरे स्तर पर, प्रिंसटन अध्ययन यह भी बताते हैं, हममें से प्रत्येक अपने ध्यान से ही यथार्थ को रचता है। मन और पदार्थ के निचले तल पर, हममें से प्रत्येक संसार को रचता है।''

जान और उनके सहकर्मी इस विषय में तकनीकी ही रहे। वे अपने ही नतीजों से उलझन में थे, क्योंकि अगर आम लोग एक मशीन पर असर डाल सकते थे तो उन्होंने जटिल मशीनरी के कौन से हिस्से को प्रभावित किया? क्या हमें यह कहना होगा कि मन वास्तव में उस दर को बदल देता है, जिस पर इलेक्ट्रॉन रिलीज़ होते हैं? यह प्रश्न भी उतना ही अहम है, ''तो क्या?'' अगर एक आम आदमी एक की तुलना में अधिक शून्य पैदा कर सकता है, तो क्या यह यथार्थ विज्ञान के बड़े मसलों को भी प्रभावित कर सकता है? असल में, यह बहुत ही गहरे तरीक़ों से ऐसा करता है।

क्या आकाश हर चीज़ की व्याख्या करता है

आकाश की व्याख्या ऐसे क्षेत्र के रूप में की जा सकती है, जहाँ से मन अपना काम करता है। विज्ञान और चेतना के एक जाने-माने हंगेरियन विचारक इरविन लाज़लो ने आकाश का परिचय निर्भीक रूप से देते हुए कहा कि यह हर चीज़ का संयुक्त उत्तर है। दर्शन, जीव विज्ञान, साइबरनेटिक्स और भौतिकी में चालीस वर्षों तक नए सिद्धांत प्रस्तुत करने के बाद इरविन ने स्वयं को वह प्राचीन और कलंकित विचार ग्रहण करते हुए पाया, जिसकी हमने पहले चर्चा की थी : आकाश। भौतिकी साबित कर चुकी थी कि प्रकाश को लहरों की तरह, जैसे तालाब हलचल पैदा करने के लिए किसी माध्यम की आवश्यकता नहीं होती। जब कोई फ़ोटोन बिंदु ए से आरंभ करके बिंदु बी तक जाता है, तो यह यात्रा ओझल होने वाले वैनीशिंग एक्ट के साथ पूरी हो सकती है, जिसके बारे में पहले बताया गया : पहला फ़ोटोन अस्तित्व से बाहर होगा, कहीं आभासी यथार्थ (ज़ीरो प्वाइंट फ़ील्ड) में अपनी लोकेशन बदलेगा, और उसी समय दूसरी जगह उपस्थित हो जाएगा। यह घर्षण के कारण अपनी गति धीमी नहीं करता,

जिस तरह जल की सतह से कोई चट्टान रगड़ खाती है। वैसे भी फ़ोटोन जिस एक क्षण में जाता, यह यूनिवर्स के हर दूसरे फ़ोटोन से ''बात'' करते हुए, सृष्टि के हर दूसरे रूप के साथ अपनी गतिविधि का संयोजन करता है। मैं आपको बिना किसी तकनीकी परिदृश्य के यह सब बता रहा हूँ कि भौतिकी ने आकाश को परे क्यों रख दिया – आधी से अधिक सदी तक, क्वांटम गणनाओं में इसकी आवश्यकता नहीं थी, जिस दौरान भौतिकी बहुत अधिक प्रगति कर चुकी थी।

फिर इरविन और दूसरे सिस्टम विश्लेषकों के अनुसार, भौतिकी की प्रगति धीमी हो गई। यह व्याख्या नहीं कर सकी कि यूनिवर्स इतनी अच्छी तरह से व्यवस्थित *कैसे* था। जब मैटर और एनर्जी वर्चुअल रिएलिटी में ओझल होते हैं, जैसा कि वे प्रति सेकेंड हज़ारों बार करते हैं, तो किसी रहस्यमयी तरीक़े से कुछ चीज़ें घटती हैं, जिन्हें देखा नहीं जा सकता। समय नियमित होता है; अंतरिक्ष की वस्तुएँ अपनी अवस्थाओं के लिए संप्रेषण करती हैं और कुछ मैटर उनके संपर्क में रहता है। बिग बैंग, जिसमें एक परमाणु से लाखों गुना छोटे अंतरिक्ष में इतनी ऊर्जा समाहित थी कि अरबों आकाशगंगाएँ अभी भी इसका केवल 4 प्रतिशत ही व्यक्त करती हैं, यह संभावना की एक छोटी सी खिड़की के भीतर हुआ। यदि प्रति मिनट लाखों मील की गति से गतिशील यूनिवर्स, एक सेकेंड के एक अंश से दूर हो गया होता, तो तारों और आकाशगंगाओं का निर्माण असंभव होता, क्योंकि विस्फोट की गति गुरुत्वाकर्षण की क्षमता को पार कर जाती। यह इसे रोकने के लिए प्रकृति का सबसे कमज़ोर बल होता। केवल सबसे कोमल संतुलन क्रिया ने दो बलों की धक्का-मुक्की को एक साथ इतना निकट रखा कि वे एक-दूसरे को अलग करने के बजाए एक साथ नृत्य कर सकें।

इरविन का कहना है कि ऐसी दक्षता के लिए केवल अनियमितता या रैंडमनेस शब्द का प्रयोग कमज़ोर व्याख्या होगा। (प्रिंसटन उदाहरणों में जिसने भी अनियमितता पर भरोसा किया, वहाँ ट्रिलियन बार में कोई एक ही सही हुआ।) कोई चीज़ इतने सुव्यवस्थित तरीक़े से दिखाई दे तो निश्चित रूप से उसके लिए कोई नियम होगा और कोई माध्यम होगा, जो सृष्टि के एक कोने से दूसरे कोने तक सूचना ले जा रहा होगा। ईथर की पुरानी व्याख्या और परिभाषा पर्याप्त नहीं, परंतु आकाश पर्याप्त है। इरविन ने 2004 में, अपनी किताब *साइंस ऐंड आकाशिक फ़ील्ड* में कहा कि आकाश का

दिखाई देने वाले प्रकाश के लिए माध्यम होना अनिवार्य नहीं, परंतु यह अदृश्य प्रकाश और एनर्जी का माध्यम है। आप किसी ऐसी जंप रोप के बारे में सोचें, जो एक जगह से कील से बंधी है। जब जंप रोप पलट रही है, जो स्पंदित एनर्जी का प्रतीक है, रस्सी दीवार के पास, और पास होती जाती है। अब हर तंतु छोटी से छोटी रेंज में स्पंदित रहता है, जब तक आप उस अंतिम बिंदु तक नहीं आ जाते, जहाँ रस्सी को कील से बांधा गया है। वह बिंदु बिलकुल नहीं हिल रहा; यही ज़ीरो प्वाइंट है, एनर्जी का आरंभिक और अंत बिंदु। ज़ीरो ही संतोषजनक नहीं, हालाँकि क्वांटम गणनाओं से यह पहले ही पता चल गया है कि रिक्त स्थान भी आभासी एनर्जी की अनंत मात्रा से भरा है, जो किसी सितारे के भीतर की तुलना में प्रति स्क्वेयर सेंटीमीटर से भी अधिक है।

तो फिर से उस बिंदु पर विचार करें, जहाँ जंप रोप दीवार से मिलती है। अगर आप दीवार कोई बहुत ही संवेदनशील स्टेथोस्कोप लगा दें तो रस्सी के स्पंदन पूरी दीवार हिला रहे हैं और बदले में दीवार भी उसी स्पंदन को वापस लौटा रही है। इरविन के अनुसार, यही ज़ीरो प्वाइंट पर भी हो रहा है। हर स्पंदन पूरे क्षेत्र में संकेत भेज रहा है और बदले में क्षेत्र संकेतों को वापस भेज रहा है। यह ब्रह्माण्ड किसी तरह दृश्य या अदृश्य क्षेत्र में घट रहे किसी भी स्पंदन के संयोजन के साथ निरंतर अपना ही निरीक्षण कर रहा है।

कल्पना करें कि दो फ़ोटोन इंटरस्टेलर स्पेस के विस्तार में तैर रहे हैं। वे अचानक एक-दूसरे से टकरा कर दूर छिटक जाते हैं। क्या कुछ ऐसा घटा जो समंदर पर बह रही हवा की वजह से रेत के कणों के आपस में टकराने से ज़्यादा था? जी, इरविन कहते हैं : वे सूचना का आदान-प्रदान कर, आपस में संबंध स्थापित कर रहे हैं। इरविन की सिस्टम थ्योरी की मदद से इस आदान-प्रदान को समझा जा सकता है। जब दो कण स्पर्श करते हैं, वे अपने साथ जानकारी ले जा रहे हैं, जब वे आपस में मिलते हैं तो उनके बीच ''बातचीत'' होती है : *मैं कितनी तेज़ी से जा रहा हूँ, मेरा भार कितना है? मैं कहाँ रहा और मैं कहाँ जा रहा हूँ।*

यह बातचीत किसी एकांत में नहीं होती। क्षेत्र भी सब सुन रहा है और जो हो रहा हो, उसे सुनने के बाद, यह संदर्भ के लिए सूचना का संग्रह कर लेता है, क्योंकि इसे कॉस्मोस को चलाने के लिए हर सूचना का हर सिंगल बिट चाहिए। सूचना थ्योरी में ''बिट'' एक तकनीकी शब्द है जो

एकल गणितीय इकाई की ओर संकेत करता है – शून्य या एक – जिसके माध्यम से कोई भी सूचना प्रकट की जा सकती है। जब दो कण आपस में अलग होते हैं, तो उनका भविष्य आपस में आदान-प्रदान की गई सूचना की वजह से बदल जाता है।

यह आदान-प्रदान मन के लिए यह संभावना लाता है कि ये फ़ोटोन *जानते हैं कि ये क्या कर* रहे हैं। इरविन सहित अधिकतर विचारवान चिंतक यह दावा नहीं कर सके कि क्षेत्र सजग है; इसकी बजाए वे ''चेतना की जड़ों'' की बात करते हैं। एक भौतिकविद् के दृष्टिकोण से, अणुओं को सोचने की आवश्यकता नहीं, वे जितना कम सोचेंगे उतना अधिक जीवंत होंगे। वे मिलते हैं, आपस में मेल-जोल करते हैं और अलग हो जाते हैं। अगर कोई जटिल बातें घटती हैं, तो वे रहस्यमयी, अदृश्य और गणना करने के लिहाज़ से बहुत ही कठिन हो सकते हैं, जिसके लिए दुनिया के सारे मेनफ्रेम कंप्यूटरों की तुलना में कहीं अधिक कंप्यूटिंग क्षमता की आवश्यकता होगी। फिर भी जब तक अंकों से पता चलता है कि मैटर कैसे पेश आता है, तब तक चेतना जैसे तत्त्व को समीकरण से बाहर धकेलने की आवश्यकता नहीं है।

अच्छी बात है, पर मन को परे छोड़ने से बात नहीं बनेगी, आप अपने से ही बाहर जी रहे हैं। कल्पना करें कि कोई फुटबॉल के नियम सीखना चाहता है और उसके पास देखने के लिए ऐसी वीडियोटेप है, जिसमें आवाज़ नहीं है। खेल की कोई जानकारी नहीं होने के बावजूद, बहुत सारे मूक गेम देखने के बाद वह व्यक्ति आसानी से कुछ भरोसेमंद नतीजों पर आ सकता है। बस आपको यही ध्यान देना है कि गेंद कैसे हवा में जाती है, खिलाड़ी उसे कैसे खेलते हैं, वे आपस में एक-दूसरे को कैसे मारते हैं या नहीं मारते। जब भी क्वार्टरबैक हाथों में गेंद लिए गिरता है तो दोनों टीमें क़तार में आ कर फिर से खेलने लगती हैं। ऐसा कई बार देखने के बाद कोई वैज्ञानिक निष्कर्ष निकाल लेगा कि क्वार्टरबैक को गेंद को फेंक देना चाहिए या उसके साथ भागना चाहिए।

हालाँकि अगर आप यह मान लेते हैं कि सारे खिलाड़ी निरर्थक और जड़ वस्तुएँ हैं तो आपके लिए खेल को समझना नामुमकिन होगा। वे बहुत ही संयोजित हैं, वे बहुत सारे कठिन ढांचे बनाते हैं, वे बार-बार उन ढांचों को दोहराते हैं और स्कोरबोर्ड ही समझ में आता है जिसे देख कर पता

चलता है कि कोई जीत रहा है या किसी की हार हो रही है। अगर एक और क़दम आगे जाएँ, तो अपने शोध के आरंभ में यह कहना ग़लत होगा कि फुटबॉल वास्तव में मन या चेतना के अस्तित्व पर आधारित नहीं हो सकता। अगर आप यही ज़ोर देते रहे कि वीडियोटेप भले ही जो भी दिखाए, फुटबॉल एक खेल नहीं हो सकता; यह वस्तुओं का अचानक होने वाला टकराव है तो आपके सामने सारे ग़लत निष्कर्ष होंगे।

क्वांटम क्षेत्र में, प्रत्यक्ष रूप से अचानक होने वाली गतिविधि का पता लगाते हुए हमने देखा कि इसमें उल्लेखनीय समय, संयोजन, स्मृति, सूचना, आदान-प्रदान और स्व-संवाद शामिल है। पर इन सबका क्या अर्थ है? प्रेक्षक प्रभाव से खोई हुई कड़ियों को जोड़ सकते हैं। यह प्रभाव क्वांटम भौतिकी की आधारशिला में से एक से जुड़ा है, जिसे ''संपूरकता'' कहते हैं, जो कहता है कि एक क्वांटम घटना के बारे में सब कुछ जानना संभव नहीं है। जब कोई द्रष्टा किसी इलेक्ट्रॉन को देखता है या मापता है तो जो भी देखा जा रहा है, वह सीमित है। प्रत्येक इलेक्ट्रॉन ब्रह्माण्ड में कहीं भी प्रकट होने की संभावना रखता है।

केवल देखने मात्र से ही एक इलेक्ट्रॉन आभासी यथार्थ से कूद कर दृश्यमान ब्रह्माण्ड का हिस्सा बनता है और ज्यों ही द्रष्टा उस पर ध्यान देना बंद करेगा, वह फिर से अपने क्षेत्र में चला जाएगा। महान जर्मन भौतिकविद् इरविन श्रोडिंगर ने एक समीकरण तैयार किया, जो क्वांटम थ्योरी की बुनियादों में से एक है, जो उचित प्रकार से गणना करता है कि ये संभावनाएँ क्या हैं और साथ ही यह अवधारणा कि एक इलेक्ट्रॉन तब तक हर जगह है, जब तक कोई द्रष्टा इसे अस्तित्व नहीं देता, तर्क की अवहेलना करती है। जिन पाठकों ने श्रोडिंगर की बिल्ली के बारे में नहीं पढ़ा, यह एक विरोधाभास है, जो प्रेक्षक प्रभाव से निकला है : यह है –

एक बिल्ली को एक बॉक्स में बंद किया गया है, जिसमें एक घातक उपकरण है। अगर वह ट्रिगर हो गया तो उसमें से जानलेवा साइनाइड गैस निकलेगी और वह ट्रिगर एक तरह का रेडियोएक्टिव पदार्थ है। अगर रेडियोएक्टिव मैटर एक सिंगल इलेक्ट्रॉन रिलीज़ करेगा तो वही उपकरण को ट्रिगर करने के लिए बहुत होगा, उससे ज़हर निकलेगा और बिल्ली मर जाएगी।

यहाँ विरोधाभास है : क्वांटम भौतिकी के अनुसार, जब किसी इलेक्ट्रॉन को देखा नहीं जाता, तब तक उसका कोई देखने योग्य यथार्थ नहीं होता। यह ''सुपरपोज़ीशन'' प्राप्त कर लेता है यानी यह एक ही समय में, एक से अधिक स्थानों पर हो सकता है (एक ऐसा तथ्य जिसे प्रयोग के साथ प्रमाणित किया गया है कि सबएटोमिक कण वास्तव में एक साथ कई स्थानों पर होते हैं।) बंद बॉक्स में होने की वजह से बिल्ली निरीक्षण के क्षेत्र से बाहर है; यह जीवित या मृत हो सकती है तो क्वांटम थ्योरी के अनुसार इसे दोनों होना चाहिए। जब बॉक्स खुलेगा और प्रेक्षक हालात के अनुसार तय करेगा कि बिल्ली जीवित है या मृत। तब तक दोनों दशाओं का अस्तित्व साथ-साथ बना रहेगा।

कई भौतिकविदों ने बिल्ली के एक साथ जीवित और मृत होने के विरोधाभास को छोड़ते हुए यह संकेत किया है कि जो स्थूल स्तर पर सत्य है, उसका सूक्ष्म स्तर पर सच होना आवश्यक नहीं : इलेक्ट्रॉन के लिए सुपरपोज़ीशन हो सकती है, परंतु बिल्ली जैसी रोज़मर्रा की वस्तुओं पर इसे लागू नहीं कर सकते। परंतु यहीं से प्रश्न सामने आता है, श्मिट और प्रिंसटन प्रयोगों में भी प्रेक्षक प्रभाव कारगर रहा, जहाँ प्रेक्षक के ध्यान मात्र ने क्वांटम क्षेत्र और भौतिक संसार में एक साथ सुधार किया। इस विरोधाभास का सार यही है कि आप क्वांटम दुनिया में किसी भी परिणाम को तब तक नहीं जान सकते, जब तक आप उसे नहीं देखते (जब तक आप श्रोडिंगर की बिल्ली को नहीं देखते, तब तक आप नहीं जान सकते कि वह जीवित है या मृत और देखने से ही इनमें से एक बात पता चलेगी।)

आकाश हर स्तर पर हर चीज़ को हिस्सेदारी में शामिल करते हुए समस्या को हल करता है। सभी प्रेक्षक आकाशीय क्षेत्र के अंदर हैं और वे जो भी करते हैं, सारा क्षेत्र उसके लिए अपनी प्रतिक्रिया देता है। इस तरह जब हम यह कहते हैं कि यूनिवर्स हमारी तरह व्यवहार करता है तो हम इसे झुठला नहीं रहे। प्रत्याशित और अप्रत्याशित एक साथ वास करते हैं। एक बिल्ली एक साथ जीवित और मृत हो सकती है और इसके साथ ही दुनिया की हलचल पर भी इसका असर नहीं होता। असल में अप्रत्याशित यूनिवर्स की मदद से हम अपने-आपको और इसके विपरीत जानते हैं। वैदिक ऋषियों को अहसास हुआ कि समय और अनंत का आपस में संबंध होना चाहिए और उनका निष्कर्ष यह था कि समय एक भ्रम है और अनंत

वास्तविकता है। इसने पाँचों इंद्रियों के लिए हालात पलट दिए, जिन्हें इस तरह काम करना चाहिए मानो समय वास्तविक है, क्योंकि हम जिस भी घटना में हिस्सा लेते हैं, वह स्पेसटाइम में ही होती है। ऋषियों ने ऐलान किया कि मरते समय हम इस अनंत यथार्थ को और स्पष्टता देख सकते हैं, इसलिए इसमें पूरी तरह से हिस्सा ले सकते हैं। लाज़लो के संगठन में आकाशीय क्षेत्र सारे मैटर, एनर्जी और सूचना के लिए यही करता है। दृश्यमान ब्रह्माण्ड में उनके आपसी लेन-देन, कहीं दूर अदृश्य रूप से घट रहे संबंधों के लिए कहीं महत्त्वपूर्ण हैं।

इसे एक उदाहरण के माध्यम से समझें। कल्पना करें कि आप एक वैज्ञानिक हैं, जिसे प्रकाश के सूक्ष्म स्तरीय विस्फोटों की माप का काम दिया गया है, जो क्षेत्र में होते हैं; इस दशा में, यह टी.वी. सेट का स्क्रीन है। ये विस्फोट आण्विक स्तर पर होते हैं, इसलिए जब आप पास जाते हैं तो आपका सामना लाखों फ़ोटोन से होता है, जो अनियमित ढांचों में फ़ायर कर रहे हैं। आप टी.वी. स्क्रीन को एक ऐसा फ़ील्ड कहेंगे, जो अनियमित विक्षोभों से गुज़र रहा है, जिस तरह भौतिकविद् इलेक्ट्रोमैग्नेटिक फ़ील्ड का वर्णन करते हैं। जब आप फिर से बाहर की ओर आते हैं तो लाल, हरे और नीले रंग के टुकड़े फिर से व्यवस्थित दिखने लगते हैं। उनसे और परे व बाहर जाने पर, आपको अस्पष्ट आकृतियाँ दिखने लगती हैं। आप स्वयं को किसी खगोल शास्त्री जैसा अनुभव करते हैं, जो एक रेडियो टेलीस्कोप की मदद से तय कर रहा है कि क्या कॉस्मोस के पृष्ठभूमि कोलाहल में कोई ढांचे हो सकते हैं। ढांचे गणितीय हैं और एक गणितीय कोड का प्रयोग करने के लिए बुद्धिमत्ता चाहिए।

तो आप टी.वी. स्क्रीन पर देखे गए ढांचों के लिए एक गणितीय व्याख्या के साथ सामने आते हैं। जब आप उससे और परे और बाहर जाते हैं तो आप अंतत: देखते हैं कि ये ढांचे असल में मानव जीवन की तसवीरें हैं और फ़ोटोन की उस अनियमित फ़ायरिंग का एक मक़सद है। यही आपको चौंका देने के लिए काफ़ी हो सकता है कि आप अपनी पूरी थ्योरी पर फिर से विचार करें; आपको यह मानना होगा कि वह अनियमितता एक भ्रम था जिसने गहरे यथार्थ को छिपा रखा था, जो तसवीर है। केवल चेतना ही इस कारण की पूरी व्याख्या कर सकती है कि लाल, हरे और नीले के विस्फोट क्यों प्रसारित हो रहे हैं।

हम स्वयं को ऐसे बिंदु पर पाते हैं, जहाँ आकस्मिकता पर आधारित अनेक व्याख्याएँ संतुष्ट नहीं करतीं, और अधिक सजग व्याख्या के लिए एक बदलाव होना चाहिए। फ़ोटोन टी.वी. में फ़ायर क्यों करते हैं? क्योंकि वे तसवीर में बदलते हैं। फ़ोटोन्स ब्रह्माण्ड में क्यों फ़ायर करते हैं? उसी वजह से। क्वांटम भौतिकी के आगमन से सदियों पहले, वैदिक ऋषियों ने कह दिया था कि समय और स्थान चेतना, आकाश के स्क्रीन पर प्रोजेक्शन मात्र हैं।

दूसरे शब्दों में, जब आप सुबह उठते हैं, काम पर जाते हैं और अपना सारा दिन काम में बिताते हैं तो *वास्तव में कुछ नहीं घटा*, जैसा कि आपने अनुभव किया। समय नहीं बीता और ना ही आपका स्थान बदला। यह नतीजा सामान्य बुद्धि के हिसाब से सीमित है पर भौतिकी में स्वीकार्य है। मैं आपको विस्तार से बताता हूँ। अगर आप रात को पेरिस की उड़ान भरने, उसकी सड़कों पर घूमने का सपना देखते हैं तो वास्तव में कुछ नहीं हुआ। आप ना तो भौतिक रूप से पेरिस गए और ना ही आपके दिमाग़ ने पेरिस की कोई तसवीरें दर्ज कीं। यह सपना दिमाग़ की उस गतिविधि की देन था, जिसे सूचनाओं के अंशों में तोड़ा जा सकता है : छोटे इलेक्ट्रिकल स्विच ऑन या ऑफ़ थे, कुछ कणों की विपरीतता सकारात्मक या नकारात्मक थी। आपका पूरा सपना या उसका सब कुछ बस एक शून्य या एक खेल था।

यही उन लोगों के लिए भी सच है, जिन्हें हम टी.वी. पर देखते हैं। हो सकता है कि आप किसी पात्र को घर में रहते और बगीचे की घास की छंटाई करते देखें। पर वह घर असल में स्क्रीन पर चपटी छवि से अधिक नहीं है और उन लोगों की गतिविधि फ़ास्फोरस है, जो ऑन या ऑफ़ हो रहे हैं। फिर से, एक ज़ीरो और एक खेल। टी.वी. के स्क्रीन पर कुछ नहीं हिलता। अगर बाईं ओर भागता दिखता है तो यह सिग्नलों का ढांचा है, जो बाईं ओर से रोशनी देता है और दाईं ओर की रोशनी ऑफ़ कर देता है – ठीक ऐसा ही क्रिसमस के पेड़ों पर जलती-बुझती रोशनी के लिए कहा जा सकता है, वे एक गोले में घूमती दिखती हैं, जबकि असल में यह होता है कि रोशनी की एक लड़ी ऐसे ढांचे में जलती-बुझती है कि आपको लगता है कि इस जगह कुछ गतिशील है।

आप इसी तरह समय और स्थान में घूमते हैं, जैसे पृथ्वी अपनी धुरी पर और तारे आकाश में करते हैं। क्वांटम आवेग ऑन या ऑफ़ होते हैं और जगह का बदलाव होता है, क्योंकि बाईं से दाईं ओर जाते हुए या पिछले निगर्मन की वजह से ऊर्जा थोड़ी उत्तेजित हो जाती है। असलियत में एक भी कण या फ़ोटोन स्पेसटाइम में जगह नहीं बदलता। पर क्या यह एक ही बात नहीं है? अगर कोई वस्तु घूमती हुई लगती है तो उसके लिए यह क्यों नहीं कह सकते कि वह गतिशील है। असल में, हम नहीं कह सकते। धरती भी सूर्य के आसपास चक्कर लगाती हुई लगती है, अगर असल में ऐसा होता तो यह गोलकार गति की वजह से सूर्य में उलझ कर नष्ट हो जाती। असल में, हालाँकि धरती अपनी कक्षा में इंटरस्टेलर डस्ट और सोलर विंड के रूप में थोड़े घर्षण का सामना करती है – हमारा ग्रह कभी सूर्य के पास नहीं होता या धीमा नहीं होता। ऐसा इसलिए है, क्योंकि धरती का हर अणु पलक झपकते ओझल होता है और उसी ऊर्जा और भार के साथ वापस आ जाता है, जैसे वह हमेशा था। जैसा कि पता चला है, ज़ीरो प्वाइंट फ़ील्ड धरती को ऐसे ही दिखाता है, जैसे टी.वी. के स्क्रीन पर तसवीरें दिखाई देती हैं (कोई संशयवादी यह पूछ सकता है कि अगर ज़ीरो प्वाइंट फ़ील्ड लगातार दिखाई देने वाले यूनिवर्स की फिर से पूर्ति कर रहा है तो कुछ भी कैसे बदलता है। यह एक पहेली है पर शायद इसका उत्तर इन दो कारकों में छिपा है : प्रोटोन का धीमा क्षय, जिसमें खरबों वर्ष लगते हैं और विस्तृत हो रहा यूनिवर्स, जो अपने साथ ऊर्जा का विक्षेपण रखता है। परंतु इन दोनों तथ्यों को क्वांटम थ्योरी में अभी शामिल नहीं किया जा सकता।)

यह सब मृत्यु के बाद के जीवन से कैसे संबंध रखता है? अपने-आप से सादा सा प्रश्न करें। जब आप टीवी देख रहे हैं तो उस समय सिग्नल देने वाला स्टेशन ज़्यादा असली है या आपको पिक्चर असली लगती है? बेशक़ स्टेशन असली है, पिक्चर तो छवि है। इसी तरह, लाज़लो कहते हैं, ज़ीरो प्वाइंट फ़ील्ड – आकाश – दिखाई देने वाले ब्रह्माण्ड से कहीं ज़्यादा असली है। आकाश उन सभी प्रोजेक्शन्स का संयोजन करता है, जिन्हें हम समय, स्थान, पदार्थ और ऊर्जा का नाम देते हैं। यदि यह सही है तो हमने वेदांत में कई प्रमुख अभिकथनों के लिए आधारशिला स्थापित कर ली है :

भौतिक संसार एक अभौतिक स्रोत से प्रकट होता है।

अदृश्य संसार पहले आता है। इसमें समय और स्थान का बीज शामिल है।

यथार्थ व्यक्ति को स्रोत के और निकट ले जाता है।

यदि मानवीय दृष्टिकोण से देखें तो हमें यह डर नहीं होना चाहिए कि हम मरने के बाद कहीं अलोप हो जाएँगे। हम अपने अंदर जिस चीज़ को सबसे अधिक मान देते हैं, हमारी सोचने और महसूस करने की क्षमता, वह भौतिक जगत में प्रवेश करने से नहीं आती। यह एक स्रोत, ज़ीरो प्वाइंट फ़ील्ड से भौतिक संसार में प्रोजेक्ट होती है, जो चेतना का मूल है, पिछले अरबों वर्षों और आगे दिखाई देने वाले भविष्य में फैला है। एक धार्मिक दृष्टिकोण से कहीं परे, यह मॉडल किसी भी दूसरी व्याख्या की तुलना में ब्रह्माण्ड की बेहतर व्याख्या करता है और हमें वह देता है, जो ऋषि और आधुनिक भौतिकविद् दोनों ही माँग करते आए हैं : मन और पदार्थ के बीच एक पुल।

14

मस्तिष्क से परे चिंतन

यदि मेरी मृत्यु हो जाए और मेरे मस्तिष्क में बसी जानकारी बच जाए तो क्या इसका अर्थ होगा कि मैं भी बच गया? उत्तरजीविता का अर्थ है कि किसी स्तर पर जीवित रहना – मन, व्यक्तित्व, स्मरणशक्ति या फिर आत्मा के स्तर – वही ''मैं'' है। किसी भौतिकवादी के लिए मस्तिष्क की मृत्यु, व्यक्ति की भी मृत्यु है। सौभाग्य से, पिछले दो दशकों के दौरान कुछ प्रतिभा संपन्न प्रयोगों ने यह आशा प्रकट की है कि मन का वास मस्तिष्क से परे होता है और मैं और आप जिन योग्यताओं और गुणों को सराहते हैं, जैसे प्रेम और सत्य आदि, हो सकता है कि वे क्षेत्र में सदा के लिए उपस्थित रहें।

हम क्षेत्र की बुद्धिमत्ता को दिखाने के जितना निकट होते जाएँगे, हमारे लिए उतना ही विश्वसनीय होता जाएगा कि हमारी अपनी बुद्धिमत्ता भी मृत्यु के बाद बच सकती है। इस विषय तक जाने का एक तरीक़ा विचित्र लग सकता है, परंतु यह बहुत सार्थक रहा है : पशु टैलीपैथी। कई पालतू पशुओं के मालिक इस बात को जायज़ ठहराते हैं कि एक कुत्ता या बिल्ली अपने मालिक की भावनाओं को समझ सकते हैं। जब आपको अपने कुत्ते को टहलाने ले जाना होता है तो उससे कुछ मिनट पहले, कुत्ता बहुत उत्साहित और बेचैन हो जाता है; जिस दिन बिल्ली को उसके डॉक्टर के पास ले जाना होता है, तो वह ओझल हो जाती है और कहीं दिखाई नहीं देती। इन आमतौर पर दिखाई देने वाली बातों के आधार पर ब्रिटिश शोधकर्ता व एक प्रशिक्षित बायोलॉजिस्ट रुपर्ट शेलड्रेक ने काल्पिनक चिंतक के रूप में नियंत्रित अध्ययन आयोजित किए ताकि यह पता लगाया जा सके कि क्या

कुत्ते और बिल्लियाँ वास्तव में अपने मालिकों का मन पढ़ सकते हैं। एक अध्ययन बहुत ही सरल था : शेलड्रेक ने लंदन के पैंसठ पशु-चिकित्सकों को कॉल किया और उनसे पूछा कि क्या यह आम बात थी कि बिल्लियों के मालिक पहले से तयशुदा दिन कॉल करके कहते थे कि वे क्लीनिक नहीं आ सकेंगे, क्योंकि उनकी बिल्ली कहीं मिल ही नहीं रही। चौंसठ पशु चिकित्सकों ने माना कि उन्होंने बिल्लियों के लिए पहले से तयशुदा समय रखना बंद कर दिया था, क्योंकि अक्सर यही होता था। जिस दिन उन्हें क्लीनिक लाना होता था, वे कहीं ग़ायब हो जाती थीं।

शेलड्रेक ने कुत्तों का इस्तेमाल करते हुए एक प्रयोग करने की सोची। एक कुत्ता टहलने का समय आते ही उत्साहित हो जाता है तो इसका मतलब यह नहीं कि वह रोज़ एक ही समय पर घूमने जाता है या उसे अपने मालिक को तैयार होते देख सुराग़ मिलता है कि वे लोग सैर के लिए निकल रहे हैं। शेलड्रेक ने इस तथ्य को नकारने के लिए कुत्तों को उनके मालिकों से दूर रखा; फिर उनके मालिकों से कहा गया कि रोज़मर्रा के तयशुदा समय से परे, किसी भी समय में वे अपने कुत्ते को टहलाने के लिए ले जाने से पहले पाँच मिनट में इस बारे में सोचें। इस दौरान, उस अकेली जगह में रखे गए कुत्ते का वीडियोटेप बनाया जा रहा था। शेलड्रेक ने पाया कि जब कुत्तों के मालिकों ने उन्हें घुमाने के बारे में सोचना शुरू किया तो आधे से ज़्यादा कुत्ते दरवाज़ों की तरफ पूंछ हिलाते हुए भागे, वे बेचैनी से गोल-गोल चक्कर लगाने लगे और तब तक ऐसे ही करते रहे, जब तक उनके मालिक उन्हें लेने नहीं आ गए। जब कुत्तों के मालिक उन्हें किसी भी तरह से घुमाने के बारे में नहीं सोच रहे थे तो किसी भी कुत्ते ने ऐसा कोई व्यवहार नहीं दिखाया।

इस प्रयोग से एक अलग ही बात सामने आई, पालतू जानवर और उसके मालिक के बीच विचार के स्तर पर एक सूक्ष्म संपर्क स्थापित होता है। मतदान के अनुसार 60 प्रतिशत अमेरीकियों का मानना है कि उन्हें टैलीपैथिक अनुभव हो चुका था, इसलिए ये नतीजे पूरी तरह से चौंकाने वाले नहीं हैं। हालाँकि इससे अगला क़दम वाक़ई हैरतंगेज़ है। टैलीपैथिक जानवरों के साथ हुए इस नतीजे को लिखने के बाद शेलड्रेक को न्यू यॉर्क सिटी से एक महिला का मेल आया, जिसने कहा कि उसका अफ़्रीकी ग्रे तोता ना केवल उसकी सोच पढ़ सकता था, बल्कि अपने विचारों को बोल कर प्रकट भी करता था। चाहे वह महिला और उसका पति दूसरे कमरे में

ही क्यों ना हों और तोते (नकीसी) को दूसरे कमरे में रखा गया हो; जब उन दोनों को भूख लगती तो तोता अचानक बोलता, ''तुम्हें खाने के लिए कुछ मज़ेदार चाहिए।'' अगर वह महिला और उसका पति कहीं बाहर जाने के बारे में सोचते तो नकीसी कहता, ''तुम लोगों को बाहर जाना है, मिलते हैं जल्द ही।''

शेलड्रेक यह जान कर हैरान रह गया और उसने महिला को संपर्क किया। वह एमी मोरगाना नामक कलाकार थी। शेलड्रेक के लिए यह वाक़ई अद्‌भुत अनुभव रहा। अफ़्रीकी तोता अपने भाषा संबंधी कौशल के लिए जाना जाता है और नकीसी 700 से अधिक शब्दों का प्रयोग कर सकता था। इससे भी शानदार बात यह थी कि वह उन्हें इंसानी बोली के तौर पर प्रयोग में लाता था। वह किसी रट्टू तोते की तरह शब्दों को केवल ''दोहराता'' नहीं था, वह सही जगह पर सही शब्द का इस्तेमाल करता। अगर उसे कोई लाल रंग की चीज़ दिखती तो वह ''लाल'' शब्द का प्रयोग करता, यदि वस्तु का रंग अलग होता तो वह अलग रंग बोलता। पर एमी के पास शेलड्रेक के लिए और भी चकित कर देने वाले किस्से थे। एक बार वह टी.वी. पर जैकी चेन की मूवी देख रही थी, एक सीन के दौरान जैकी शहतीर पर ख़तरनाक तरीक़े से लटका हुआ था, नकीसी ने कहा, ''नीचे मत गिर जाना।'' हालाँकि उसका पिंजरा टी.वी. के पीछे था और उसे कुछ भी दिखाई नहीं दे रहा था। जब इसके बाद एक कार का विज्ञापन आया, तो नकीसी ने कहा, ''यह मेरी कार है।'' एक और बार, एमी किसी किताब में पढ़ रही थी, ''द ब्लैकर द बैरी, द स्वीटर द जूस।'' तभी दूसरे कमरे से वह पक्षी बोला, ''द कलर इज़ ब्लैक।''

शेलड्रेक इस बात की पुष्टि स्वयं करना चाहता था। जब वह उनसे पहली बार मिला तो एमी ने नकीसी की टैलीपैथी का नज़ारा दिखाया : वह एक पत्रिका में किसी लड़की का चित्र देख रही थी और पूरी स्पष्टता के साथ, साथ वाले कमरे से तोता बोला, ''यह एक लड़की है।'' इसके बाद औपचारिक प्रयोग करने की बारी थी। अगर नकीसी को शब्द समझ आते थे और उसमें टैलीपैथिक योग्यता थी तो क्या इन दोनों की परख़ एक साथ हो सकती थी? शेलड्रेक ने प्रस्ताव रखा कि एमी ऐसी तसवीरें देखे, जिनसे जुड़े शब्द नकीसी को पहले से पता हों। उसे एक अलग कमरे में बिठाया गया और पक्षी दूसरे कमरे में था। पक्षी को उस तसवीर से जुड़े किसी ख़ास

शब्द को बोलने के लिए दो मिनट का समय दिया गया। अगर वह दिए गए समय में सटीक शब्द बोल देता तो उसे एक हिट माना जाता। अगर वह उस शब्द को नहीं बोल पाता या वह दो मिनट बाद बोलता, तो उसे एक मिस माना जाना था।

इस प्रक्रिया को निष्पक्ष बनाने के लिए एमी के लिए किसी और ने तसवीरें और उनसे जुड़े ख़ास शब्द चुने (हालाँकि यह बात पक्षी के पक्ष में नहीं थी, क्योंकि तसवीरें और शब्द चुनने वाले ने कुछ ऐसे शब्द चुने, जिन्हें नकीसी ने पहले एक या दो बार ही इस्तेमाल किया था, जैसे ''टी.वी.;'' पक्षी ने वे शब्द प्रयोग के दौरान सही समय पर नहीं दोहराए और उन्हें एकदम नहीं कहा)। जब ये सारे परीक्षण समाप्त हुए, तो नकीसी के कहे शब्दों के टेप तीन जजों के लिए चलाए गए, उन्हें जो सुनाई दिया, उन्होंने वह सब लिखा। जब नकीसी का कहा कोई शब्द तीनों जज एक ही तरह से समझ कर लिख पाते, तभी उसे एक हिट माना जाता, अन्यथा वह हिट नहीं गिना जाता था। ये नतीजे साधारण समझ से बाहर थे। मिसाल के लिए, जब एमी ने एक तसवीर देखी, जिसमें समंदर किनारे बहुत कम कपड़ों में लेटे लोग दिख रहे थे, तो नकीसी थोड़ा सा बुदबुदाया और तीनों जजों ने उसे कहते सुना, ''मेरे सुंदर नंगे बदन को देखो।'' उसने सही शब्दों के प्रयोग के बीच दूसरे असंबद्ध ख़ास शब्द नहीं कहे, पक्षी ने सीटियाँ बजाते हुए सुर निकाले। जब एमी ने तसवीर में किसी को फ़ोन पर बात करते देखा, तो नकीसी ने कहा, ''फ़ोन पर क्या कर रहे हो?'' शायद उसकी सबसे ज़्यादा हैरान करने वाली प्रतिक्रिया तब सामने आई, जब एमी ने फूलों की तसवीर देखी, तब केवल ''फूल'' शब्द कहने के बजाए नकीसी बोला, ''यह फूलों की तसवीर है।''

उसका कुल नतीजा क्या रहा? 71 परीक्षणों में से, नकीसी को 23 हिट मिले और नतीजे रैंडम होते तो शायद उसे 7.4 हिट मिलते। शेलड्रेक ने कहा कि ये नतीजे वाक़ई आलीशान थे, क्योंकि नकीसी को नहीं पता था कि उस पर परीक्षण हो रहा था और उसने लगभग सारे शब्द तयशुदा समय से पहले ही बोले।

मैनहट्टन के छोटे से अपार्टमेंट में इस प्रमाण को एक और भारी सबूत मिला कि मन पूरी तरह से इंसानी संपत्ति नहीं है और असल में इसका अस्तित्व दिमाग़ से बाहर हो सकता है। भले ही इंसानों और पशुओं के बीच का संप्रेषण अजीब लगे पर पशु धोखा नहीं कर सकते और उनके पास यह

साबित करने का कोई उद्‌देश्य नहीं कि उनके पास कोई विशेष योग्यताएँ हैं। वैदिक ऋषियों ने बहुत पहले ही बल दिया था कि यह सारा ब्रह्माण्ड बुद्धिमान है, क्योंकि यह चेतना से व्याप्त है। मैं आपको दिखाता हूँ कि इसे आधुनिक रूप से कैसे दिखाया जा सकता है।

मन के क्षेत्र में

मन सदियों से तत्त्वमीमांसक पहेली रहा है, क्योंकि यह भौतिक संसार में किसी भूत की तरह रहता है। परंतु वह एक पश्चिमी नज़रिया है, जो हमारे ठोस और मूर्त वस्तुओं के प्रति पक्षपात पर आधारित है।

हम इस बात पर बल देते हैं कि मस्तिष्क को मन का स्रोत होना चाहिए, क्योंकि मस्तिष्क को देखा जा सकता है, मानो आप कह रहे हों कि रेडियो को संगीत का स्रोत होना चाहिए, क्योंकि यह दिखाई देने वाली वस्तु है, जिससे संगीत निकलता है। वैदिक ऋषियों ने इसके विपरीत नज़रिया अपनाते हुए, इस बात पर बल दिया कि दिखाई देने वाली वस्तुएँ मन का स्रोत नहीं हो सकतीं, क्योंकि भौतिक तल संसारों के लिए न्यूनतम रूप से सजग है। यह महत्त्वपूर्ण लग सकता है कि विचार के दौरान मस्तिष्क सक्रिय होता है, परंतु रेडियो प्रसारण के दौरान सक्रिय होता है और इसमें कोई संदेह नहीं कि नकीसी (मनुष्य टैलीपैथ का उल्लेख नहीं) ने उस विचार को उठाया जिसे प्रसारित किया गया था।

अदृश्य के प्रति हमारा पश्चिमी पूर्वाग्रह आसानी से पार नहीं पाया जा सकता। मन को मस्तिष्क से बाहर केवल तभी माना जाएगा, जब यह किसी तरह का कोई पदचिह्न या दिखाई देने वाला निशान छोड़ सके, जो एमआरआईज़ की तरह ही हो, जिनसे न्यूरल गतिविधि के ठोस प्रमाण मिलते हैं। ऐसा ही एक और प्रमाण है, जिस पर हम पहले भी बात कर चुके हैं। अगर सूचना सारे क्वांटम क्षेत्र में व्याप्त है, तो यह मन और पदार्थ में सेतु बनाते हुए, किसी भौतिकवादी को अधिक स्वीकार्य हो सकती है। किसी भी वैज्ञानिक को यह मानने में दिक़्क़त नहीं होगी कि पदार्थ और ऊर्जा को ना तो पैदा कर सकते हैं और ना ही नष्ट कर सकते हैं और भौतिकी इस धारणा से भी जूझ रही है कि सूचना को भी ना तो नष्ट कर सकते हैं और ना ही इसे पैदा किया जा सकता है। हमें ब्रह्माण्ड में निरंतर रूपांतरण दिखाई

देता है। सूर्य को ईंधन देने वाले हीलियम के अणु पृथ्वी को ताप देते हैं, जो फ़ोटोसिंथेसिस की प्रक्रिया से पौधों ओर अन्य सजीवों में रूपांतरित होता है। यह कहना उचित ही होगा कि सूर्य के अणुओं में व्याप्त जीवन पृथ्वी के अणुओं से सूचना का आदान-प्रदान कर रहा है। (इस रूप में ऊर्जा एक सूचना है कि सभी केमिकल या इलैक्ट्रिकल आवेश प्लस, माइनस, पॉजिटिव, नेगेटिव या ज़ीरो और एक के रूप में प्रकट हो सकते हैं।) तब इस बात से अंतर नहीं पड़ता कि आपका शरीर किसी ज्वलंत सितारे से मेल नहीं खाता। दोनों एक ही सूचना क्षेत्र के अंश हैं, जो अपने भीतर अंतहीन रूपांतरण करता है। या जैसा भगवान कृष्ण ने भगवद् गीता में कहा है, ''सब भूत मेरी ही प्रकृति में लीन होते हैं और मैं उन्हें बार-बार रचता हूँ।''

अमित गोस्वामी, एक जाने-माने भौतिकविद् हैं, जो आत्म-सजग ब्रह्माण्ड पर लेखन करते हैं, उनका कहना है कि रचनात्मकता रूपांतरण का ही दूसरा चेहरा है। ''ब्रह्माण्ड सदा पुरानी बोतलों में नई शराब, और नई बोतलों में पुरानी शराब डालता है।'' वही ऊर्जा पैकेट, उसी ऊर्जा को अपने अंदर संजोए, अंतहीन रूप से ज़ीरो प्वाइंट क्षेत्र में इधर-उधर पलटते रहते हैं। गोस्वामी पुनर्जन्म को भी इसी रूप में देखते हैं। सूचना के क्षेत्र से पहचानें भेजी जा रही हैं, वे नई पहचानों के साथ सूचना का आदान-प्रदान करती हैं, जो मुझे ''मेरा'' ही नया रूप लगती हैं, परंतु वे वास्तव में अनश्वर शून्यों का रूपांतरण हैं, जो विचारों और अनुभवों की एक लंबी शृंखला में पिरोए गए हैं।

इस समय आप मन और शरीर के साथ सूचना का एक पुंज हैं। आपके अनूठी स्मृतियाँ हैं; आपकी कोशिकाएँ ऐसे रसायनिक परिवर्तनों से गुज़री हैं, जिन्हें संसार में किसी के साथ नहीं बांटा गया। जब आपकी मृत्यु होगी तो इसमें से कोई जानकारी अलोप नहीं होगी, क्योंकि ऐसा हो ही नहीं सकता। जमा-घटा, सकारात्मक या नकारात्मक के लिए कोई स्थान ही नहीं, क्योंकि इस क्षेत्र में जानकारी के *सिवा* कुछ है ही नहीं। इस तरह, उनके पास फिर से जुड़ने के अलावा कोई और विकल्प ही नहीं है। वे यह कैसे कर पाते हैं?

इसका उत्तर अंग्रेज़ी के ''इन्फ़ॉर्मेशन'' शब्द के मूल रूप, ''फ़ॉर्म'' में छिपा है। इरविन लाज़लो के अनुसार, हम एक ''इन-फ़ॉर्म्ड'' यूनिवर्स में रहते हैं, जो डीएनए के डबल हेलिक्स के साथ अणुओं को पिरोता

है, सूचनाओं के अंशों को भौतिक रूप में प्रकट करना, जिस तरह यह विचारों के रूप में जानकारी को अभौतिक रूप में संजोता है। यह हमें उस विस्मयकारी अवधारणा के और निकट ले आता है कि यह सारा ब्रह्माण्ड ईश्वर का ही मनस् है; अनंत सूचना का ओजस्वी क्षेत्र अनंत रूपांतरणों से हो कर गुज़र रहा है। परंतु हम यह क़दम तब तक नहीं उठा सकते, जब तक हम यह नहीं जानते कि छोटे विचार कैसे बचे रहते हैं, ब्रह्माण्डीय विचारों के बारे में तो बिलकुल भी नहीं जानते।

ऋषियों ने सिखाया कि ये विचार, आकाशीय क्षेत्र में स्मृतियों की तरह बचे रहते हैं। मैं और आप, जब यह मानते हैं कि हम अपने मस्तिष्क से काम ले रहे हैं, उस समय हम निरंतर आकाशीय स्मृतियों से संचालित हैं। गूढ़ वृत्तों में, आकाशीय क्षेत्र से ही हमें बिछुड़ी हुई आत्माओं और पिछले जन्मों की स्मृतियों का परिचय मिलता है। जंग के मनोविज्ञान के अनुसार, इसी स्मृति के आधार पर, संस्कृतियाँ एक जैसे मिथ और मूल आदर्श बनाए रखती हैं। वीनस और मार्स यानी शुक्र और मंगल अदृश्य जीव हैं, परंतु फिर भी जीवंत और उपस्थित हैं। आकाश को मनुष्य द्वारा रचे गए प्रत्येक देवता, महायुद्ध, रोमांस और खोज का स्मरण रहता है। हम निरंतर उसमें से ही सब खोजते रहते हैं और मनुष्य की यह कथा युगों-युगों से इसी तरह चलती आ रही है।

मस्तिष्क के पास एक ऐसा मेमोरी सेंटर है, जिसे खोजा जा सकता है, परंतु मन तो मस्तिष्क की सीमा में नहीं बसता। अपने जीवन के किसी गहरे और सार्थक अनुभव पर विचार करें - कोई पहला चुंबन या फिर जब आपने आखिरी बार अपने प्रिय दादा-दादी को देखा था। वह स्मृति समय और काल में, उस घटना का शेष अंश है। उस अनुभव को अब भी आपके मस्तिष्क में सक्रिय किया जा सकता है, जिसका अर्थ है कि आपके न्यूरॉन्स में इधर-उधर तैर रहे लाखों अणु *जानते* हैं कि उन्हें एक साथ रहना होगा ताकि आपकी स्मृति बनी रहे, वर्ष-दर-वर्ष, बिना ओझल हुए। वे इसे कैसे जान सकते थे, वे तो बुद्धिमान नहीं थे? न्यूरोलॉजिस्ट के लिए मेमोरी का भौतिक आधार अज्ञात ही रहा है, इसलिए हम केवल अनुमान ही लगा सकते हैं।

किसी तरह आपके पहले चुंबन का मृत्यु के बाद भी जीवन रहेगा। मृत्यु के बाद जीवन भौतिक नहीं होता, क्योंकि किसी मनुष्य के न्यूरॉन्स

या किसी पेड़, गिरे हुए पत्ते या खाद के हाइड्रोजन, नाइट्रोजन और कार्बन एक से होते हैं, इनमें कोई अंतर नहीं पाया जाता। न्यूरॉन्स अमर नहीं होते, ये भी शरीर की तरह मरते हैं और प्रतिक्षण उनमें से अणु अंदर और बाहर उड़ते रहते हैं। फिर कोई स्मृति, किसी पुराने न्यूरॉन के नष्ट होने के समय, नए अणु या नए न्यूरॉन में कैसे हस्तांतरित हो जाती है? इसके लिए कोई भौतिक प्रक्रिया नहीं खोजी जा सकी इसलिए शायद स्मृति अभौतिक स्तर पर बनी रहती हो। न्यूरोलॉजिस्ट इस बात को झुठलाने के लिए अपनी ओर से सीएटी स्कैन और एमआरआई इमेजनिंग की मदद लेंगे। पर वे छवियाँ केवल नक़्शे हैं। जब कोई विचार या भाव दिमाग़ से निकलता है तो ये उसका मार्ग दिखाते हैं; वे यह साबित नहीं करते कि मस्तिष्क ही मन है, रेत में पैर की छाप को पैर के बराबर नहीं माना जा सकता। कल्पना करें, आप कान के आँतरिक हिस्से में होने वाले प्रत्येक सूक्ष्म स्पंदन को जान पाते। जब आप उसे चार्ट पर ग्राफ़ के रूप में लाते तो आपको कान तक जाने वाले हर शब्द और वाक्य का एक जटिल सा ढांचा दिखाई देता, परंतु वह ढांचा भी उस शब्द का नक़्शा भर होता, उसे शब्द नहीं कह सकते। ''मैं तुमसे प्रेम करता हूँ,'' यह शक्तिशाली वाक्य इस स्पंदनों की माप से कहीं बढ़कर है। यही वजह है कि सबसे संपूर्ण माप या नक़्शा भी प्रेम की शक्ति, अर्थ, महत्त्व और उसके अभिप्राय को समाहित नहीं कर सकता।

स्मृति का एक क्षेत्र प्रभाव होता है। आप अपने मन में ''गैंडा'' शब्द सोचते हैं तो आपके आगे उस जानवर का चित्र आ जाता है, जिसके लिए लाखों मस्तिष्क कोशिकाओं को एक साथ काम करना पड़ा होगा। (हम अभी इस इस कठिन प्रश्न को एक ओर कर देते हैं कि आपने सारे शब्दों में से, ''गैंडा'' शब्द को ही क्यों चुना होगा, क्योंकि किसी भी शब्द का चुनाव तर्क, भाव, मूर्खता या फिर स्मृति के निजी जुड़ाव से संबंधित हो सकता है। एक कंप्यूटर को किसी भी शब्द को चुनना सिखाया जा सकता है, परंतु इसके पास ऐसा करने की कोई ख़ास वजह नहीं, आपके पास इसकी वजह है।) गैंडा शब्द को चुनने से जुड़े न्यूरॉन तब तक आगे नहीं आए होंगे, जब तक आप ''ग'' वर्ण पर नहीं आए; वे एक बार में एक वर्ण को नहीं चुनते और ना ही उनके पास चिड़ियाघर के जानवरों के चित्रों का कोई संग्रहालय है, जहाँ वे सही शब्द से सही चित्र का मिलान कर सकें। इसकी बजाए, इस प्रक्रिया के साथ ही दिमाग़ की गतिविधि भी साथ-साथ अपना काम कर

रही होगी। मस्तिष्क किसी फ़ील्ड की तरह काम करते हुए, एक ही समय में अनेक प्रसंगों को संयोजित कर रहा है, हालाँकि हम शाब्दिक तौर पर यह जानते हैं कि दिमाग़ कोई फ़ील्ड नहीं है। यह एक वस्तु है, जो निर्जीव दिख रहे रसायनों के मेल से बनी है।

दिशासूचक यंत्र की सुई पृथ्वी के चुंबकीय क्षेत्र के लिए प्रतिक्रिया देते हुए घूम रही है। यदि मस्तिष्क की गतिविधि के लिए भी यही सच हो तो? यदि मन का क्षेत्र संकेत भेज रहा हो और दिमाग़ की अरबों कोशिकाएँ क्षेत्र के कहे अनुसार प्रतिक्रिया दे रही हों तो? अन्वेषण प्रिय वैज्ञानिकों के एक दल का भी यही कहना है। बर्कले के एक सैद्धांतिक भौतिकविद् हेनरी स्टैप; यूसीएलए में एक स्नायु मनोचिकित्सक जेफ़री श्वार्टज़; और माँट्रियल विश्वविद्यालय से एक मनोचिकित्सक मारियो ब्यूरेगार्द ने ''क्वांटम माइंड'' की एक कारगर थ्योरी तैयार की है, जो इस क्षेत्र में क्रांति ला सकती है कि मन और मस्तिष्क आपस में कैसे संबंध रखते हैं। इस थ्योरी के मूल में ''न्यूरोप्लास्टिसिटी'' को रखा गया है, इस अवधारणा के अनुसार, मस्तिष्क की कोशिकाएँ बदलाव के लिए मुक्त होती हैं और संकल्प और अभिप्राय के लिए लोच रखती हैं।

उन्होंने शुरुआती तौर पर, एक आम वैज्ञानिक व्याख्या देते हुए कहा कि दिमाग़ जो करता है, मन वही है, परंतु इस व्याख्या में कई दोष हैं, जैसा कि हमने भी देखा। तब उन्होंने कहा कि इसका ठीक विपरीत सच है। मन मस्तिष्क का नियंत्रक है। उनके अनुसार, मन एक इलेक्ट्रॉन बादल की तरह है, जो एक अणु के केंद्र को घेरे हुए है। जब तक कोई प्रेक्षक नहीं आता, तब तक इलेक्ट्रॉन की भौतिक संसार में कोई उपस्थिति नहीं होती; केवल अस्पष्ट बादल ही बना रहता है। इसी तरह, कल्पना करें, दिमाग़ में हर क्षण में संभावनाओं का एक बादल बन रहा है (इसमें शब्दों, स्मृतियों, विचारों और इच्छाओं का संग्रह है, जिनमें से यह चुनाव कर सकता है।) जब मन संकेत देता है, तो इनमें से संभावना बादल से बाहर आ कर दिमाग़ में एक विचार बनती है, जिस तरह एक ऊर्जा तरंग इलेक्ट्रॉन से टकराती है। जिस तरह क्वांटम क्षेत्र वर्चुअल पार्टीकल से असली पार्टीकल बना रहा है, मन भी वर्चुअल या आभासी गतिवधि से असली गतिविधि पैदा करता है।

यह बात इस परिवर्तन को अहम बनाती है कि यह तथ्यों के अनुसार है। न्यूरोविज्ञानियों ने पुष्टि की है कि केवल अभिप्राय या उद्देश्यपूर्ण कार्य

की सहायता से दिमाग़ में सुधार किया जा सकता है। स्ट्रोक के रोगी किसी थेरेपिस्ट की मदद से स्वयं को विवश कर सकते हैं कि शरीर के जिस हिस्से में पक्षाघात हुआ हो, उसी ओर के हाथ का प्रयोग करें। जब वे दिन-प्रतिदिन स्वयं को ऐसा करने के लिए विवश करेंगे तो धीरे-धीरे दिमाग़ के क्षतिग्रस्त हिस्सों का उपचार होने लगेगा। ऐसे ही नतीजे वृद्धावस्था के लिए भी पाए गए हैं। जिन बूढ़े लोगों में सेनाइल डिमेंशिया के लक्षण दिखने लगते हैं, जैसे याददाश्त भूलना वगैरह, वे अपने मस्तिष्क के अभ्यास और व्यायाम के साथ इन लक्षणों को बदल सकते हैं (एक सॉफ़्टवेयर निर्माता ने एक ''ब्रेन जिम'' तैयार किया है, यह प्रोग्राम वीडियो गेम की तरह लगता है पर असल में इसमें ऐसे व्यायाम शामिल हैं, जिनसे दिमाग़ के अलग-अलग हिस्सों को मज़बूती मिलती है।) सेरीब्रल पल्सी के साथ जन्मे बच्चों ने ऐसी ही थेरेपीज़ की मदद से अपने पक्षाघात से ग्रस्त अंगों को फिर से इस्तेमाल करना शुरू किया है। मिसाल के लिए, जो बाजू ठीक थी, उसे बांध दिया गया और बच्चे को विवश किया गया कि वह उस बाजू से काम करे जो ठीक तरह से नहीं चलती थी, इस तरह दिमाग़ ने खुद को ही आरोग्य प्रदान किया। इसने न्यूरोप्लास्टिसिटी के गुण का प्रदर्शन किया।

मेडिकल थेरेपीज़ में मन को दिमाग़ से पहले रखने के साथ कई अच्छे परिणाम सामने आए हैं। उदाहरण के लिए, ओसीडी के रोगियों को नियमित रूप से प्रोजेक जैसी साइकोट्रॉपिक दवाएँ दी जाती हैं। लक्षणों में सुधार होता है और दिमाग़ के स्कैन से इसके भौतिक सबूत भी पाए जा सकते हैं; ओसीडी में दिमाग़ के जो हिस्से सही तरह से काम नहीं करते, वे दवा लेने के बाद से सामान्य तौर पर काम करने लगते हैं।

परंतु कई बार ओसीडी के रोगियों को टॉक थेरेपी से भी आराम आता है। ये रोगी भी सुधार के लक्षण दिखा रहे थे और अभी हाल में इनके दिमाग़ के एमआरआई और पीईटी स्कैनों से चौंका देने वाले नतीजे सामने आए; दिमाग़ के जो हिस्से प्रोजेक दवा लेने से सुधार दिखा रहे थे। टॉक थेरेपी लेने वाले रोगियों में भी उन्हीं हिस्सों में सुधार दिखाई दिया। (जेफ़री श्वार्ट्ज़ ओसीडी विशेषज्ञ हैं और यह नई थ्योरी ऐसे ही ब्रेन स्कैन्स पर आधारित है।)

दूसरे शब्दों में, थेरेपी के माध्यम से मनन और अंतर्दृष्टि की प्रक्रिया ने रोगियों के मस्तिष्क की कोशिकाओं में बदलाव किया। क्वांटम माइंड की

नई थ्योरी में भी यही कहा गया था। परंतु उत्तर तो हमेशा से ही पास था। मन हमेशा ही दिमाग़ को बदलने के योग्य रहा है। अगर कोई इंसान अचानक अपने किसी प्रिय को खो दे या उसे नौकरी से निकाल दिया जाए तो वह गहरे अवसाद में आ जाता है। अवसाद की जड़ें ब्रेन केमिकल सेरोटोनिन की असामान्य मात्रा से जुड़ी हैं। इस शारीरिक असंतुलन को दूर करने के लिए ही एंटीडिप्रेसेंट बनाए जाते हैं। जब कोई किसी अपने को खोता है या नौकरी से निकाला जाता है तो उसके बाद होने वाला अवसाद स्पष्ट संकेत नहीं देता कि वह उस बुरी ख़बर को सुनने के बाद अवसादग्रस्त हुआ है? बुरी ख़बर के लिए प्रतिक्रिया देना एक मानसिक घटना है। वास्तव में, हमारे शब्दों और विचारों का पूरा संसार हमारे अंदर हर क्षण में दिमाग़ में अनंत बदलाव किए जा रहा है।

अगर मन को मस्तिष्क से पहले रखा जाए तो क्या मन हमसे संबंध रखता है? मैं यह तो कह सकता हूँ, ''मेरा दिमाग़,'' पर मैं यह नहीं कह सकता, ''मेरा क्वांटम क्षेत्र।'' इस बात के भी प्रमाण मिलते हैं कि हम सभी मन के एक ही क्षेत्र से जुड़े हैं। इस प्रमाण से स्वर्ग और नरक के अस्तित्व, बारदो और आकाशीय स्मृति और दिमाग़ से परे के विस्तार को भी समर्थन मिलता है। आरंभ में हमें उन विचारों की जाँच करनी होगी, जो लोग एक समूह के तौर पर आपस में साझे करते हैं। यह दिमाग़ ''मेरा'' है, पर अगर विचार ''हम'' सबके हैं, तो हम सभी एक ही क्षेत्र में हिस्सा ले रहे हैं और कई बार यह बहुत ही रहस्यमयी तरीक़े से होता है।

सीमाओं से परे मस्तिष्क

मनुष्य का दिमाग़ उस सूचना का केवल कुछ अंश ही संसाधित कर पाता है जो उसे प्राप्त होती है। एक अनुमान के अनुसार मस्तिष्क को प्रति सेकेंड 6 बिलियन बिट्स डाटा मिलता है (जैसे ध्वनि कंपन, फ़ोटोन, एक्स-रे, गामा विकिरण, इलेक्ट्रोमैग्नेटिक स्टेटिक और आसपास के परिवेश से कई तरह के केमिकल ओर इलेक्ट्रिकल संकेत), एक तरह की बाढ़, जो हमारे लिए एक क्षणिक अनुभव में बदलती है और हम उस पर ध्यान दे कर प्रतिक्रिया देते हैं। मिसाल के लिए, कुछ तथाकथित मूर्ख विद्वान बहुत कम आईक्यू के बावजूद क्षण भर में लंबी गणनाएँ कर लेते हैं, भविष्य में किसी सप्ताह

में क्या तिथि होगी, अपने अतीत की हर घटना का स्मरण रखते हैं या पूरी दक्षता के साथ कठिन भाषाओं को सीख सकते हैं। (एक विद्वान-सेवेन्ट ने कम आयु में ही अरबी, फ़िनिश और मंदारिन भाषा सीख ली और उसके बाद ही उसके अभिभावकों को अहसास हुआ कि उसने किताबों को उल्टा पकड़ने के बावजूद वे सभी भाषाएँ सीख ली थीं।) ऐसे विद्वान आमतौर पर दूसरे क्षेत्रों में सामान्य योग्यता तक नहीं रखते। एक ऐसे विद्वान हुए हैं, जो संगीत की धुनें बना सकते हैं, अद्भुत तरीक़े से तसवीरें पेंट कर सकते हैं पर कुछ ख़रीदने पर बाक़ी पैसों का हिसाब नहीं कर पाते या किसी की मदद के बिना अपने जूतों के फ़ीते नहीं बांध पाते।

जब ब्रेन ट्यूमर और दूसरे स्नायु संबंधी रोगों से पीड़ित सामान्य रोगियों में से कुछ प्रतिशत रोगियों में अचानक ही कलात्मक योग्यताएँ प्रकट होने लगीं, तो शोधकर्ताओं ने सेवेन्टों के मस्तिष्कों का अध्ययन किया और पाया कि वे भी मस्तिष्क की असामान्यताओं का प्रदर्शन कर रहे थे, जो ख़ासतौर पर दाएँ टैंपोरल लोब में थीं। मेरे अनुसार, ''सेवेन्ट सिंड्रोम'' की हाल में दी जाने वाली व्याख्या इस समय ऐसी भौतिक असामान्यताओं पर केंद्रित हैं। इस तरह ऐसा लगता है कि जब मस्तिष्क का फ़िल्टर तंत्र बाधित होता है तो कुछ क्षेत्रों में यथार्थ का विस्तार होता है और ये कुछ क्षेत्रों में संकुचित हो जाता है। सभी प्रकार की योग्यताएँ कई बार सामान्य से परे हो जाती हैं, जिनकी व्याख्या नहीं की जा सकती। एक बाल विकास विशेषज्ञ जोसेफ़ चिल्टन पीयर्स, अपनी किताब द *बायोलॉजी ऑफ़ ट्रान्सेंडेन्स* में सेवेन्ट सिंड्रोम के बारे में लिखते हैं। उन्होंने कई आश्चर्यजनक बिंदु प्रस्तुत किए हैं। पहला बिंदु है कि ऐसे बच्चे अपनी ओर से कोई प्रदर्शन नहीं करते, परंतु जब उनसे ऐसा करने को कहा जाता है तो वे प्रतिक्रिया देते हैं। दूसरा बिंदु है कि वे विशेष तौर पर असाधारण योग्यता के बृहत्तर क्षेत्र में रुचि नहीं रखते। यदि आप किसी सेवेन्ट के साथ बैठ कर पूछते हैं कि 12 मार्च, 2163 को सप्ताह का कौन सा दिन होगा तो आप एक मशीन से बात कर रहे हैं। बच्चा कुछ क्षण के लिए अपने भीतर उतर कर प्रश्न का उत्तर ले आएगा, परंतु हो सकता है कि उसे सामान्य गणित में इतनी सी भी दिलचस्पी नहीं हो। हो सकता है कि कोई कैलैंडर सेवेन्ट 12 को 12 से गुणा तक नहीं कर सके।

सामान्य मस्तिष्क अच्छी वजह से सूचना को फ़िल्टर करता है - संकीर्ण अनुभव के कारण एक ऐसा व्यक्ति या अस्तित्व बनता है, जो

सीमित विश्वासों, लक्ष्यों, स्मृतियों, पसंद और नापसंद के साथ होता है। हम जान कर सूचना के बहुत सारे अंश को नकार देते हैं, परंतु एक क्षतिग्रस्त मस्तिष्क चुनने और छांटने की अयोग्यता के कारण हर प्रकार की सूचना ग्रहण करता है। जोसेफ़ को यह देख कर बहुत कौतूहल हुआ कि कोई ऑटोमोबाइल सेवेन्ट किस तरह पार्किंग लॉट को एक नज़र देखने के बाद उस जगह खड़ी हर कार का मेक, मॉडल और वर्ष बता सकता है, जबकि वह उन्हें पढ़ तक नहीं सका। उसे लेटेस्ट मॉडल की पत्रिकाओं को पढ़े बिना ही इसके बारे में कैसे पता है, जिनमें यूरोपियन मॉडल भी शामिल हैं, जिनका यूएस में कभी प्रचार नहीं किया गया? ऐसा जान पड़ता है कि इन सेवेन्ट बच्चों की मन के क्षेत्र तक पहुँच है।

जीनियस भी सामान्य योग्यताओं से परे, क्षेत्र तक पहुँचने का एक उपाय है। मोज़ार्ट जैसे महान संगीतकार अपने दिमाग़ में ही सारे सिंफ़नी स्कोर्स देख लेते थे। जूलियार्ड प्रोग्राम में ऐसे ही एक संगीतकार ने नाम लिखवाया जो कम उम्र से ही, अपने दिमाग़ में संगीत के चार चैनल्स के बीच अदल-बदल कर सकता था; जब उसे वायलिन के लिए नया सोनाटा लिखने को कहा गया, तो वह उस चैनल से जुड़ कर अपना काम करने लगा। सूचना के क्षेत्र से प्रत्यक्ष संपर्क संभव है तो हम इस संभावना के और निकट आ जाते हैं कि मस्तिष्क मन को ग्रहण करता है, यह इसका सर्जक नहीं है।

यह मृत्यु के बाद जीवन के लिए बहुत अहमियत रखता है, क्योंकि मरते समय हमारे पास दिमाग़ नहीं होता पर हम मन को रखने की इच्छा अवश्य रखते हैं। यदि वैदिक ऋषि सही कहते हैं, तो मनुष्य का मस्तिष्क हमें अनंत चेतना से जोड़ता है। हम मन के क्षेत्र से इतने बाहर हैं, इसका मतलब यह नहीं कि हमें ऐसा करना ही होगा। आस्ट्रेलियाई आदिवासियों के पास गणित, वैज्ञानिक तर्कशीलता या फिर आधुनिक संगीत धुनों तक पहुँच नहीं है, परंतु यदि न्यू गिनी जंगली क़बीले से एक शिशु को ले जा कर सीखने के उचित माहौल में रखा जाए तो इसका मन इन सभी कौशलों के लिए संभावना रखता है। वास्तव में, इस दशक में कुछ क़बीले न्यू गिनी के जंगलों से निकल कर आसपास के शहरों में आए हैं और ऐसा करते हुए वे एक ऐसी संस्कृति अंतरण में हैं, जहाँ उन्होंने कभी किसी धातु का प्रयोग तक नहीं किया और अब वे कार चला सकते हैं।

हम अपने लिए मन के और अधिक क्षेत्रों तक पहुँच क्यों नहीं बना सकते? असल में, हम बनाते हैं। मस्तिष्क अपनी मर्ज़ी से क्षेत्र के साथ समायोजन करता है। अगर आप चीनी चित्र लिपि सीखना चाहें, तो आपको हज़ारों चित्रों को सीखना होगा और जब आप इन्हें सीख लेंगे तो धीरे-धीरे स्याही के वे निरर्थक स्ट्रोक्स आपके लिए ज्ञान के सार्थक क्षेत्र में बदल जाएँगे। जब आप एक बार इनमें निपुण हो जाएँगे, तो चीनी भाषा आपका ही एक हिस्सा होगी; यह आपके स्वभाव का अंग होगी और आप रचनात्मक कार्यों के लिए भी इसका प्रयोग कर सकेंगे। संक्षेप में, आपने मन के क्षेत्र तक पहुँच बना कर, स्वयं अपना विकास किया। आपने ऐसी रचनात्मक छलांग ली, जैसे पुरापाषाण युग के आदमी ने पाया कि मुंह से निकलने वाली आवाज़ों को बोली जाने वाली भाषा में बदला जा सकता था।

बुद्धि और अर्थ, दिमाग़ के लिए ''यहीं और अभी'' कोई व्यक्तिनिष्ठ रचना और ''उस जगह''' पर कोई वस्तु की तरह नहीं हैं। दिमाग़ जिस लेन-देन से अर्थ बनाता है, उसी तरह यह संसार को और अपने-आपको रचता है। असल में यह सारी प्रक्रिया केवल एक प्रक्रिया से संबंध रखती है, जैसा कि भगवान कृष्ण ने कहा है, ''स्व बार-बार अपनी ही ओर मुड़ता है और बार-बार रचता है।'' क्षेत्र सहज ही रचनात्मक है। इसने मनुष्य का मस्तिष्क बनाया है, जो इतना ग्रहणशील था कि उसने स्वयं एक रचनात्मक छलांग ली और स्वयं नए विचार, योग्यताएँ और स्मृतियाँ गढ़ लीं। हमारे दिमाग़ अब भी ब्रह्माण्ड की कुल गतिविधि पर काम कर रहे हैं, परंतु हम यह दावा करते हैं, ''मैं सोच रहा हूँ।'' जबकि असल में कहा जाना चाहिए, ''मन का क्षेत्र मेरे माध्यम से सोच रहा है।''

मीम्स और मान्यताओं के व्यवहार

एक और प्रकार की फ़िल्टिरिंग है, जो इस बात को सीमित करती है कि हम मन के कितने क्षेत्र का बोध पा सकते हैं। इसका संबंध विश्वासों को रचने और फिर उन्हें असली मान लेने से जुड़ा है। एक विश्वास ऐसा विचार है जिसे हम अपनाते हैं। मिसाल के लिए, यदि आप मानते हैं कि ईश्वर अच्छा है, औरतें रहस्यमयी होती हैं या फिर जीवन न्याय नहीं करता तो

आपने पीढ़ियों के साझे अनुभवों के आधार पर यह नतीजा निकाला है। आपका नतीजा सही या ग़लत हो सकता है; यह उस एक पल में महत्त्व नहीं रखता। मान्यता या विश्वास एक समाज के रूप में हमें एक साथ बनाए रखते हैं। ऐसे साझे विश्वास हमें सुराग़ देते हैं कि हमारा मन शरीर के बाहर कैसे अस्तित्व रख सकता है।

हम सभी अपने मन में सूचना का विशाल भंडार रखते हैं, जिसे हम बुनियादी मानते हैं। यह डाटाबेस हर उस महत्त्वपूर्ण सूचना को रखता है, जो हम दुनिया के बारे में मानते हैं। यह हमारा वैश्विक दृष्टिकोण या विश्व के बारे में वर्ल्डव्यू है। हम थोड़े समय तक जीने के लिए भी इसी पर निर्भर करते हैं। विश्वास सदियों में जा कर उन्नत होते हैं, इसलिए यही वजह है कि कुछ शोधकर्ता इन्हें ''वर्चुअल जींस'' की तरह देखने लगे हैं, जो दिमाग़ के स्थिर लक्षण बन जाते हैं। ब्रिटिश विकासविद् रिचर्ड डॉकिन्स ने इस मानसिक जींस को ''मीम्स'' का नाम दिया, जिन्होंने रातों-रात एक नया क्षेत्र खोजा, जो अब तक बहुत तरक़्क़ी कर चुका है।

आमतौर पर मीम की तुलना ऐसे विषाणु से की जाती है, जो एक से दूसरे व्यक्ति में तब तक फैलता है जब तक पूरा समाज संक्रमित नहीं हो जाता। हमारी प्रजातियों के लिए यह लाभदायक नहीं होगा कि वे हर चीज़ से संक्रमित हों। अगर हम वास्तव में नए विचारों के लिए मुक्त होंगे, तो संसार के लिए सुसंगत नज़रिया नहीं रख सकेंगे। मिसाल के लिए, विपरीत लिंग के लिए अपने नज़रिए में बदलाव की कल्पना करें। विकसित होने के लिए मनुष्यों को यह सुनिश्चित करना पड़ा कि वे केवल ''अच्छे'' मीम्स को ही स्वीकार करेंगे - ऐसे विचार जो एक सुसंगत और विश्वसनीय वैश्विक दृष्टिकोण को जन्म दें - और उन्हें ''बुरे'' मीम्स को नकारना था, ऐसे विचार जो मन को विपरीत दिशा में ले जाते हों।

हम विश्वास या मान्यताओं के प्रसार का पता उसी तरह लगा सकते हैं, जिस तरह हम एवियन फ़्लू का पता लगाते हैं, इसी बुनियादी तथ्य से हमें एक और सुराग़ मिलता है कि मन के क्षेत्र का स्वभाव क्या है; यह ओजस्वी, साझा, उन्नत और शक्तिशाली है। यह किसी व्यक्ति द्वारा व्यक्तिगत रूप से अनुभव नहीं करने पर भी, उसे अच्छे या बुरे विश्वासों से ''संक्रमित'' कर सकता है। इस तरह समाज ऐसे ईश्वर के लिए लड़ते और बचाव करते आए हैं, जिसका अनुभव बहुत कम लोगों ने पाया है।

नीत्शे ने इन मीम्स का बहुत ही पहले ही अनुमान लगा लिया था, जब उसने कहा था कि कोई ग़लत विचार पीढ़ी-दर-पीढ़ी फलता-फूलता है क्योंकि लोग इसमें विश्वास करते हैं, अंततः यह धीरे-धीरे उस वस्तु का हिस्सा बन कर, स्वयं उसका ही रूप ले लेता है। पहले जो एक झलक मात्र था, वह अंत में आते-आते सार में बदल जाता है और उसके जितना ही प्रभावी हो जाता है।

एक वैश्विक दृष्टिकोण विकसित करना

वैदिक ऋषियों ने कहा है कि हम आकाशीय क्षेत्र में जिस भी चीज़ का अनुभव करते हैं, उसे हमारी अपनी चेतना ने गढ़ा था। मीम्स से इसका प्रमाण मिलता है, वे एक वैश्विक दृष्टिकोण बनाते हैं और हम उस पर भरोसा करते हैं। हो सकता है कि हमारे पास अपने ही नए विचारों को अपनाने का परितोष नहीं हो, परंतु जब दो वैश्विक दृष्टिकोण आपस में टकराते हैं, जैसे पश्चिमी संस्कृति कट्टर इस्लाम से टकरा रही है, तो नए नज़रिए के साथ या उसके साथ रहने के दबाव से बचा नहीं जा सकता। कहते हैं कि हमारी अपनी उत्तरजीविता इसी पर निर्भर करती है। (मुझे सीएनएन का इंटरव्यू याद आ रहा है, जहाँ इंडियाना के एक ईसाई ऑपरेटिव ने कहा था, ''जब तक उदारवादी और नास्तिक हमसे घृणा करते रहेंगे, हम कभी दूर नहीं जा सकते।'')

दो अलग वैश्विक नज़रिए रखने वाले लोग एक ही तथ्य को अपनी अलग-अलग व्याख्या दे सकते हैं, क्योंकि कोई भी तथ्य या घटना अपने-आप बोध नहीं पाता। सड़क पर निकल कर, मैं किसी ऐसी महिला के पास से निकल सकता हूँ, जिसके होंठों पर गहरे लाल रंग की लिपिस्टिक सजी है और सांसों से वाइन की गंध आ रही है, जो उसने अभी लंच के समय पी होगी, उसके सिर पर कोई हैट नहीं है। मेरे नज़रिए के हिसाब से, ये बातें किसी भाव या परख़ को नहीं जगातीं; इसलिए मेरे लिए यह एक सामान्य घटना होगी और मैं शायद इस ओर ध्यान भी नहीं दूँ। इस तरह आप अनुमान लगा सकते हैं कि शायद मेरे दिमाग़ में कुछ नहीं घटा। जबकि मीम थ्योरी का कहना है कि इस दृश्य से मेरे दिमाग़ में बहुत कुछ घटा है। इस महिला का दृश्य मेरे दिमाग़ में ऑप्टिक नर्व में कच्ची सामग्री की तरह

गया पर मैं उसे तब तक असल में ''देख'' नहीं सकता, जब तक वह डाटा मेरे वैश्विक दृष्टिकोण से होकर नहीं गुज़रता। फ़िल्टर की ऐसी सीरीज़ की कल्पना करें, ''स्मृति,'' ''मान्यता,'' ''संबंध'' और ''परख़।'' हर फ़िल्टर किसी न किसी तरह कच्ची सामग्री में सुधार करता है, जो अदृश्य और तात्कालिक होता है।

अगर किसी अलग वैश्विक नज़रिए वाला व्यक्ति उस महिला के पास से निकलता, तो वह उसे अपने फ़िल्टर की मदद से ''देखता।'' अगर वह कोई पारंपरिक मुसलमान या फिर विक्टोरियन या कोई मध्ययुगीन संत होता, तो वे सभी लक्षण जो मेरे दिमाग़ ने दर्ज किए – लिपिस्टिक, शराब की गंध, हैट का नहीं होना – वे उसके दिमाग़ में हिंसक प्रतिक्रिया पैदा कर सकते थे और तनाव की वजह बन सकते थे।

एक वैश्विक दृष्टिकोण व्यवहार के लिए खांचे देता है, जो अधिकतर ख़तरनाक और दुर्भाग्यपूर्ण होते हैं। जातिवाद और युद्ध जैसे लक्षण स्वचालित रिफ़्लैक्स की तरह बने रहते हैं। शरीर रचना के अनुसार मनुष्य का नर्वस सिस्टम दो हिस्सों में विभाजित है : सोमेटिक और ऑटोनोमिक नर्वस सिस्टम। शरीर की जितनी भी जानकारी के लिए आप सजग हैं, वह आपको सोमेटिक नर्वस सिस्टम से मिलती है, जितनी भी जानकारी और सूचना के लिए आप असजग हैं, वह आपको ऑटोनोमिक नर्वस सिस्टम से मिलती है। मीम्स एक आकर्षक मध्य स्थान रखते हैं, जिसे आप शैडोलैंड का नाम भी दे सकते हैं। जब आप किसी गीत को दिमाग़ से परे नहीं कर पाते – यह मीम व्यवहार का क्लासिक उदाहरण है – आप धुन के लिए पूरी तरह से सजग हैं पर इस बारे में असजग हैं कि आप इससे छुटकारा क्यों नहीं पा सकते।

भगवद् गीता में कर्म के बांधने वाले प्रभाव का भी ठीक यही अर्थ है। आप पूरी तरह से सजग हो सकते हैं कि आपमें कोई निश्चित लक्षण है, जैसे आप आसानी से खीझ जाते हैं, बातों में आ जाते हैं या खुद को बहुत महत्त्व देते हैं, परंतु आप यह नहीं कह सकते कि वह लक्षण आपके साथ क्यों जुड़ा हुआ है, भले ही आप उसे कितना भी नापसंद क्यों नहीं करें।

वैश्विक दृष्टिकोण ऐसे प्रतीकों से बने हैं, जो एक आवश्यकता को पूरा करते हैं। परिवेश की कोई भी आकर्षक चीज़ लें – मान लेते हैं कि हम स्वर्गीया प्रिंसेस डायना की बात कर रहे हैं। यदि वह आपके दिमाग़ में कुछ क्षण से ज़्यादा समय तक रहती है तो वह आपके लिए अहम हो

सकती है। ऐसा इसलिए है, क्योंकि वह किसी ऐसी चीज़ का लक्षण है, जिसे आप पहचानते हैं और मैं कुछ ऐसा शामिल करूँगा, जिसे आप मान देते हैं और जिसकी इच्छा रखते हैं। वैश्विक स्तर पर प्रिंसेस डायना सुंदरता, मासूमियत, संवेदनशीलता, मातृत्व, प्रतिष्ठा व लैंगिकता आदि का प्रतीक है। सभी बेहतर मीम्स की तरह, उसका नकारात्मक पक्ष भी शक्तिशाली रूप से प्रतीकात्मक था। उसने विभिन्न अवस्थाओं में, अयोग्यता, रोग, सामाजिक दायित्व, लत, सरलता, स्वच्छंदता, विश्वासघात और परपीड़न-कामुकता का प्रदर्शन किया।

हम उन्हें कोई भी नाम क्यों नहीं दें, मीम्स ही वह तरीक़ा हैं, जिससे हम अपने अनुभव को अर्थ देते हैं। वे यथार्थ के बिल्डिंग ब्लॉक्स को अर्थ देते हैं। चूंकि हम स्वयं इस यथार्थ को रचते हैं, इसलिए हम इन ब्लॉक्स को अपने लिए कच्ची सामग्री की तरह इस्तेमाल करते हैं। मैंने इस मीम थ्योरी को बहुत ही रोचक पाया, क्योंकि जो वैज्ञानिक भीतर बसी चेतना की अवधारणा को नहीं पचा पाते, मीम्स की समानांतर अवधारणा विश्वसनीयता पा रही है। एक अंतराल भर रहा है।

वैदिक ऋषियों के पास इस विषय का अपना मॉडल था कि मन के क्षेत्र में क्या होता है। जो विचार हमें जकड़े रखते हैं, वे संस्कार हैं, अतीत के अनुभवों से नर्वस सिस्टम पर पड़ी छाप। अगर कोई माँ भूल से अपने बच्चे को डिपार्टमेंटल स्टोर में अकेला छोड़ जाती है तो हो सकता है कि वह छाप या संस्कार आजन्म उस बच्चे पर अपना असर रखे। यह आवश्यक नहीं कि ऐसी छाप नकारात्मक ही होगी – पहला चुंबन आमतौर पर हमेशा बनी रहने वाली छाप होता है। संस्कारों की अवधारणा मीम्स से भी परे जाती है, क्योंकि यह सभी मानसिक अनुभवों पर लागू होती है। चाहे वे संवेदना, इच्छा, विचार या संस्कार; कुछ भी क्यों नहीं हों, वे आत्मा की तरह क्षेत्र में बहुत गहराई तक जा सकते हैं। वे स्व के गुण निर्मित करते हैं, जो हम सबको एक पहचान देते हैं, जिसे हम ''मैं'' के नाम से जानते हैं।

संस्कारों को तोड़ने या बदलने के लिए मन के उचित स्तर का प्रभावित होना आवश्यक है। सूक्ष्मतम स्तर पर होने वाला बदलाव सबसे अधिक शक्तिशाली होता है। जे. कृष्णमूर्ति इस विषय में बहुत ही सुंदर शब्दों में कहते हैं, ''मनुष्य की बुद्धिमत्ता का सबसे उच्चतम रूप यही होगा कि आप स्वयं का बिना किसी परिक्षण के निरीक्षण करें।'' अगर आप

अपनी मान्यताओं के व्यवहार से परे हो कर अपने-आप को देख सकें, किस तरह इच्छाओं और आवेगों की प्रवृत्तियाँ आपको अपनी ओर खींच रही हैं, आप किस तरह स्मृतियों की संग्रहित चेतना के बल पर संसार को देख रहे हैं, आप स्वयं क्षेत्र के साक्षी हो सकते हैं। यही सच्चा प्रबोध है। कई आध्यात्मिक परंपराओं जैसे बौद्ध धर्म में; इसे ही कुंजी माना गया है कि आप स्थिर हों, स्वयं को उस आँतरिक संवाद से विरक्त करना, जिसके विचारों और आवेग की बाढ़ अतीत से उमड़ी आ रही है। साक्षी भाव हमें अनुमति देता है कि हम उस विवेक से देख और समझ सकें, जो संपूर्ण है, जो हार या जीत की इच्छा नहीं रखता। इस तरह हमें मन के क्षेत्र को अनुभव करने का अवसर मिलता है या फिर जिसे हम ''एक मुक्त मन'' का नाम देते हैं।

क्या हम मन को मुक्त कर सकते हैं?

अंततः मरने के बाद हम सभी मन के उस क्षेत्र में होंगे, जिसका हम प्रत्यक्ष अनुभव कर सकेंगे। फिर भी आपके विश्वास, चेतना में समाहित होने की वजह से साथ ही चलेंगे। एक मुक्त मन का विषय इसी पर निर्भर करता है कि हमें कितना बोझ उठाना होगा। मुझे कृष्णमूर्ति की ओर से उठाया गया एक प्रश्न याद आ रहा है। जब किसी ने कहा कि एक मुक्त मन का होना अच्छी बात है, तो उन्होंने पूछा, ''क्या मुक्त मन जैसा कुछ होता है?'' हालाँकि यह उत्तर इतना स्पष्ट नहीं था, परंतु यदि यह मन संस्कारों और व्यवहारों के जाल में है तो इसे मुक्त नहीं किया जा सकता, यह दूसरों से लिए गए विश्वासों, मतों, परख़ और दूसरे मानसिक ''विषाणुओं'' के प्रभाव में होगा या फिर क्या कोई ऐसा नया अनुभव है, जो पूरी तरह से गहराई तक गए हुए विश्वासों और कार्मिक छापों के क्षेत्र में है?

सबसे गहरा विरोधाभास यही है कि पिछली छापों से मुक्ति यानी प्रबोध तक जाने के लिए, आपके पास अपने मस्तिष्क के सिवा कुछ और प्रयुक्त करने का चुनाव नहीं है और मस्तिष्क अपनी आदत से लाचार है जहाँ यह हर चीज़ को छांटने, परख़ने, स्वीकृति या अस्वीकृत करने में लगा रहता है। जब कृष्णमूर्ति से इस बाबत पूछा गया तो उन्होंने बहुत गरिमापूर्ण उत्तर दिया, ''क्या विखंडित मन को कभी संपूर्णता का अनुभव हो सकता

है?'' उत्तर है कि ऐसा नहीं हो सकता, हम सभी एक विखंडित मन के साथ ही तो हैं। एक ऐसा मन जो संस्कारों और संस्कृति से मिले व्यवहारों और शैलियों से बना है। किसी और का मन मुक्त नहीं हो, उस समय अपने मन के मुक्त होने का दावा करना या दावा करना कि आप भ्रम के बजाए यथार्थ का सामना कर रहे हैं, यह ऐसा लगेगा मानो आप जायज़ बात कर रहे हों, परंतु कृष्णमूर्ति के अनुसार – जो कि शुद्ध वेदांत है – इस तरह के काम करना असंभव है, जैसे – ''और अधिक मुक्त होने का प्रयास करना'' या ''और अधिक वास्तविक होने का प्रयास करना।'' आप केवल अपने ही विभाजित स्व से जूझ रहे हैं।

तो इस विरोधाभास से परे कोई उपाय है क्या? आप मन को मुक्त करने के छलपूर्ण कार्य को इस तरह पूरा कर सकते हैं :

1. यह जानें कि आप निजी विकास की प्रत्येक अवस्था में अपने सांसारिक दृष्टिकोण को पहचानने जा रहे हैं।
2. यह स्वीकार करें कि ये पहचानें अस्थायी हैं। जब तक आप उस ऐक्य को नहीं पा लेते, तब तक आप सही मायनों में अपने सच्चे स्व को नहीं पा सकेंगे।
3. अपनी पहचान को हर दिन बदलने के लिए तैयार रहें। लोचपूर्ण रवैया बनाए रखें। उस ''मैं'' का बचाव नहीं करें, जो कि असल में अस्थायी है और आप यह जानते हैं।
4. आप स्वचालित रूप से अपने भीतर जिन विचारों को चुनते आए हों, अपने भीतर यह गुण लाएँ कि उन्हें बिना किसी परख़ के देख सकें।
5. जब भी उनसे जूझने की प्रवृत्ति पैदा हो तो इसे संकेत समझें कि आपने उन्हें छोड़ना है। स्थान ख़ाली करें ताकि कोई नया उत्तर अपने लिए जगह बना सके।
6. यदि आप किसी चीज़ को छोड़ नहीं सकें, तो स्वयं को क्षमा करते हुए आगे बढ़ें।
7. अपने-आप को यह बताने का कोई मौक़ा नहीं छोड़ें कि ये सभी दृष्टिकोण वैध हैं, हर अनुभव अनमोल है, हर अंतर्दृष्टि स्वतंत्रता का एक क्षण है।

ये सभी चरण एक मुक्त मन को विकसित करते हैं, वे आपको मन के क्षेत्र के निकट ले जाते हैं, बिना किसी परख़ के साक्षी बनें। वे आपको उस संभावना तक ले जाएँगे कि आप स्वयं को निरंतर पुन: परिभाषित कर सकें। दूसरे शब्दों में, यथास्थिति को बनाए रखने के बजाए, रूपांतरण के लिए भीतर से प्रस्तुत हों। अब आप अपने सांसारिक दृष्टिकोण से अलग होने को तैयार हैं। आप मैं, मेरा और मुझे के सीमित जगत की चारदीवारी से बाहर आ सकते हैं। आप जिस अहं-केंद्रित सांसारिक दृष्टिकोण को तोड़ना चाहते हैं, वह तीन परतों में बना है :

1. ऊर्जा
2. विश्वास
3. ढांचा या संरचना

ये तीनों परतें संपूर्ण और इसके अंशों पर लागू होती हैं। ये सब आपस में गुंथी हैं, क्योंकि इस क्षेत्र में ही तीनों समाई हैं। इसका अर्थ है कि एक पेड़ या बादल; ऊर्जा, जानकारी या संरचना से अधिक नहीं है। आपका व्यक्तित्व भी इन तीन तत्त्वों के मेल से बना है और इसी तरह आपके सांसारिक दृष्टिकोण का हर अनुभव भी इसी से है।

1. ऊर्जा : जब कोई अनुभव आपके दिमाग़ में बस जाता है तो आप इसकी ऊर्जा को रोक रहे हैं। हर अनुभव का अपना ही एक ऊर्जा ढांचा होता है, जो मस्तिष्क में स्मृति, भाव, संवेदना आदि के रूप में प्रतिबिंबित होता है। जब आप बचपन की कोई बात याद करना चाहते हैं, तो आपके मन में क्या आता है? कुछ छवियाँ, नाम और चेहरे, हर तरह के भाव, भौतिक विवरण, संबंध और विविध संवेदनाएँ। ये सभी ऊर्जा के स्तर पर उपस्थित हैं। किसी एक निश्चित रूप में इलैक्ट्रोमैग्नेटिक क्षेत्र के स्पंदन के बिना, कुछ विशेष अनुभव घट ही नहीं सकते।

यह उलझी हुई ऊर्जा कई रूपों में प्रकट होती है : सपने, परिज्ञान, कल्पना, भावात्मक मुक्ति, पुरानी यादें, स्वीकारोक्ति, प्रार्थना, प्रायश्चित, ध्यान व प्रेम आदि।

2. विश्वास : विश्वास हमें मन के सूक्ष्म स्तर की ओर ले जाते हैं। विश्वास किसी एक अनुभव को रोकते हैं तो किसी दूसरे को प्रवेश की अनुमति देते हैं। वे किसी जज की तरह अनुभव को परख़ते हैं कि वह सकारात्मक है या नकारात्मक, सही है या ग़लत, वांछित है या अवांछित। यह ब्रह्माण्ड आपके विचारों के साथ निरंतर नृत्य कर रहा है। आपके विश्वास को आपके अनुभव से बल मिलता है, परंतु आपका अनुभव भी विश्वास को निखारता है। जो भी इस प्रश्न या दुविधा से गुज़र रहा हो, ''क्या वह मुझे प्यार करता है?'' उसके लिए बहुत छोटी बातें भी मायने रखती हैं, जैसे किसी की एक नज़र, कोई कहा गया शब्द या फिर अधूरा कॉल; ये सब प्यार होने के संदर्भ में पुष्टि कर सकते हैं या यह साबित कर सकते हैं कि उस व्यक्ति को हमसे प्रेम नहीं है।

विश्वासों को उनके इस गुण को जानने के साथ स्पष्ट किया जा सकता है। विश्वास गतिहीन नहीं होते; वे नतीजों की तरह सामने आते हैं। जब आप अपने ही व्यवहार को देखते हैं तो अपने विश्वासों को जान सकते हैं। अगर कोई अश्वेत निर्धन आपसे आपके घर में एक रात सिर छिपाने को जगह चाहता है और आप बिना कुछ कहे चल देते हैं तो इससे ही जान सकते हैं कि उस समय आपके विश्वास क्या रहे होंगे : ''अश्वेत व्यक्ति ख़तरनाक हो सकता है, रात अंधेरी और डरावनी है, अजनबियों पर भरोसा नहीं कर सकते, कोई भी प्रतिक्रिया मुझे उलझा सकती है, ग़रीब लोग आलसी, पागल या कमज़ोर होते हैं, उनके साथ मेल-जोल रखने पर मैं भी एक दिन वैसा ही हो सकता हूँ।'' जब आप अपने विश्वासों के व्यवहार का बचाव नहीं करते, तो वे उतने कठिन नहीं रहते। आप नई तरह से सोचने और विश्वास करने की आज़ादी पा लेते हैं।

संरचना : संरचना ही व्यक्तित्व की आधारशिला है। इसमें आपका जीवन के लिए नज़रिया, इस जगह होने का उद्देश्य, आपके गहरे लक्ष्य, आपके भौतिक अस्तित्व का नज़रिया और सुख व दुख के लिए आपका रवैया शामिल है। ये गहरी बातें अक्सर उपेक्षित हो जाती हैं, क्योंकि लोग अपने विश्वास और ऊर्जाओं में ही मग्न और आश्वस्त हैं। जब आप इन ऊर्जाओं और विश्वासों से मुक्त होते हैं, तभी आप देख सकते हैं कि आप माया या बाहरी छवि में भागीदारी ''क्यों'' कर रहे हैं? आप जीवित क्यों हैं? आपका

कुल उद्‌देश्य क्या है? आप अपनी निष्ठा को कौन से उच्चतम मूल्य देते हैं? ये संरचना संबंधी प्रश्न हैं और जब आप उन्हें साफ़ तरह से देख सकते हैं, तो वे अपने ही उत्तर लेकर सामने आते हैं।

संरचना को उस तरह स्पष्ट नहीं कर सकते जिस तरह उलझी हुई ऊर्जा को मुक्त किया जाता है। संरचना इस जीवनकाल के लिए वाहन है। आप इसी नाव के सहारे समय और स्थान से पार होंगे। इसके बिना आपकी कोई पहचान नहीं; आप इसके बिना केंद्ररहित ऊर्जा के सिवा कुछ नहीं होते। आप अपनी संरचना या ढांचे के लिए बस यही कर सकते हैं कि इसके साक्षी हो रहें। साक्षी के उन क्षणों में, आप ''मैं'' को इसके पहले नियमों में ढाल देंगे। दूसरे शब्दों में आप उस दहलीज पर खड़े हैं, जहाँ व्यक्ति की भेंट आत्मा से होती है। यह पहचान का सबसे अधिक मुक्त कर देने वाला क्षण है।

जब आप मन में कोई नई संरचना बनाते हैं - मिसाल के लिए, अपने जीवन को आध्यात्मिक स्वरूप में देखना चाहते हैं या बच्चे के जन्म के बाद उसे पालने के टिप्स पाना चाहते हैं या किसी शिकार के नज़रिए को ऐसे इंसान के नज़रिए में बदलना चाहते हैं, जो पूरी तरह से नियंत्रण में है - तो आप उन्नत होने का चुनाव कर रहे हैं। आप सुनिश्चित सूक्ष्म गुणों का लाभ ले रहे हैं तो ऋषियों द्वारा प्रकट किए गए मानसिक ढांचों को प्रकट करते हैं :

- मन की संरचनाएँ ऊर्जा को व्यवस्थित करती हैं और उच्चतम उद्‌देश्य पूरा करती हैं।
- वे सार्वभौमिक अनुभव के साथ इस जीवनकाल में बनी रहती हैं।
- वे आपको उच्चतम स्व और उसके अंतरणों के लिए मुक्त करती हैं।
- वे आपको विकास के बल के लिए प्रस्तुत करती हैं।

आप ऊर्जा, विश्वास और संरचना के तीनों स्तरों के लिए जिस हद तक काम कर रहे हैं, आप स्वयं को पूरी सजगता के साथ प्रत्यक्ष तौर पर क्षेत्र से जोड़ रहे हैं, इसी तरह एक मुक्त मन को पाया जा सकता है। आप

यह कैसे कह सकते हैं कि आपका परिश्रम रंग लाया और आपने एक मुक्त मन पा लिया? आप स्वयं को हमेशा के लिए एक अखंड रूप में देखने लगते हैं।

15

सृष्टि की प्रक्रिया

हम चाहे कितना भी वर्णन क्यों ना करना चाहें, हमारी मृत्यु के समय क्या होता है, यह अब भी एक चमत्कार ही है। हम एक से दूसरे संसार में चले जाते हैं, हम अपनी पुरानी पहचान से मुक्त हो कर, ''मैं हूँ'' का अनुभव पाते हैं, जो हमारी आत्मा की पहचान है, और हम अपने अगले शरीर के लिए एक संपूर्ण अनूठे जीवन की सामग्री संजोते हैं। विज्ञान इस दावे को अपना समर्थन देता है कि यह क्षेत्र रचनात्मक छलांग भरने के अलावा अंतहीन रूपांतरण की क्षमता भी रखता है। यदि ऑक्सीजन का कोई अणु अपनी ही कहानी कह सकता तो उसे यह अनुभव होता कि जब वह हाइड्रोजन से मिल कर पानी बनाता है तो यह अपने-आप में किसी चमत्कार से कम नहीं होता। इसकी पुरानी पहचान एक गैस की तरह थी तो अब तरल के रूप में जानी जाएगी। इसकी पुरानी दुनिया वायुमंडल में थी, जो अब सागर, नदियों और बादलों के बीच होगी। अगर पानी के ये अणु किसी मनुष्य के मस्तिष्क का हिस्सा बनते तो? क्या ऑक्सीजन तुरंत सजग होने का अनुभव पा लेती?

यह प्रश्न ही अंतिम और सबसे अधिक रहस्यमयी प्रश्न है, जिसका उत्तर हमें देना होगा। मस्तिष्क के अन्य किसी भी अणु की तरह, ऑक्सीजन भी हर न्यूरॉन के माध्यम से चेतना का सहभागी होता है। फिर भी यह नहीं कह सकते कि ऑक्सीजन अपने-आप में इतनी सचेत है, जो इतनी आगे तक जाती है। तो ऑक्सीजन के अणुओं और सेरीब्रल कोर्टेक्स के बीच कहीं चेतना कैसे रेंग आई?

मृत्यु के बाद भी चेतना बनी रहती है या नहीं, इस चीज़ को तय करने में यह बहुत अधिक महत्त्व रखता है। जैसा कि मैंने पहले भी कहा, इसका उत्तर मस्तिष्क के पास नहीं है। मस्तिष्क एक स्थिर वस्तु है, जो ऑर्गेनिक रसायनों के मेल से बना है। इन रसायनों को और अधिक बुनियादी अणुओं और परमाणुओं में तोड़ा जा सकता है। उन अणुओं को उप-परमाणुक अंशों में बदला जा सकता है, फिर वे उन ऊर्जा तरंगों में बदले जा सकते हैं, जिनका स्रोत एक अदृश्य क्षेत्र में है।

अगर एक-एक कर इन चरणों को अपनाया जाए तो हम चेतना के और निकट होने के बजाए उससे दूर होते चले जाते हैं। मस्तिष्क सजग होता है पर हम यह नहीं कह सकते कि ऊर्जा तरंगें भी सजग हैं, चाहे मस्तिष्क ऊर्जा के अतिरिक्त कुछ और नहीं है। इस पहेली को हल करने के लिए भौतिकवादी यह तर्क देते हैं कि चेतना वास्तव में कहीं नहीं होती; यह मस्तिष्क की चाल भर है। क्या इसका अर्थ यह हुआ कि अगर हम किसी व्यक्ति की पूरी मेमोरी को सुपरकंप्यूटर में दर्ज करते तो क्या मृत्यु के बाद जीवन को जान सकते थे? क्या जीवित अस्तित्व अपने-आप में पूरी तरह पहले जैसे दुनिया का उसी तरह अनुभव ले पाता? परंतु एक मशीन के भीतर से यह संभव होता?

यह इस बात का सटीक उदाहरण है कि हम अपनी ही व्याख्याओं के शिकार कैसे हो सकते हैं। सजगता को जानकारी में नहीं पाया जा सकता। कंप्यूटर में संग्रहित अरबों शून्य और एक भी इसे सजग नहीं बना सकते, जब तक वे सारे शून्य और एक पहले से सजग नहीं हों, जिससे इस विचित्र निष्कर्ष पर आ सकते हैं कि गणित की पाठ्यपुस्तक में दिए गए अंक अपने बारे में सोच रहे हैं। आप इसी विरोधाभास का सामना किए बिना, चेतना को प्रकृति के किसी भी स्तर पर परिभाषित नहीं कर सकते। तो क्या हमें वैज्ञानिक व्याख्याओं को छोड़ देना चाहिए या क्या विज्ञान ऐसी समझ के लिए तैयार है, जो इसे प्रकृति को अलग तरह से परिभाषित करने के लिए विवश कर देगी?

रचनात्मक छलांग

हमारे भीतर सदा कुछ नया रचने और करने का गुण पाया जाता है। हम इसे पूरी ईमानदारी से पाते हैं। धरती पर जीवन की यह छवि, डीएनए की तुरंत सामने आने वाली योग्यता पर निर्भर करती है, जो अपना ही प्रतिरूप रचता है। इससे पहले किसी अणु ने कभी ऐसा नहीं किया। हम इन रचनात्मक छलांगों या ''अप्रत्याशित गुणों'' के रूप में ब्रह्माण्ड के विकास को बता सकते हैं। इससे पहले कि ऑक्सीजन और हाइड्रोजन यह पता लगाते कि पानी कैसे बनना है, कॉस्मोस को अणु बनाने पड़े होंगे, जो बिग बैंग के समय नहीं थे और अणुओं को गैस, ठोस, धातु, ऑर्गेनिक अणुओं आदि के रूप में बदलना पड़ा होगा। इनमें से कोई भी घटना, पानी में चीनी मिलाने जैसी घटना की तरह सादा नहीं थी। चीनी भले ही घुल जाए पर अगर आप पानी को भाप से सुखा देंगे तो चीनी फिर से मिल जाएगी। चीनी वाले पानी में ऐसा कोई गुण नहीं था, जो उन दो तत्त्वों को अलग करते हुए सामने आया हो।

वहीं दूसरी ओर अप्रत्याशित तौर पर सामने आने वाला गुण, एक रचनात्मक छलांग है, जो शून्य से कुछ रचता है। आध्यात्मिक अर्थों में, जन्म और पुनर्जन्म का चक्र आत्मा के लिए रचनात्मक छलांग लगाने की कार्यशाला है। प्राकृतिक और आलौकिक विभिन्न काम नहीं कर रहे परंतु वे अलग-अलग स्तरों पर रूपांतरण से जुड़े हैं। मृत्यु के समय आपकी पुरानी देह की सामग्री और पुरानी पहचान विलुप्त हो जाते हैं। आपका डीएनए और जो कुछ भी इसने रचा है, वह फिर से अपने सादे रूप में लौट जाता है। इनमें से कोई भी कच्ची सामग्री भी आपस में मिल कर, थोड़ा सा अलग व्यक्ति नहीं बना सकतीं। यदि हम नई स्मृतियों के साथ एक नई देह चाहते हैं, तो सामने आने वाला व्यक्ति भी नया होना चाहिए। आपको कोई नई आत्मा नहीं मिलती, क्योंकि आत्मा में वह गुण नहीं है। वह ''आप'' नहीं, बल्कि वह केंद्र है, जिसके भीतर ''आप'' समय-समय पर सम्मिलित होते हैं। वह आपका शून्य बिंदु या ज़ीरो प्वाइंट है।

मुझे हाल ही में यह याद आया कि यह रूपांतरण कितना रहस्यमयी हो सकता है। मैं इटली के एक ऐसे दंपत्ति को जानता था, जो पिछले दो साल से परिवार में हुए हादसे से दहले हुए थे। उनके किशोर बेटे एनरीको ने

अपनी जान ले ली थी। वह अपने कुछ दोस्तों के साथ शराब पी रहा था। एक दोस्त अपने पिता की हैंडगन से खेलने लगा। अनजाने में वह गन चली और एनरीको मारा गया। उसका पूरा परिवार दहल गया था, वे इस बात से भी ज़्यादा दुखी थे कि वे यह साबित नहीं कर सके कि बेटे ने रशियन हैंडगन से खेलते हुए आत्महत्या कर ली थी।

जब एनरीको की मौत हुई तो उसके एक सप्ताह बाद, उसकी मॉम उसके कमरे में गई। वह अपने बेटे के लिए प्रार्थना करना चाहती थी, इसलिए वह पलंग के पास घुटनों के बल बैठ गई। तभी उसे कुछ शोर सुनाई दिया। एनरीको की एक रिमोट कंट्रोल से चलने वाली खिलौना गाड़ी बेवजह ही शेल्फ़ से नीचे आ गिरी। वह फ़र्श पर चलने लगी और मॉम ने उसकी बैटरी निकाल दी। फिर भी वह चलती रही। उसने बताया कि वैसा क़रिश्मा तीन दिन तक जारी रहा। पूरे परिवार से ने यह दृश्य देखा। एनरीको की बड़ी बहन अपने भाई के बहुत निकट थी, उसने कहा कि उसका भाई ही वह कार चला रहा था। उसने उसी तरह सवाल पूछे जैसे ओइजा बोर्ड में पूछे जाते हैं और कार उत्तर देने के लिए दाएँ और बाएँ घूमते हुए हाँ- नहीं में उत्तर देती रही।

कई महीने बाद, एनरीको के पिता भारत में थे और वे एक ज्योतिषी के पास गए। कुछ ज्योतिषी आपकी कुंडली नहीं देखते, परंतु पहले से लिखी गई कुंडलियों को पढ़ते हैं, जिनमें से कुछ तो सदियों पुरानी हैं, वे उस व्यक्ति पर लागू होती हैं, जो कुंडली पढ़वाने आता है। (यह निर्णय कुंडली पढ़वाने के लिए जाने वाले व्यक्ति के जाने के समय और ज्योतिषी के हाथों में रखी कुंडली से कुछ निजी बातों के मिलान के आधार पर होता है।)। यह मेरे उस दोस्त के लिए सही साबित हुआ, जिसने मुझे यह कहानी सुनाई थी : वह अपने पिछले जन्म में, भारत के पश्चिमी तट पर रहता था। वह एक बेटे का पिता बनना चाहता था पर उसकी पत्नी माँ नहीं बन सकती थी। उन लोगों ने एक बच्चे को गोद लिया पर उसके साथ ही पत्नी भी गर्भ से हो गई और उसने एक पुत्र को जन्म दिया।

अपना बेटा पैदा होने के बाद उस व्यक्ति ने गोद लिए हुए बच्चे को उपेक्षित करते हुए सताना चालू कर दिया। उस बच्चे ने अपने पिता से आतंकित हो कर आत्महत्या कर ली। उस समय उसकी आयु एनरीको की आयु जितनी ही रही होगी। ज्योतिषी ने मेरे दोस्त को बताया कि यहीं वह

सूत्र जुड़ा था। उसका वह बेटा ही एनरीको के रूप में जन्मा और उसने अपनी जान लेने के बाद पिता को यह दिखाया कि वास्तव में अपनी औलाद खोने का दुख कैसा होता है। मेरे दोस्त का यह सुनकर स्तब्ध होना उचित ही था पर जब वह मुझसे कई महीनों बाद मिला तो उसने बताया कि उसे अंत में बहुत ही मानसिक शांति मिली। उसने एनरीको की उस दर्दनाक मौत से समझौता कर लिया था और समझ गया था कि उस आत्महत्या के पीछे कौन से कर्म सामने आए थे।

मुझे नहीं पता कि कितने पाठक यह वृत्तांत पढ़ने के बाद मुंह बनाएँगे या कितने लोग यह कहेंगे कि यह प्रसंग भले ही विचित्र हो, परंतु सत्य हो सकता है। मेरे लिए इस प्रसंग से यह और भी स्पष्ट हो जाता है कि जीवन और मृत्यु आपस में किस तरह गहराई से गुंथे हैं। वे एक ही रचनात्मक कर्म के दो पहलू हैं। हमारे मस्तिष्क समय और काल में कार्य करते हैं। हम इस ढांचे के बाहर, सृष्टि की प्रक्रिया को नहीं देखते। परंतु आप जिस जीवन का अनुभव करने जा रहे हैं, जो इससे पहले था या जो इसके बाद प्रकट होने वाला है, वह अचानक ही कहीं से प्रकट नहीं हुआ। वे जीवन एक निरंतर उभरने वाली चेतनाओं का नतीजा हैं - आपका वास्तविक स्व। इन जीवनकालों के बीच के अंतराल को हम नहीं जान सकते, परंतु आपकी आत्मा इन अंतरालों में आपके जाने और बाहर आने का सारा हिसाब रखती है। चेतना कभी राह नहीं भटकती, आत्मा का वह शून्य बिंदु, समय और काल के भी परे घटनाओं को आपस में संयोजित करने की क्षमता रखता है।

इस प्रसंग में पिता और पुत्र जन्म और मृत्यु के बीच के अंतर के बावजूद आपस में जुड़े रहे। उन्होंने असजग भाव से एक-दूसरे को पहचाना, वे एक साझे उद्देश्य को साथ ले कर चले और उन्होंने मिल कर कर्मों पर कार्य किया - इन सभी चीज़ों ने ही मृत्यु को ललकारा। इसके साथ ही, उनकी भौतिक देह, उनकी निजी यादें और पहचान का भाव अस्थायी रहे- वे मृत्यु के साथ नहीं बने रहे। प्रकृति ऐसे ही सूक्ष्म संबंधों के ताने-बाने से बनी है। पानी के परमाणु या आपके मस्तिष्क में रहने वाले ऑक्सीजन के अणु अब भी वही हैं, परंतु उन्होंने नई तरह से पेश आना सीख लिया है, मानो हर विभिन्न अणु ओझल हो गया है, मर गया है। मैं इस बात पर और अधिक बल नहीं दे सकता कि यदि विज्ञान शुष्कता से नमी के उभरने को स्पष्ट नहीं कर सकता तो यह मस्तिष्क में चेतना के प्रकट होने के बारे

में भी नहीं बता सकता। सच्ची रचनात्मक छलांगें हमेशा अवर्णनीय हैं और तभी इन्हें चमत्कारी माना जाता है।

प्रत्येक वस्तु का स्रोत

विज्ञान को यह करना चाहिए कि वह किसी चमत्कार को सूक्ष्मदर्शी के नीचे ले जा कर निकट से देखे कि सृजन किस स्थान पर होता है। कुछ धूमिल भौतिक पदचिह्नों का पीछा करते हुए सूक्ष्म स्तर तक जा सकते हैं। यह बहुत पहले ही पता लगा लिया गया था कि मस्तिष्क और शरीर, एक बहुत ही दुर्बल इलेक्ट्रोमैग्नेटिक क्षेत्र से घिरे हैं। फ़ोटोग्राफ़िक इमल्शन के माध्यम से, इस फ़ील्ड को चमकते हुए देखा जा सकता है, जब न्यूरॉन फ़ायर करते हैं तो उनसे निकलने वाली सूक्ष्म चिंगारी भी मापी जा सकती है। अगर सचेत होने से एक ऊर्जा क्षेत्र बनता है, तो क्या एक ऊर्जा क्षेत्र चेतना का प्रदर्शन भी कर सकता है? आप सोच रहे होंगे कि हमारा मस्तिष्क तो इलेक्ट्रिक संकेतों पर काम करता है, तो यह हमारे आसपास इलेक्ट्रोमैग्नेटिक निःसरण करने वाले टी.वी., रेडियो, माइक्रोवेव आदि से प्रभावित होता होगा। यह वास्तव में सच नहीं है। पैरासाइकोलॉजी के शोधकर्ताओं ने यह शोध किया कि उन्होंने फ़राडे केजिस में पात्रों को मनोवैज्ञानिक योग्यताओं से अलग कर दिया, जो उनकी एक दूरी से देखने की योग्यता में बाधा दिए बिना बाकी इलेक्ट्रोमैग्नेटिक ऊर्जा को रोक रहे थे। ''दूरस्थ दृश्य'' का यह मामला अपने-आप में कौतूहल का विषय है, क्योंकि इस क्षेत्र में बहुत उल्लेखनीय कार्य किया जा चुका है।

दूरस्थ दृश्य के क्षेत्र में अनेक प्रयोग हुए हैं, जिन्हें आमतौर पर अतींद्रिय दृष्टि कहा जाता है। इनमें से सबसे ध्यान देने योग्य कार्य स्टेनफ़ोर्ड विश्वविद्यालय में हुआ, जहाँ वैज्ञानिकों ने स्क्विड नाम मशीन बनाई, जो एक सुपरकंडक्टिंग क्वांटम इंटरफ़ेरेंस उपकरण था। हमारे लिए यही जानना बहुत होगा कि यह उपकरण, जो सबएटोमिक कणों (विशेष रूप से क्वार्क) की गतिविधि मापता है, इसे बाहरी चुंबकीय बलों से पूरी तरह से अलग रखा जाता है। यह बचाव परत तांबे और एल्यूमीनियम से बनाई गई, परंतु यह ध्यान रखा गया कि कोई भी बाहरी बल मैकेनिज़्म पर असर नहीं डाल पाए। दुर्लभ धातुओं से भीतरी हिस्से को ढंका गया।

1972 में स्किवड को स्टेनफ़ोर्ड की प्रयोगशाला के बेसमेंट में रखा गया, यह एक लंबे ग्राफ़ पेपर पर हिल ऐंड वैली एस-कर्व बनाने के अलावा कोई काम नहीं करती थी। ये कर्व या वक्र धरती के निरंतर बने रहने वाले चुंबकीय क्षेत्र को दर्शाते थे, अगर कोई क्वार्क इस क्षेत्र से निकलता तो मशीन इस गतिविधि को अपने वक्र के ढांचे में बदलाव के साथ दिखा देती। एक युवा लेज़र भौतिकविद् हल पुथोफ़ (जो आगे जा कर जाने-माने क्वांटम थ्योरिस्ट बने) ने तय किया कि स्किवड से उसका आमतौर पर किया जाने वाला काम करवाने के अलावा मनोवैज्ञानिक शक्तियों की जाँच भी करवाई जा सकती है। स्टेनफ़ोर्ड के वैज्ञानिकों सहित बहुत कम लोगों को बताया गया कि मशीन आँतरिक तौर पर किस काम के लिए प्रयुक्त की जा रही थी।

पुथोफ़ ने किसी मनोवैज्ञानिक की खोज के लिए पत्र लिखा, जो कोई इस चुनौती को ग्रहण कर सके। न्यू यॉर्क का एक अतींद्रिय योग्यताओं वाला एक कलाकार इंगो स्वान यह पत्र पढ़ कर मिलने आया। जब उसे कैलिफ़ोर्निया बुलाया गया तो उसे टेस्ट या स्किवड के बारे में कुछ नहीं बताया गया था। जब उसने पहली बार मशीन को देखा तो वह मायूस सा हो गया। पर फिर वह सहमत हो गया कि वह मशीन के भीतर झांकेगा ताकि उसे अच्छी तरह जान सके और जब उसने ऐसा किया तो ग्राफ़ पेपर का एस-कर्व पैटर्न बदलने लगा, जो कभी हुआ ही नहीं था - ज्यों ही स्वान ने उसकी ओर ध्यान देना बंद किया तो मशीन सामान्य तौर पर काम करने लगी।

पुथोफ़ स्तब्ध हो गया, उसने स्वान को प्रयोग दोहराने को कहा और इस तरह स्वान ने पूरे पैंतालीस सेकेंड तक मशीन पर फिर से ध्यान दिया और मशीन को अंदर तक देखा। ठीक उसी अवधि के लिए ग्राफ़ में एक नया पैटर्न उभर आया। हिल और वैलीज़ के बजाए ग्राफ़ में एक बड़ा सा प्लेट्यू यानी पठार सा दिखने लगा। स्वान ने मशीन की आँतरिक गतिविधि के आधार पर स्केच तैयार किया और जब उन्हें विशेषज्ञों को दिखाया गया तो वे असली संरचना से पूरी तरह से मेल खा रहे थे। स्वान अभी यह नहीं जान पा रहा था कि उसने उस चुंबकीय इनपुट को कैसे बदला, जिसकी माप के लिए मशीन को बनाया गया था। यह पता चला कि अगर वह मशीन के बारे में सोचता भी था और उसे बदलने की कोई कोशिश नहीं करता

था तो रिकॉर्ड करने वाली मशीन के आसपास के चुंबकीय क्षेत्र में बदलाव आने लगता था।

जो लोग अतींद्रिय योग्यताओं को संदेह से देखते हैं, उन्होंने सदा असंख्य अध्ययनों को उपेक्षित किया, जो दिखाते हैं कि केवल विचार मात्र से संसार को प्रभावित कर सकते हैं। अगर मन एक क्षेत्र है तो यह और भी महत्त्वपूर्ण हो जाता है। मैंने एक बार एक नियंत्रित प्रयोग में भाग लिया था, जिसमें पात्र को एक अकेले कमरे में बिठाया गया, जो रुक-रुक कर एक चित्र को देखता था, जबकि मैं इस घटना को भांप कर अपनी ओर से बटन दबाता। मेरी सटीकता, अधिकतर लोगों की तरह औसत से कहीं अधिक थी। (ब्रिटिश बायोलॉजिस्ट रुपर्ट शेलड्रेक ने भी कुछ ऐसे ही प्रयोग किए हैं, उन्होंने दिखाया है कि किस तरह मन शरीर से भी परे है। मिसाल के लिए उन्होंने यह प्रयोग किया है कि अगर कोई हमें पीठ पीछे ताक रहा हो तो क्या हमें असल में उसका अहसास होता है। इन प्रयोगों के नतीजे काफ़ी अच्छे रहे।)

साठ के दशक में, प्रयोगों की लंबी शृंखला के दौरान, क्लीव बेकस्टर नामक एफबीआई विशेषज्ञ ने पौधों के पोलीग्राफ़ लिए। उसे पता था कि त्वचा की सतह पर आने वाली नमी के बदलाव के साथ लाइ डिटेक्टर (झूठ पकड़ने वाली मशीन) काम करते हैं। उसके अपने शब्दों में पढ़ें :

> फिर तीन मिनट पचपन सेकेंड चार्ट टाइम पर, मेरे दिमाग़ में उस पत्ते का जलता हुआ चित्र आया, जिस पर मैं प्रयोग कर रहा था। मैंने उसे मुंह से नहीं कहा। मैंने पौधे को हाथ नहीं लगाया। मैंने उपकरण को हाथ नहीं लगाया। मेरी मानसिक छवि ही पौधे के लिए कोई नया उतप्रेरक हो सकती थी। फिर पौधा जैसे दीवाना हो गया। मेरा पेन चार्ट के ऊपर उछल गया।

फ़रवरी, 1966 में यह चौंका देने वाला पहला निरीक्षण हुआ, जिसके बाद बेकस्टर ने सिगरेट के धुएँ, नकारात्मक विचारों और सशक्त भावों की प्रतिक्रियाओं की भी माप की; यह पता चला कि घर में लगे हुए पौधे अपने आसपास के लोगों के भाव दर्ज करते हैं। शायद सबसे उल्लेखनीय प्रयोग

वह था, जब बेकस्टर ने एक जोड़ा पौधे प्रयोग के लिए प्रयुक्त किए। उनमें से एक पौधे को अलग कमरे में चोट पहुँचाई गई। जबकि दूसरा पौधा दूसरे कमरे में सही-सलामत था। हैरानी की बात यह रही कि सही-सलामत रखे हुए पौधे में भी इलेक्ट्रिकल गतिविधि में वही अस्त-व्यस्तता पाई गई, जो चोटिल पौधे में आ रही थी। पोलीग्राफ़ की सुई उछल रही थी, जबकि उन पौधों में भौतिक रूप से कोई संपर्क नहीं था और पौधों के बीच की दूरी बढ़ाने के बावजूद ऐसा लगातार होता रहा। इन प्रयोगों के बारे में पढ़ते ही जुड़वाँ बच्चों पर हुए प्रयोग याद आ जाते हैं, आइडेंटिकल ट्विन्स दूरी से भी एक-दूसरे के भावों को भांप लेते हैं। ज्यों ही किसी एक भाई या बहन को बिजली के खंभे पर चढ़ने से बिजली का झटका लगता है, दूसरे भाई या बहन को तत्काल उस पीड़ा का पता चल जाता है। क्या हम इंसानों को भी उसी पूरकता के साथ जोड़ों में बनाया गया, जैसे गहरे अंतरिक्ष में इलेक्ट्रॉन बंधे रहते हैं?

कह सकते हैं कि चेतना एक ऐसा क्षेत्र है, जो किसी प्रमाण का केवल ढांचा बनाती है। किसी ने उस अंतराल को नहीं नापा और इसके बिना, चेतना पूरी तरह से रहस्यमयी रहती है; असल में क्षेत्रों के साथ भी यही होता है। अंतराल, घटनाओं के बीच का ख़ाली स्थान है, इसमें उसके सिवा कुछ नहीं है और फिर भी सब कुछ उसमें ही आता हुआ लगता है। जब हम डीएनए को देखते हैं तो जेनेटिक विशेषज्ञ हमें बताते हैं कि जीवन उन अमीनो एसिड से नहीं उभरता, जो डबल हेलिक्स पर तने हुए हैं, यह उनके बीच के अंतराल में पनपता है। इन अंतरालों की बहुत ज़्यादा समझ हमारे पास नहीं है, परंतु ये जींस के सीक्वेंस में रहस्यमयी भूमिका निभाते हैं। भौतिक रूप से, इंसानों और गोरिल्ला के डीएनए में एक प्रतिशत से भी कम अंतर है; दिखाई देने वाले पदार्थ के बीच के अंतराल ही गोरिल्ला और इंसानों के बीच की खाई बनाते हैं, जिसे पाटा नहीं जा सकता। इसी अंतराल से चेतना का स्रोत प्रकट होना चाहिए।

सत् चित् आनंद

वैदिक ऋषियों ने उस अंतराल में मन का पीछा करते हुए घोषणा की कि तीन प्रमुख गुण अस्तित्व की आधारशिला थे : *सत् चित् आनंद*। इन्हें एक

ही वाक्य में पिरोना हो तो कह सकते हैं – ''जीवंत परमानंद चेतना'' या फिर व्यक्तिगत रूप से कहा जाएगा – सत् (अरितत्व, सत्य, यथार्थ), चित् (मन, सजगता), आनंद (परम आनंद)। पर इन परिभाषाओं से बहुत अधिक सहायता नहीं मिलती, क्योंकि इनसे हमें वहीं अर्थ मिलते हैं, जो हम अंग्रेज़ी में रिएलिटी, ट्रुथ, ब्लिस और एक्ज़िसटेंस जैसे शब्दों से निकालते हैं। यदि आप कहते हैं, ''मैं क्रिसमस के लिए अरुबा जाते हुए परमानंद में था। इसने मेरे सारे यथार्थ को बदल दिया।'' तब आपके शब्द रोज़मर्रा के जीवन में तो अर्थ रखते हैं, परंतु इनसे सत् चित् आनंद की व्याख्या नहीं की जा सकती।

यदि हम ऋषियों के शब्दों की व्याख्या करना चाहें तो वे एक अनुभव की बात कर रहे थे, जिसे निम्नलिखित रूप से, संक्षेप में प्रस्तुत कर सकते हैं : आप जो भी विचार रखते हैं, जिस भी वस्तु को संसार में देखते हैं, वह ब्रह्माण्ड का ही स्पंदन है – जिसके लिए संस्कृत में शुभदा शब्द का प्रयोग कर सकते हैं। *शुभदा* का अर्थ है, प्रकाश, ध्वनि, स्पर्श, स्वाद और अन्य दूसरे गुण। सपने में भी आप सुनने, देखने, सूंघने और चखने का कार्य कर सकते हैं, परंतु वे स्पंदन सूक्ष्म होंगे। वे यथार्थ जैसी भावनाएँ नहीं रख सकते। जब आप मन की सूक्ष्म योग्यताओं और गुणों से परे जाते हैं तो शुभदा इतनी हल्की हो जाती है कि मन को बाहरी यथार्थ का कोई अनुभव नहीं बचता, केवल स्मृति के हल्के धुंधलके ही बचते हैं। अंततः वह अपने–आप में केवल एक अनुभव रह जाता है और कोई स्पंदन नहीं बचते। आप स्रोत तक पहुँच जाते हैं।

मौन स्रोत की दहलीज है। परंतु आपको उस दहलीज को पार करते हुए, उस कक्ष में जाना होगा, जिसमें यथार्थ का जन्म होता है। तब आपको पता लगेगा कि कच्ची सामग्री तिहरी है। सृजन अस्तित्व (सत्), चेतना (चित्) और स्पंदनों की संभावना (आनंद) से हुआ। ये तीनों ब्रह्माण्ड का सबसे बड़ा यथार्थ हैं, क्योंकि हर वह चीज़ जिसे हम यथार्थ मानते हैं, वह इससे ही उपजी है।

यह स्रोत का अनुभव है, मौन से परे उपजने वाली अवस्था, जिसे वैदिक ऋषियों ने सभी क्षेत्रों का क्षेत्र कहा है – जिसे भौतिकविदों ने शून्य अवस्था कहा है। ब्रह्माण्ड की हर संभावित ऊर्जा किरण से परिपूर्ण होने के कारण, शून्य अवस्था भी अपने–आप में सत् चित् आनंद नहीं है। इसका कोई मन नहीं, कोई परमानंद नहीं है। इसकी वस्तुनिष्ठ तरीक़े से व्याख्या नहीं

कर सकते। इन सभी कारकों को बाहर छोड़ने से, भौतिकी भौतिकविद् का साथ छोड़ देती है, जो यह दिखावा करता है कि वह इस क्षेत्र का हिस्सा नहीं है। जॉन व्हीलर एक जाने-माने प्रिंसटन भौतिकविद् हुए, उन्होंने दशकों पूर्व इस दोष की ओर इंगित किया था : उन्होंने कहा कि हम ब्रह्माण्ड का मॉडल बनाते हुए, किसी ऐसे इंसान की तरह पेश आते हैं, जो किसी बेकरी की खिड़की के बाहर नाक चिपकाए उसमें रखी चीज़ों को ताक रहा हो। परंतु ऐसी कोई खिड़की नहीं, जो द्रष्टा को ब्रह्माण्ड से अलग करती हो; हम जो देखते हैं, हम उससे बाहर नहीं हैं।

व्हीलर का सुझाव है कि हमें ऐसा विज्ञान खोजना चाहिए, जो व्यक्तिनिष्ठ और वस्तुनिष्ठ का मेल कर सके, क्योंकि विज्ञान अपने हठ के साथ सदा वस्तुनिष्ठ है और जब हम एकांतिक प्रयोग कर रहे हों तो ऐसा होना संभव नहीं हो सकता। अंततः एक सीमा है, जिसे पार नहीं कर सकते और हम इसके बहुत निकट हैं। हम किसी खिलाड़ी की तरह सादा सी समस्या में ज्ञान की सीमा का सामना कर सकते हैं।

अब तक जनता जान गई है कि प्रार्थना पर हुए शोध पुष्टि कर चुके हैं कि यह कारगर होती है। आमतौर पर चर्च से आए अनुयायियों के समूह से प्रयोग के तौर पर, रोगियों के लिए प्रार्थना करने को कहा गया। वे रोगी से कभी नहीं मिले और उन्हें नाम के बजाए नंबर का प्रयोग करना था। प्रार्थना भी कोई सुनिश्चित नहीं थी; बस उनसे यही कहा गया कि वे उक्त रोगी के लिए ईश्वर से मदद माँगें। ऐसे प्रयोगों के नतीजे आश्चर्यजनक रूप से सकारात्मक रहे। एक सुविख्यात प्रयोग उत्तरी कैरोलिना के ड्यूक विश्वविद्यालय में किया गया, जिन रोगियों के लिए प्रार्थना की गई थी, वे उन रोगियों की तुलना में जल्दी स्वस्थ हुए, जिनके लिए कोई प्रार्थना नहीं की गई थी और उन्हें दुष्प्रभावों का भी बहुत अधिक सामना नहीं करना पड़ा। इस जगह हम एक और प्रदर्शन पाते हैं कि हम सभी चेतना के एक ही क्षेत्र से संबंध रखते हैं। क्षेत्र की योग्यताएँ यहीं और अभी काम करती हैं :

यह क्षेत्र अपने-आप में संपूर्ण रूप से काम करता है।

यह सुदूर घट रही घटनाओं में तत्काल संबंध स्थापित करता है।

यह सभी घटनाओं को याद रखता है।

यह समय और स्थान से परे अस्तित्व रखता है।

यह पूरी तरह से अपने भीतर रचना करता है।

इसकी रचना एक विकासमूलक दिशा में विकसित होते हुए विस्तार करती है।

यह सजग और सचेत है।

वैदिक ऋषि इन्हीं गुणों का अपने पहले नियमों की तरह आरंभ करते थे; उस लिहाज़ से वे हमसे कहीं अधिक ज्ञानी थे। जब तक हम एक जटिल वैज्ञानिक मसले की सीमाओं से बहुत परे किसी विषय को मानने के लिए विवश नहीं होते, तब तक हम चेतना को स्वीकार नहीं करना चाहते। चेतना का क्षेत्र प्रकृति के हर रूप में सबसे प्रमुख है, क्योंकि हर इलेक्ट्रॉन, हर विचार और समय के हर क्षण में वह अंतराल वास करता है। वह अंतराल ही संदर्भ बिंदु है, सृजन के मूल में बसी स्थिरता, जहाँ ब्रह्माण्ड सभी घटनाओं में सह-संबंध स्थापित करता है।

क्या विज्ञान ने प्रमाणित किया कि ऋषि सही थे? मुझे लगता है कि हममें से अधिकतर लोग यही कहेंगे कि यह पूछा जाए - क्या विज्ञान और ऋषि एक-दूसरे के अनुरूप हैं। वे अलग-अलग दुनिया से होने के बावजूद एक ही नज़रिए से देखते हैं - लगभग। विज्ञान पर अब भी आध्यात्मिक भौतिकवाद का बोझ है, एक ऐसा विश्वास कि ईश्वर, आत्मा और मृत्यु के बाद जीवन की कोई भी व्याख्या तभी वैध मानी जा सकती है, जब उस विषय में कोई रहस्य हो। मानो हम कह रहे हों कि हम तब तक जैज़ संगीत को नहीं समझ सकते, जब तक हम लुईस आर्मस्ट्रांग के ट्रम्पेट के अणुओं का डायग्राम नहीं बना लेते।

अंत में, मृत्यु के पश्चात जीवन पर लिखी गई पुस्तक, पूरी तरह से मृत्यु की अनिवार्यता के लिए समाधान नहीं दे सकती। यह आपके अपने निजी सुख और सांत्वना की दिशा की ओर संकेत कर सकती है। मैं और आप अनूठे हैं इसलिए बहुत अलग भी हैं। हो सकता है कि मुझे अनंत के किसी ऐसे विज़न से दिलासा मिल रही हो, जो आपके लिए विदेशी या भयावह हो सकता है। हो सकता है कि मैं अपने बूढ़े हो रहे शरीर के लिए आपसे कम या ज़्यादा दुख प्रकट कर रहा होऊँ। हम सभी ईश्वर के लिए एक निजी दृष्टिकोण रखते हैं। फिर भी हम सब चेतना के क्षेत्र में एक साथ बंधे हैं और वहाँ भी वही काम करते हैं।

हमें यह देखना होगा कि हम सभी एक ही यथार्थ में उलझे हैं। पर्यावरण से ले कर इंटरनेट तक, हर मोर्चे पर एकांत को हर जगह परे धकेल दिया गया है। हमें अपने साझे स्रोत को याद करना होगा। जब हम स्वयं को जीवनकाल की अवधि और भौतिक शरीर की सीमा में बांध लेते हैं तो मानवीय आत्मा का हनन होता है। हम पहले मन और आत्मा हैं और वही हमें सितारों से परे वास देता है।

मैं एक दिन अपने स्रोत को खोज कर अपने क्षेत्र में वापस चला जाऊँगा, यही सोच मुझे जीवन के उद्‌देश्य के लिए गहरा आत्मविश्वास प्रदान करती है। किसी भी पक्के अनुयायी की तरह मैं इस विज़न पर भरोसा रखता आया हूँ। जब भी मुझे साक्षी होने का अवसर मिलता है, जिसमें मैं अपने ही अस्तित्व के मौन का स्पर्श करता हूँ, तो मेरा विश्वास नए सिरे से तरोताज़ा हो जाता है। फिर मुझे वास्तव में मौत का भय नहीं रहता, मैंने यहीं और अभी प्रसन्नता से मृत्यु का स्पर्श कर लिया है। टैगोर ने बहुत ही हृदयस्पर्शी शब्दों में कहा है :

जब मेरा जन्म हुआ तो मैंने प्रकाश देखा
मैं इस संसार में अजनबी नहीं रहा
मेरी माँ के रूप में कुछ गूढ़, निराकार और
निःशब्द प्रकट हुआ।

तो जब मेरी मृत्यु होगी, तो वही अज्ञात फिर से सामने होगा।
जैसा कि मुझे कभी पता चला था।
और चूंकि मैं इस जीवन से प्रेम करता हूँ
इसलिए मैं मृत्यु को भी प्रेम करूँगा।

मृत्यु के बिना कोई वर्तमान क्षण नहीं हो सकता, पिछले क्षण को मरना ही होगा, तभी अगला क्षण संभावित होगा। कोई वर्तमान प्रेम नहीं हो सकता, क्योंकि नए भाव को जन्म देने के लिए मेरे पिछले भाव को मरना होगा। कोई वर्तमान जीवन नहीं हो सकता, क्योंकि नए उत्तकों की संभावनाओं को जन्म देने के लिए मेरी देह की पुरानी कोशिकाओं को मरना होगा। यह सृष्टि का चमत्कार है, जो प्रत्येक क्षण में एक ही बात है : जीवन

और मृत्यु एक अनंत नृत्य में गुंथे हैं। हम मृत्यु को इस नृत्य से अलग करेंगे तो इसका परिणाम बुरा हो सकता है। तब एक ऐसा ब्रह्माण्ड सामने होगा जिसमें नवजीवन की कोई आस नहीं होगी। सौभाग्य से, सृष्टि को इस तरह नहीं बनाया गया था। हम अंतहीन रूप से, नए सिरे से रचे गए ब्रह्माण्ड में जी रहे हैं। हमारे भय और संदेहों से परे, हमारी गहरी प्रार्थना जीवन के लिए नहीं होनी चाहिए जो हमारे पास प्रचुर मात्रा में है। यह ऐसी प्रार्थना हो जो हमें उस ब्रह्माण्डीय नृत्य की ओर ले जा सके, तब देवदूतों और देवताओं के पास भी कोई ऐसा होगा, जिसका वे अनुसरण कर सकें।

उपसंहार

महा समाधि

मानसूनी वर्षा सारी रात पहाड़ों से नीचे उतरती रही। रमण अपनी नींद में भी छत पर आती हल्की आवाज़ और देवताओं की आहट को सुन सकते थे। यह इतनी तेज़ थी कि उन्हें व्याकुल कर रही थी पर इतनी तेज़ आवाज़ भी नहीं थी कि उनकी नींद को तोड़ पाती। उन्हें अपने पलंग के पास वाली खिड़की के बंद होने का हल्का सा आभास था। उन्हें छत पर उस छोटे से छेद का ध्यान आया, जिसके नीचे वर्षा का पानी जमा करने को कोई पात्र रखना था। पता नहीं क्यों, वह खिड़की के नीचे की दहलीज़ से वर्षा की छपछप नहीं सुन सके और ना ही बूंदें गिरने की आवाज़ सुनाई दी।

उन्होंने अपनी तंद्रा में ही सोचा, *अजीब* बात है।

वह धीमी आवाज़ जारी रही, कई घंटों तक लगातार जारी रही। कई घंटे इसी तरह बीते। रमण ने आँखें खोलीं, अपनी नज़रें खिड़की की ओर ले जाते हुए, कमरे की छत में हुए छेद को देखा। वे दोनों तो सूखे पड़े थे। पानी किधर गया? अब भी बिजली गरजने की आवाज़ क्यों आ रही थी?

तब वे जान गए। यह तो देवताओं की आहट *थी।* मृत्यु वर्षा के रूप में आई, यह वही मौसम था, जो रमण को बेहद प्रिय था। उन्हें यह जान कर हैरानी नहीं हुई कि वे अब भी अपने शरीर को अनुभव कर सकते थे या कमरा अब भी वहीं था। उनके वृद्ध गुरु, जिनकी मृत्यु हुए साठ वर्ष हो चुके थे, उन्होंने उन्हें बताया था कि चीज़ें कैसी होंगी? साठ वर्ष? क्या ऐसा हो सकता था? अचानक ही रमण को याद आना बंद हो गया कि वे स्वयं कितने वर्ष के थे। पचहत्तर, अस्सी? इसी भ्रम के साथ एक परिवर्तन

आया। उनका शरीर हल्का महसूस होने लगा, मानो आयु कहीं दूर जा रही हो। वे उठ रहे थे, सारा कमरा उठ रहा था, वास्तव में, वह धीमी आवाज़ भी कम होने लगी।

रमण सोच रहे थे कि क्या वे अलोप होने वाले थे, परंतु संसार ने उन्हें ओझल होने से बचा लिया। उन्हें संसार पर कभी इतना भरोसा नहीं रहा, इसलिए इससे उन्हें आश्चर्य नहीं हुआ। उस एक आख़िरी क्षण में, वे अब भी पलंग पर थे, खिड़की से बाहर नीले से सफ़ेद होते आकाश को ताक रहे थे और फिर केवल उस साक्षी के सिवा कोई नहीं रहा, वह कमरा भी नहीं। उन्होंने नीचे देखा, उनका शरीर भी जा चुका था। वह इतनी आसानी से अलग हो गया था कि उन्हें अपने गुरु की कही बात याद आ गई : ''यह शरीर एक आवरण की तरह है। प्रबुद्ध के लिए मृत्यु का अर्थ यही है कि उसका आवरण धरती पर गिर जाए। अप्रबुद्ध के लिए, यह उस आवरण को खींच कर उतारने की तरह है, जिसे उसकी देह पर सिल दिया गया है।''

इसके बाद क्या उतरने वाला था? रमण अब भी मन में सवाल कर सकते थे, इसलिए मन अभी तक उनके साथ था। उन्होंने स्वयं को बारह वर्ष की आयु के लड़के के रूप में देखा, जो अपने गुरु के साथ था, जो उसी जंगल में बने घर में रहता था, जो गुरु के जाने के बाद उसका घर हो गया था। वृद्ध गुरुदेव पद्मासन लगाए, जर्जर मृगछाल पर बैठे थे, उन्होंने कहा, ''क्या तुम मुझसे शिक्षा पाना चाहते हो?'' लड़के ने हामी भरी। ''क्या ऐसा इसलिए कर रहे हो, क्योंकि तुम्हारे माता-पिता को लगता है कि यही करना ठीक होगा?'' लड़के ने फिर से हामी भरी। फिर गुरु ने अपना हाथ हिलाया और रमण के माता-पिता को बाहर भेज दिया।

जब वे अकेले हुए तो गुरु ने कहा, ''मेरे पास तब आना, जब तुम सच में आना चाहो, अपने माता-पिता के कहने से नहीं।''

रमण ने पूछा, ''क्यों, मेरे माता-पिता मेरी भलाई ही तो चाहते हैं।''

गुरु ने उत्तर दिया, ''केवल वही पर्याप्त नहीं है। तुम मेरे साथ रहते हुए, साधारण लोगों की तरह नहीं हो सकते। साधारण लोगों को परिवार की आवश्यकता होती है वरना वे अकेलेपन से प्राण त्याग देंगे। उन्हें समाज की आवश्यकता होती है वरना उनके पास कोई दोस्त या साथी नहीं होता। उन्हें अपने शरीरों की आवश्यकता होती है वरना वे भूखे मर जाएँगे। और

सबसे अधिक, उन्हें अपने मन की आवश्यकता होती है, वरना वे पागल हो जाएँगे।''

''मुझे समझ नहीं आ रहा कि आप यह सब मुझे क्यों समझा रहे हैं?'' लड़के ने कहा।

''क्योंकि अगर तुम अपना परिवार, मित्र, तुम्हारा शरीर और मन खो दोगे- जो तुम्हारे पास होने चाहिए- तो मैं नहीं चाहता कि तुम मर जाओ। मैं तुम्हें मुक्त करना चाहता हूँ।''

वह लड़का दस साल तक वापस नहीं आया। फिर भी गुरु ने हँस कर यही कहा था कि उसने आने में जल्दी की। ''मैंने तुम्हें जो कहा था, उसे सुनने के बाद तो लोग वापस आना ही पसंद नहीं करते।'' रमण ने एक शिष्य के रूप में जाना कि वह शिक्षा कितनी कठिन थी। वह प्रायः लड़खड़ाता पर गिरता नहीं था। उसके गुरु की कही एक-एक बात सच रही। वह समय भी आया, जब रमण को परिवार की आवश्यकता नहीं रही। पर यह कोई हानि नहीं थी, क्योंकि अब वे उन्हें गहरी करुणा से देखते थे। उन्हें समाज की आवश्यकता नहीं थी पर यह कोई हानि नहीं थी, क्योंकि वे स्वयं को उस मानवता के अंश के रूप में देखते थे। उन्हें अपनी भौतिक देह की आवश्यकता नहीं थी, परंतु वह कोई हानि नहीं थी, क्योंकि जब उन्होंने अपने शरीर की देख-रेख करना छोड़ा तो उन्हें अपना बेहतर ध्यान रखना आ गया था।

रमण एक चीज़ को नहीं छोड़ सके थे, वह उनका मन था। ''ओह, तुम्हें भय है कि मन नहीं रहा तो तुम नहीं बचोगे।'' गुरु ने कहा था। गुरु ने जिस धैर्य से कहा, रमण ने भी उसी धैर्य को अपनाना सीखा। उन्होंने *समाधि* में भीतर उतरना सीखा, मौन का अनुभव किया और बरसों के अभ्यास के साथ यही उनका घर हो गया, ऐसा स्थान जो मन की निरंतर चलने वाली गतिविधि से अलग था।

जिस दिन गुरु की मृत्यु हुई, रमण घुटनों के बल पलंग के पास बैठ कर रोने लगे। गुरु ने हौले से कहा, ''तुम्हें लग रहा है कि मैं तुम्हें छोड़ कर जा रहा हूँ। तुम अब भी अपने मन के वश में हो।'' गुरु ने बहुत ही स्नेह ये बात कही और रमण को दिलासा दिया। एक घंटे बाद गुरु अपने गहनतम मौन में चले गए, *महा समाधि*।

रमण अपनी मृत्यु के समय इन बातों को अच्छी तरह याद कर पा रहे थे। उन्होंने अपने आसपास देखा। उनके पास कोई नहीं था, एक क्षण के लिए भय अनुभव हुआ, फिर वह समाप्त हुआ और उसके साथ ही सोचने की शक्ति भी जाती रही। रमण को यह सोचने का भी अवसर नहीं मिला, *मेरे सोचने की शक्ति भी गई।* वे बड़ी सहजता से उस जगह पहुँच गए थे, जहाँ उन्हें अपने मन की भी आवश्यकता नहीं थी। अब उनके आसपास कोई साक्षी नहीं था, पर यह बोध भी कुछ क्षण ही रहा, क्योंकि उस जगह कोई अंधकार भी नहीं था। जब उनका मन गया तो वह अपने साथ प्रकाश और अंधकार को भी ले गया था।

अब वे पूरी तरह से मौन में घिरे थे, जो उनके लिए अवर्णनीय सुख से कम नहीं था। रात को घूमने वाले चोरों की तरह, सारे संसार उनके भीतर प्रवेश कर, उनके मौन को छीन लेना चाहते थे। परंतु वे केवल इतना ही कर सके कि उन्होंने उन्हें पंखों की छुअन सरीखा देखा। अब वे अभेद्य थे। कोई ब्रह्माण्ड, कोई ईश्वर, कोई दैवीय उपस्थिति या कोई प्रेम नहीं था।

वे उसी तरह झूलते रहे, उस अनंत की कोख में ही कुछ देर रहे। फिर रमण ने एक हल्की सी श्वास अनुभव की और वे लौट आए। वे पुनः जीवन में लौट रहे थे। इसलिए नहीं कि वे फिर से धरती पर जीना चाहते थे, वह तो एक विचार होता। उस श्वास का अपना एक कारण था। उस एक क्षणांश में वे तय कर सकते थे कि उन्हें लौटना था या नहीं। दूसरे जीवनकाल की तरह वह अनंत शांति भी उपलब्ध थी।

केवल तभी उन्हें अहसास हुआ कि वे मुक्त हो गए थे। मनुष्य जीवन उन्हें पुनः मिल सकता था, अब उन्हें अनंत शांति मिल सकती थी, दोनों एक साथ मिल सकते थे। रमण मुस्कराए, यदि कोई कह सकता है कि ब्रह्माण्ड मुस्कराता है। श्वास तेज़ होती गई। उन्होंने विश्रांत होते हुए, स्वयं को नीचे धरती की ओर आने दिया। एक श्वास, एक और श्वास, पहले से कहीं तेज़, फिर वह पहाड़ से उतरती बरसात की तरह तेज़ होने लगी या फिर देवताओं की आहट जैसी। वे नहीं देख सके कि वे किस परिवार में जन्म ले रहे थे, परंतु रमण अपने नए उद्देश्य को जानते थे; वे इन स्वप्नरत मनुष्यों को दिखाना चाहते थे कि जाग्रत कैसे होना है, ये वही मनुष्य थे, जिनसे वे बहुत स्नेह रखते थे।

लेखक परिचय

दीपक चोपड़ा की अनेक पुस्तकें स्वास्थ्य और आध्यात्मिकता के साथ क्लासिक पाठ्य बनने के अलावा नैशनल बेस्टसेलर्स भी रही हैं। वे चोपड़ा सेंटर फ़ॉर द वेल बीइंग (www.chopra.com) के संस्थापक हैं और एलायंस फ़ॉर ए न्यू ह्यूमेनिटी के प्रेज़ीडेंट पद पर भी हैं (www.anhglobal.com)।

अनुवादक परिचय

रचना भोला 'यामिनी,' पिछले 26 वर्षों से मौलिक लेखन व अनुवाद के क्षेत्र में कार्यरत हैं।

मौलिक लेखन में जीवनी साहित्य व अन्य विविध विषयों पर अनेक पुस्तकें प्रकाशित हैं, जिनमें रूहानी इश्क़ की इबादत में रचे गए लव नोट्स *मन के मंजीरे* उल्लेखनीय हैं।

वे अनुवाद के क्षेत्र में राष्ट्रीय तथा अंतरराष्ट्रीय ख्यातिनमा लेखकों की लगभग 230 से अधिक कृतियों का अंग्रेज़ी से हिंदी में अनुवाद कर चुकी हैं।

उनके लिए उनका लेखन कार्य पैशन से प्रोफ़ेशन और मेडिटेशन तक जाने की एक अद्भुत यात्रा रहा है, जिसे वे अनवरत जारी रखना चाहती हैं। लेखन व पठन-पाठन के अतिरिक्त वे पर्यटन, संगीत की विविध विधाओं, विश्वस्तरीय सिनेमा व लोक परंपराओं के अध्ययन में विशेष रुचि रखती हैं।

संपर्क : rachnabhola25@gmail.com